本书获得 2025 年度广西高等学校大学生思想政治教育理论与实践研究课题(项目名称:《PERMA 模式团体心理辅导在非自杀性自伤大学生干预中的应用研究》)资助

大学生友善价值观培育研究

黄雪雯　著

中国海洋大学出版社

·青岛·

图书在版编目(CIP)数据

大学生友善价值观培育研究 / 黄雪雯著. -- 青岛：
中国海洋大学出版社，2025.8. -- ISBN 978-7-5670
-4255-1

Ⅰ. G641

中国国家版本馆 CIP 数据核字第 2025LC9040 号

出版发行	中国海洋大学出版社		
社　　址	青岛市香港东路 23 号	邮政编码	266071
出 版 人	刘文菁		
网　　址	http://pub.ouc.edu.cn		
电子信箱	2586345806@qq.com		
订购电话	0532-82032573(传真)		
责任编辑	矫恒鹏	电　　话	0532-85902349
印　　制	日照报业印刷有限公司		
版　　次	2025 年 8 月第 1 版		
印　　次	2025 年 8 月第 1 次印刷		
成品尺寸	170 mm×240 mm		
印　　张	18.25		
字　　数	304 千		
印　　数	1~1000		
定　　价	86.00 元		

发现印装质量问题,请致电 0633-8221365,由印刷厂负责调换。

序 言
PREFACE

　　我曾经指导的博士生黄雪雯即将出版她的博士论文《大学生友善价值观培育研究》，我很高兴。我觉得这是一个值得研究的内容。在指导她博士论文的日日夜夜，我们一起讨论、交流问卷调查的每个题目、心理实验的每个细节、理论观点的每个逻辑、培育方案的每个步骤……作为导师，我见证了黄雪雯如何从想法变成文字，一次又一次修改、精益求精的全过程。最终博士论文获得了外审专家的充分肯定和答辩专家的积极好评。基于其选题意义重大、书稿质量优异，我觉得这是一本值得出版的专著。借此机会，想谈几点感想。

　　在马克思主义理论研究的长河中，价值观培育始终是关乎"人的解放"的核心命题之一。当中国特色社会主义进入新时代，"培养什么人、怎样培养人、为谁培养人"的根本问题，正以更深刻的方式叩问着每一位教育工作者。友善，这个看似朴素的道德范畴，在当代中国的语境下被赋予了崭新的理论内涵与实践意义——它既是社会主义核心价值观的重要支点，也是破解转型期社会道德困境的密钥，是青年一代构建精神家园的基石。教育的真谛，是让青年懂得用善意丈量世界。友善价值观恰是我们这个时代十分需要的精神品质。

　　做学术研究要有仰望星空的理论勇气，也要有脚踩大地的实践情怀。本书构建了"理论溯源—现状分析—路径构建"的完整研究框架。在理论层面，作者系统梳理了从古希腊友爱论到马克思主义友善观的思想谱系，特别厘清了社会主义友善与传统友善的辩证关系，既继承了"推己及人"的道德智慧，又突破了"爱有差等"的历史局限，形成了具有当代中国特色的友善价值观理论体系。在方法层面，作者积极开展全国性调研，覆盖众多高校的大学生，通过问卷调查、质性访谈、内隐联想实验等多元方法，获取了大量的一手科学数据,这在友善价值观研究中是难得的,有新意的,为理论分析提供了坚实的实证支撑,为实践路径的提出提供了研究依据。

本书始终坚持马克思主义的立场观点方法,深刻阐明了友善价值观培育与"人的自由全面发展"的内在关联。马克思曾指出,在共产主义社会,"社会将按照每个成员的能力分配劳动,按照每个成员的需要分配产品",而友善作为一种社会关系,正是这种理想社会形态的道德表征。在资本主义社会,由于阶级对立的存在,友善往往沦为掩盖剥削本质的道德装饰。而在社会主义社会,随着剥削制度的消灭,友善才真正成为人们之间真实的情感联结,成为促进社会和谐的精神纽带。这一认识,从根本上提升了友善价值观研究的基本站位。

价值观培育从来不是一蹴而就的过程,它需要教育者的耐心引导,更需要青年一代的自觉践行。教育的本质是灵魂的唤醒。当我们谈论大学生友善价值观培育时,实际上是在回答一个根本性问题:如何让青年一代在纷繁复杂的世界中,始终保持对他人的善意、对社会的责任、对国家的忠诚。这既是落实立德树人根本任务的必然要求,也是培养担当民族复兴大任的时代新人战略需要。

大学生作为社会文明的传承者与创新者,其友善价值观的培育绝非个人道德修养的私事,而是关乎"国之大者"的战略工程,它直接关系到能否造就一代又一代拥护中国共产党领导和社会主义制度、立志为中国特色社会主义事业奋斗终身的有用人才。真正的友善,从来不是软弱的妥协,而是强者的胸怀,当我们用善意对待世界,世界终将回馈我们以温暖。在当今世界,友善地对待各个国家、各个民族、各种人群,友善地看待各种理论、价值观,尊重、理解、共同发展,显得尤为重要,友善价值观对实现习近平总书记号召的建设"人类命运共同体"具有重要的意义。

本书作者黄雪雯博士既是一个工作多年的思想政治教育者,又是一个心理健康教育者,既熟悉马克思主义基本理论,有一线思想政治教育的经验,又有扎实的心理学功底,熟悉心理学研究方法,这使她既能深刻理解青年群体的思想动态,又有理论分析的高度和严谨的研究方法,从而使本书既具有理论深度,又充满青春气息。书中提出的多种实践路径正是将宏大的价值理念转化为具体的生活实践的生动尝试。作者将思想育人、文化育人、心理育人、行为育人做了很好的结合,为高校思想政治教育提供了可操作的实施方案。

　　希望黄雪雯博士的这本专著,能成为照亮青年精神世界的一束光,让更多大学生懂得:在实现民族复兴的征程上,友善价值观不仅是个人的道德选择,更是时代的精神呼唤。不仅是发展中国的价值观,也应成为构建和谐世界的价值观。

　　是为序。

2025 年春于浙大紫金港

　　马建青,浙江大学马克思主义学院二级教授,博士,博士生导师。浙大求是特聘学者。国家"万人计划"教学名师,国务院政府特殊津贴专家。中国心理卫生协会常务理事兼学术委员会副主任,浙江省思想政治教育学科研究会会长。

前　言
FOREWORD

　　友善价值观是社会主义核心价值观的重要内容之一,也是社会主义核心价值观整体的有机组成部分。友善价值观影响现实社会生活中人与人之间和谐关系的建立和维系,影响社会秩序的稳定。因此,友善价值观培育的研究对社会整体实现美好生活具有重要意义。大学阶段是大学生价值观形成和稳定的重要时期,以大学生友善价值观培育作为研究对象,充分探讨大学生友善价值观的现状、知行特点、培育路径等内容,对培养大学生在道德认知和实践活动中关心自身、关心社会、与整个世界友善相处,从社会主义核心价值观的方面为大学生营造全面自由发展外在的友善交互环境和内在的友善价值培育,将友善夯实在大学生的认知与践行中,是当前思想政治教育刻不容缓的职责所在与使命担当,也是破解当前大学生友善践履能力提升之难的需要。

　　在对友善价值观的基本概念、结构、功能和特征考察后可以发现,友善价值观具有"目标、手段、评价"三个维度以及"自我—他人""内部—外部"双重导向。大学生是自由自觉认知实践的主体,友善价值观的培育是动态性而非静止性的过程。从友善价值观培育"何以必要、何以可能、方向何去"三重维度着手,对友善价值观培育的本质、基础、方向进行深入的考察论证,将友善的实现意义从过往"人际友善"的范畴提升至个体善与共同善的统一、美好生活与道德实践的统一、价值引领与科学规律的统一。对大学生友善价值观培育的研究不仅强调定性考察的重要性,更需要通过科学的方式,借助心理学实验范式、内隐认知学习与道德心理的相关研究成果,通过问卷调查法、内隐联想实验法、质性结构访谈法等方法,设计涵盖友善价值观培育"友善认知与友善行为""内隐认知与外显认知""行为自评与行为他评"等方面的研究模块,揭示大学生友善价值观的认知现状、践行情况、影响因素及总体特征,并深入探讨认知的价值认同功能、心理的接受机制、情感倾向的作用与行为发展的特点等,以科学规范的数据统计分析了解大学生友善价值观知行转化中存在的困难与友善价值观培育的难点。通过对友善价值观培育理论基础研究和实证研究数据上的分析提出改进措施,探讨可操作性的培育手段,这既是对社会主义核心价值观在现实生活中如何产生影响的研究,也是对如何展开友善价值观培育以促进社会主义核心价值观在现实生活中产生正向影响的研究,还是利用心理学科学实验方法对思想政治教育理论和道德建设展开研究的尝试。

针对实证研究结果分析中友善价值观培育存在的知与行的问题,即内隐友善认知落后于外显认知,友善行为自评得分高于他评得分,认知系统与知行转化有待整合的现状,以及传统教育模式导致的友善价值观培育知识化、功利化、短程化与形式化等问题,在大学生友善价值观培育中应当坚持马克思主义人本思想为基本指导思想,明确培育的目标具体落实在知行统一践行、人的全面发展与社会优良治理三个方面,体现友善在新时代的道德规范、道德价值与道德生态,并针对提升内隐与外显认知、促进知行统一的需求,构建与之相适应的培育原则与制度。从人的"知情意行"的整体过程着眼,打造思想育人、文化育人、心理育人、行为育人的整体性实践路径,即:通过显性结合隐性的文本灌输深化巩固友善认知;以德育文化弘扬友善风尚,渗透情感认同;综合育心育德活动,以心理辅导实现人的自觉践行,促进内隐外显认知统一;统筹家庭、学校与社会育人力量,联合推进友善行为实践,以此提升大学生友善价值观培育的针对性与实效性,促进大学生自觉认同与践行友善价值观。

在本书编写过程中,笔者参考了大量文献,在此深表谢意。由于笔者能力有限,书中不足之处在所难免,敬请读者批评指正。

黄雪雯

2025 年 2 月

目 录

CONTENTS

第1章 导论 ………………………………………………………… 1

1.1 研究缘起及意义 ……………………………………………… 1

1.1.1 研究缘起 ………………………………………………… 1

1.1.2 研究意义 ………………………………………………… 3

1.2 研究动态 ……………………………………………………… 4

1.2.1 国外研究现状 …………………………………………… 4

1.2.2 国内研究现状 …………………………………………… 17

1.3 研究思路与创新之处 ………………………………………… 23

1.3.1 研究思路与方法 ………………………………………… 23

1.3.2 研究可能的创新 ………………………………………… 26

第2章 友善价值观培育的基本考察 ………………………… 29

2.1 友善的概念澄清 ……………………………………………… 29

2.1.1 友善的词源学含义 ……………………………………… 30

2.1.2 友善的概念释义 ………………………………………… 31

2.1.3 友善与相关概念的辨析 ………………………………… 33

2.2 友善价值观培育的内涵考察 ………………………………… 38

2.2.1 友善价值观概念的厘定 ………………………………… 38

2.2.2 友善价值观培育概念的厘定 …………………………… 43

2.2.3 友善价值观培育的历史演变 …………………………… 49

2.3　友善价值观培育的理论资源·· 58

    2.3.1　中国传统哲学理论资源　···························· 58

    2.3.2　西方文明成果理论资源　···························· 64

    2.3.3　马克思主义经典理论资源　························· 71

    2.3.4　思想政治教育理论资源　···························· 77

第3章　大学生友善价值观培育的必要性、可能性与方向性········· 85

3.1　大学生友善价值观培育的必要性····························· 86

    3.1.1　大学生全面自由发展的基本需要　··········· 86

    3.1.2　落实立德树人根本任务的内在规定　········· 88

    3.1.3　化解社会转型道德风险的必然要求　········· 89

3.2　大学生友善价值观培育的可能性····························· 91

    3.2.1　认知依据:道德认知发展具有阶段性　········· 91

    3.2.2　践行依据:友善价值观的实践性本质　········· 94

    3.2.3　实现载体:道德教育中锚入心理机制　········· 96

3.3　大学生友善价值观培育的方向性····························· 99

    3.3.1　个体善与共同体善的统一　····················· 100

    3.3.2　美好生活与道德实践的统一　··················· 103

    3.3.3　价值引领与科学规律的统一　··················· 106

第4章　大学生友善价值观培育的实证研究与结果分析·········· 111

4.1　实证调查:大学生友善价值观培育的定量与定性研究··· 112

    4.1.1　现实需求:培育的现状与践行成效亟须实证调查　··· 113

    4.1.2　定量研究:问卷调查与内隐联想实验的实施　··· 120

    4.1.3　定性研究:质性访谈的开展与主题分析　··· 143

4.2　现实之难:大学生友善价值观培育的问题聚焦········· 152

    4.2.1　友善价值观践行之难:知行转化存在的障碍　··· 152

    4.2.2　友善价值观培育之难:传统教育模式的束缚　··· 156

4.3 成因分析:大学生友善价值观培育之难的多重因素 ················ 162
　　4.3.1 主体信念的弱化 ················ 162
　　4.3.2 外部环境的制约 ················ 164
　　4.3.3 体系建设的薄弱 ················ 167

第5章 大学生友善价值观培育的理路建构 ················ 170
5.1 大学生友善价值观培育的目标机制 ················ 170
　　5.1.1 以马克思主义人本思想为旨归 ················ 171
　　5.1.2 兼顾人的现实需求与社会发展 ················ 175
　　5.1.3 在实践中落实培育目标三重维度 ················ 178
5.2 大学生友善价值观培育的基本原则 ················ 183
　　5.2.1 批判继承与创新发展的统一 ················ 184
　　5.2.2 显性培育与隐性培育的统一 ················ 187
　　5.2.3 说理教育与情感引导的统一 ················ 190
5.3 大学生友善价值观培育的制度构建 ················ 192
　　5.3.1 法律制度维护德育伦理权威 ················ 193
　　5.3.2 激励制度强化友善践行需求 ················ 197
　　5.3.3 环境制度巩固协同育人基础 ················ 199

第6章 大学生友善价值观培育的实践路径 ················ 204
6.1 坚持培育实践的马克思主义导向 ················ 204
　　6.1.1 以实践教育促进人的解放与自由 ················ 205
　　6.1.2 立足唯物史观诠释实践特质 ················ 206
　　6.1.3 友善实践路径的生成机理与发展 ················ 208
6.2 思想育人:依托课堂教育灌输友善认知 ················ 210
　　6.2.1 坚持价值导向中创新文本表达形式 ················ 211
　　6.2.2 丰富教学内容显性与隐性学习资源 ················ 217
　　6.2.3 发挥教师示范性榜样引导崇德向善 ················ 220

6.3 文化育人:融合德育文化渗透友善情感 ·················· 223

6.3.1 拓展多维文化平台加强友善情感认同 ·············· 225

6.3.2 推动友善培育文化的大众化与生动化 ·············· 229

6.3.3 依托自媒体创设友善文化传播新阵地 ·············· 232

6.4 心理育人:综合育心育德强化友善意志 ·················· 235

6.4.1 开展心理辅导活动提升友善品质 ·················· 236

6.4.2 构建正确自我认知统一内隐外显友善 ·············· 241

6.4.3 鼓励心理自助促进友善践行自觉 ·················· 244

6.5 行为育人:统筹家庭学校社会推进友善行为 ·············· 247

6.5.1 优化家庭教育对友善行为养成起始作用 ············ 248

6.5.2 联动学校社会,为友善行为提供实践平台 ·········· 251

6.5.3 发挥党组织建设对友善行为引领作用 ·············· 253

第7章 结语 ·· 258

参考文献 ·· 261

后记 ·· 279

第1章 导 论

1.1 研究缘起及意义

社会主义核心价值观凝聚着中国精神与马克思主义对人类美好社会的理想,是开启建设社会主义现代化强国征程的精神动力与价值支撑。在全社会大力弘扬友善价值观是新时代贯彻落实社会主义核心价值观,加强公民道德建设,提高全社会友善道德水平的重大任务。在新时代的背景下,大学生友善价值观培育承载着中国现代化进程中友善作为社会主义核心价值观出场的逻辑思路与价值谋划,主动回应社会发展进程中大学生践行友善面临的困惑,这既是思想政治教育的现实性问题,也是从贯彻社会主义核心价值观、落实立德树人根本任务、深化思想政治教育学科内涵与理论深度多领域样态中产生的系统性问题。在研究过程中需要以马克思主义理论为指导,以扎实的理论研究与科学的实证调查为依据,对大学生友善价值观培育从历史脉络、认知结构、知行关系、培育现状与践行路径等多个方面进行溯源、解构与重塑,不断提升研究的价值,阐明党和国家贯彻落实友善价值观的决心。

1.1.1 研究缘起

思想政治教育要从党和国家事业发展全局的高度落实立德树人根本任务,以培养担当民族复兴大任的时代新人为中心问题,开展对思想政治教育的目的、内容、规律、途径等方面的研究。育人根基在育德,这既是坚持为党育人、为国育才的历史使命,也是新时代社会主要矛盾关系转移,坚持新发展理念对思想政治教育提出的新任务。友善自古以来就是中华文明推崇的传统道德,是中国人民宝贵的精神财富与崇高的价值追求。友善价值观是社会主义核心价值观体系的重要组成部分,大学生友善价值观培育与立德树人,培养社会主义事业合格建设者与可靠接班人,为国家高质量发展提供重要人才储备支撑与正确价值观引领这一思想政治教育的目标与要求高度一致。

习近平总书记在2018年全国宣传思想工作会议上指出:"宣传思想工作是做人的工作的,要把培养担当民族复兴大任的时代新人作为重要职责。"在中华民族伟大复兴的奋斗过程中,大学生既要有正确的道德认知,又要有积极的道德实践。正确的培育与引导大学生践行友善价值观是加强思想道德建设战略要求,运用习近平新时代中国特色社会主义思想铸魂育人的关键。因此,以大学生友善价值观培育为研究主题,围绕"培养什么人、怎样培养人、为谁培养人"的根本问题对友善价值观培育的概念、特征、本质、作用、现状、体系、实践路径等展开研究与分析,主动回应当前大学生对自我道德养成的需求,积极化解新时代思想道德建设领域的新矛盾,是立足于思想政治教育学科的改革与创新,推动与落实社会主义核心价值观,助力国家社会发展新格局的重要环节。

友善的概念古已有之,早在古希腊时期和中国的春秋战国时代,学者们就从人性发展角度、城邦统治角度、宗族血缘角度对友善进行了多角度诠释。可以说友善不仅是美德伦理,也是行为规范。当友善作为德性的抽象概念时,它是理想化的人们对友善的现象、关系、选择、目标等自觉产生的价值意识基本形式。关于友善价值观之义与利、情与理的争论,从传统社会延续到现代,当它作为社会的道德规范与行为准则时,友善被不同社会背景与思想流派赋予不同的内涵、外延、特质,如古希腊雅典人的友爱、西方中世纪的博爱,东方孔子的仁爱等,甚至被片面地理解为伪善、等差之爱、假仁义。改革开放四十年来我国经济体制改革取得了伟大成就,中国社会道德水准与文明素养不断提高,道德领域总体呈现积极健康向上的良好态势。同时也要看到由于国际国内形势的深刻变化,我国经济社会深刻变革的大背景下,受市场经济规则、政策法规、社会治理还不够健全,不良思想文化侵蚀影响,道德领域不免出现失德败德、突破道德底线的行为。中国当前正处在改革深水区与社会转型期,面临着发展不平衡不充分的问题,社会上各种道德问题不断出现,如社会责任淡薄、价值观泛功利化、道德冷漠、道德畏难、道德知行不符等,友善道德缺失的问题呼吁人们重新思考友善的时代价值。友善价值观培育不仅属于培育社会主义核心价值观体系的一部分,更是当前我国公民道德建设的重要内容,对于人的全面自由发展与社会的整体进步尤为重要。因此,通过对大学生友善价值观培育的研究,为立德树人提供解决的思路与方案,以此培养拥护中国共产党领导和我国社会主义制度、立志为中国特色社会主义事业奋斗终身的有用人才,推动社会主义核心价值观建设与社会文明程度达到一个新高度,具有现实的合理性与迫切的必要性。

1.1.2　研究意义

1.1.2.1　理论意义

第一,从研究友善价值观基础理论视野来看,友善价值观是社会主义核心价值观的有机组成部分,在新时代加强大学生友善价值观培育,是增强大学生友善认同,凝聚友善力量不可或缺的重要内容。当前研究主要从社会学、哲学、伦理学角度探讨友善价值观已有的理论基础研究认识不清晰,没有挖掘除了维护人际关系"个体之德"以外属于"公共之德"的含义,以现代性眼光看待友善价值观的社会主义本质与当代价值的研究较少。通过回溯友善价值观的基本理论问题,准确把握友善价值观的内涵、结构、水平和现状等内容,以及培育的原则、规律与可能途径,有利于厘清培育友善价值观的本质,完善现有的理论基础。

第二,从大学生友善价值观培育有序开展的角度来看,为了增强思想政治教育的针对性与实效性,当前需要解决友善价值观培育的必要性、可能性、方向性的问题,对培育的本质、基础、方向以及实现的难点进行全方位的考察论证,将培育引导至个体善与共同善的统一、美好生活与道德实践共存的历史高度。通过引入认知心理学的研究视角,推动以综合性研究模式开展理论研究与实证研究,为弘扬与践行友善价值观,促进友善在立德树人的过程中实现"入耳入脑入心"打造一定的理论基础。

第三,从丰富思想政治教育的科学方法论与思路创新来看,友善价值观培育研究在遵循大学生身心发展特点与道德认知水平的基础上,从友善价值观的结构、特征入手,通过学科交叉的视角,开展包括问卷调查、内隐联想实验实测、质性研究访谈在内的友善价值观实证研究,探究大学生的友善价值观及其培育的现状、问题及原因分析,根据科学的调查结果,构建具有新时代特点,符合大学生成长发展规律的友善价值观培育体系。在认识价值观培育普遍性规律的基础上寻找属于培育友善价值观的特殊性,以此建构培育的逻辑理路,引导育的方向,健全培育的原则,完善培育的制度,提高友善价值观培育的针对性及实效性,为友善价值观培育的科学化、制度化、常态化、实效化发展提供必要的理论支持。

1.1.2.2 现实意义

第一,开展大学生友善价值观培育,深刻回答了"培养什么人、怎样培养人、为谁培养人"这一根本性问题,是擦亮马克思主义基本底色,提升马克思主义理论教育与改革实践水平,落实立德树人战略任务的基本需要。在培育中遵循大学生的道德认知规律与行为特点,以友善道德规范教育结合道德实践,把崇德向善的公民道德有效传授给大学生,把立德树人贯穿教育全过程。在以德施教、以德育德的过程中,解决好处于社会发展变革期,多元社会思潮对大学生的价值观负面影响,规范社会主义核心价值观的培育体系,增强马克思主义的时代性与感召力,将道德教育落到实处,不断提升育人水平。

第二,大学生友善价值观培育在坚持马克思主义理论、落实社会主义核心价值观、建设新时代公民道德的要求中兼顾时代精神,发扬民族品格,引导大学生在践行友善中自觉传承中华民族传统美德,吐故纳新地从中华优秀传统文化中汲取有益文化养分,是在新时代坚定大学生文化自信的必然要求。

第三,大学生友善价值观培育是以人的全面自由发展为旨趣,在强调人的友善道德义务的同时赋予人相应的道德权利,以尊重互助、合作共赢的价值导向维系社会的友善实践空间,保障人们自由生存与发展的需要,在消灭了阶级对立的社会中促使友善从理想世界走向现实生活,成为个体与共同体道德结合的公共善。

第四,本书基于培育社会公共友善,将友善价值观的培育超越个体化道德培养,为中国共产党以友善治理社会,提升政治道德,构建以"善治"为底色的权力道德生态提供依据。这对推动社会发展中法治与善治结合,体现"人民至上"的价值理念具有深刻的现实意义。

1.2 研究动态

1.2.1 国外研究现状

国外学者对于友善价值观培育的研究涉及面较为广泛,从哲学、伦理学、心理学、社会学多个角度展开,通过探索国外对友善价值观的研究,有利于我们从横向的视角比较,为当前友善价值观培育提供理论与实践等方面的参考。

1.2.1.1 国外友善价值观的基本理论研究

第一,友善价值观的内涵研究。国外学者对友善价值观的探索主要基于"个体""共同体"与"关系性"三种视角。其中,个体视角的友善价值观存在人的主体性层面,注重从人的本身出发,以友善价值观处理人的存在与关系性问题,认为友善与个人的道德、意志、情感紧密相连。[①] 个体视角友善价值观的产生基础是人在关系中因"互惠、亲属关系与交配"产生的善意,[②]因此人与人的友善关系包含了对人的关怀、分享与包容,在重要性上与亲属关系、婚姻关系相称。[③] 共同体视角下友善价值观是社会重要道德规范,可以吸引与凝聚社会成员,减少社会不平等现象,是社会稳定运行的重要道德基础,提倡以社会整体友善重建人们的价值观与行为方式。[④] 如保罗·尚蒂克(Paul V. Shantic)运用苏格拉底对话解读法和亚里士多德的《尼各马可伦理学》文本分析论证了完满的友善德性对于共同体智慧与美德的发展的重要性。[⑤] 南茜·谢尔曼(Nancy Sherman)认为友善价值观的实现是基于友善意愿的生成,可以缓解社会发展进程中因道德危机引发的矛盾。[⑥] 在关系性视角下友善价值观存在公民间交往、家庭生活、社会生产中,可以调节个体与共同体的关系,对于融合现代社会关系、维护公共秩序、增进人与社会的团结有积极作用。

第二,友善价值观的实证调查研究。哈里斯(Harris)认为研究关于人类"善"的价值观或是关于道德、生命等更大的问题其实是研究"有意识生物体"的价值意识问题,应将价值观研究转化为"科学上能解释"的事实,如人类正面或负面的情感、意志的冲动、具体法律与社会制度对人际关系的影响、快乐与痛苦

① Michael A. Hogg, Sarah C. Hains. Friendship and group identification: a new look at the role of cohesiveness in groupthink. Eur. J. Soc. Psychol, 1998(28):3.

② Peter J, Hadreas. Eunoia: "Aristotle on the Beginning of Friendship". Ancient Philosophy, 1995, 2(15):393-402.

③ Daniel J. Hruschka's Friendship: Development, Ecology, and Evolution of a Relationship. Berkeley: University of California Press, 2010.

④ Daniel Schwartz. Friendship as a Reason for Equality. Critical Review of International Social and Political Philosophy, 2007(10):2.

⑤ Paul V. Shantic. Socrates, Aristotle, and friendship: Dose real friendship exists in the age of the social network. California: California State University Dominguez Hills, 2015:15.

⑥ Nancy Sherman. Aristotle on Friendship and the Shared Life. Philosophy and Phenomenological Research, 1987, 4(47):589-613.

的神经生理学等。① 因此,国外大批学者基于实证调查手段对友善价值观与其
作用机制进行探索,发现人们的友善价值观对于社区稳定与社会成员的成长至
关重要。如玛丽·费歇尔(Mary J. Fischer)发现社会环境的多样性(存在不同
的种族、民族等)可以促进个体友善价值观的发展,来自不同背景社会成员的日
常互动将促进跨种族、跨民族的友善关系的发展,在趋于多样化的社群中提高
社会道德。② 麦里克斯(Meliks)和迪密尔(Demir)等人通过对美国和土耳其青
年群体的友善心理、资本化概念和幸福感之间关系的中介模型研究,提出了友
善心理"资本化"(Capitalization)概念,指出个体分享生活中友善的感悟实质上
是将友善心理进行可贮存的资本化,可以提升个体的幸福感。③ 莉萨·罗森塔
尔(Lisa Rosenthal)研究发现,多元文化主义可以预测个体的友善价值观水平
与群体接触水平,个体对多元文化的支持程度越高,预示着群体间的接触更多,
友善价值观水平会相应提高。④ 加卢波(Galupo)和冈萨雷斯(Gonzalez)编制了
友善概况调查问卷,采用交叉分析的方法对居住在美国的 1415 名年龄在 18 至
80 岁之间的成年男、女性进行研究跨类别(性别、性取向和种族)的友善价值观
研究,内容包括让人们对六个不同的友善价值观子项目的重要性评分,分别是
"一般性友善价值观"(信任、诚实、尊重)和"交叉身份友善价值观"(相似的生活
和经历、相似的价值观、不评判),结果显示人在一般性友善价值观中的得分没
有显著差异,但是在交叉身份友善价值观中有显著差异,交叉身份的背景更有
利于友善的提升。⑤ 莫莉·基南(Molly Keenan)通过实证研究发现,人的孤独
感与对友善价值的期望存在性别差异,男性和女性的孤独水平相似,但女性报

---

① 〔美〕萨姆·哈里斯:《道德景观—科学如何决定人的价值》,于嘉云译,北京:中信出版社,2017
年版,第 3 页。

② Mary J. Fischer. Does Campus Diversity Promote Friendship Diversity? A Look at Interracial
Friendships in College. Social Science Quarterly,2008,9(89):3.

③ Meliks,ah Demir,AYSUN DOG AN,AMANDA D. PROCSAL. I Am So Happy 'Cause My
Friend Is Happy for Me:Capitalization,Friendship,and Happiness Among U. S. and Turkish College
Students. The Journal of Social Psychology,2013,153(2):250-255.

④ Lisa Rosenthal. Endorsement of Polyculturalism Predicts Increased Positive Intergroup Contact
and Friendship across the Beginning of College. Journal of Social Issues,2016,3(72):472-488.

⑤ M. Paz Galupo, Kirsten A. Gonzalez. Friendship Values and Cross-Category Friendships:
Understanding Adult Friendship Patterns Across Gender,Sexual Orientation and Race. Sex Roles,2013
(68):779-790.

告的孤独感高于男性,并且女性对人与人友善交往的满意度、期望值均高于男性。[①] 尼古拉斯·鲍曼(Nicholas A. Bowman)采用为期四年的纵向调查对美国28 所院校的 2932 名本科生(包含亚裔美国人、太平洋岛民、黑人、非裔美国人、西班牙裔、拉美裔和白人)进行了比较和对照研究,得出校园环境中跨种族的多向人际互动可以正向预测友善价值观的水平的结论。[②]

通过分析实证调查结果,可发现存在相互印证的关系,证明友善价值观具有跨文化的道德含义,为友善价值观得以成为跨越意识形态的全人类普遍践行的美好德性提供了参考。如莎伦·阿里利(Sharon Arieli)对以色列某大学商学院与社会工作学院各自约 500 名学生通过对学校的网站资料的搜集和内容分析以及大学生填写的价值观问卷数据展开大数据的实证调查,探讨大学生的友善价值观与亲社会水平的关系,结果发现两个学院大一新生的友善价值观在开学初是基本一致的,而到了大四时期,与社会工作学院学生相比,商学院学生更倾向于表达自我提升的价值观(例如权力与成就),倾向选择友善与亲社会行为的群体较少。同时,研究者发现在商学院对学生灌输友善价值观和亲社会行为是较为艰巨的工作。[③] 这一结果与我国学者辛自强等人的研究结果相似,辛自强通过使用朱利安·罗特(Julian Bernard Rotter)编制的人际信任量表测量了中国某财经重点院校经济类和非经济类专业的大一至大三共 290 名本科生的人际信任水平,发现"经济类"专业课程学习经历会降低大学生的人际信任,可能的原因是学习经济学会使个体逐渐认同"理性经济人"理论,认为人的行为都是出于自私与功利的目的。[④]

需要注意的是,上述研究绝大多数都是相关性研究,并且各研究者对友善价值观的概念、结构、操作性定义不尽相同,从相关性研究不能得出因果关系的结论。因此,从国外友善价值观基本理论研究中,难以直接找到可以借鉴的友

---

① Molly Keenan. Gender, Loneliness, and Friendship Satisfaction in Early Adulthood: The Role of Friendship Features and Friendship Expectations. North Carolina: Duke University, 2013, 5.

② Nicholas A. Bowman. Interracial Contact on College Campuses: Comparing and Contrasting Predictors of Cross-Racial Interaction and Interracial Friendship. The Journal of Higher Education, 2014, 9(85): 5.

③ Sharon Arieli. Values in Business Schools: The Role of Self-Selection and Socialization. Academy of Management Learning and Education, 2016, 3(15): 493-507.

④ 辛自强,窦东徽,陈超:《学经济学降低人际信任? 经济类专业学习对大学生人际信任的影响》,《心理科学进展》,2013 年第 1 期,第 31-36 页。

善价值观培育的基础理论,对于大学生友善价值观培育如何开展,特别是在马克思主义指导下的友善价值观培育的研究需要重新梳理理论基础。

1.2.1.2 国外友善价值观培育的实践研究

第一,友善价值观培育的建设思路研究。

随着西方国家的经济发展与社会繁荣,人的价值观领域面临多重问题,友善价值观培育的必要性再次被提出,各国均十分重视友善主题的价值观培育,积极探索培育实践的途径、内容、考核等内容,将友善融入本国的公民教育、品格教育、宗教教育、历史教育、家庭教育、法律教育等共同价值观与道德的教育中。例如美国高校以"尊重、关爱、责任"为理念对学生进行的品格教育与新品格教育;英国高校以"宽容、平等、包容"为价值取向培育学生利他精神、爱与被爱能力的体谅教育与关怀德育;德国以反对暴力、保护动物、待人宽容为理念,开展亲身体验式教学的善良教育;澳大利亚以"关心、同情、尊重、责任感、理解、宽容、包容"为主题的国民价值观教育;新加坡以"关怀扶持、求同存异"为核心理念的共同价值观教育等。各国均依据自身社会的意识形态特点与民众需求,发展出各具特色的友善价值观培育建设路线。具体实践中,在培育友善价值观的课堂上重视以师生讨论、辩论、课堂报告等形式授课,在价值澄清与价值排序的过程中师生得以充分展开探讨友善、正义、真理、生命、权力等主题,帮助学生认识与接受社会主流的价值观。同时,培育除了直接授课,还以渗透式、间接式、隐蔽式的形态蕴含于专业课程中教育中,如法律、历史、社会学等课堂的授课,在专业课程学习中注重引导、启发大学生讨论价值观的相关问题,将专业课内容与价值观教育内容紧密结合。国外高校还尤为注重价值观实践活动的开展,尊重学生的实践主体地位,组织大学生参加社区服务、节日庆典活动、参观文博纪念馆、学习校训校歌、建设校园文化等,学生自治学校管理等。并且,国外友善价值观培育过程之中非常重视政府的总体宏观指导,从本国的传统与文化中汲取资源与力量,构建与本国社会现状匹配的培育体系。但也要注意到,西方的友善价值观培育以资本主义制度为生成基础,强调个人的发展与利益至上,人一切活动的目的是为了自身利益最大化,较少共同体精神,导致友善价值观在个体与共同体间的发展关系存在矛盾。

第二,友善价值观培育中宗教思想的影响。

西方国家在长期的历史发展中受宗教信仰的影响,意识形态教育含有大量的宗教思想因素,部分价值观教育至今仍离不开如《旧约全书》《新约全书》等宗教文本内容,将道德要求与伦理规范与教义结合,在价值观教育的实践活动中保留了学习礼拜、祷告等宗教仪式与习惯,具有将宗教教义与价值观践行的准则结合的传统。友善德性的灌输以宗教权威的震慑与心灵的关爱结合,达到对人们的思想和行为加以约束,维系人心和稳定社会的目的。尽管在当代许多西方国家开始逐步走向世俗化的价值观教育,但宗教思想始终蕴含在友善道德培养过程中,不少学者选择向宗教领域寻找培育友善价值观的解释。比如,弗朗西斯·柯林斯(Francis Collins)认为,人类出现的利他与友善的观念或是行为无法用道德的判断进行解释,他因此转向神学领域寻找解释,认为是"上帝根植了这些高尚的观念在人们的头脑中"。[①] 尽管宗教思想对于海外国家或地区的国民价值观教育影响深远,但也有学者对此提出异议,希望打破"政教一体"的政策。比如,美国学者克里斯托弗·希钦斯(Christopher Hitchens)认为:"宗教是充满了暴力、狭隘、非理性的,宗教宣传了种族主义和盲从跟随,对民众进行愚化的教育,使人们互相仇视,歧视女性,粗暴对待妇女儿童",是一种狭隘的伪善。[②] 在价值观教育中加入浓重的宗教色彩未能给学校德育起必然的促进作用,科尔伯格(Kohlberg)就批判了将宗教思想植入德育的方法,认为:"道德教育在传统学校中的失利不是因为学校无力影响学生的品格,而是因为宗教教育的占位导致家庭教育与学校教育的比重因此下降,最终影响了人们对友善的接受。"[③]但由于长期以来西方的政治力量希望实现对民众思想的稳固统治,达到规训群体的道德情感与认知行为的目的,宗教的教义始终与价值观教育紧密联系。

第三,国外大学生友善价值观培育实践路径研究。

尽管国外较少直接以"友善"为主题的培育实践研究,但长期以来各国的友善价值观培育实质上以显性或隐性的形式、途径、内容蕴含在以善良宽容、友爱互助、平等尊重等为目标的国家价值观教育与公民教育中。各个国家在高等教育与国民教育实践中积极探索对本国大学生的友善价值观培育,有丰富的研究成果与可借鉴资源。

(1)美国的大学生友善价值观培育实践经验

美国的高等教育历史已有380多年,友善价值观教育也因此在美国历史悠

---

① 〔美〕保罗·布卢姆:《善恶之源》,青涂译,杭州:浙江人民出版社,2018年版,第4页。

② 〔美〕保罗·布卢姆:《善恶之源》,青涂译,杭州:浙江人民出版社,2018年版,第194页。

③ 张晓蕊:《科尔伯格道德发展理论对当代大学生思想政治教育的启示》,《教育探索》,2013年第6期,第6-7页。

久,涵盖在公民教育、道德教育、法制教育等内容中,一直是美国思想界与教育界研究的重点。① 美国的友善价值观教育沿袭了很多英国的传统,如殖民地时期的价值观教育包含大量的清教宗教文化,在培养学生的健全人格、社会责任感、艰苦奋斗精神之外,还注重传授宗教中"诚实守信""宽容互助"等友善待人思想,为培养合格公民,凝聚共同国民意识提供指引。到建国初期,关于友善价值观的教育中加入了强调"仁慈、自律、宽容"等宗教美德的内容。② 从 19 世纪起,美国大学的通识教育与包含价值观教育的公民道德教育便紧密联系,美国建国以后的教育者也将价值观教育在公民道德教育中继续发扬,把塑造学生良好品格看作压倒一切的教育使命,并由此产生一批有良好生活操守,受过高等教育并致力于服务社会的阶级。③ 进入 20 世纪,美国经济飞速崛起,发展为世界强国,在意识形态中融入了实用主义、进步主义等元素,传统的清教徒式价值观逐步被强调道德理性与判断能力的现代道德目标代替,旨在培养具有符合资本主义发展的价值观的国家公民,灌输"自由、民主、平等、博爱"和"以赚钱为天职"的资产阶级价值观,④社会风气以逐利为宗旨,对美国的大学生友善价值观教育提出了挑战。针对这一现象,美国教育界兴起"品格教育"与"新品格教育"运动,主张价值观教育应当回归传统,以避免社会价值观混乱与阶层的分裂,注重培育人的诚实、守纪、自律、团结等传统的友善美德,强调高等教育具有将公民培养成为社会合格成员的功能,教师要培育学生的勇气、共情、高尚等崇高美德,让学生自我思考如何过一种"有道德的生活"。⑤ 作为一个多元种族国家,加上各个州有充分的自主管辖权,各个州与高校间并没有国家统一制定管辖的价值观教育内容,美国各州的友善价值观教育内容也不尽相同,但大致遵照美国的传统美德和社会道德现状制定,这些内容包括慎思、勇敢、自律、公正、关心、尊重、负责、诚实等,体现了国家的顶层设计,一定程度上遏制社会价值观教育

---

① 杨云飞:《美国学校价值观教育研究》,北京:科学出版社,2018 年版,第 26 页。
② 邓显超,杨章文:《发达国家大学生思想政治教育研究》,北京:中国政法大学出版社,2016 年版,第 3-5 页。
③ 〔美〕Bok,Derek,Universities and the Future of America,Durham:Duke University Press,1990,p.65.
④ 邓显超,杨章文:《发达国家大学生思想政治教育研究》,北京:中国政法大学出版社,2016 年版,第 18-21 页。
⑤ 〔美〕Richard Battistoni. Civic Engagement across the Curriculm:A Resource Book for Service Learning Faculty[M]. Providence P.I:Campus Compact Press,2001:1-29.

混乱的局面,得到了联邦政府的大力支持。目前美国教育界的思想流派存在多元主义倾向,自由主义教育者们偏向新康德学派,强调学生学习批判性思维与自主选择,而保守主义的教育者们偏向亚里士多德学派,强调学生的美德与品格的塑造。如今美国大多数州的公立学校都开设公民课程进行价值观教育,2007 年美国大学联盟(American Association of Colleges and Universities)共计 169 所学校共同签署《高等教育之公民责任公告》,声明"引导青年具备道德与公民责任是高等教育的第一任务",大学应通过多个途径培育大学生的价值观,帮助其成为良好公民。[①] 尽管存在诸多争论,但美国教育界对塑造大学生宽容、平等、公正的友善价值观一直采取公认的态度取向。

(2)英国的大学生友善价值观培育实践经验

英国的近代高等教育至今已有 800 余年历史,对大学生的友善价值观培育的内容与形式随着国家的政治、经济、文化的变迁而改变,体现不同时期的国家意志与集体意识形态。在中世纪时,英国高等教育以基督教思想为主要的教育内容,课程由教会实施,主要通过读经、参加宗教仪式等途径对大学生实行宗教化的友善价值观教育,教育内容围绕基督教的教义展开,通过必修课程及对学生的日常行为的监督进行宗教及道德的教育,认为友善的教育不仅是为了"拯救个人的灵魂",还是为了"维护社会公正"。[②] 随着近现代英国社会的去宗教世俗化,蕴含宗教思想的友善价值观培育在英国高等教育中开始产生转变,学校主要向学生传输积极、平等、宽容的价值观,过往严格的宗教行为规范被自我管理、朋辈互助、宿舍管理等途径取代。作为资本主义的发源地,英国对大学生的友善价值观培育内容以个人主义和自由主义为思想根基,反映了其资本主义的社会属性,英国高等教育重视培养个人具有自立、进取、竞争等品质,包括了自我实现、尊重他人、自力更生等内容,在对待个人与社会的利益关系时,认为国家与社会应该保护个人的利益,而集体的利益是个人利益的集合体,因此个人利益与集体利益是不冲突的,国家要保护个人的自由以及财产不受侵犯。但受资本主义政治制度及经济制度的影响,英国社会个人主义与自由主义的泛滥,尤其是在第二次世界大战后英国受到重创,其在世界原有的政治、经济、文化的

---

①　〔美〕伊丽莎白·基斯,J. 彼得·尤本:《反思当代大学的德育使命》,孙纪瑶等译,北京:人民出版社,2017 年版,第 66 页。

②　〔美〕伊丽莎白·基斯,J. 彼得·尤本:《反思当代大学的德育使命》,孙纪瑶等译,北京:人民出版社,2017 年版,第 32-33 页。

霸主地位逐渐衰落,致使英国的民众尤其是青年群体出现了对友善价值观的信仰危机,暴力、吸毒等社会问题层出不穷。英国社会对大学生的道德问题、人际关系问题和融入社会的能力产生大量疑惑,一度引发社会价值观危机。面对此类问题,为倡导对大学生善良友好品质与价值观的培育,英国政府在牛津与剑桥两所大学开设道德研究机构:以约翰·威尔逊(John Wilson)领导的法明顿信任研究机构和彼得·麦克菲尔(Peter McPhail)领导的课程发展课题组。① 约翰·威尔逊通过研究道德教育的基本理论,寻找一种中立的、稳定的、普遍性的道德认知发展模式与道德判断准则,并开设相应的教育课程。彼得·麦克菲尔从实证调查结果出发,提出了友善价值观培育的"道德教育体谅模式",把大学生的道德情感培养置于发展友善品质的中心地位,探讨以友善关心他人、发展利他主义的观点,并在课堂教学中进行具体化的呈现,反对过于理性化的教育模式,认为人通过观察学习与社会模仿是最重要的方法,学生在有"关怀"的生活环境中最能受到感染,以道德情感力量达到教化目的。这两个研究机构都出版了一系列德育教材,成立道德委员会,在莱斯特大学成立"社会道德教育中心",专门研究大学生的道德教育。该中心专家莱特(Wright)认为当代英国大学生的价值观教育包含"四个核心、六个关系、十个方面"。四个核心是指对人尊重、公正合理、诚实、守信;六个关系是指与亲近之人的关系、与社会的关系、与人类的关系、与自然界及生物的关系、与自己的关系、与上帝的关系;十个方面是指社会意识,公民责任和个人义务责任,个人与他人关系,就业雇佣关系,商品社会消费问题,爱情婚姻问题,学习名人英雄情操,职业道德文化,学习本国及各国优秀传统文化,参与社会公共事务,关于暴力、毒品、酗酒、核战争等问题,体现了当代英国的价值观教育多样化的内容,②极大地丰富了英国的大学生友善价值观培育内容。

(3)德国的大学生友善价值观培育实践经验

德国的高校友善价值观培育同样受到国家发展过程中宗教势力的影响,其内容与形式从宗教思想尤其是基督教演变而来,主要目的在于培养大学生具有"平等、博爱、节制、勇敢"等友好善良的价值观与对上帝的敬意。14世纪末期文艺复兴开始在德国兴起,尽管彼时德国的友善价值观培育以宗教思想为主,但

---

① 邓显超,杨章文:《发达国家大学生思想政治教育研究》,北京:中国政法大学出版社,2016年版,第93页。

② 陈立思:《当代世界的思想政治教育》,北京:中国人民大学出版社,1999年版,第137页。

已有学者开始主张恢复人的"价值",培育人拥有"自由""乐观"的友善精神,体现了资产阶级生产力的发展对解放人性的需求,一定程度上动摇了传统宗教思想对于友善培育的统治地位。随着近代德国工业革命展开,社会的启蒙运动使友善价值观培育开始倾向世俗化,德国教育界由此出现了新的教育思潮,认为教育的最高任务在于"提高人类现世的幸福,培养掌握实际的知识,健康乐观的人",①德国的友善价值观培育再次得到发展。如以威廉·冯·洪堡(Wilhelm Von Humboldt)为代表的教育改革者认为,应该让人的个性得到充分自由的发展,对学生传授人道主义教育和平等、自由的思想,大学有双重教育任务,即对科学的探求及对个性与道德的修养(Allgemeine Building),修养是人的个性全面发展的结果,是人之为人应具有的素质,与人的能力与技艺无关,获得修养的唯一道路是纯粹的学术研究,纯粹的学术研究唯一通往方向就是高尚的精神与道德修养。② 到了魏玛共和国时期,为了适应当时的国家与社会的发展需要,德国将公民教育与劳动教育结合,使每个公民都具有为国效力的能力与品德,具体内容包括本国的政治体制、法律常识、道德品质、劳动品质等,把培养善良、勤奋的公民作为当时价值观教育的目标,使每一个公民对国家充满了责任感及义务感,促进了友善价值观培育在当时的世俗化发展。经历第二次世界大战后,德国社会全体上下进行了深刻的道德反思,尤其在友善价值观培育中依据第二次世界大战的惨痛教训,注重对青少年进行反纳粹与反暴力的教育,教导大学生具备优良品格,学会善良、尊重、平等、诚实,"朴素道德教育观"由此得到复兴,具体内容包括社会责任感、诚实守信、善待生命、待人友善、同情弱小、尊重他人等,是德国友善价值观培育发展历程中的一大进步,也为德国在后来实施国民"善良教育"打下理论根基与群众基础。③ 在当代,德国对大学生的友善价值观培育以大学生的现实生活为出发点,引导大学生学会自行处理在成长道理上遇到的友善道德困惑,在社会生活中理解他人,处理好他人与自己的关系,养成良好的行为习惯,完善自身人格,帮助大学生养成宽容、无私、诚实、守信、和

---

① 邓显超,杨章文:《发达国家大学生思想政治教育研究》,北京:中国政法大学出版社,2016 年版,第 121 页。

② 傅安洲,阮一凡,彭涛:《德国古典大学修养观及其启示》,《高等教育研究》,2007 年第 12 期,第 99-103 页。

③ 何亚娟:《德国的思想政治教育及启示》,《华中农业大学学报》(社会科学版),2007 年第 6 期,第 19-21 页。

睦等美好品质,更好地完成社会化。① 世界大多数国家地区都非常重视对民众的友善价值观教育,但是德国尤为重视"善良"这一品质,着重培养民众友善的心理与品质,发展出专门培育友善价值观的"善良教育"体系并将其列为德国的国民价值观教育重要部分,内容包括善待生命、同情弱者、宽容待人、唾弃暴力等,重视对国民进行尊重、理解、宽容、互助等关于友善价值观的培育,为当代友善价值观的培育实践提供一定的经验。

(4)新加坡的大学生友善价值观培育实践经验

新加坡经历了英国长期的殖民统治,后被日本占领,在 1963 年一度加入马来西亚,最终于 1965 年正式独立,在 20 世纪 70 年代新加坡开启了经济建设的引擎,至 80 年代已成为当时世界上经济发展最迅速的国家地区之一。新加坡经历了复杂的国家政体、经济制度和社会文化的转变,社会意识形态一度十分混乱,西方的价值观也迅速占领了新加坡大学生的信仰,出现全盘西化的危机,给新加坡的大学生友善价值观培育带来了巨大的挑战。到 20 世纪 80 年代,新加坡为了纠正社会思想全盘西化倾向,开始实行以"效忠国家、社会责任感、个人品格"为主旨的道德教育,培育健全发展的人,引导公民养成友善价值观。1991 年新加坡发表著名的《共同价值观白皮书》,声明新加坡的国家共同价值观为"国家至上,社会为先;家庭为根,社会为本;关怀扶持,同舟共济;协商共识,求同存异;种族和谐,宗教宽容",②体现了新加坡政府兼收并蓄东西方文明中的友善文化与思想,也表明了新加坡政府对于培育国家内各个种族共同认可的价值观的决心。 此后学校、家庭、社会的价值观教育都围绕这五点开展工作。1998 年新加坡教育部发布《理想的教育成果》,罗列了八种新加坡大学生应该具备的道德素质,包含了诸多与友善相关的要素:①品德高尚、尊重差异、对国家社会尽责;②多元包容、理解国情;③品行优雅、文化素养深厚;④勤奋向上、敬业乐群;⑤挑战逆境、有勇有谋;⑥善于思考、学会分析;⑦追求创新、终身学习;⑧放眼世界、扎根祖国,旨在培育多元又具备统一性质的共同价值观。③ 面对西方外来价值观及经济、技术、文化的全面侵入,新加坡前总理李光耀曾提出与西

---

① 刘宏达:《论德国的善良教育及其对我国社会主义核心价值观教育的启示》,《社会主义研究》,2015 年第 2 期,第 34-39 页。

② 邓显超,杨章文:《发达国家大学生思想政治教育研究》,北京:中国政法大学出版社,2016 年版,第 269-230 页。

③ 王学风:《多元文化社会的学习德育研究》,广州:广东人民出版社,2005 年版,第 86 页。

方价值观迥异的"亚洲价值观",强调集体、家庭、勤劳、教育、储蓄等观念,对新加坡在战后迅速的经济增长与社会协调有决定性的作用。[①] 新加坡的大学生价值观培育实践以东方儒学价值观为精神支柱,开设了大量的传统儒学课程,积极弘扬东方传统美德,传授具有东方文化特色的友善思想与品行,保证本国大学生在多元文化社会得以保有积极正确的友善认知与践行能力。

　　(5)日本的大学生友善价值观培育实践经验

　　日本国民价值观深受本国神道教、武士道、儒家思想、西方资本主义的综合影响。自明治维新后日本兴起向西方学习的热潮,效仿西方为大学生开设了单独的德育课程——"修身课",培养学生"为国家的强大及统一服务"的价值观。[②]面对西方价值观的冲击,当时的日本教育界保守派主张恢复传统道德教育,以东方儒家思想影响为培育的指向。日本在 1880 年颁发《改正教育令》修正版,确立"修身为本、知识为末"价值观教育原则,对儒家思想进行改良,传授学生"学问、生业、立志、修德、养智、处事、家伦、交际"八项内容。这一做法促进友善在大学生价值观培育体系中得到重视,并使当时的日本在全盘学习西方时保留本国文化特色,避免青年思想被西方价值观全盘覆盖。[③] 明治维新后期,日本进入帝国主义,军国主义思想抬头为日后发动战争做准备,"忠君爱国"成为了当时学校价值观教育的主要目标,后续日本发动了第二次世界大战,为周遭国家的人民带来了伤痛,错误的价值观教育也给日本举国上下带来了惨痛教训。在经历第二次世界大战后,日本的神道教与军国主义思想得到一定的遏制,西方民主思想得到推崇,日本制定了 1947 年版《教育基本法》,指出教育应以培养完美人格为目的,培养热爱真理与正义、尊重个体价值、重视勤劳责任、富有自助精神、身心健康的国民,使国民成为国家与社会和平的建设者,[④]使日本大学的友善价值观培育获得转折式的发展。日本高校的友善价值观培育尤为教导人重视生命的意义,强调要展现人生意义,在实现人生价值中尊重他人、珍惜生命。在经历了 20 世纪五六十年代经济复苏之后,日本于 60 年代中期确定了对

---

　　① 〔美〕弗朗西斯·福山:《大断裂:人类本性与社会秩序的重建》,唐磊译,桂林:广西师范大学出版社,2015 年版,第 134 页。

　　② 董小燕:《比较德育研究》,杭州:浙江大学出版社,2000 年版,第 214 页。

　　③ 邓显超,杨章文:《发达国家大学生思想政治教育研究》,北京:中国政法大学出版社,2016 年版,第 191 页。

　　④ 王桂:《日本教育史》,长春:吉林教育出版社,1987 年版,第 293 页。

大学生的价值观教育目标:对个人要求成为自由的人,发展个性、正确爱护自己、意志坚强、心怀敬畏;对家庭成员要求把家作为爱的场所、休息的场所、教育的场所;对社会人要求具有正确爱国心、敬爱国民、有优秀的国民性。① 到 80 年代,日本"临时教育审议会"在报告中指出能否培育出有道德情操和创造力的日本年轻人是决定日本未来命运的关键。1998 年日本文部省提出学校教育目标应为培养学生宽广的学术视角、多角度发现问题的能力、自主综合性思考的能力、准确的判断力、丰富的人生修养,成为富有知识和能力的人才。到了 21 世纪,随着全球化趋势愈演愈烈,日本为了适应全球化及多元价值观的冲击,在国际竞争中具备美好道德品质的人才,为社会做出应有的贡献,文部省再次提出了《面对全球化时代的高等教育方针》,要求学生具备能与世界不同国家人民共同相处的知识、技能、伦理、责任感、判断力、行动力,对本国和世界的多样性具备深刻的理解,强调道德教育与知识技能同等重要。② 这一系列的举措为后来日本的大学生友善价值观培育提供了新的发展目标。日本在早期重视培育国家、集体的公共道德,要求个体对集体的绝对服从与牺牲,为了使学生适应激烈的国际化竞争,日本的教育部门随后开始有意培养与释放人的天性,要求学生学会与他人友好相处、和谐共事,以友善品德在社会生存。日本知名教育家池田大作指出,在 21 世纪日本的德育必须教会学生如何尊重生命的尊严,积极激发自身的主观能动性,提出人本德育、生态德育、和谐德育等理念,并提出了著名的"统一价值观教育",内容包括"和谐、尊重理解、生命、世界公民、创造价值、和平、幸福"七个方面③,主张弘扬人性与向善避恶,社会要为教育服务而不是教育服务于社会,引导人们最终走向自由、和平与共同幸福,成为当代日本社会对国民价值观培育的要求。日本在国民价值观培育中注重坚守本国文化导向,在不同时期以"和魂汉才""和魂洋才"为思想核心④,强调以东方文明为基础的友善价值观,使得日本在完全开放学习西方政治、经济、科学、文化经验,培育大学生友善品质的同时避免全盘西化。

---

① 梁忠义:《战后日本教育研究》,南昌:江西教育出版社,1993 年版,第 126 页。

② 杨晓:《关于 21 世纪初日本大学改革的基本走向》,《高校教育管理》,2011 第 1 期,第 58-63 页。

③ 石军,齐学红:《日本池田大作的德育思想研究——兼谈 21 世纪教育的核心价值观》,《高等理科教育》2015 年第 4 期,第 29-36 页。

④ 牛海,李江,夏小华:《日本价值观教育服务于本国发展的方式探究》,《上海理工大学学报(社会科学版)》,2015 第 1 期,第 85-89 页。

综合来看,国外对大学生友善价值观培育的实践研究取得了颇丰的结果,但仍然存在一定的改进空间:一是各个国家在培育友善价值观时对友善在国家意识形态与核心价值观体系中的定位不够清晰,培育实践的内涵、外延、维度等方面有待形成全社会的共识;二是在培育友善价值观时关于如何解放人的本性、尊重人的本质、体现人的全面自由发展,将个体的友善道德需求与共同体的友善要求相统一等问题,需要以实践检验,得到更为深入的解读;三是友善价值观培育的路径、方法、机制有待展开实证调查进行科学论证,拓展实践研究的深度与广度,提升友善价值观培育实践的实效性。

国外友善价值观培育的实践主要融入价值观培育之中,并且以公民教育、品格教育、宗教教育、历史教育、家庭教育、法律教育等形式培养大学生整体价值观,帮助大学生融入社会生活。但是国外价值观培育的实践研究中带有强烈的宗教背景,这与马克思主义的价值观培育实践及友善价值观培育的实践,从根本上是不同的实践方式。因此社会主义核心价值观中的友善价值观培育研究要避免国外价值观培育实践及友善价值观培育实践中非马克思主义的成分,更应该立足于中国传统文化中与马克思主义的契合点,对友善价值观的培育在理论上展开研究,提出马克思主义理论指导下有别于国外价值观培育的,符合中国当下的友善价值观培育实践的可行之路。

1.2.2　国内研究现状

1.2.2.1　友善价值观的基本内涵研究

作为社会主义核心价值观的友善是个人的德,也是国家的德,社会的德,理论渊源深厚,践行价值丰富,一直受到学者们的关注。在党的十八大召开后,友善价值观正式作为社会主义核心价值观之一,成为当前思想政治教育研究的热点。伴随研究理论的深入与思路的拓宽,大量有关友善价值观的内涵、作用、测量、影响因素、培育机制、践行方法等方面的研究成果公之于世。当前主要的代表性著作有:马建辉在 2013 年主编的《社会主义核心价值观导论丛书·伦理诉求:爱国敬业诚信友善》、黄明理在 2015 年主编的《社会主义核心价值观研究丛书——友善篇》、韩震在 2015 年主编的《社会主义核心价值观·关键词:友善》、朱书刚在 2015 年编著的《友善价值观研究》、薛静等在 2015 年主编的《中华家风丛书:友善》、张涛在 2016 年编著的《友善乐群》、江传月等在 2017 年编著的《大学生友善价值观培育研究》等。与著作的数量对比,友善价值观的期刊论文研究更为丰富,其主要观点集中体现在以下几个方面。

第一,友善价值观的概念研究。当前学界受各自研究视角的影响,尚未对友善价值观的相关概念理论达成一致,有以下几种代表性观点:①基于人与人、人与社会、人与自然关系的探讨。如沈壮海等学者认为,友善价值观是在社会主义条件下处理人际关系的基本准则,包含人与人、人与社会、人与自然的三重关系,①友善价值观的作用在于能够促进个体与人为善,宽容待人,人们在帮扶互助过程中携手奋进,在自然界中珍惜资源关爱自然环境,是社会和谐发展的源泉。② ②基于个体美德的探讨。认为友善是个人的重要德性,指人与人之间以善意彼此相待产生的关心互助、爱护谦让的友好关系。③ 人们在具有积极健康友善价值观的基础上以诚相待、与人为善,产生助人为乐的美好情感。④ ③基于伦理关系与公民道德的探讨。以李建华为代表的学者将友善价值观视为社会主义公民道德规范和品质的统一,是每个公民应有的基本道德品质,实现友善既要关切他者利益也要尊重个体利益。⑤ 友善价值观作为公民的伦理关系,规定了人们在生活中的道德权利与义务,每个人都要以友善对待他人,同时也有相应享有他人施与友善对待的权利,是社会稳定运行发展、生态自然和谐的基础。⑥

第二,友善价值观的实证研究。随着友善价值观研究纵深化的发展,学者们逐步意识到实证研究的重要性及必要性。当前的实证研究有两种取向:宏观地将友善价值观作为一般性价值观体系或社会主义核心价值观体系中的一个部分来考察,或是微观的考察友善价值观中某一特定因子,如助人、信任、利他、团结、宽恕等,两种取向均使用自编量表进行问卷调查。截至 2022 年 3 月,在中国知网以"友善、友善价值观"为主题词进行检索有 458 篇学术成果。当加上实证研究的相关关键词,以"友善、友善价值观、实证、问卷、调查"等作为主题词,寻找大学生友善价值观实证研究的文献资料,共有 86 篇,其中博士论文 5 篇,硕士论文 77 篇,学术期刊论文 4 篇,以问卷调查研究友善价值观的书籍有

① 沈壮海:《友善:处理人际关系的基本准则》,《人民日报》2014 年 2 月 17 日,第 7 版。

② 张金霞:《以"诚信、友善"为准则培育和践行社会主义核心价值观》,《学周刊》,2014 年第 22 期,第 212 页。

③ 夏伟东:《解读公民道德建设实施纲要》,《伦理学研究》,2002 年第 1 期,第 1 页。

④ 沙蕙:《友善:和以处众,宽以待下,恕以待人》,《人民日报》(海外版),2014 年 9 月 26 日,第 5 版。

⑤ 李建华:《友善何以成为一种核心价值观》,《光明日报》2013 年 7 月 6 日第 11 版。

⑥ 李荣,冯芸:《社会主义核心价值观关键词:友善》,北京:中国人民大学出版社,2015 年版,第 19-37 页。

江传月撰写的《大学生友善价值观培育研究》1 本。在这些研究中,学者们多使用自编量表调查大学生友善价值观,如李欢欢从友善价值观基本情况、"90 后"大学生友善观的现状、影响因素三方面调查上海四所高校大学生的友善价值观认知与行为现状;① 薛静从友善价值观的认知、情感、意志和友善行为几方面对江苏省五所高校大学生进行问卷调查;② 陶林以友善的概念(善意、尊重、责任)、友善维度(态度、言语、行为),调查大学生的友善价值观认知情况与影响因素;③江传月等从大学生友善价值观的心理认知情况、情感认同情况、践行意愿、践行频率、影响因素几个方面调查广东地区大学生的友善价值观培育与践行情况;④金燕从大学生对友善价值观的认同、践行意识、友善的对象、获得友善价值观的培育渠道等方面对上海及江苏省约 1500 名大学生进行了调查;⑤ 徐浙宁以"马基雅维里主义量表"和"人性哲学量表"为调查工具,对上海、武汉和天津三地"90 后"学生展开友善观念调查。⑥ 这些学者对调查问卷编制、问卷维度划分、题目的构想为友善价值观培育的实证研究展开提供了丰富的参考。但总体而言实证研究的比例依然占比较少,已有实证调查的客观性有待提升。如有的学者在问卷中只用一个题项"对友善价值观内涵的了解"的分数来证明大学生是否"认可"友善价值观,有的研究者仅注意了个体的友善价值观的认知成分,忽略了友善价值观的实践过程,还有的研究者用"友善价值观和文凭哪个重要"的题目来调查大学生对友善价值观的"重视程度"。这样的问卷调查表面看来似乎有一定的结论,但量表和题目对于不同的个体差异性非常大,得出来的结果信效度是有待考验的。同时,研究还存在忽视人的内在心理活动与认知过程,缺乏测量人的内隐认知的工具与方法学等问题,有必要以科学的实证调查予以补充论证。

1.2.2.2　友善价值观培育的建设思路研究

截至 2022 年 3 月,在中国知网以友善价值观为主题检索出文章有 409 篇,

① 李欢欢:《"90 后"大学生友善观培育研究》[D],硕士学位论文,华东师范大学,2015 年,第 3 页。
② 薛静:《当代大学生友善观培养研究》[D],硕士学位论文,江南大学,2016 年,第 11 页。
③ 陶林:《当代高校学生友善意识研究》[D],硕士学位论文,华中师范大学,2016 年,第 65 页。
④ 江传月、徐丽葵、江传英:《大学生友善价值观培育研究》,广州:广东人民出版社,2017 年版,第 32 页。
⑤ 金燕:《当代大学生友善价值观培育研究》[D],博士学位论文,南京师范大学,2017 年,第 48 页。
⑥ 徐浙宁:《"90 后"对社会主义核心价值观的认同及其影响因素》,《当代青年研究》,2017 年第 3 期,第 24 页。

以大学生为研究对象有202篇,占百分比近49.3%。这202篇大学生友善价值观研究类文章中包括期刊类77篇(38.1%)、硕士论文类101篇(50%),博士论文类11篇(5%),图书会议类13篇(6.9%)。论文总被引用数量达到367次,总下载数32139次,篇均被引数3.6次,篇均下载数315.09次,引证文献在2017年达到了峰值(41篇),友善价值观的培育已经成为近年来思想政治教育一个新的热点,具体表现在以下几个方面。

第一,大学生友善价值观总体情况。现阶段大学生总体具备友善价值观,愿意接受培育和践行友善价值观的比例不断提升,近90%的大学生有参与培育友善的意愿。[1] 大学生对友善价值观的知晓、认同率和主观意愿的培育与践行的意识不断提升,对"大学生应当成为社会主义核心价值观积极的传播者和践行者"这一理念认同超过90%(近3年调查)。[2] 但也有研究者提出不同意见,如陈璐璇发现大学生的友善意识薄弱、培育的实效性差、评价机制不健全、培育的外部环境比较严峻。[3] 李民、向玉乔等面向20000名大学生展开社会主义核心价值观认知状况问卷调查的数据结果显示,大学生对友善的知晓率最低(64.6%),对民主知晓率最高(79.7%)。[4] 沈壮海对大学生思想政治教育状况调查发现当代大学生对社会主义核心价值观12个项目选择频次中,友善价值观位列倒数第二,仅有39.8%的大学生表示知晓友善。[5] 李欢欢调查发现"90后"大学生对友善知晓度不高,并且存在对自身的友善状况评价高,对他人的友善状况评价低的倾向。大学生待人的友善程度根据血缘、亲疏有所相同,友善的行为实践带有一定的现实性与功利性。[6] 岑庆知认为当前的大学友善价值观存在需要规范的现象,表现在社会责任淡薄、环保意识不强、人际关系冷漠、言行

① 江传月,徐丽葵,江传英:《大学生友善价值观培育研究》,广州:广东人民出版社,2017年版,第32页。

② 北京化工大学全国大学生思想政治教育发展研究中心:《中国大学生思想政治教育年度质量报告(2016)》,北京:人民日报出版社,2018年版,第78页。

③ 陈璐璇:《"90后"大学生友善意识培育研究》[D],硕士学位论文,湖南师范大学,2014年,第176页。

④ 李民,向玉乔,黄泰轲:《湖南省大学生对社会主义核心价值观的认知状况调查报告》,《伦理学研究》,2015年第6期,第144页。

⑤ 沈壮海,王培刚,段立国:《中国大学生思想政治教育发展报告》,北京:北京师范大学出版社,2015年版,第84页。

⑥ 李欢欢:《"90后"大学生友善观培育研究》[D],硕士学位论文,华东师范大学,2015年,第83页。

举止失范等方面。[①] 陶林指出现阶段大学生友善价值观存在践行动机不纯,带有目的性与功利性,大学生受社会环境不良影响大。[②] 金燕研究发现大学生观念中认为社会总体友善程度不高,大学生认同要助人为乐,却存在践行友善意愿低下的问题,有近 30% 的大学生认为"好人没好报"。[③] 江传月等调查发现接近 70% 的大学生对友善价值观属于社会主义核心价值观表示"不知道",对友善的认同程度低,践行意愿一般。[④] 杨峻岭等对北京 12 所高校共计 2300 名大学生通过问卷调查发现大学生对个人层面的价值观"爱国、敬业、诚信、友善"的认同度从高到低分别是爱国(46.8%)>诚信(31.4%)>敬业(14%)>友善(7.8%),友善处于最末位,并且这一结果在教育程度和政治面貌上具有差异性。[⑤]

第二,大学生的友善价值观培育建设。国内学者对友善价值观的培育进行了多重角度的探索,总体上重视引导人们养成友善思想观念,加强友善道德修养,将友善的美德融入生活实践。如范五三从中西比较的视角出发,认为当代友善价值观培育的进路需要辩证看待社会的科技发展,使科学与道德做到齐头并进,调整人际交往方式,重视培育人与自然友善和谐共处。[⑥]

总起来看,当前我国学者对于友善价值观培育的研究是在我国社会转型和主要矛盾转移进程中不断开拓的,旨在贯彻和落实立德树人根本宗旨,构建崇德向善的道德文明和谐社会,为我们在新时代认识友善价值观培育的理论旨趣,破解当前践行友善存在道德脆弱性的问题提供了理论支撑,更为本书接下来的实证研究打下坚实基础。但从上述归纳内容来看,友善价值观培育还存在诸多需要探讨与厘清之处,具体在于以下几点。

其一,现行的培育体系构建大多单一性,从定性的思辨研究、问卷调查研究着手,较少对友善价值观的特征、影响因素、培育路径等方面的综合性实证研究,难以获得对友善价值观的性质、培育的科学认识。人们友善价值观的获得、

① 岑庆知:《当代大学生友善价值观培育研究》[D],硕士学位论文,吉首大学,2016 年,第 186 页。

② 陶林:《当代高校学生友善意识研究》[D],硕士学位论文,华中师范大学,2016 年,第 75 页。

③ 金燕:《当代大学生友善价值观培育研究》[D],博士学位论文,南京师范大学,2017 年,第 78 页。

④ 江传月、徐丽葵、江传英:《大学生友善价值观培育研究》,广州:广东人民出版社,2017 年版,第 28 页。

⑤ 杨峻岭、武淑梅:《大学生社会主义核心价值观认同状况调查与分析——基于北京市部分高校调研数据》,《社会主义核心价值观研究》,2018 年第 4 期,第 70-87 页。

⑥ 范五三:《从中西比照的视角看作为价值观的"友善"思想》,《太原理工大学学报(社会科学版)》,2018 年第 8 期,第 40 页。

维持、输出都是一个动态的过程，它的产生与维系需要个体经过一系列的认知、评估、实现等过程。并且目前友善的产生尚无定论，有的学者认为友善价值观来自人类进化过程，具有先天性，有的学者认为友善价值观作为道德是后天习得，有的学者认为二者兼有，需要从理论进行溯源。其二，友善价值观培育存在诸多复杂因素，但现有研究大多从理论上进行，少部分的实证研究仅通过自编量表进行简单的统计分析，较少有科学的数据支撑和充分的讨论。同时，友善价值观培育的研究内容需要结合中国传统思想文化背景，把中国精神与国际视野结合，把马克思主义经典著作中的友善思想资源、中华优秀传统文化中的友善资源与国外友善价值观资源进行系统的梳理与分析。其三，友善价值观培育的体系研究中缺乏科学、系统的构建。现有的友善价值观培育大多数蕴含在价值观教育、思想政治教育、道德教育中，缺乏具有针对性的培育体系，已有的研究大多是从培育的内容、方法、途径等角度进行论述，较少有对培育的目标、机制、环境、制度等方面的研究，催生较为完整的培育体系。其四，对大学生的友善价值观培育的方法研究宏观论述多，具体描述少，没有体现社会主义核心价值观培育"落细、落小、落实"的要求，缺乏可以具体操作的实践方法。习近平总书记在中共中央第十三次集体学习时指出："一种价值观要真正发挥作用，必须融入社会生活，让人们在实践中感知它、领悟它。要注意把我们所提倡的与人们日常生活紧密联系起来，在落细、落小、落实上下功夫。"现有关于培育的研究较少从细节、小处着手，宏观描述多于实际论证。其五，已有研究较少针对大学生的友善价值观培育的特征展开调查研究，强调学校培育功能却未说明学校应从哪些方面、何种手段、如何保障、环境如何建设等。

综上所述，新时代大学生友善价值观培育体系要具有针对性及实效性。除了要准确把握友善价值观的内涵、结构、要求、发展进程等，还需要充分了解友善价值观及培育的特征、影响因素、认识与践行的关系等内容。以实证研究的调查结果为依据，充分探讨大学生的友善价值观的形成机制、接受机制、影响机制、作用机制等内容，提高培育的针对性与实效性，只有这样得出的结果应用于大学生的友善价值观培育中才会具有针对性和实效性，破除一元化、机械化研究的藩篱，打破教条主义与经验主义的束缚。以上这些也是友善价值观培育面临的现实难题与可以做功的突破点，需要在今后的研究中继续完善，回应现实的培育实践活动中出现的问题，从而提高大学生友善价值观培育实效性与针对性。

1.3 研究思路与创新之处

1.3.1 研究思路与方法

本书以马克思主义理论为指导,对大学生友善价值观培育展开系统整体的研究,采用历史梳理、理论思辨与实证调查、学理构建结合的方法,在借鉴已有研究成果的基础上,通过学理研究澄清概念,梳理大学生友善价值观培育的脉络,从定量研究中获得科学有效的调查数据,从定性研究中得到对于质性访谈资料的深刻理解,达到不同研究视角与方法间彼此补充、相互印证的效果。

1.3.1.1 研究思路

本书主要以整体性的研究视角,全面地构建友善价值观培育理论与实践,系统分析友善价值观培育的目标、原则与机制,对培育的实践路径展开探讨。具体的研究思路以及研究方法如表 1.1 与图 1.1 所示,研究的逻辑主线是通过问题提出、文献综述、理论分析、实证研究、系统建构等步骤,逐步深入地探究当代大学生友善价值观培育的知行现状、总体特征、影响因素等。通过发扬当前思想政治教育工作的育人优势,根据"内化于心"的要求构建培育理路,从方法体系意义上进一步将友善价值观培育"外化于行"的融入大学生的知情意行各方面,切实增强新时代大学生友善价值观培育的针对性与实效性。

表 1.1　研究的目标、内容、理论与方法

研究目标	研究内容	研究理论	研究方法
基本考察 理论阐释 脉络梳理	友善的概念;友善价值观的概念; 友善价值观培育的定义、特征、作用、结构与维度等; 友善价值观培育的历史演变; 友善价值观培育的理论资源	概念界定的基本理论	文献研究法 内容分析法 比较研究法
实证研究	问卷调查研究; 内隐联想实验; 质性访谈研究	定量研究理论(问卷测量、内隐联想实验);定性研究理论	外显问卷调查法 内隐联想实验法 行为评价调查法 质性访谈分析法

续表

研究目标	研究内容	研究理论	研究方法
影响因素 发展特点 实现难点	友善价值观培育的影响因素;大学生友善价值观总体特点;大学生友善价值观人口学变量特点;友善价值观培育的现状与难点	综合作用相关理论	信效度分析 相关分析 描述性统计分析 独立样本 T 检验 单因素方差分析
建构培育理路; 创新培育实践路径	大学生友善价值观培育理路的目标、原则、制度; 大学生友善价值观培育的实践路径的思想育人、文化育人、心理育人、行为育人	马克思主义理论;思想政治教育理论成果;认知心理学系统理论	比较研究法 综合分析法

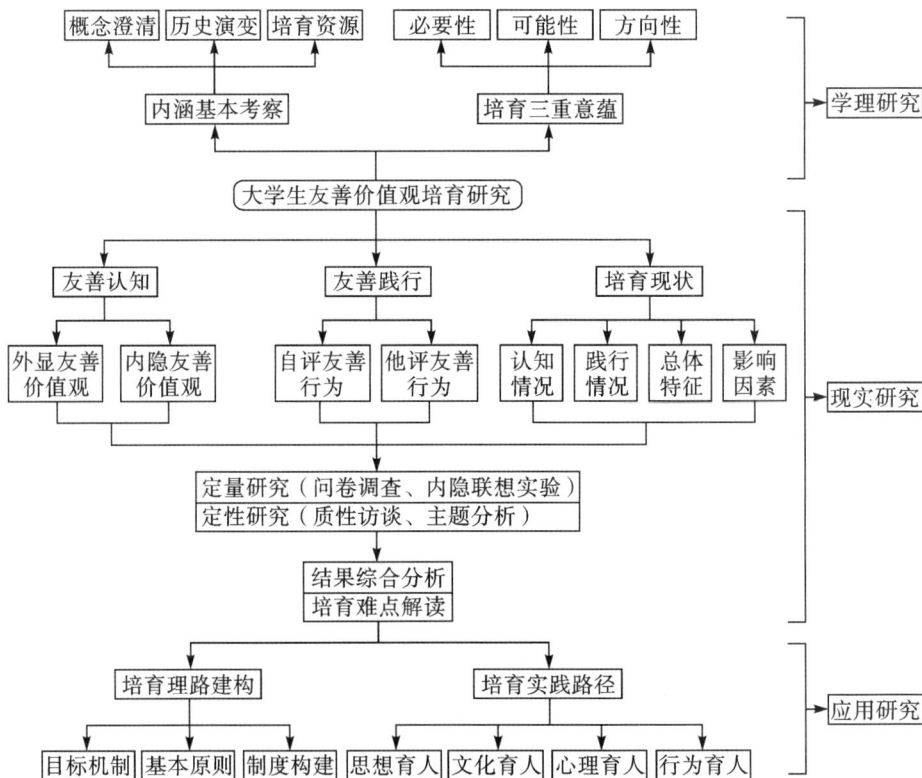

图 1.1　研究思维导图

1.3.1.2　研究方法

友善价值观培育的对象是具体生活中的人,培育必须遵循人的身心发展规律。随着社会主义核心价值观的研究不断深化,亟须运用科学的规律与方法而不是简单机械地重复已有的原理与结论,尤其需要提升友善价值观及其培育的综合性研究顺利实现友善知行转化。通过文献综述不难看到当前存在着研究方法单一的问题,主要以理论思辨为主,较少涉及实证研究中的定量与定性分析。即便有定量分析也多以自陈式问卷调查开展,调查结论的实效性与针对性不足,难以适应新时代背景下思想政治教育科学化发展的要求与人的全面发展需要。当前学者对大学生友善价值观培育的内容、理念、路径等问题进行了探讨,但研究范畴仍然停留在理论探讨。就大学生友善价值观培育的需要与现状来看,友善价值观的践行在新时代公民道德领域建设中遇到难点,仅仅停留在思辨层面展开理论研究,囿于自陈式报告的问卷,缺乏信效度检验的研究已经难以满足新时代思想政治教育立德树人的基本需要,必须通过对研究方法系统性的挖掘与广泛的借鉴,提升立德树人的战略高度与时代价值,体现新时代思想政治教育的崇高性与引领性。

第一,历史唯物主义与辩证唯物主义的研究方法。本书以历史唯物主义与辩证唯物主义的视角看待当前友善价值观培育存在的问题,一方面系统梳理中国哲学、西方哲学与马克思主义哲学中关于人的发展、友善的本质、价值观的建构等培育资源,掌握友善价值观培育的历史演变;另一方面对我国当前友善价值观培育的优势与现存的难点进行理性客观的审视,在实证调查的基础上解决理论构建与实践路径同时进行的难题,有序地构建符合新时代立德树人要求与大学生成长规律的培育理论与实践体系。

第二,文本分析法。《中共中央关于全面深化改革重大问题的决定》中提出了"加强顶层设计和摸着石头过河相结合"的对策经验。友善价值观作为响应社会主义核心价值观建设、新时代公民道德教育、高等教育立德树人、大学生实现全面自由发展的综合性课题,需要对相关的理论进行文本的综合回顾与思考,慎重对待培育的理论基础。文本分析主要借鉴以下三个方面:一是基于马克思主义理论资源中的个人全面发展理论、人的本质理论、异化理论的相关阐述,探讨当代友善培育的社会主义本质与为人民服务的价值;二是针对人在友善实现过程中面临的义与利的矛盾,理性与情感的纠葛,从西方文明成果中的机械唯物主义、情感主义、功利主义与理性主义进行资源借鉴,为实现个体的善与共同体的善寻找依据;三是根据中国社会当前对友善的积淀性认识,与人们在践行友善中信奉的人性本善论、宗族血缘论、社会美德论,对中国传统哲学主要流派"儒释道"的友善思想进行批判性继承,使其符合当代高等教育立德树人的需要。

第三,学科交叉法。对大学生友善价值观培育的研究不仅强调理论研究、定性考察的重要性,更需要以多学科交叉的视角与方法认识大学生友善价值观及其培育,为大学生提升友善的认知与践行、社会友善道德共同体的构建与人们实现美好生活提供坚实依据。友善价值观涉及的有伦理学、心理学、教育学、社会学、政治学等学科,以学科交叉的研究方法可以更为动态与深入地认清现状,对破除大学生践行友善的难点、实现对友善知行统一持久做功,打通思想政治教育"入耳入脑入心入行"的渠道有重要的理论与现实意义。因此本书借助心理学实验范式、内隐认知学习与道德心理的相关研究视角展开分析,通过问卷调查法、内隐联想实验法、质性结构访谈法等方法对友善价值观培育开展学科交叉研究。

1.3.2 研究可能的创新

本书以思想政治教育为学科基础,融合哲学、心理学、伦理学、教育学、社会学等多学科的内容与方法,具有研究视角、研究内容、研究方法等方面的创新,为当前大学生自觉认同与践行友善价值观提供崭新思路与有力助益。

1.3.2.1 研究视角具有独到性

第一,内隐德育视角。友善价值观在人脑中有独特的认知属性、学习特点与践行规律,并不是将道德知识灌输至道德主体思想层面就能自动执行的程序性任务。本书综合认知心理学最新研究成果,从人的内隐认知开展德育研究,扩大友善价值观培育的研究视角,以此帮助大学生在潜移默化学习中自觉拥有友善价值观的品行要求。内隐德育符合充分发挥主体能动性要求,有助于探究友善"内化于心、外化于行"过程中人的内隐价值观及"知、情、意、行"要素辩证统一的运行机制。在内隐德育视角下,培育友善价值观的主体、客体、载体、资源、途径可以深入隐性层面,与显性培育协同合作,提高个体认知与践行友善价值观的持久性与坚韧性,进而提升德育的稳定性与实效性。

第二,道德心理实验视角。友善价值观培育涉及个体心理与社会伦理,忽视心理因素偏倚道德规范的灌输,是不尊重个体道德思维主体性与道德实践自觉性的表现,会导致友善知行脱节与培育的低效率。友善价值观经过人的心理接受过程,内化成为个体的友善美德,外化成友善行为,二者综合形成人的友善品德行为。因此本书基于道德心理研究视角,创新性采用实验法解读友善的知行问题,运用 E-Prime 程序编制 GNAT 内隐联想测试程序,并综合内隐外显问卷调查结果开展友善价值观培育调查,了解大学生的友善价值观知与行真实水平。

第三,知情意行整体培育视角。本书根据友善价值观的认知特质,从知情意行整体性培育视角出发,在思想育人中灌输友善认知,在文化育人中渗透友善情感,在心理育人中强化友善意志,在行为育人中统筹家庭、学校与社会的育人合力,引导大学生自觉地践行友善价值观。培育的实践路径具有简明易懂,流程清晰的特点,可作为高校在未来的友善价值观及其他社会主义核心价值观子系统,如诚信、和谐、文明等方面的培育操作性手册,创新地贯彻与落实社会主义核心价值观培育。

1.3.2.2　研究内容具有多维性

第一,友善价值观培育涉及人的道德认知、道德情感、道德意志与道德行为实践。本书通过完善新时代的友善价值观概念,创新性提出友善价值观的"目标、手段、评价"三个维度以及"自我—他人""内部—外部"的双重导向,明确友善价值观培育的特征与操作性定义,有助于系统开展科学的实证调查研究。

第二,从大学生友善价值观培育有序开展的角度而言,本书从培育"何以必要、何以可能、方向何去"三重维度展开,创新地对培育的本质、基础、方向进行全方位的考察论证,将友善价值观培育的实现意义从"人际友善"的桎梏提升至"个体善与共同善的统一""美好生活与道德实践的统一""价值引领与科学规律的统一"的新境界。

第三,过往研究多以静止性、要素性的成分式展开研究,忽视了在总结把握规律基础上的整体性系统研究。人不是"被传承"与"被教化"德性的被动受体,而是自觉自愿认知实践的主体,考虑到大学生的生理心理发展特点、接受程度、认知水平、行为模式具有整体性,对道德形成与践行中的诸多因素开展多维度研究,提出培育友善价值观是动态而非静止的过程,是"整体性"地融入人的身心,而非要素性地打造,应当随着社会需求变化与人的主体性增强动态式地培育大学生的友善价值观,摒弃了过往培育研究存在的教条主义、经验主义与形式主义。

1.3.2.3 研究方法具有综合性

第一,在研究整体设计中,本书采用"混合路径研究法",将理论研究与实证研究相结合,在综合文献研究法、内容分析法、比较研究法的基础上,创新性地以"顺序性探究路线"设计覆盖友善价值观培育多个主题的调查,包括道德认知与道德行为、内隐认知与外显认知、行为自评与行为他评、培育现状等方面,在实证研究中以定量研究的问卷调查法、认知心理学实验法结合定性研究中的质性结构访谈法。

第二,在实证研究法中,本书以系统科学的研究步骤开展调查与数据分析,结果发现大学生认知践行友善价值观过程中存在认知与践行矛盾。采用 E-Prime 程序编写调查内隐友善认知的内隐联想测试(GNAT)实验程序,对大学生友善价值观创新性开展内隐认知实验,验证人的内隐友善认知是否存在,并测量内隐、外显友善在认知层面的关系;采用心理学问卷编制法设计具有良好信效度的《外显友善价值观调查问卷》及《友善价值观培育现状调查问卷》,探索大学生友善价值观的认知特征、培育现状与影响因素;编制《友善行为问卷》的"自我评价"与"他人评价"两个版本,调查大学生的实际友善行为水平。

第三,在质性研究法中,本书以社会学的田野调查方法编制《大学生友善价值观人生故事访谈提纲》,结合质性访谈中"大旅行"(grand tour)与"小旅行"(mini tour)询问法,交替提问个体在生活中较长经历与特殊经历对友善的心理感受与行为反应,获取翔实访谈资料,使用 NVivo11.0 软件对访谈结果进行整理、标识与编码,并使用 Excel 软件对资料进行分类汇总与主题分析。

综合本章内容,从研究缘起、研究意义、研究动态等方面可见我国大学生友善价值观培育不是从头开始,而是一直处在建构中,不是先设计好培育的实现方案对必要性与合理性进行充分论证后才展开构建,而是始终紧扣时代发展要求,将理论构建与实践构建同步进行。大学生友善价值观培育是坚定时代青年对马克思主义理论的信仰,对党和国家的根本指导思想形成正确的认识的重要途径,在发展日新月异的新时代背景下,如何充分利用好马克思主义理论学说、思想政治教育的育人规律与认知心理学的内容方法,遵循人的认知发展规律与道德发展水平,有效地实现大学生对社会主义根本制度的拥护、对社会主义核心价值观理念的信奉与践行,进而实现对马克思主义理论的"真学、真懂、真信",是大学生友善价值观培育的本职任务与时代价值。

第2章　友善价值观培育的基本考察

在当前社会转型的背景下,现代性不断地对个体进行刺激,个体德性被劳动分工与物质生活吞噬难以为继,德性生活的断裂滋生了各类社会矛盾,美好生活的实现受到人情冷漠、友善缺失等道德失范的侵蚀。弘扬与践行社会主义核心价值观是处于转型期中国社会的迫切需求,也是检验中国共产党执政以来意识形态领域建设成效的关键所在。作为当代社会道德建设领域出现的高频词,友善何以成为社会主义核心价值观? 友善价值观培育的内涵是什么? 如何培育友善价值观? 诸如此类观念却并未形成社会普遍共识。友善价值观传承了中华优秀传统文化中善的思想,与新时代的社会需求情况相适应,具有强大的凝聚力和导向性。友善价值观培育作为激发人们形成善良道德意愿与情感,推动友善认知与实践相结合,有着充足的理论资源与深厚的历史积淀,在马克思主义哲学、西方文明成果、中华优秀传统文化中都有着丰富的交融空间。因此,在对友善价值观培育进行深入考察之初,需要对友善、价值观及友善价值观的概念进行澄清,并对友善价值观的演变过程与培育理论资源进行基本了解。

2.1　友善的概念澄清

友善价值观早已深入人们的内心与日常生活,但对于友善的解读与践行却众说纷纭,标准未能统一的情况下友善价值观的实现存在模糊的空间与难以抉择的情景,必须对友善的概念、特质等进行准确把握,才能为友善在全社会的弘扬与实践提供牢固的认知基础。友善的研究涉及思想政治教育学、心理学、伦理学、教育学等多个学科,为了避免学科的概念不清与理论缺失,本书综合多学科视角对友善展开概念释义,探讨概念的内涵、特质,为后续友善价值观的培育提供理论支持。

2.1.1 友善的词源学含义

友善是友善价值观的"元问题",在人类社会古已有之,人们的繁衍生存、社会生产、亲缘选择以及政治、经济、文化的发展都离不开友善。概念的认知从熟知走向真知需要以词源学的探究开启脉络梳理,从词源学开启友善的考察,对我们认识友善的思想、心理、情感与行为方式大有裨益。

2.1.1.1 西方的友善词源学含义

西方在古希腊时期就已产生类似友善的"友爱"概念。从词源学看,古希腊人用"φιλία"(友爱)形容人与人交往关系中产生的特殊德性。该词用途广泛、内涵丰富,可用于任意两人间(不论性别差异)及任意关系间(亲朋好友、性与爱情、契约关系、城邦公民与统治阶级等)。希腊文献英译者多以"friendship"与"friendly"对照翻译 φιλία(友爱),例如,罗斯(W. D. Ross)以 friendly feeling(友好感情),[①]韦尔登(E. C. Welldon)以 affection(感情)、love(爱)来分别译解 φιλία(友爱),[②]哈迪(Hardie)则认为 friendship 并不意义充分。[③] 中国学者严群结合前人研究的内容,以中文"友爱"译注 φιλία(友爱)。[④] "φιλία"来源于它的动词形态"φιλιεω"(友爱地),在英语词典中一般解释为 to love(爱)、to receive hospitably(友善接待)、to entertain(款待)、to court(求爱)、to kiss(接吻)、to be fond of(喜欢)、to be want to(趋向)等,均含有行为、心理、情感倾向上的意义,且态度是主动的。[⑤] 友爱的词根"φιλ"作为前缀用于词头时,表达的含义为"爱",对象可用于人(个体与群体)、生命体(动植物)、无生命体(智慧)、活动(玩乐),因此我国学者苗力田认为,"英语中的 friendship 和德语中的 die Freundschaft 翻译成友爱比起友谊更合适,可以表达其中爱的意蕴",[⑥]为友善的友爱德性提供了完善的保障。在《朗文英英词典》中"friendship"具有两层含义,表示可数词时指朋友间的一种"关系"(a relationship between friends),表示

---

① 〔英〕W. D. 罗斯:《亚里士多德》,王路译,北京:商务印书馆,1997 年版,第 12 页。

② 廖申白:《亚里士多德友爱论研究》,郑州:河南人民出版社,2000 年版,第 22 页。

③ 廖申白:《亚里士多德友爱论研究》,郑州:河南人民出版社,2000 年版,第 23 页。

④ 严群:《亚里士多德之伦理思想》,北京:商务印书馆,1983 年版,第 109 页。

⑤ 廖申白:《亚里士多德友爱论研究》,郑州:河南人民出版社,2000 年版,第 24-25 页。

⑥ 杨适:《"友谊"(friendship)观念的中西差异》,《北京大学学报(哲学社会科学版)》,1993 年第 1期,第 33-40 页。

不可数词时指朋友间的"友好情感与行为"（the feeling and behavior that exist between friends）。① 我国现有的对"友善"的英文官方翻译（如党的十八大报告英文译文）也以 friendship 为主。因此，结合友善的来源、内涵与普遍用法，本研究也沿袭使用 friendship 的译法开展后续研究。

2.1.1.2　中国的友善词源学含义

作为传统道德，"友善"历史悠久、内涵丰富，一直以来蕴含在中国社会的道德规范体系中。"友善"在中国的词源学中最初分别作为单字使用。在古代"友"字是会意字，在甲骨文中写作🖐，有"抓握、握手"之意，形似两人握手，本义是指两个人之间的结交和协力互助，双手配合为🖐，三只或多手配合为🖐（协）。随后友字逐步演变到金文时加入了表示"曰"（说话）的🖐部首，变为🖐，增加了协商与鼓励的意味。文言文版《说文解字》中提到："友，同志为友。"即志趣相投的为朋友。《易·兑》中也提到："同门曰朋，同志曰友。"②"友"作为动词含有结交、合作、帮助、支持等意味，因此"友"本身象征着朋友间相互的帮助与合作。"善"字也是个会意字，善字上部分的"羊"通"祥"，带有吉祥的意味。在甲骨文中由🖐（祥）与🖐（目）构成，表达慈祥的观看。善字演变到金文时也同样地加入了表示言语的部首，在羊下加入两个言🖐变为🖐，表示言语上的祥和亲切，善在此时扩大引申至吉祥美好、做好、办好的意思。《说文解字》中提到："善者，吉也。"表达"善"带着吉祥的意味。友善二字合起来，可以表示"两人像朋友般亲近和睦，言行举止友好善良"。③ 在《新华字典》中，"友"表示亲近和睦的关系、彼此有交情的人、相互的亲爱。"善"的意思更为丰富，包含了心地仁爱，品质纯朴、好的行为品质、友好与和好、赞许、高明的和良好的等意思。从"友善"的中国词源学含义中可见其具有品质、态度、情感、言语、道德、心理、行为等多方面的要求，这为探寻友善价值观的内涵、外延、结构等提供丰富的借鉴。

2.1.2　友善的概念释义

当代中国社会结构发生巨大的变化，从以传统血亲和宗族关系为主的私人交往形式转化为现代市场经济为基础的公共交往形式，友善在新时代背景下获

---

① 《朗文英英词典》，[OL]. https://www.ldoceonline.com，2018 年 12 月 1 日。
② 李荣，冯芸：《社会主义核心价值观关键词：友善》，北京：中国人民大学出版社，2015 版，第 3 页。
③ 黄明理：《社会主义核心价值观研究丛书友善篇》，南京：江苏人民出版社，2015 版，第 2 页。

得新的发展，人们也对友善产生新的需要。理解友善的价值规定与现实特质对推动个体友善德性养成与社会友好和谐氛围营造有积极作用。

友善作为个人德性产生于个体社会化的过程中，离不开实践的作用。人在社会实践中的关系大致围绕着自我、他人、社会与自然进行，因此友善内在的包括了"与己友善""与他者友善""与社会友善""与自然友善"的含义。过往狭义观念的友善主要指人际交往中与他者的友善，当代的友善的表现不再满足于人际交往的"朋友般善良"，而是立足于实现个人全面发展的与社会的整体进步。人们通过善心善行、推己及人的态度与行为合理表达善的真意，不断在实践中自我更新、发展、维护友善，实现善的美好品德。友善进一步体现为社会的公共伦理，要求个体的认知与行为符合"善"的标准，是在主体对善的理解上态度与行为的合一。人们依照友善的要求关照他人的权利，也获得他人对自身的善意，社会秩序正常运行的伦理基础得以和谐稳定的发展。友善虽然强调包容和谐，但并不意味着无原则的迁就与趋炎附势，而是在具体情况具体分析中做到"美美与共，天下大同"。友善不是单向度的个体在与外界的友善互动中获取互惠互利，每个人都可以是友善的施与者和受益者，推动个体行为价值的实现以及共同体道德建设的拓展。个体的德性与社会公共伦理并非彻底割裂，而是不断的相互影响。当二者的目标得以一致时，就促进了友善的生发，人们也因此获益于共同体的道德利益。

友善是社会主义核心价值观中的个人规范性准则，弘扬与践行友善价值观要以落实新时代公民道德建设，提高全社会道德水平，全面建成小康社会、全面建成社会主义现代化强国的战略任务为落脚点，是人们在诠释友善中促进社会全面进步，实现个人全面发展的必然要求。人民群众要充分发挥践行友善的主体地位，而不是承担被动式的说教，激发人们善良的道德意愿、道德情感的产生，行使相应的道德权利与道德义务。道德根源于阶级的利益，无产阶级的道德必然为无产阶级服务，[①]共产主义的道德是为了"社会上升到更高水平，为人类摆脱劳动的剥削"。[②] 当代中国的友善具有宏大的时代视野与崇高追求，在扬弃了过往中西方相近概念专注在城邦维系、经济利益、血亲关系、统治稳定等方面的因素时，突破了旧有概念的内涵及外延的狭隘性，道德践行对象从单一的对他者，完善发展为对己、对他人、对社会、对环境的友善，是人以友善的认知、

---

① 《列宁选集》(第1卷)，北京：人民出版社，2017年版，第42页。

② 《列宁选集》(第1卷)，北京：人民出版社，2017年版，第292页。

态度与行为对待自身世界、他者关系、社会互动、与自然环境的相处,乃至构建人类命运共同体美好愿望的重要判断与选择。

2.1.3　友善与相关概念的辨析

2.1.3.1　友善与西方友爱、博爱概念的比较

第一,友爱自古希腊时期起就被视为城邦中的重要品德,集中体现在基于维系城邦治理基础上的德性交往关系,主旨是维系城邦及促进成员之间理解与团结,具有古典的公共道德性质。[1] 古希腊的城邦制度、家庭制度、继承制度等使友爱范畴不单包括朋友关系,更是包含任意两人因相互吸引建立联系的多种关系。友爱最初形式主要有四种:"氏族部落成员和家族成员关系、伙伴关系、主客关系、性爱关系。"古希腊人在友爱关系中会将对方视为"属于自己"以及"结伴带有实际目的"的对象,并基于这四种友爱的形式发展出城邦的"公民之爱"。[2] 友爱交往的联结由氏族部落、家庭成员的关系拓展至同族同城邦的关系,关系的连接点由血缘扩散向经济、法律、契约等。[3] 因此,友爱在当时维系了城邦的统治,古希腊哲学家们对友爱展开了不同视角的论述。

苏格拉底认为:"美德就是知识,对善的认知与认识是压倒一切的,这种知识不是指的科学知识或某种技艺,而是一种使人类成为'人'而不是'野兽'的生活的本质。"[4]他还指出:"人天生就具有友爱、彼此需要与同情,并为了共通的利益合作,一个人如果没有接受德性的考察,他的人生便是没有价值的。"[5]柏拉图认为一切能对人们"提供帮助"的就是友爱,在《李思篇》中柏拉图认为追寻友爱的原因是出于欲与中性(而不是作为恶的匮乏),友爱的本质在于感情而不是理性,但此时柏拉图还没有得出肯定性的结论。在《会饮篇》中柏拉图探讨了爱、美、善、欲等话题,认为友爱本质上是人对美与善事物的爱,是一种"自身不美不善,却爱美善的欲",通俗地说就是人只爱"好的东西"。在《斐德罗篇》中柏拉图认为爱者之爱,对于被爱者有其危害一面,这种友爱不是出于善意,而是一种占有欲,即长久的使美与善的事物属于自己的欲望。另一方面,他以"灵魂与马

---

① 黄明理:《社会主义核心价值观研究丛书友善篇》,南京:江苏人民出版社,2015 年版,第 20 页。

② 廖申白:《亚里士多德友爱论研究》,郑州:河南人民出版社,2000 年版,第 25 页。

③ 廖申白:《亚里士多德友爱论研究》,郑州:河南人民出版社,2000 年版,第 30 页。

④ 李曦:《善恶的此岸——伦理学史话》,长沙:湖南科学技术出版社,2010 年版,第 5 页。

⑤ 〔古希腊〕色诺芬尼:《回忆苏格拉底》,吴永泉译,北京:商务印书馆,2009 年版,第 69 页。

车"的比喻讲述了欲望与节制的冲突,在这样的冲突的友爱关系中,友爱非但没有使人与社会和睦友善,反而有可能使人们转向原子化的敌对状态,个体与共同体的利益未达到一致。①

亚里士多德在《尼各马可伦理学》中谈道:"友爱不是单纯的情感与善意,而是(或包含)一种德性。"友爱包含了基于实用的为了能得到对方好处的有用之友爱,基于快乐的因对方带来愉快的快乐之友爱,基于德性的人之间的完善友爱。② 友爱的存在是把城邦联结起来的纽带,是为了维系城邦的存在与稳固,为此立法者们重视友爱胜于公正。③ 亚里士多德因此指出:"尽管这种'善'于个人与城邦是一样的,城邦的善却是更为重要与完善的善,因为一个人获得善固然可喜,为一个城邦获得善则更高贵与神圣。"④亚里士多德还提出了"三种可爱的事物":善的、令人愉悦的、有用的事物,并分类出基于实用、基于快乐、基于德性的三种友爱。⑤ 德性是持久品质,因此,只有基于德性的友爱可以持久。亚里士多德对美德分类做出深入分析,将美德分为智性美德与道德美德。道德美德即人们通过理性控制感情和欲望,从后天获得、表现的德性,并用中道来描述美德:美德就是不走极端,极端便是恶德,美德不能过度,也不能不及。综上所述,亚里士多德的思想为人们构建道德共同体的完满德性与社会的和谐公正秩序提供了重要参考。

总体来看,友爱体现了当时的统治阶级希望维系城邦之善的政治理想,他们尤为注重公共城邦的善,视公共的善为各善之首,将友爱与城邦共同体的维系、公平正义联系紧密,为维护城邦统治、安定社会发展、提高人们生活福祉起推动作用,这为当代正确认知友善价值观的概念、范围、定位、培育有一定的借鉴意义。西方现代社会的强调公共秩序的"公德"的权威性来源于古希腊友善中"公共的善"的思想,在突破血缘局限与扩大友善范畴,对道德践行范围进行拓展。然而,友爱并不总是作为美好的代言存在,它的出发点是理性主义,以统治者对城邦的维护与构建为旨趣,倡导友爱主要是为了维系城邦的稳定统治,是一种将人的德性工具化的取向,以公共城邦的友爱需求遮盖了个体应有的发

---

① 廖申白:《亚里士多德友爱论研究》,郑州:河南人民出版社,2000年版,第37-48页。
② 〔古希腊〕亚里士多德:《尼各马可伦理学》,廖申白译,北京:商务印书馆,2017年版,第253页。
③ 〔古希腊〕亚里士多德:《尼各马可伦理学》,廖申白译,北京:商务印书馆,2017年版,第250页。
④ 〔古希腊〕亚里士多德:《尼各马可伦理学》,廖申白译,北京:商务印书馆,2017年版,第4页。
⑤ 〔古希腊〕亚里士多德:《尼各马可伦理学》,廖申白译,北京:商务印书馆,2017年版,第254页。

展与利益,缺乏对个体关怀的友爱无法具备友善德性应有的共同性。

第二,博爱观念中西方皆有,18 世纪法国资产阶级革命时期提出的自由、平等、博爱这三条价值观被称为西方社会"普世价值",至今在全世界影响深远。博爱一般被视为"对人类普遍的爱",但因人类不可避免的利益之争,及个体对社会前景与真善美的不同理解,必然隐藏诸多弊端和矛盾,不可能抵达真正的博爱的境地。① 博爱与资本主义的政治制度、宗教、文化、资本主义精神密切相关,先天携带资本主义制度的缺陷导致局限性。在资本主义社会中,交往活动不论何时都需要通过货币进行资本核算,社会与人需要积累更多的利益以赚取财富。这样的先决条件下社会难免将博爱对人的关怀视为在开展经济活动中要利用的手段之一,夹杂了功利与享乐等因素。正如马克斯·韦伯所言:"经济的发展形成了宗教派别,一定的资金通常来说是一个人在接受教育或展开经济活动时的首要条件。教会在宗教改革之后只不过变换了一种掌控人们日常生活的新措施,它们并不会放弃对人们日常生活的掌控。"② 这种颠倒真实的友善目标,追逐资本目的博爱成为了资本主义精神的代言。

马克思在其博士论文《德谟克利特的自然哲学和伊壁鸠鲁的自然哲学差别》中引用了古希腊哲学家普鲁塔克的话:"就本质而论,愤怒离仁慈最远,凶恶离敦厚最远,恶意和敌意离博爱和友善最远。"③ 马克思认为在存在私有制的市民社会中,人与人之间的关系更多地表现为"交换关系""利益关系""消费关系""手段与工具"的关系,它无情地斩断了把人们束缚于天然尊长的形形色色的封建羁绊,它使人和人之间除了赤裸裸的利害关系,除了冷酷无情的"现金交易",就再也没有任何别的联系了。它把人的尊严变成了交换价值,用一种没有良心的贸易自由代替了无数特许的和自力挣得的自由。④ 资本主义制度最为根基的"理性经济人假设"认为人的天性都是利己的,并且只有利己的人才是合乎理性的人。这样的经济制度为自私自利找到伦理的庇护之处,导致了剥削、压迫的产生,资本主义倡导的"博爱"难以实现。马克思批判了博爱的虚伪,认为"资本

---

① 〔英〕斯蒂芬:《西方保守主义经典译丛:自由·平等·博爱》,冯克利、杨日鹏译,南昌:江西人民出版社,2015 年版,第 12 页。

② 〔德〕马克斯·韦伯,《新教伦理与资本主义精神》,刘作宾译,北京:作家出版社,2019 年版,第 4-5 页。

③ 《马克思恩格斯全集》(第 40 卷),北京:人民出版社,2002 年版,第 283 页。

④ 《马克思恩格斯选集》(第 1 卷),北京:人民出版社,2012 年版,第 275 页。

主义社会中阶级的存在使得超越阶级的博爱显得形式化与软弱化,并不具备真正实现的社会生产条件与民众的心理条件"。[①]"共产党一分钟也不忽略教育工人尽可能明确地意识到资产阶级和无产阶级的敌对的对立"。[②] 这表明马克思认为不存在超越阶级的博爱,只有清醒地认识到这一点,才能认识博爱本质的野蛮性与残酷性,进行彻底的批判。也只有在消灭私有制之后,阶级对立失去根基,人与人才能做到实质的友善相处,发展出真诚的友善价值观。

恩格斯指出:"善恶观念从一个民族到另一个民族、从一个时代到另一个时代变更得这样厉害,以致它们常常是互相直接矛盾的。"[③]这缘于博爱关心的不是具体的、历史的人,而是抽象概念化的人。在资本主义社会中,"人们自觉地或不自觉地,归根到底总是从他们阶级地位所依据的实际关系中——从他们进行生产和交换的经济关系中,获得自己的伦理观念。人们只要认为哪些条理最有利,就甚至会昧着良心使用诡计或暴力强行订立这些条约"。[④] 资本追逐利益最大化的天性导致了社会成员间关系必然的不平等,博爱因此烙印着明显的阶级性,毫无疑问地无法如社会主义制度下的友善德性一般,帮助人实现全面自由发展。

比较而言,当代中国的友善作为社会主义核心价值观,源自人们内心对于友善道德的真诚认同与对于友善价值的不懈追求,强调的是个人与集体利益的双重保障,是整体性的兼顾利益观念,其根本的追求是协调人的内部世界和外部世界的利益关系与价值选择,最终实现人的自由全面发展,因而在完善公民道德培育、引导社会秩序优化,强化集体主义等方面具有重要的理论与实践意义。

2.1.3.2 友善与仁爱、兼爱概念的比较

第一,仁爱是儒家思想中的重要道德,核心思想主要指"爱人"。孔子认为仁爱体现了人的价值与人性,从本质看仁爱是潜在的价值,只有在实践中才具有现实的价值,即当个人在爱人的时候才具备仁,爱人的才是"仁者"。[⑤] 孔子认

---

① 罗秀球:《论爱在共产主义道德中的地位和作用》,《湖南师范大学社会科学学报》,1992 年第 2 期,第 106-108 页。

② 《马克思恩格斯选集》(第 1 卷),北京:人民出版社,2012 年版,第 306 页。

③ 《马克思恩格斯选集》(第 3 卷),北京:人民出版社,2012 年版,第 433 页。

④ 《马克思恩格斯文集》(第 1 卷),北京:人民出版社,2009 年版,第 57 页。

⑤ 江畅,斯洛特:《关于仁爱与关爱的对话》,《哲学动态》,2019 年第 9 期,第 121-128 页。

为仁爱是崇高的道德原则与人格的外化，具有仁爱德性是不作恶的人，"仁"的价值远在"礼""乐"之上，是好的人性的体现，儒家思想的"孝悌、忠恕、恭、宽、信、敏、惠"等都可以视作仁爱的行为规范。而孟子将仁爱赋予了"天道"思想，综合了仁义的关系，提出仁是爱人与不忍人之心，义是以恶为耻之心，并发展了"仁义礼智"四德，认为人要充分发挥本心，尽可能地践行四德的德性与德行。韩非子认为，仁爱是以"友好的态度"对待他人，《韩非子·解老》中提到："仁者，谓其中心欣然爱人也。"总体来看，仁爱思想强调理性在实现中的作用，获得仁爱的德性是理性的自觉活动，"忠恕""中庸""己所不欲，勿施于人"等仁爱的原则也是基于理性的仁爱。除了讲求君子必须拥有道德，还进一步追求"大同社会"的实现，在人人相互关爱的基础上实现友善、有序、和谐的社会，为当代友善的实践范畴提供了参考。需要注意的是，仁爱起源于家庭，最初与亲情密切相关，随后扩展至他人与社会，道德范畴受限于亲疏远近具有偏袒性，随着血缘亲疏由内向外递减，有着先后于远近的等级差别，因而仁爱的本质是分尊卑等级、不平等的，当代的友善必须克服这种不平等性。

"兼爱"是墨家思想的核心，指"兼顾的、无差别的"爱，对象平等不分长幼贵贱。区别于以血亲之爱为基础的仁爱，兼爱的道德范畴强调"普世的爱"，认为上天希望人们相互爱护而不是厌恶，用一种类似宗教"天道"的存在为兼爱提供理论基础。墨子还探讨了"义与利"的关系，在《墨子·非乐》中提到"利人乎，即为；不利人乎，即止"的观点，即做事要考虑他人的感受与利益，不能只从自身利益出发。在兼爱视角下，统治阶级为政的目的也在于保护百姓的利益。① 兼爱体现的爱无等差、尊重体谅、平等互利等内涵是古代道德观念的进步，但也要注意这是一种自上而下、带有怜悯与施舍性意味的关爱，缺乏友善具备的主体间性与平等互利的关系。综合来看，友善作为社会主义核心价值观包含的社会主义本质使它比仁爱与兼爱的包容性与延展性更为深远，强调人的友善道德义务的同时赋予相应的道德权利，保障人们自由生存与发展的需要，以尊重互助、合作共赢的价值导向维系友善的生存空间，在消灭了阶级对立的社会中使友善得以从理想境界走向现实生活，提升为人与社会认同的公共善，这也是社会主义核心价值观体系的友善优于过往任何体制中友善思想表达形式的根源。

① 李曦：《善恶的此岸——伦理学史话》，长沙：湖南科学技术出版社，2010年版，第194页。

2.2 友善价值观培育的内涵考察

每个人自出生起就已处于既定的社会意识形态氛围中,通过各类受教育途径认同社会意识形态。友善价值观在日常生活中如空气般无处不在,人们却日用而不觉,由此引发认知不清、践行乏力等道德困境,影响了友善价值观的生发与实现。培育友善价值观对于人树立与中国特色社会主义相适应的价值取向、思想观念、道德操守与民族精神尤为重要,是维护社会和谐团结,激励中国人民画出最大同心圆的精神纽带。因此,有必要对友善价值观培育进行相关概念的梳理与结构的解读,以此帮助人们增长友善思想智识,滋养友善行为源泉,使友善成为人们的内在价值追求与外在显性自觉行动。

2.2.1 友善价值观概念的厘定

友善价值观在党的第十八次代表大会后正式纳入社会主义核心价值观体系,标志着中国共产党对人类文明中的友善思想观念的批判性继承发展,有着科学的内涵和准确的定位,是我们在中国特色社会主义制度下正确认识和应对友善关系的价值准则,得以在不断完善培育理路的过程中,推动全民的友善道德素质与社会友善程度达到一个新高度,为中华民族实现伟大复兴提供精神动力。然而,在过往研究中,学者们对友善价值观概念的论述大多局限在"人际友善"的桎梏,导致人们在培育时对友善价值观的内涵、外延、特质、作用、知行规律认识不足。针对这一情况,本书以马克思主义学说为理论基础,以教育学、心理学、伦理学的多学科视角,基于立德树人根本任务与大学生实现全面自由发展的需要,阐释友善价值观的本质规定、价值属性与内涵解析。

2.2.1.1 价值观的概念

价值观顾名思义是人关于"价值"的观念,指人以自身需要为尺度,对事物重要性认识的观念系统,即个人认为对他什么是"最重要、最有意义、最有价值"的看法。人身处某个具体的历史的社会中,会依照一定的价值标准对自身和社会的行为价值进行评价,从而产生"是否值得"的价值感,因此价值观是人对某种事物或某个行为的态度决定因素。

第一,价值观的内涵。作为观念系统,价值观对人的思想与行为具有导向、调节的作用,使人的思想与行为指向某种目标或倾向。微观来看,价值观是个体世界观的重要组成部分；宏观来看，价值观是社会文化体系的核心，比起需要和动机对人具有更大的概括性，是人在行为过程中表现出来的对选择对象重要性的认可，具有内在人格化的特点，渗透在人的个性之中，指导着人的思想与行为，一旦形成就会成为个体选择某种行为的判断基准。① 我国当代的价值观研究在马克思主义价值哲学指导下进行。《马克思主义哲学辞典》中提到"价值观是关于什么是价值，价值的构成、性质、标准以及价值评价的学说"。② 在马克思主义哲学的视域中，价值观可以视为是人们对价值及其价值关系的主观认识或表达。人们在认识世界及改造世界的过程中，创造并实现着价值，必然会形成对于价值的基本观念。③ 因此，人的价值观会随着社会化的进程发展，人在社会实践中经历观念与行为的冲突，不断地进行协调与克服，使价值观逐步发展至成型。

第二，价值观的结构。价值观的结构由"价值目标、价值手段、价值评价"三种成分构成。价值目标处于价值观的核心地位，是个体行动的动因，回答了"人的行动是为什么"的问题，是人思考、决定并追求的对其自身行动具有重大意义的目标，决定了价值观的性质、方向，推动了实践的开展。价值手段是人为了达到其价值目标采取的方式方法，回答了"人怎样行动"的问题，是价值目标的具体体现，也是实现人的价值观的重要保障。为了实现价值目标，人需要对多种手段进行分析、比较，进行最佳价值手段的选取。价值评价是人依据某种价值标准，对客观事物的价值有无、大小做出的判断，回答了"人的行为有无意义及意义大小"的问题，对人的价值观树立、维持、改变及相应产生的社会态度与行为起调控作用。这三种成分相互联系，构成了价值观结构的统一整体。人身处客观世界中，会依照一定的价值评价标准对自身及社会的价值进行评价，产生"是否值得"的价值感，进而对价值目标、价值手段的方向与程度大小产生或促进，或维持，或转变的影响。④ 这三者紧密联系，构成了价值观的有机整体，形成人们内心深处的精神内核。

---

① 张进辅：《青少年价值观的特点》，北京：新华出版社，2006 年版，第 3 页。

② 李士坤：《马克思主义哲学辞典》，北京：中国广播电视出版社，1990 年版，第 189 页。

③ 宫志峰、李纪岩、李在武：《大学生社会主义核心价值体系建设研究》，北京：人民出版社，2012 年版，第 5 页。

④ 张进辅：《青少年价值观的特点》，北京：新华出版社，2006 年版，第 5 页。

2.2.1.2　友善价值观的概念

第一,友善价值观的本质规定。友善价值观是中华民族自古以来崇尚的传统美德,广义上是指"友好善良",是民众在交往过程中出于善良之心释放出的友好态度与善意行为。[①] 道德哲学视角的友善价值观是一种德性;心理学视角的友善价值观是"类人格"的特质,一种复杂的社会心理现象;社会学视角的友善价值观是一种道德规范,是人社会化的结果。我们作为社会主义国家,消除社会贫困,促进人的自由全面发展是建设现代化强国的必然追求。因此,当代的友善价值观与既往的友爱、博爱、仁爱、兼爱等理念不同,"既是个人的德,也是一种大德,就是国家的德,社会的德",[②]内在地体现了社会主义的本质要求,通过凝聚个体与共同体的友善共识,汇聚道德践行合力,人们有了基本共同体的友善精神信仰与价值追求,对于"消灭剥削,消除两极分化,最终达到共同富裕"的体会更为深刻,追求更为迫切。因此,当代友善价值观使人的自由全面发展与时代的要求得以平衡,是把友善和谐的美好生活价值核心回归至人民的本真诉求,体现以人为本的核心观念,在本质上是马克思主义理论在新时代公民道德建设中具体发展的象征,彰显了社会主义制度的优越性。

第二,友善价值观的价值属性。友善价值观内在地蕴含在人的价值观总体系内,呈现的方式丰富多彩,但总体蕴含着对人们有"善的益处"这一价值属性特质。人们基于这一特质根据自身与外界需要形成友善价值观,是人对友善的思维方式及行为做出的偏好选择。因此,友善价值观可以视为个体内在的整体认知对友善的评价标准,反映的是人对友善的态度与选择,产生的友善认知对友善行为具有重要的指导作用。按照价值观的三个基本成分,可以把友善价值观结构划分为友善价值观目标、友善价值观手段、友善价值观评价。其中,友善价值观目标是人们思考和追求友善所要达到的目标,涉及"友善是为了什么"的问题,处于友善价值观的核心地位。不同的人、社会群体、地区国家追求的友善的目标也不尽相同,是为了获取一定的利益还是为了他人与自己得到共同发展采取友善对于选择的手段与之后的评价都会有所不同。友善价值观手段是人们为了达到、获得友善采取的途径与方法,涉及"人如何达到和获取友善"的问题,是友善价值观的现实表现。实现友善价值观可以采取不同的手段,而不同

① 黄明理:《社会主义核心价值观研究丛书友善篇》,南京:江苏人民出版社,2015年版,第1页。
② 《习近平谈治国理政》(第一卷),北京:外文出版社,2018年版,第169页。

40

的手段最终达到的友善的效果、意义也可能存在差异,因此作为手段,会由于人们的选择是否恰当,呈现正确与不正确的方式。友善价值观评价是人们对友善有了一定的认识实践后,依据一定的标准对友善是否有价值、怎样有价值做出评价与判断,涉及"什么样的友善有价值"的问题。正如柏拉图所言:"一切能提供保存和助益的是善,能造成破坏和毁灭的是恶。"关于友善价值观的评价关乎人们是否认可和趋向友善。《孟子·尽心上》中提到"居仁由义,大人之事备矣",即人要胸怀仁爱之心,做事遵循义理。其中的"义"是一种友善的行为,包括了"应当"的行为,也包括对于"失当"行为的价值评价。因此友善价值观的评价体系对人们采取怎样的践行手段有促进或阻碍作用。同时,友善价值观的评价还包括人因友善所获的情感体验,例如有的人认为友善是快乐的,就会认为有价值,有的人认为友善是痛苦的,就不存在价值。当主体的友善价值观结构与国家利益、社会发展趋势与人民选择方向性一致时,可以激发强烈的道德意愿与情感,有助社会公民道德的培育。

第三,友善价值观的内涵解析。由于友善价值观的构成与影响因素的多元性,以及学者们研究出发点、兴趣点及所处时代和环境的不同,当前学界尚未对友善价值观概念内涵、外延、功能、特质进行系统的描述与统一界定,造成对友善价值观的内涵、概念、结构、测量的理解不同,友善价值观至今缺乏统一的标准化理论表述与明确的操作性定义,由此导致培育的深度、广度难以拓展,为深入科学的研究带来消极的影响,并且未统一的概念定义导致培育的理论体系各自成说,未能有效整合与积累,个体的友善与共同体友善的整合统一受阻。因此,本书通过厘清友善价值观培育的概念释义、结构特征、主要作用等基础理论,提升思想政治教育的科学性与规范性。

(1)理论内涵方面:友善价值观是个体因自身友善德性所展现的心理态度、道德品质和行为规范。它形成于人们参与社会主义改革与发展的历史进程,有具体的理论和实践来源,是人们对友善的现象、关系、选择、目标等自觉产生的价值基本形式。人在社会交往过程中从自身与社会的需求出发,将世界观、人生观、价值观在友善道德层面具体化呈现,体现出友善的意愿、取向、观点等。友善价值观的结构包含目标、手段与评价,人们以此标准进行友善的认知,指导自身道德实践。综合已有结论,本书在思想政治教育学科视域下将友善价值观定义为:友善价值观是主体认为什么样的友善是"有价值"的一种观念,它产生于主体与自身、主体与他人、主体与社会、主体与自然环境的思维及实践活动过程中,是主体对于有关友善现象、友善关系、友善选择、友善目标、友善手段、友善评价等方面的情感态度和总体取向,它与主体的社会存在与社会意识息息相关,对主体的友善态度、认知及行为起着影响、指导等方面的作用。

(2)操作性定义方面:操作性定义是实证研究的基础,过往对友善的实证研究尚未建立统一的友善价值观操作性定义,科学化的研究除了要明确概念的理论含义,还需要确凿的操作性定义,为后续的实证调查建立标准基线。操作性定义是指根据事物可观察、可测量、可操作的特征来界定概念含义的方法,是一种将抽象的概念转换为可观测、可检验的项目而进行的定义方式。价值观的操作性定义在道德心理学中常见,通过对道德心理的操作性定义可以得到概念的结构与维度。如沃克(Walker)和皮茨(Pitts)在1998年进行的道德属性词划分实验中发现,人们将崇高道德心理划分为六个维度:"原则—理想""依赖—忠诚""关怀—信赖""自信""正直""公正"。这些维度可以最终归为两个大类维度,"自我—他人"与"内部—外部"维度,或是"自我—他人"与"理智—情感"维度。[①] 当前国家对友善价值观的官方宣传口号是"推己及人,善心善行",本书认为这虽不是一个严格的操作性定义,但可以把它视为某种关于友善价值观内涵以及实现的形式、路径的有效解释,可以帮助划分友善价值观的操作性定义。其中,"推己及人"解释了友善价值观"怎么做",回答了"如何友善"的问题,是对内与对外的一致。"善心善行"解释了友善价值观"是什么",回答了"何为友善"的问题,是认知与实践的统一。由此可以得出友善价值观的两个导向:象征"善心善行"的"内部—外部"导向。外部导向是把友善在功能上作为一种实现自己目的的手段,与之对应的是内部导向,即友善是出于自我满足的目的;象征"推己及人"的"自我—他人"导向。自我导向的友善是为了自己,获取自己对友善的反应或者友善对自己的影响,与之对应的是他人导向,即友善是为了别人,为了获取别人的反应和评价。友善价值观的导向划分阐释了人要实现友善需做到对内与对外友善、思想与态度友善,认知与行为友善,在认知与实践结合的过程中达到心理认同与外部行动的统一,成为自觉的践行者。在这两个导向划分上,友善价值观不再是为了追求自我人格的完善,或是与他人的友好关系的人际交往德性,而是为了共同体实现美好与善的价值观。友善价值观从内在善提升为共同善,确立了成为社会主义核心价值观的前提与逻辑。因此本书将友善

---

① 喻丰:《美德的实证心理学研究:存在、涵义、分类及效应》[D],博士学位论文,清华大学,2014年,第83页。

价值观的操作性定义界定为,人们对友善的态度倾向,是友善和人之间的相互作用,根据人在现实生活中对友善的践行产生主观等级偏好,包含"内部—外部"和"自我—他人"两个导向,及友善价值观目标、友善价值观手段、友善价值观评价三个维度,这一定义为后续开展实证调查提供理论支撑。

2.2.2　友善价值观培育概念的厘定

通过界定友善价值观的概念定义,可以更具有针对性与实效性地培育新时代友善价值观,提升社会成员对友善的认同感,化解社会潜在的道德伦理风险,促进社会成员的团结与和谐,强化友善价值观中公共性质的道德权利与践行义务,让友善成为全体社会成员的自觉价值追求。

(1)友善价值观培育的概念厘清。人是同时具备自然属性和社会属性、现实性与超越性的存在,人的全部生产活动本质上可以视为"人的世界化"与"世界的人化"相互交织的过程。在此过程中,人通过具有目的性、对象性的活动将自我尺度外化于世界,同时将世界运行的要素和规律内化于自身,构建人与世界的联动关系。这个联动关系不但包含了人生存发展必需的物质条件与社会交往,还包括了人对精神世界的追求,这些追求共同构成了人与自我、与他人、与社会、与自然的价值关系。[①] 作为社会意识的价值观是社会存在的反映,出于对共同利益或是愿景的向往,人们谋得价值观的共识是可能且必要的。[②] 在新时代,友善价值观培育是中国共产党人在对东西方友善思想文明的批判性继承上的中国化发展,通过系统地开展友善价值观培育,积极引导人们追求友善的道德理想与道德实践,以此夯实社会崇德向善的道德空间,自觉弘扬与践行友善价值观是社会成员过上美好生活的重要条件,是以好价值观不断完善好人格、拥有好生活的充分实现,也是中国共产党人致力于为人民谋幸福,为民族谋复兴的初心与使命,体现为对社会主义本质要求的郑重表达,培育的最终目的与任务是通过社会成员的合力形成实现美好生活的道德基础。因此,友善价值观培育是指通过对主体道德认知与道德行为的教育,使人们涵养以友善为核心的公共道德品质,同时让人们建立向内与向外的友善关系,让社会成员以友善的认知与行为积极参与社会共同的生产生活,并在此过程中关心自身,也关心他者、社会、国家与整个世界,实现个体与共同体对友善的需要。

---

① 韩丽颖:《当代大学生核心价值观研究》,北京:人民出版社,2014年版,第1页。

② 沈湘平:《价值共识是否及如何可能》,《哲学研究》,2007年第2期,第107-111页。

（2）友善价值观培育的主要特征。友善价值观作为新时代马克思主义理论指导下公民道德与价值观理念的新发展，必然表现出价值主体自身属性的鲜明特征。一方面，友善价值观来源于人们对社会主义制度的信仰与践行，人只有在社会主义才能摆脱资本与阶级的束缚，充分表达宽容、关爱、团结、尊重等蕴含友善的美好品质，这使得友善价值观培育具有重要且独特的伦理责任。另一方面，现实社会的快速发展与人的道德水平提升不同步，挤兑了人对友善道德理想的向往与追求，导致友善的道德沦落与意志消弭。因此，有必要对友善价值观培育的特征从共存的导向、内容的建构、实现的方式三个层面予以准确把握，着力提升友善价值观培育的价值，打造新的道德境界，改善社会道德环境，将被动式道德教化转为主动式德育构建。

其一，在导向上，友善价值观培育是利他与利己的统一。共产主义是对私有财产及人的自我异化的积极扬弃，友善价值观培育的旨趣是实现共同体友善，在共同体中使广大集体而不仅是个体获得友善道德。在实践友善过程中，集体与个体的利益不是对立关系，友善的培育并非需要个体绝对化、无条件的牺牲、压抑与让步，陷入"自身忘我""成全他人"的误区。通常而言，集体主义有四种形态：整体集体主义、利他集体主义、利己集体主义与他己两利集体主义。前三者实质上都是不完备形态的集体主义，只有实现他己两利才是完备的集体主义。[①] 友善价值观中包含双赢、互惠、协调、团结等因素，利己与利他取向无须互异就可以实现。只有在他己两利的导向中，才能保障集体与个体的向往与追求契合，培育友善价值观的精神意义得到提高与升华。在现实生活中人们对道德交往在认知上存在较大差异，复杂的道德性情与多变的道德环境易使培育的导向在观念碰撞中走向两极，产生利己与利他主义的二元矛盾：追求极致道德崇高，毫不利己只为他者，将道德义务凌驾于人的发展之上的绝对利他主义；或是谨守道德伦理底线，信奉人不为己天诛地灭道德冷漠的绝对利己主义。二者都是对友善价值观培育导向的狭隘理解，未能把握友善的精神内核是他己两利、互惠互助的道德义务与道德责任的统一，既违背了个体的德性发展规律，也忽视了共同体对个体的关怀责任。尽管利己主义与利他主义的张力在社会中实然存在，但二者并非不可调和的矛盾。亚当·斯密（Adam Smith）指出："利他与利己是人类最基本的两种情感，而在人本主义学者看来自己与他人同等重

[①] 肖海涛，阳书亮，张西西：《道德教化与自我教育》，北京：中国社会科学出版社，2020 年版，第 34 页。

要,同样需要尊重。"①近代的伦理学家也认为人具有利己的"自然倾向",具有天然的合理性,并认为利己有"无损他人"的道德原则,其后在此基础上提出了"有益他人""服务他人"等原则,说明利己具有道德的合理性,人们从利己中发展出利他,爱己扩展至爱人。② 马克思与恩格斯在《德意志意识形态》中通过批评施蒂纳(Stirner)的"自我一致的利己主义"表达了对于利己与利他关系的论述:"无论利己主义还是自我牺牲,都是一定条件下个人自我实现的一种必要形式。""共产主义者既不拿利己主义来反对自我牺牲,也不拿自我牺牲来反对利己主义,理论上既不是从那情感的形式,也不是从那夸张的思想形式去领会这个对立,而是在于揭示这个对立的物质根源,随着物质根源的消失,这种对立自然而然也就消灭。"③在过往的社会形态,尤其是以私有制为主的资本主义,由于物质的不发达与生产资料的分配不均导致阶级对立,使培育的导向产生利己与利他的矛盾。随着新时代中国社会生产力的不断进步与阶级矛盾的消除,对立的根源逐渐消失,利己与利他的矛盾得到缓解,并有了统一的可能。从元价值学的角度来看,人在现实生活中产生的所有行为都出于自身的"意欲",其中自私是"避免自己厌恶的坏的东西",利己是"自己追求的善的东西",利他是"把对他人有利的善的东西当作对自己也有利的善的东西来追求"。利己与利他有共同的"不侵害他人利益"伦理底线,而自私则存在侵害他人利益的可能。利己的动机与行为符合人们趋善避恶的本性,是人的本性,利他的行为与动机同样是人们趋善避恶的本性,利己与利他二者之间并不存在排斥、取代而出现因一方的出现失去实然存在性的可能。④

友善价值观本质上可以视作对于他人的自我道德投射,即发现他人与自己的"道德相似性",对他人友善意味着对他人拥有的优秀品质的追求。⑤ 亚里士多德认为:"对待朋友需像对待自己那样。"孔子指出:"己所不欲勿施于人。"在培育的导向中,爱人与爱己可以得到共通契合,利他与利己因友善培育获得了连接的桥梁,实现从维护个体利益顺利过渡到包容共同利益。友善价值观不代

---

① 袁晓琳:《道德心理学》,北京:科学出版社,2019 年版,第 155 页。

② 江畅:《西方德性思想史概论》,北京:人民出版社,2017 年版,第 175-176 页。

③ 《马克思恩格斯全集》(第 3 卷),北京:人民出版社,2002 年版,第 275 页。

④ 刘清平:《利己主义的复杂道德属性》,[OL]. http://www.aisixiang.com/data/115167.html,2019 年 2 月 22 日。

⑤ 李建华:《趋善避恶论——道德价值的逆向研究》,北京:北京大学出版社,2013 年版,第 11 页。

表需要只顾自身的个人利己主义式发展,也并不意味着要完全利他的"毫不利己专门利人",绝对的无私奉献与不需回报,而是有利于个体的健康人格发展与社会团结和谐的价值观。由此,友善价值观培育不再局限于处理人际交往过程中的关系,而是为了实现共同体的友善,在平等交往基础上引导人们养成崇德向善的伦理责任,是"待他者之善"与"待自身之善"得到兼顾的道德教育系统工程。当利己与利他的导向得到统一后,体现为个人利益、社会利益、国家利益、自然利益的宏观重叠合一,社会友善得以高质量的良性互动与协调发展,友善价值观在不断的进化中实现普遍性的道德实践意义。

其二,在内容上,友善价值观培育是社会主义核心价值观教育与新时代公民道德建设的统一。价值观养成与道德教育紧密相连但又不尽相同。从共通性看,二者都属于社会认知的改变,需要通过对教育对象的心理状况实施影响实现。二者的区别在于价值观培育是基于一定的意识形态与国家政治立场,道德教育则是基于一定的社会伦理与道德规范。具体在友善价值观这一目标内容看,结合《新时代公民道德建设实施纲要》和贯彻落实社会主义核心价值观的要求体现了友善价值观培育的实践样态,在内容上得到了统一。2019年中共中央、国务院印发《新时代公民道德建设实施纲要》,在总体要求中指出要"坚持马克思主义道德观、社会主义道德观,倡导共产主义道德,以为人民服务为核心,以集体主义为原则";在建设的重点任务中明确要"培育和践行社会主义核心价值观";在深化道德教育引导过程中要求"把立德树人贯穿学校教育全过程"。[①]可见社会主义核心价值观教育与新时代公民道德教育在德目体系与内容建构等方面有多重融合,同样依据"个人—集体—社会"的逻辑顺序落实教育的目标,实现对个体自身的道德水平的提升,对他者的关切帮助,建立起对国家和社会的责任与义务。因此,作为社会主义核心价值观体系的友善价值观,它的培育与践行就是新时代公民道德教育的重要篇章,也是作为高位德性的社会主义核心价值观体系与作为基础德性的公民道德建设体系的融合点,体现了将友善这一包涵高级情感的道德教育与终极价值的培养融入基础德性的养成过程。[②]在培育过程中得以使人循序渐进地从对己友善,到学会对他人友善,对国家、对社会友善。就人在社会生活而言,既需要日常生活中如团结、友善、谦虚等个体

---

① 《新时代公民道德建设实施纲要》,北京:人民出版社,2019年,第5-8页。

② 薛晓阳:《道德教育的德目体系与逻辑建构——兼论核心价值观教育的主体地位》,《上海师范大学学报(哲学社会科学版)》,2021年第1期,第125-132页。

道德,也需要具备对社会有益的如爱国、奉献、文明等公共道德。个体在践行友善价值观的过程中对自己、他者与共同体产生连续的道德责任会在全社会形成共鸣,使个体与共同体形成完整的友善。因此,友善价值观在内容上既是个人的德,也是一种大德,它作为个体与共同体的德的培育,集中表现为贯彻社会主义核心价值观与道德教育的统一,本质属于但又超越一般性的道德教育,是一种具有统领指导与约束性的综合育人工程。

其三,在方式上,友善价值观培育是善心与善行的统一。马克思认为:"人的本质是社会关系的总和,人的伦理道德问题首先在于人的生存活动是具有社会实践性的。"[①]"善心善行"是国家对友善价值观的培育宣传标语,是友善的社会意识形态、行为规范、评价选择等方面的总和,作为培育内容二者互为促进,为个体与社会和谐团结、共谋发展提供强大精神动力与正确行为指引。德育与实践生产的结合不单单是提高社会生产的一种方法,并且是造就全面发展的人的唯一方法。[②] 在道德实践中,认知与行为的关系历来倍受重视。在西方,英国的奥斯丁基于言语行为理论提出"言即是行",海德格尔从解释学的角度提出"行即是言"。在东方,我国的孔子、朱熹、程颐、王阳明等人对知与行的关系、本质、要求进行了大量论述。总体上学者们将知行关系大致划分为"知先行后""行先知后"与"知行同发"三类。[③] 友善价值观是基于社会存在形成的价值理念,内化为友善的认知、态度、情感,外显于友善的行为,作为道德认知的善心与行为实践的善行必须做到同发与统一才能实现主体对道德教育的认同,并以道德行为推动友善价值观落地生根。友善价值观的具象表达需要善心与善行的同频共振,促发道德主体的共情共感。作为现实的人,人的生产生活具有社会实践性,实践是检验真理的唯一标准,脱离践行的认知是虚假的。善心是善行的起点,善行是善心的外化,二者互相促进,结合起来达到友善的对内与对外、思想与行为的高度结合,即道德认同与道德实践的统一。因此,培育内容中善心与善行的统一可以推动二者的积极回应,通过友善的知与行的编织铸造牢固的友善共同体,实现调节社会关系、提高精神境界、促进和谐团结等功能。

---

① 王振林:《人性、人道、人伦——西方伦理道德问题研究》,北京:中国社会科学出版社,2011 年版,第 2 页。

② 《马克思恩格斯选集》(第 1 卷),北京:人民出版社,2012 年版,第 278 页。

③ 李建华,谢文凤:《道德态度研究综述》,《吉首大学学报(社会科学版)》,2012 年版,第 5 期,第 21-25 页。

(3)友善价值观培育的主要作用。作用指事物或方法发挥的有效功能与效果。价值观处于人格的核心,是个体行为判断的准则和依据,是人对某种事物或某个行为的态度的决定因素,[①]已有大量研究发现价值观影响行为,并对行为具有显著解释作用。[②] 如罗克奇(Rokeach)认为:"价值观是一种持久的信念,具有动机功能,同时还具有评价性、规范性、禁止性,是个体行动和态度的指导。"[③]友善落实在具体行为上并不是民众简单认为的"予人予社会行好事",其中包含着复杂的诸多因素,如利益和道德的冲突、情感与理智的纠葛、利他与利己的矛盾,涉及与权利、责任、道德、伦理紧密联系的行为判断等。这缘于价值观对于个体的作用除了解决"应当如何"的肯定性评价与取向,还包含着"不应如何"的约束性评价与取向,具有养成美好德性,化解冲突矛盾的多种作用。

首先,友善价值观可以促进人的身心健康发展,增进人与人的情感交流,友善的范畴超过血亲宗族观念,使人与他人、社会得以建立良好的关系。友善价值观的实现,是社会成员以共同体精神团结友爱,温暖现代人心灵,在开放中多元包容,化解道德冷漠伦理危机的重要保障。在实现对友善德性的追求方面,友善价值观培育对提升个体价值判断力,增强友善道德责任,协调人与自身、他人、社会、自然的道德关系有重要作用。价值观对人具有激发与维持行为的作用,具有一定的驱动作用。[④] 通过培育的驱动作用,友善的践行从他律转为自律,促使人们有意识地提升道德自觉,认同道德规范,让人们有更多、更直接、更实在的获得感、幸福感、安全感,充分发挥友善价值观在加强交往融合与道德品质养成方面的功能。在出现矛盾冲突时,友善价值观对人们在践行友善中逾越范畴的行为具有禁止性的约束与规范。在道德情感方面,可以抑制个体因矛盾产生的负面情感,缓解社会群体间冲突,将个体与社会的价值旨趣融入对美好生活的追求中。在法律监管与其他社会规范准则难以深入干预的道德互动场域化解冲突矛盾、增加交往理解,谋求合作共赢,延展社会道德的对话空间。

其次,友善价值观培育可以团结凝聚共同体精神,整合不同社会思潮,推动

---

① 黄希庭,郑涌:《当代中国青年价值观研究》,北京:人民教育出版社,2005年版,第38页。

② 辛志勇:《当代中国大学生价值观及其与行为的关系研究》[D],博士学位论文,北京师范大学,2002年,第4-9页。

③ 〔美〕Rokeach M. The Nature of Human Values. New Youk:Free Press,1973:243.

④ Rohan,M. J. A rose by any name? The values construct. Personality and Social Psychology Review,2000(4),255-277.

社会整体发展,改善社会不良风气,消除社会矛盾,是人们发展事业、家庭幸福生活的重要精神支撑。着力培育友善价值观具有展示人与人交往的善意,提升社会信任的力量,是促进社会民主与团结,消除社会张力,维系和谐稳定局面的重要德性。基于和谐互助的友善价值观在消除发展带来的资源紧张、矛盾对抗方面有独到的作用,并进一步维护自然生态可持续发展,促进人与自然融合共生。在习近平总书记的许多重要论述中都蕴含着友善价值观培育的理想旨趣,如实现中华民族伟大复兴的中国梦、以人民为中心的根本立场、打造共建共治共享的社会治理格局、建设美丽中国、构建人类命运共同体、促进"一带一路"国际合作等,高屋建瓴地从社会友善、民族友善、生态友善、国际友善等多角度为友善价值观在当代的培育发展提供实践落脚点。习近平总书记还在平时讲话中提及"绿水青山就是金山银山""和而不同、美美与共""构建人类卫生健康共同体""坚持人民至上,不断造福人民"等体现友善理念的发展观,用"仁者爱人""与人为善""己所不欲,勿施于人""老吾老以及人之老,幼吾幼以及人之幼"等具有民族特色和时代价值的中国传统友善思想语句,激励民众在践行友善中树立道路自信、理论自信、制度自信、文化自信,实现新时代中国共产党人对友善价值观培育的创造性拓展和完善,推动社会积极健康发展。

综上,本书从价值观的基础结构切入研究,逐层展开分析,以友善价值观的概念、特质、结构、作用四个方面进行分别论述,以此厘清友善价值观、友善价值观培育的概念定义等内容,对友善价值观培育的理论基础进行了较为系统的论述,为后续对友善价值观培育进一步的探索打下理论基础。

2.2.3　友善价值观培育的历史演变

新时代背景下友善价值观培育有着丰富的内涵与多层次的需求。国家与民族得以长期存在与发展的基本前提是具备凝聚社会全体成员思想意识的共同价值观。在以经济建设为中心的过程中,人与人之间的根本利益趋于一致,社会基本矛盾已经转化为人民日益增长的美好生活需要和不平衡不充分的发展之间的矛盾。当人与人不再存在直接的阶级性与对立性,友善价值观培育得以具备普遍化培育的内生动力与外在条件。当前研究提及友善价值观培育大多从西方的友爱、博爱,东方的仁爱起步,以"点状"为研究根基跳跃式的展开论述。实际上,友善价值观作为上层建筑,在人类发展历史进程中不是默然而然的作为核心价值观得到确立,而是依据经济基础变化而不断发展。随着人的需求与认识不断深化以及社会外在环境的转变,其演变过程呈现"线性"的变化,经历由传统纲常教化向公民道德教育的过渡,个体之德向共同体之德的转变,集体无意识向社会认同的显现三个方面的进阶。以此,友善价值观得以合情、合理、合法地成为中国社会的核心价值观,在新时代展开系统性的培育构建。

2.2.3.1 传统纲常教化向公民道德教育的过渡

友善价值观培育在过去一直存在于中国社会道德教育体系中,但没有被全社会系统化的认同,作为国家的核心价值观培育。友善在传统社会中泛指"友好善良",要求民众在交往过程中出于善良之心释放出的友好态度与善意行为。[①] 在中国社会,友善价值观培育最初始于统治阶级以传统纲常对民众实行教化的过程中,对民众施与践行友善的观念,从孔子的"和为贵"到唐代魏徵的"思国之安者,必积其德义"的演进历程可见传统社会道德体系对友善道德培育的重视。然而受限于历史条件与统治阶级价值灌输的目的,依附传统纲常的友善道德培育存在着宣扬义务论、因果论、宿命论,倡导"忠君、孝顺"等落后腐朽思想的部分,以繁杂顺从的礼教达到去个性化、消除人的觉醒能力与主体意识的目的,抹杀了人的天性与全面发展可能性,从而维护统治阶级的利益。传统纲常在引导民众践行友善时以工具式、命令式的教化与控制为主,如道家宣扬"无为"思想中尽管带有友善价值观的宽容与谅解因素,但否定了人可以发挥认识改造世界的主观能动性,带有消极避世的意味,使人们缺乏对实践友善的自发性认同与行为自觉,消极看待友善价值观培育的意义,行善的内生动机消极,导致践行的手段与评价层面趋于功利,在认同与践行时更趋于他律。基于传统纲常的友善道德培育的局限性还体现在撕裂了个体与集体的关系,统治阶级宣扬友善价值观培育是为了使人们全然让渡个体利益。如儒家思想的"三纲"(君为臣纲,父为子纲,夫为妻纲)与"爱有等差"等观念倡导人们在面临践行友善价值观的道德困境时主动采取牺牲与顺从的行为模式,否认了个体在德性中获益的权力,使民众臣迫于道德压力服于政权的统治地位。因此,以传统纲常为基础的友善价值观培育本质上缺乏对个体利益与集体利益的兼顾,难以实现个体道德自律与他律的融合,与社会主义的精神文明建设背离,无法获得最广大人民群众的认同,导致彼时的友善思想未能成为社会成员共同信仰与培育的价

---

① 黄明理:《社会主义核心价值观研究丛书友善篇》,南京:江苏人民出版社,2015 年版,第 11 页。

值观。

中国社会经历了新中国成立初期的革命建设与历史性的改革开放之后,在 21 世纪迈入了中国特色社会主义新时代,社会存在大为不同,但价值观培育一直是党在道德建设领域中的工作重点。中国共产党对道德建设的重视贯穿了中国的革命与建设、改革开放与中国特色社会主义新时代发展的过程,与社会主义中国的前进脚步相契合,尤其在一些重大的社会转折时期更成为人们整合思想,凝聚共识的精神基础。纵观历史发展进程,我们不难发现友善价值观培育始终肩负着新时代公民道德建设的重要使命。在新中国成立到改革开放前,中国的道德教育一度存在政治化的倾向。在新民主主义革命时期,毛泽东就通过对国际国内的阶级斗争形式的分析,认为意识形态领域的阶级斗争将继续存在,他指出:"当人民推翻了帝国主义、封建主义和官僚资本主义的统治之后,中国要向哪里去? 向资本主义,还是社会主义? 有许多人在这个问题上思想是不清楚的。事实已经回答了这个问题:只有社会主义能够救中国。"①当时的中国需要在意识形态领域进行阶级斗争,通过政治化的道德教育提高人们的社会主义觉悟,从而促进社会生产力的发展。因此,党和政府为了巩固新生人民政权稳定与社会和谐,颁布了一系列适应社会主要矛盾的道德教育政策。

1949 年中国人民政治协商会议第一届全体会议通过《中国人民政治协商会议共同纲领》,共同纲领提出"爱祖国、爱人民、爱劳动、爱科学、爱护公共财物"的道德教育政策,确立了社会主义道德教育的核心要求。毛泽东认为当时中央政府的任务是改善与提高人们的物质与文化生活,道德教育也因此服务于国家的政治目的,为政治稳定、经济建设、扫除旧社会的残余愚昧服务。在这样的前提下,道德教育被政治化、过渡化的使用,以灌输为主的方式失去了道德主体应有的能动性,道德践行只能依托国家强制力量展开。

1956 年召开党的八大以及国内国际发生的一系列政治实践后,毛泽东在 1957 年 1 月的《在省市自治区党委书记会议上的讲话》中分析了国际形势与国内的政治风波,尤其是苏共二十大和国内高校思想政治动态后,认为"不搞政治思想工作,那就很危险"。随后,毛泽东总结了我国在新民主主义时期的经验后在《关于正确处理人民内部矛盾的问题》中指出:"我们的教育方针,应该使受教育者在德育、智育、体育几方面都得到发展,成为有社会主义觉悟的有文化的劳

---

① 《毛泽东著作选读》(下册),北京:人民出版社,1986 年版,第 767 页。

动者。"①提出要把德育、智育、体育放在培养人才同样重要的位置。1958年国务院颁布《关于教育工作的指示》,要求在学校中必须进行马列主义政治思想教育,培养教师和学生的工人阶级观点、集体观点和群众观点。② 在这一阶段道德教育对提高人的思想觉悟、促进生产力发展、培育又红又专的社会主义事业接班人起推动作用。但随后的阶级斗争扩大化与"文化大革命",使道德教育某种程度上成为政治教育,偏移了德育的本质。

1978年中国实行改革开放,计划经济向社会主义市场经济过度,社会由此得到全面复苏,党和国家把工作的重心从阶级斗争转移到社会主义现代化建设上,这也是友善价值观培育获得重视的新开端。自20世纪90年代以来,中国共产党继承和发展了毛泽东、邓小平等领导人的思想,突出了价值观教育的重要作用,强调要巩固和发展人们内部平等、团结、友爱互助的社会主义新型关系,③使友善价值观培育获得坚实的理论基础,在社会上蔚然成风。1996年十四届六中全会中共中央通过《关于加强社会主义精神文明建设若干重要问题的决议》,提出:"要在全社会形成团结互助、平等友爱、共同前进的人际关系。"④公民道德建设首次在主流意识形态出现,并将社会主义友善的内涵定位在"团结、互助、平等、友爱",这是中国共产党对友善价值观培育内容及目标的明确表达。

进入21世纪,国家出台了一系列有利于友善价值观培育的纲领性文件,从这些文件中可以看出我国的友善价值观培育已彻底摆脱传统纲常的束缚,实现向公民道德教育本质的功能过渡。如2001年党中央颁布的《公民道德建设实施纲要》首次把"友善"规定为公民的基本道德规范,奠定友善价值观在中国人民的共同价值观体系中重要地位。2006年党的十六届六中全会通过《中共中央关于构建社会主义和谐社会若干重大问题的决定》,指出:"树立以'八荣八耻'为主要内容的社会主义荣辱观,倡导爱国、敬业、诚信、友善等道德规范。"⑤明确

---

① 《毛泽东论教育》,北京:人民出版社,2008年版,第272页。
② 中央文献研究室:《建国以来重要文献选编》(第11册),北京:中央文献出版社,1995年版,第490页。
③ 《江泽民论有中国特色社会主义》,北京:中央文献出版社,2002年版,第402页。
④ 中共中央文献研究室编:《十四大以来重要文献选编》(下),北京:人民出版社,1999年版,第632页。
⑤ 中共中央文献研究室编:《十六大以来重要文献选编》(上),北京:人民出版社,2005年版,第175页。

了友善价值观作为核心价值观,凝聚社会践行友善的共识。2012 年党的十八大召开,"友善"正式被列入社会主义核心价值观体系,重视公民友善价值观培育是社会道德发展的必然趋势。从深层次看,这揭示了友善价值观培育在国家道德建设中政治地位的提升,国家也对个体和社会的友善道德水平提出了更高的要求,反对传统纲常教化以集体道德利益对个体道德利益的绝对化压制,倡导人民是道德教育的主体,友善的培育从过去关注于个体修养、人际互动提升至共同体关系与思想道德建设的层次,结构更为科学,内容更为全面,勾勒出当代友善价值观培育的理想画面。

2017 年中国共产党第十九次全国代表大会召开,提出了中国发展新的历史方位,标志着中国特色社会主义进入了新时代。社会主义核心价值观的确立是新时代社会精神文明程度的重要标志,在马克思主义理论指导下当代中国对友善价值观培育的认知逐步深入,凝聚个体、集体、国家利益的友善价值观在对过往友善思想进行合理的扬弃后成为公民道德教育的重要组成部分,实现从传统纲常教化向社会主义性质现代道德教育的过渡。物质生活的生产方式制约着整个社会生活、政治生活和精神生活的全过程,[①]总的来看,在相应条件成熟前友善价值观无法成为全社会的公民道德教育,是中国特色社会主义为友善价值观成为当代核心价值观培育奠定制度基础,以公有制经济为主的经济结构以及平等和谐的社会关系在推动中国发展的同时为培育指明了方向,凝聚价值共识的中国精神展现了培育对美好生活的向往与为人民谋幸福的目的。这一过程并非一蹴而就,而是中国共产党带领中国人民经历了持续的认识与实践,在继承中不断创新,高度概括与总结经验,在"求同"的同时积极合理的"存异",满足个体与共同体的需要。

面对新时代的新要求、新征程、新任务,党的十九大提出要把培育和践行社会主义核心价值观作为新时代坚持和发展中国特色社会主义的重大任务。这一重大战略展现了我们党在友善的价值理念和价值实践上达到了一个新的高度,友善价值观培育来到了发展的历史转折点,深刻而广泛地影响当前人们的道德认知、道德行为方式以及社会道德秩序,高度契合新时代中国特色社会主义发展要求,以大力推进友善价值观培育为决胜全面建成小康社会,夺取新时代中国特色社会主义伟大胜利打下坚实的道德基础。

---

① 《马克思恩格斯选集》(第 2 卷),北京:人民出版社,2012 年版,第 32 页。

2.2.3.2　个体之德向共同体之德的转变

社会主义的友善价值观培育坚持维护共同体的利益,在倡导人们把国家、集体利益放在首位的同时尊重和保障个体的道德权益。友善价值观培育从传统文化中倾向于个体修身养性的品德逐步转变为共同体的互爱、互助的价值取向,是个体之德向社会主义性质的共同体之德转变的关键点。人有作为生物性存在的本能,为自身谋求发展的生存策略,也有作为社会性存在的价值,为共同体发展积极谋划。友善价值观培育在过去长期作为个体德性养成存在,社会给个体预留的友善培育空间是去个性化的无主体状态,友善价值观对共同体的引领功能是淡薄的,个体与共同体难以达成道德的共识,无力兼顾人与共同体和谐发展。马克思在《德意志意识形态》中指出:"那些没有精神生产资料的人的思想一定是受统治阶级支配的。"①在马克思看来,统治阶级不但是物质生产的控制者,作为思维着的人还是思想道德生产的控制者,调配着所处时代的道德教育。最初的友善价值观培育是传统社会基于统治需要培育的个体之德,教化出拥有友善品质的公民,更好地服从统治阶级是培育的重点,缺乏整体性培育个体与共同体道德的思维,导致了个体的道德需求与实现动机长期被压制,个体之德与共同体之德产生割裂。

社会要维持良好的运转仅专注于个体的品德修养是不够的,社会整体道德水平直接影响共同体内所有成员的生活品质,如果没有良好的道德,社会就会成为不适宜人们生存的"恶"的社会,最终会以另一种形态瓦解或推翻。友善的德性发展根源于人们"爱有等差"的道德实践圈层,具有狭隘的血亲范畴,存在天然的局限与不足,道德教育不仅要促进个体的德性生成,还要在尊重人的主体性的同时以共同体的德促进社会和谐有序的运行。受传统集体主义精神深刻影响,过去人们认为道德教育与教导个体服从集体紧密联系,在某种程度上将个体的需求与共同体放在对立面,导致在道德培育中个体精神与情感的抹杀,个体的地位与价值被压制、隐藏,友善价值观培育的功能与意义未能充分展现,人们对友善缺乏积极回应的意愿。

核心价值观在本质反映的是国家发展的愿景,在社会发展进程中,人类从未停止对友善的道德信仰与实现共同体善的美好理想,在当代文明社会人不是实现外在目的的行为工具,人的主体地位与价值受到极大尊重。然而,友善的

---

① 《马克思恩格斯全集》(第3卷),北京:人民出版社,2002年版,第52页。

培育价值体现不能仅依靠个体的力量,而是需要立足于共同体的作用。当代的
友善价值观培育具备公共性的内涵,作为对全社会道德共同要求,"是一种德,
既是个人的德,也是一种大德,就是国家的德、社会的德",在提倡共生、共存、共
享、共赢的过程中促使人们合作互助。社会主义的本质是解放生产力,发展生
产力,消灭剥削,消除两极分化,最终达到共同富裕,共同富裕的实现离不开共
同体的友善作为伦理支撑。每一个社会成员都要做到明大德、守公德、严私德,
这种高层次的伦理要求使友善的培育升华至共同体的德性涵养。道德主体从
个体的人向共同体的转变源于传统社会向现代社会所发生的自身价值图景的
巨大变迁,也是新时代背景下友善价值观培育的任务之一。[1] 友善价值观是符
合当代中国社会发展的公共之德,同时具备内在善与公共善的特质,蕴含着崇
高的道德伦理与价值追求,代表着国家整体利益和人民根本利益,培育以共同
的利益追求促使友善德性向共同体之德转化的过程凝聚了个体与共同体的追
求,使社会得以和谐有序的运行,是在新常态形式下凝聚民心,保持社会局面稳
定,稳固发展态势的重要保障。因此,友善价值观的培育从个体之德向共同体
之德的转变是中国社会公民道德教育的重要转折,为增进人民对共同体的认同
感,拥有更多的获得感、幸福感、安全感提供了基本的保障。友善作为人类重要
的道德文明,在共同体式的培育中作为精神传承体现了人类道德从差异性向普
遍性的转化,以更大的规模发挥友善对社会的文明水平提升功能。

2.2.3.3　集体无意识向社会认同的发展

　　价值观是影响人格健康发展的前提和基础,是人思想意识的核心,当它被
社会大多数人所承认和利用时,就变成了社会规范。[2] 价值观需要通过社会心
理作为媒介形成,具体来说,价值观是系统化的理论形式,社会心理则是零散
的、非系统的表象与观念的混合物,这些混合物是对社会存在直接的、粗糙的反
映,但也能从中洞悉不同阶级或群体的愿望与需求。把集体的无意识社会心理
加工为社会认同,即是价值观培育成熟的显现。[3] 弗洛伊德重视探讨社会心理,
尤其是关于集体心理、道德心理的研究,提出了人格的三部分划分:本我、自我、

---

　　[1]　甘绍平:《当代社会道德形态的基本特征:从个体德性走向整体伦理》,《伦理学研究》,2015 年第
4 期,第 27-29 页。

　　[2]　金绪泽:《论人格形成与价值观念的关系》,《山西大学学报(哲学社会科学版)》,1996 年第 3 期,
第 98-100 页。

　　[3]　俞吾金:《意识形态论》,北京:人民出版社,2009 年版,第 339 页。

超我。在道德发展阶段中,最重要的是超我的作用,即来自于外部社会力量(父母、教师、其他权威人物)施加在人身上的约束、限制与禁止的标准。在《集体心理学和自我分析》中弗洛伊德提到:"在个人的心理生活中始终有他人的参与,这个他人或是作为楷模、对象、合作者、敌人。"①在《自我与本我》中弗洛伊德对"无意识"进行了说明,指出:"被'压抑'的东西是无意识的原型。"②弗洛伊德的学生荣格进一步将无意识划分为"个体无意识"与"集体无意识",个体无意识指追溯到婴儿时期的记忆,而集体无意识是人类族群共同继承的,与远古祖先联系的种族记忆。他认为人类在早期社会中生活的力量来源于共享的存在集体无意识中的精神,道德教育的任务就是甄别出有利于人们生活平衡的集体无意识精神部分,提炼为个人的自我并加以利用。谁不认可社会的集体无意识,谁就难以融入社会,因而大多数处于集体无意识阶段的道德培育是以强制的方式使社会成员接受。由于历史条件限制,友善价值观培育尽管一直存在社会中,但由于缺乏系统化的社会认同,只能以集体无意识的形态长期存在,未能形成社会认同的价值观具体指导道德教育的实践。

弗洛伊德用"压抑"来表达大量的无意识防御机制,它使人们置那些对人的意识心理很危险的思想、希望和欲望于意识之外。"升华"是"压抑"的形式之一,是指将"本我"的兴奋转化为更为社会接受的行为模式的防御机制。弗洛伊德指出:"削弱和消除个体危险的、攻击性的爱,并且在他们的头脑中建立一套制度来监督它,就像在征服了的城市中的警卫部队一样,这样文明就有了对个体这种爱的'控制'。"③友善价值观培育的发展经历了集体无意识的压抑形成的升华阶段,这缘于在过去,友善德性的培育隐藏在宗教统治、政权维护、封建礼教、血缘宗族等背后,培育的目的是驯化人民的主体观念,销蚀人民的反抗意识。如儒家宣扬的"君为臣纲",道家讲求的"柔弱不争"等教条,都旨在劝人向善行善、不激化矛盾、遵守社会等级尊卑,以此让百姓顺服于自己,协调社会关系以保护自身统治地位。这种集体无意识的友善价值观培育不是社会成员自

---

① 〔奥地利〕弗洛伊德:《弗洛伊德后期著作选》,林尘等译,上海:上海译文出版社,1986年版,第73页。

② 〔奥地利〕弗洛伊德:《弗洛伊德后期著作选》,林尘等译,上海:上海译文出版社,1986年版,第162页。

③ 〔奥地利〕弗洛伊德:《弗洛伊德后期著作选》,林尘等译,上海:上海译文出版社,1986年版,第228页。

由选择的,是不论人们愿意与否都不得不接受的道德教化。

　　集体无意识中包含着一个民族文明的"根"与"魂",在其中积极观念与消极观念混杂,不通过反思挖掘就不可能加以弘扬。[①] 面临社会结构转型,道德建设的局面越来越复杂的形势下,社会治理者要站在人民的立场,凝聚共同的精神意识,培育实现中华民族伟大复兴的核心价值观念。习近平总书记在 2021 年 2 月 20 日的党史学习教育动员大会上指出:"人民就是江山,江山就是人民。"只有当道德培育目的是为了人民服务的"大德",友善价值观培育才从集体的无意识的压抑状态得以解放,成为全社会认同的共识。作为观念与原则存在的道德总是渗入了跨时空、跨文化的普遍意义,上升为一种集体良知,沉淀为一种心理定势,从而具有一种普遍的规范性或规约性意义。[②]

　　友善价值观培育是中国共产党人在新时代的公民道德建设过程中的重大创新,是一种占据主导地位的价值观念体系与行为规范体系与制度化的思想体系,它将一直存在于社会中的集体无意识通过系统的反思与批评加以摒弃,在延续中华民族优秀友善文化血脉的基础上,赋予友善价值观社会主义性质的内涵与功能,使培育成为全体人民的共识,经过不断地弘扬与落实,毋庸置疑地落实到人们的心理层面上,成为全社会认同的道德建设。新时代的友善价值观的培育恪守"人民至上"的价值理念,着眼于共同体的友善和谐发展,赢得了全体人民的普遍认同,最主要缘于中国共产党把为人民谋幸福、为民族谋复兴作为初心使命,终极目标与最高要求。人民至上的价值理念使友善价值观培育服务于最广大的"人民"这一共同体,保持中国共产党与人民群众的血肉联系,具备道德意义上的合理性,获得最广泛的道义支持与最深层次的社会认同,使友善成为"个人的德、社会的德、国家的德",拥有源源不绝的培育动力。

　　综上所述,友善价值观培育经历了动态式发展,不是骤然成为核心价值观开展培育。因此,本书通过梳理培育历史演变的逻辑意蕴,对培育的历史演变依据从传统到现代、从个体到共同体,从集体无意识到社会认同的发展脉络,论证友善为何能成为核心价值观提倡的个体的德与共同体的德,获得全社会的认同,为剖析友善价值观当代培育价值与实现可能打下较为系统的理论阐释。

---

　　① 江畅,李历:《社会共识及其与社会认同的关系》,《中南民族大学学报(人文社会科版)》,2020 年第 5 期,第 96-103 页。

　　② 唐爱民:《论相对主义的道德教育观》,《教育科学》,2004 年第 5 期,第 12 页。

2.3　友善价值观培育的理论资源

友善价值观培育是人与他者、与社会、与自然万物和衷共济、和合共生的重要保障,党的十九大"明确全面深化改革总目标是完善和发展中国特色社会主义制度、推进国家治理体系和治理能力现代化",要"吸收人类文明有益成果,构建系统完备、科学规范、运行有效的制度体系,充分发挥我国社会主义制度优越性"。[①] 价值观培育具有通过历史文化传承获得的继承性与积淀性,纵观人类社会文明发展史,友善价值观培育拥有深厚丰富的历史资源及理论基础,与中国传统哲学、西方文明成果、马克思主义理论、思想政治教育理论有充足的交流空间,这些思想成为我们科学认识友善价值观培育,丰富与发展思想政治教育的研究内涵的理论渊源,为当前友善价值观培育提供重要可借鉴的参考。

2.3.1　中国传统哲学理论资源

中国各个哲学思想流派均重视善的道德在关系境域中的作用。儒、释、道居于中国传统哲学的主流,关于人与人之间友善的关系与公共善的养成是其共同的核心议题,在个体德性养成、人际交往关系、社会秩序维护、国家政治生活等方面都发挥重要作用。习近平总书记在中共中央政治局第十三次集体学习时指出:"核心价值观是文化软实力的灵魂、文化软实力建设的重点。"[②]文化自信关乎民族精神独立、民族文化延续与国运的兴衰,缺乏文化自信,中华民族伟大复兴便无从而谈。[③] 在改革开放进入攻坚期与深水区之时,更需要固守民族之魂,深入挖掘和阐发中华优秀传统文化讲仁爱、重民本、守诚信、崇正义、尚和合、求大同的时代价值,使中华优秀传统文化成为涵养社会主义核心价值观的重要源泉。[④] 中国传统哲学中蕴含的道德哲学有丰富的友善思想,通过对传统哲学中善的理论资源的总结凝练,客观辩证地进行鉴别,可以为当代友善价值

---

①　中共中央文献研究室编:《中国共产党第十九次全国代表大会文件汇编》(上),北京:中央文献出版社,2017 年版,第 17 页。

②　《习近平谈治国理政》(第一卷),北京:外文出版社,2018 年版,第 169 页。

③　中共中央文献研究室编:《中国共产党第十九次全国代表大会文件汇编》(上),北京:中央文献出版社,2017 年版,第 33 页。

④　习近平:《把培育和弘扬社会主义核心价值观作为凝魂聚气强基固本的基础工程》,《人民日报》,2014 年 2 月 26 日,第 1 版。

观培育提供丰富借鉴价值。

2.3.1.1　儒家哲学中的友善思想

　　提升个体友善修养是儒家道德教化重要主题。关于善的德性养成重要性的论述最早可以追溯到先秦时期,《尚书·周书·蔡仲之命》中记录了"皇天无亲,惟德是辅",①意思是上天是公正无私的,只帮助有品德的人,强调了美好道德品质对人生活的重要性。《礼记·曲礼》中提到"礼,不逾节,不侵侮,不好狎""是以君子恭敬撙节退让以明礼",②描述了儒家认为君子的形象应该是恭敬、节制、谦让,要重视提升自身道德境界。儒家对人的道德角色修为注重先小家后大家,先个人后社会,在《礼记·大学》中记载了"格物、致知、诚意、正心、修身、齐家、治国、平天下",提升道德心性与良知的个人修为应依照的层次与目标,为达到齐家、治国、平天下的高度,成为有德性的人是基础。当代友善价值观的培育"成人之道"应先从修身,即对己友善开始,提升个体与他者共在、共善的能力。《论语·学而》中记载了"礼之用,和为贵",主张道德礼教最重要的功能是实现和谐,解决人在社会中的角色冲突。《论语·学而》中记载了"泛爱众,而亲仁",人的道德责任与义务要做到友善平等,亲近有德性的人。"仁"是儒家道德思想核心,主张"仁者爱人,有礼者敬人。爱人者人恒爱之,敬人者人恒敬之""己所不欲,勿施于人"等论述表明儒家的道德伦理对规范性与义务性的道德原则践行要求,体现了德性是由个体向他者延伸的集合体。孔子"爱有等差"思想重视等级与秩序影响了中国格局社会模式,形成与社会生产方式相适应的差序社会格局。费孝通认为:"在我们传统的社会结构里最基本的概念,这个人和人往来所构成的网络中的纲纪,就是一个差序,也就是'伦'。"③"伦"在于调节与改造人与人的关系,潘光旦在《说伦字》中提到"伦表示的是条理、类别、秩序之意",即"伦"是有等差的次序,重在"分别"。《礼记》中记载了"十伦",分别是"鬼神、君臣、父子、贵贱、亲疏、爵赏、夫妇、政事、长幼、上下",民众依据伦的交往原则,在交往过程中将友善德性由内向外、由近至远、由厚至薄推出,直至越推越薄。"仁者爱人,爱有差等""仁伦"共同体现了儒家尊崇的道德行为准则,人以

---

① 梁劲泰,孙伟,尤国珍:《社会发展软实力中的道德文化研究》,北京:知识产权出版社,2014 年版,第 2 页。

② 梁劲泰,孙伟,尤国珍:《社会发展软实力中的道德文化研究》,北京:知识产权出版社,2014 年版,第 3 页。

③ 费孝通:《乡土中国》,北京:北京大学出版社,2019 年版,第 30 页。

自身为中心,具有伸缩弹性地将道德践行由内之外地推至血亲、族人、朋友、陌生人等,①儒家美德中"贵贱有等、亲疏有别"的道德价值观说明当时超脱人与人关系的道德模式是不可实现的。

孟子在孔子"爱有差等"理论上进一步提出"爱无差别",强调人应当做到不分等级、厚薄、亲疏的"兼爱",认为人道德践行对象应从自身与身边他人扩大至社会、国家、天下万物的范畴,主张人的天性是善的,善的德性并非是后天获得,而是源于个体"心性"。孟子指出人有四种道德心理:恻隐之心、羞恶之心、辞让之心、是非之心,在《孟子·公孙丑上》中记载了"人皆有不忍人之心者,今人乍见孺子将入于井,皆有怵惕恻隐之心""无恻隐之心,非人也;无羞恶之心,非人也;无辞让之心,非人也;无是非之心、非人也"。《孟子·离娄下》记载了"君子所以异于人者,以其存心也""爱人者,人恒爱之;敬人者人恒敬之"。② 孟子的思想突破儒家过往将友善德性局限在家庭血缘之间的桎梏,扩大到无血缘关系的社会群体,主张打破道德实践的狭隘与排他性,但在真正践行中距离友善道德共同体的实现还存在一定的距离。孟子还沿袭了孔子"推己及人"的思想,认为个体可以在推己及人的道德践行中实现自我与他者的关系统一,通过对自我、他者、社会的关怀达到"物我一体,天人合一"的大同境界,体现了个体与共同体的善在道德践行中得以统一的主张,是道德践行范畴从个体向共同体超越的转向。

荀子对于如何避免恶的出现,实现人善的德性主张"人性有恶"论,认为放纵人性会得到恶果,否认人天赋的道德观念,强调后天环境和教育对人的影响。荀子认为人的善恶不在情欲本身,而在于情欲的实现必须从"心之所可",欲望不可怕,关键在于取之于"礼"。人的取向有"义"与"利",使人们偏好义大于利的关键正是"礼","礼"是根据人的"情"设定的人伦规定,理想社会的和谐需要建立道德伦理秩序,通过道德伦理秩序调控人的道德活动,使得人的欲望满足取之有道。③《荀子·修身》中记载了"见善,修然必以自存也;见不善,愀然必以自省也。善在身,介然必以自好也;不善在身,菑然必以自恶也"。④ 表明践行友

---

① 费孝通:《乡土中国》,北京:北京大学出版社,2019 年版,第 44 页。

② 皋古平:《人的本性是自私的吗》,上海:华东师范大学出版社,2013 年版,第 181 页。

③ 王振林:《人性、人道、人伦——西方伦理道德问题研究》,北京:中国社会科学出版社,2011 年版,第 28 页。

④ 顾作义:《友善—待人接物的修养》,广州:南方日报出版社,2016 年版,第 63 页。

善德性体现在"食饮、衣服、居处、动静,由礼则和节,不由礼则触陷生疾;容貌、态度、进退、趋行,由礼则雅,不由礼则夷固僻违,庸众而野。故人无礼则不生,事无礼则不成,国家无礼则不宁"。① 因此个体德性的养成与培育离不开道德在生活中的实践,道德不能凌空于现实生活土壤,要在人的生活互动中理解德性的关系。唐代韩愈提出"博爱之谓仁"理念,认为博爱是仁爱的延伸,对社会道德破坏最大的是人们的贪婪。贪婪是个体为了自身或眼前的利益,道德的作用在于调整社会关系,维护共同体的利益,实现人们生活的安宁与社会的平稳和谐。② 南宋儒学家陆九渊和明代王阳明提出"心就是理""天理""良心"等概念。陆九渊依据朱熹的天理与人欲间的冲突学说认为代表天理的"道心"与代表人欲的"人心"都是心,只是人们心的两个不同方面,并不存在二元对立矛盾。王阳明主张"主于身谓之心",即人的心主宰了人的行为,而治理人心的最佳方法便是唤醒人们的良知,良知是心的本体,人要以良知为根本判断道德行为的属性。总体来看,儒家哲学中的友善道德培育根植在"家国一体"与"熟人血亲"的传统观念中,始终以宗法人伦之爱为核心,基于爱有等差的交往关系形成社会的差序格局。由此,友善价值观的实践停留在血亲、宗族、统治阶级的同阶层之间,儒家的友善并没有在共同体成员间获得普遍公平的发展,在当前社会人民群众对美好生活的需求面前已显得僵化。

2.3.1.2　佛教哲学中的友善思想

佛教的道德哲学范畴极为丰富,不仅对人还包括所有的生命体,是集友善的道德观、智慧观、生命观为一身的思想体系。佛教认为世间所有生命应当是和谐的整体,不能执着单一个体发展,众生平等地处在转世轮回中。③ 这虽是一种宗教思想,但蕴含着一定的教导民众友善待人、爱护众生、切勿滥用与杀生的理念,主张人要把自身融入世界整体系统中看待,对于封建社会的人际关系调节、社会和谐、生态平衡具有一定的积极作用。佛教还主张人应当保持"博大、随缘、慈悲、平常"的心态,以悲天悯人、不骄不躁、淡泊宁静为道德目标,对不同的价值理念予以宽厚谅解,以道德的极度自律达到"普度众生"的理想境界。佛

---

① 顾作义:《友善——待人接物的修养》,广州:南方日报出版社,2016 年版,第 64-66 页。

② 梁劲泰,孙伟,尤国珍:《社会发展软实力中的道德文化研究》,北京:知识产权出版社,2014 年版,第 22 页。

③ 梁劲泰,孙伟,尤国珍:《社会发展软实力中的道德文化研究》,北京:知识产权出版社,2014 年版,第 51 页。

教哲学讲求"慈悲心",是个体修行的至高境界,其中"慈"指给予众生快乐,"悲"是祛除痛苦。个体修行佛教要做到帮助他者远离痛苦,与善结缘。诸如"割肉喂鹰""舍身饲虎"等典故体现了佛教哲学中讲求对他者怀有慈悲的关怀与同情。《华严经》中记载:"一切众生而为树根,诸佛菩萨为华果,以大悲水饶益众生,则能成就诸佛菩萨智慧华果。"①表达了社会成员共同践行善良德性可以增进自身与社会的整体道德利益。善与恶的行为后果都由个体自身承受,善为社会带来好风气,惠及亲友形成彼此友善对待的良性循环,恶则会为他人与社会带来危害,最终损害自身利益。这种朴素的善恶因果论对当时的民众起道德教化及道德监督的作用,将善的践行从他律逐步转为自律。在《佛说十善业道经》中提到:"人生为己,天经地义,人不为己,天诛地灭。"其中"为"指"修为"(读二声),主张人要修身养性提升德行,这对民众在友善践行中祛除功利意识具有一定的积极意义。佛教哲学中还蕴含着早期的人类共同体友善和平、睦邻友邦的思想,"玄奘取经""鉴真东渡"等典故体现了佛教致力于大道向善、睦邻团结,实现天下大同的追求。在禅宗文化中还有诸多体现友善价值观,消除偏见的历史典故,如"佛印看佛""八风吹不动""放下屠刀立地成佛""利刀割肉疮还合,恶语伤人恨不消""鸟栖林麓易,人出是非难"等。但由于佛教哲学受缚于封建宗教的影响,无视了社会的封建统治与阶级对立事实,佛教的友善思想成为消灭民众反抗精神的工具,目的是以宗教思想对民众进行统治压迫,没有尊重人的主体性,根源上与社会主义友善价值观背驰,导致友善道德践行范围存在较大局限性。

2.3.1.3 道家哲学中的友善思想

道家哲学以老子为代表,其思想可以概括为五个方面:博大而无私、功成而无为、利物而无争、本真而无华、节制而无欲。②诸如"天下皆知善之为善,斯不善也""天道无亲,常与善人""上善若水,水善利万物而不争"等论述体现了道家哲学对友善实践的最初构想。道家认为善有层次之分,最高层次的善是如水般"不争""善人",应该不争名夺利、为人诚信、心胸宽广、顺其自然。老子推崇善的道德缘于他认为当时的社会已经没有了德行,故曰:"失道而后德,失德而后

---

① 张涛:《友善乐群》,上海:复旦大学出版社,2016 年版,第 29 页。

② 梁劲泰,孙伟,尤国珍:《社会发展软实力中的道德文化研究》,北京:知识产权出版社,2014 年版,第 28 页。

仁。"①他认为善恶之间没有太大区分，统治阶级对待民众不应预设善恶的立场，因而老子对社会治理推崇"无为"，顺应事物发展规律。老子还进一步论述了"得"与"德"的关系，指出二者是共通共生的，大道之德即是大道之得。"无为"是老子的道德思想核心之一，《道德经·三十七章》中记载"道常无为而无不为，侯王若能守之，万物将自化"，②指出万事万物发展有自身的规律，外界不能干涉，"上德"者顺应自然无心作为，"下德"者则有心作为。《道德经·八章》中还记载了"上善若水，水善利万物而不争"，强调人与人交往应遵守的原则"不争""谦下"等理念。"天人合一、道法自然"等处事思想表达了宇宙天地间包括人在内万事万物都均应当效法或遵循"道"的自然而然规律运行，揭示了"道"与"万物"的逻辑关系，人应与自我、他者、社会、自然万物处于不争的和谐状态，是以"道"为原点与根本规律的普世伦理，为当时人们友善价值观的实践提供了一种方向性的指引与方法论的指导。道家哲学思想秉持"天地不仁，以万物为刍狗"理念，把人置于同万物天地共生的宇宙场域中，以反对人类中心主义的价值尺度论述了人的社会行为是自然界运动的一部分，世界存在不以人的意志为转移的客观规律性，立足于人与自然和谐共生的视角思考人的价值，唤起人的道德良知，使人认识到人与他者、天地的关系是息息相通、相互作用、互利共生、和谐共存的有机统一。道家另一代表人物秦汉时期的黄石公在《素书》中提到"长莫长于博谋，安莫安于忍辱，先莫先于修德，乐莫乐于好善"，认为人最重要的任务是"修行道德"，最快乐的情感发自"乐于助人"，以情感主义视角解读友善对人的意义。同时他还提出"人之所宜，赏善罚恶"，③强调人性对扬善惩恶、赏罚分明的心理偏好，为当代友善价值观培育的保障机制、激励机制等体系建设提供参考，为在提高效率时兼顾平等、公平等原则践行友善价值观有重要参考意义。

　　综上所述，中国传统哲学中的主要流派对友善价值观培育的诠释集中体现在人性本善论、宗族血缘论、社会美德论等方面，承载了中华民族与友善相关的道德、伦理、秩序等方面的价值观要素，时至今日依然具有生命力与参考价值，是培育新时代社会主义友善价值观的精神滋养源泉，为人们践行友善价值观提供了一定的参照，也为社会安定、人民安居乐业、国与国友好来往提供强丰富借鉴。但随着社会变迁也存在与时代发展不符的封建落后的一面，要辩证看待传

---

①　李曦：《善恶的此岸——伦理学史话》，长沙：湖南科学技术出版社，2010 年版，第 44 页。

②　老子：《道德经》（第三十七章），北京：中华书局，2006 年版，第 12 页。

③　顾作义：《友善—待人接物的修养》，广州：南方日报出版社，2016 年版，第 68-70 页。

统的友善思想如仁爱、兼爱、孝悌、无为等始终服务于封建社会统治的部分,其中隐含着阶级性、血缘性、排他性,不是主体间平等的友善关系,而是在当时特定的历史条件下充当统治阶级稳固社会,维系自身政权延续,调节民众关系的工具,使友善德性成为工具而非目的。

2.3.2 西方文明成果理论资源

西方文明自古希腊起经过中世纪、文艺复兴、工业革命多个重要历史阶段,在思想文明发展历程中,友善始终在各个哲学流派中占有重要地位,发展出众多关于善的德性、道德的情感与道德教育的议题。鉴于人们在日常践行友善价值观时常常面临义利抉择、情理冲突等现实矛盾,本书主要从西方哲学的机械唯物主义、情感主义、功利主义、理性主义进行理论借鉴,其中关于人的价值与权益复归、自我与他者的双向平等、维护最多数人的最大幸福等思想对今日培育友善价值观有一定的参考意义。

2.3.2.1 机械唯物主义学说

托马斯·霍布斯(Thomas Hobbes)创立了机械唯物主义的学说体系,认为哲学研究的对象是物体,分别是自然物体与社会物体,社会物体即国家,是由人们的意志与契约造成的,强调物体的可知性以及人的知识都由外部对象所引起的感觉所获得。霍布斯的"因果关系论"认为,哲学或哲学的方法是由"已知的因或果中通过以因推果,或以果溯因的推论而获得知识"。[①] 因果关系是客观且必然的,人的自由意志虽然受到因果关系的制约,但自由依然存在,自由的人是在自身的力量与智慧范围内不受阻碍地做愿意做的事情的人。[②] 因此,人具有"自然权益",即按照自己的意欲和力量保护自己本性的自由。霍布斯认为:"凡是可以促进生命体的就是善的,反之则是恶的,即欲望的满足带来的快乐也是善的。自爱自保是人的不变本质,自利是主要的道德原则,道德的起点应该从人类自身出发。"人是为了追逐自身利益而行动的,在人与人的交往过程中,友善首先需要保护的是个体存在的生命,人们之间交往的价值好坏判断取决于人在社会中的安全感与幸福感。[③] 另一方面,为了解释人际交往时出于自身利益

---

① 邬焜:《霍布斯的机械唯物论中的辩证法》,《西北大学学报(哲学社会科学版)》,2017 年第 1 期,第 77-84 页。

② 苗力田,李毓章:《西方哲学史新编》,北京:人民出版社,1990 年版,第 291 页。

③ 〔英〕霍布斯:《利维坦》,北京:商务印书馆,1985 年版,第 38 页。

的考虑导致的人际交往冲突,霍布斯提出了"社会契约论"以协调人的关系。该理论的核心是人们集体同意要有道德的行为,为此可以放弃一些自由与权利签订契约,来约束对方与自保,以达到交往的利益最大化。[①] 霍布斯的思想从西方早期的重视公共善转向人最能直接感受的向自我内部的善,重视人的存在与发展的权利,然而这种思想是一种心理利己主义(psychological egoism)的视角。心理利己主认为人类行动的心理动机是为了促进自己的利益,不存在其他目的,即使某些行为看似利他,归根结底也是出自利己的动机。在这样的社会契约关系中,每个人都是为了追逐自身利益而行动,容易将友善落入个人主义与享乐主义的束缚中,忽略了友善本质上是个体善与公共体善的结合体。

马克思在谈到唯物主义代表人物培根时批判道:"唯物主义在以后的发展中变得片面了。霍布斯把培根的唯物主义系统化了。感性失去了它鲜明的色彩而变成了集合雪茄的抽象的感性。物理运动成为机械运动或数学运动的牺牲品;几何学被宣布为主要的科学。唯物主义变得敌视人了。为了在自己的领域内克服敌视人的、毫无血肉的精神,唯物主义只好抑制自己的情欲,当一个禁欲主义者。它变成理智的东西,同时以无情的彻底性来发展理智的一切结论。"[②]马克思认为霍布斯的机械唯物主义不但不蕴含人道主义,还因其机械性变得"敌视人",这与马克思人的解放与个人全面发展要求是冲突的。但我们也要辩证地看到霍布斯的哲学具有明确的反对神学的主张,是唯物论的哲学思想,对于将友善脱离宗教的束缚,与博爱进行剥离区分具有推动作用。

2.3.2.2　情感主义学说

情感主义的代表人物有沙夫慈伯利(Shaftesbury)、休谟(Hume,D)和亚当·斯密(Adam Smith)等人。情感主义学说主张道德是个人情感的表达,否认道德的客观性。如沙夫慈伯利主张道德起源于人类的"情感",他在肯定霍布斯的社会契约论的同时,认为在人类交往中不仅要遵守契约规则,还要遵循情感,人类的交往过程可以视为对他人利益与公共利益的价值情感表达,人们因怜悯、仁慈等情感表现出一致的价值追求,而只有基于情感支配的行动才可以称得上"活动",情感是行动当事人的意欲和追求的表达,体现了善恶的价值。[③] 这为当

---

① 黄明理:《社会主义核心价值观研究丛书友善篇》,南京:江苏人民出版社,2015 年版,第 37 页。
② 《马克思恩格斯全集》(第 2 卷),北京:人民出版社,2002 年版,第 163-164 页。
③ 王淑芹:《近代情感主义伦理学的道德追寻》,《中国人民大学学报》,2004 年第 4 期,第 84 页。

代友善价值观培育中"情感"的重要能动作用提供了一定的学理参考。

休谟的人性哲学体系继承了沙夫慈伯利的情感主义伦理学的基本思想,并沿着快乐主义和利他主义方向加以发展。休谟认为人类感情具有仁善性质,这些性质就是由"仁爱、慷慨、怜悯、感恩、友谊、忠贞、热忱、无私、好施"构成的,使人拥有对友善的情感偏好,使人在一生中都是"愉快的、益于他人的",人如果没有仁善,只会成为一个暴君或者大盗。① 他认为,"善"缘于人们进行交往时产生的同情心,某一种行为之所以受到人们的赞同,是因为这些行为对于人类社会而言是有益且必要的,即给人类带来了"效用(utility)",而行为遭受人们的反对,是因为没有带来或者降低了效用,并且在其中理性的作用是有限的,理性不足以产生道德上的赞同或批判。在《道德原则研究》中,休谟把仁爱之心当作是道德的基础,但是也承认人性中存在自私的部分,人的情感与欲望并不是完全坦白的,那么道德准则便是对"有缺憾"的人性的补救。② 休谟的这些观点为如何积极调动人们的情感进行友善价值观的认同有参考作用。

亚当·斯密在《道德情操论》中讨论了人类情感中的"自私"与"同情",提出无论人们认为某个人是怎样的自私,人的天赋中总有一些本性去关心他人,把他人的幸福看作自己的事,这种本性就是"同情"。同情是道德感的起源,评价个体情感与行为的起点及基础是"同情或怜悯之心",评价标准是"比较他人感情与自己的感情是否一致",而美德存在于当事者的感情和旁观者感情一致之时。③ 亚当·斯密分析人们之所以能乐人之乐,悲人之悲皆因人有着情感互通和心理联想与移情的道德本能,并由同情共感生成社会秩序。④ 亚当·斯密在谈到竞争与私利在社会中扮演的作用时表示"我们每个人都深深关怀着别人的快乐,但是这个关怀是有限的,人与人相互依存的关系可以被"爱、慷慨、友谊、尊敬所促进,如此社会便是繁荣而幸福的"。⑤ 他认为人的"仁慈"是指对不同的人保持一种"友好与合宜(a sense of propriety)"的感情,包括宽厚、人道、善良、怜悯、相互间的友谊与尊重等。这种仁慈可以存在于家庭成员、同事、贸

---

① 〔英〕休谟:《人性论》(下册),关文运译,北京:商务印书馆,2016 年版,第 643 页。

② 王振林:《人性、人道、人伦——西方伦理道德问题研究》,北京:中国社会科学出版社,2011 年版,第 135 页。

③ 〔英〕亚当·斯密:《道德情操论》,赵康英译,北京:华夏出版社,2014 年版,第 7 页。

④ 罗卫东:《情感、秩序、美德——亚当·斯密的伦理学世界》,北京:中国人民大学出版社,2016 年版,第 6 页。

⑤ 〔英〕亚当·斯密:《道德情操论》,赵康英译,北京:华夏出版社,2014 年版,第 6 页。

易伙伴甚至是陌生人之间，当正义与仁慈相冲突时，正义比仁慈更为重要。在晚年最后一次修订道德情操论时，亚当·斯密认为："经济理性是支配人的行为最常见动机，但无法成为人类行为的全部美德与高尚的品格，只有'人道、公正、慷慨、热心公益'才是最有益于他人的品质。"① 总体看来，亚当·斯密认为人性是丰富的，如果利己是人的本性，那么对他人的同情之心亦是本性，他将利己之心与利他之心并列，打破了资本主义将人类本性归为利己主义的一元论。在《道德情操论》中亚当·斯密区分了自爱与自私，自爱是基于个人利益的利己主义，是人类的美德。但由于人性的复杂面，这种利己需要被管束，更多的同情他人，激发人的善良情感，构成人性的完善。

2.3.2.3　功利主义学说

功利主义学说主要代表人物有杰里米·边沁(Jeremy Bentham)、约翰·斯各特·密尔(John Stuart Mill)与布兰特(Brandt)等人，主张凡是能将效用最大化的事，就是正确的、公正的。边沁提出"最大多数人的最大幸福"原则，他认为人类的"善"与痛苦或快乐有关，使人感到快乐的事物就是善的，痛苦的事物就是恶的，人们都尽量追求愉悦与避免痛苦。这种依据对人是快乐还是痛苦的效应决定善恶的道德原则被称为"功利原则"。② 边沁还提出了著名的"效用原则"，即赞同与反对某种行为的根据在于该行为对个体幸福的影响，当某种行为增进个体幸福的倾向大于减少幸福的倾向时，可以被视为符合效用原则。"善"就是最大地增加了幸福的总量，并且引起了最少的痛楚，"恶"则反之。③ 因此，可以给最多人带来最大快乐的行为决策便是正确的，个人与政府的行为是否道德应取决于是否符合效用原则。在边沁的社会福利思想中，他进一步把幸福目标分为生存、充裕、平等和安全，认为最大多数人的最大幸福是衡量正确与错误的标准，进一步褪去了当时残存的各种旧的社会价值观念，直接将追求幸福与民众福利作为指导人们各种行为的目标。同时，受到当时所处时代自然科学的影响，边沁认为有一种可以测量快乐和痛苦的单位"幸福计算(felicific calculus)"，并以此对人的行为加以预测。幸福计算的增大或减小利益有关者的幸福的倾向，具体的"大小值"取决于强度、时长、是否确定、临近还是遥远以及该行为影

---

① 罗卫东:《情感、秩序、美德——亚当·斯密的伦理学世界》,北京:中国人民大学出版社,2016 年版,第 15 页。

② 李建华:《趋善避恶论——道德价值的逆向研究》,北京:北京大学出版社,2013 年版,第 81 页。

③ 李曦:《善恶的此岸——伦理学史话》,长沙:湖南科学技术出版社,2010 年版,第 190 页。

响的个体数量,这对我们思考友善价值观的量化研究具有参考意义。

密尔在保留了边沁功利主义的"最大多数人最大幸福"原则的基础上进行了修正。与边沁不同,他并不认为人类的快乐是可以测量的,比起边沁关心快乐的大小、远近、程度等"量"的问题,密尔更为关注快乐的"质"的问题,强调人的快乐在"质"上的差异。譬如他认为精神快乐比肉体快乐更高级(尽管肉体快乐的强度可能更大一些),任何体验过两种快乐的人都会选择精神的快乐,并将"快乐"标准转化为"幸福"标准。他认为自由是幸福的重要组成部分,日常生活中的人们道德行为的交往包括"自我—社会"与"个人—他人"两种方式,在社会交往中,自我与他人都是平等的对象。在《论自由》中,密尔认为人类自由的"适当领域"包括以下三部分:内在的意识方面的良心的自由、思想的自由以及信仰等的自由;个人兴趣与趣味的自由,即个性的自由;人们互相联合的自由。① 密尔还提到:"只要不伤害其他人,个人有自由做任何他想做的事,政府也无权干涉。"②在他的理论中个人的行为只要不涉及他人的利害就有完全的行动自由,不必向社会负责,只有当个人的行为危害到他人利益时,个人才应当接受社会的或法律的惩罚。不可否认密尔的思想在今日仍具有一定价值,在密尔的语境中,自由是实现幸福生活的重要手段,对人获得公平发展尤为重要,鼓励个人实现自我价值,但同时也要符合社会基本道德要求,不得侵犯他人利益。但密尔的理论依然离不开最大多数人最大利益的基本框架,掩盖了个体实现道德行为的差异化与多样化需求,对道德个体化的强调不足,具有一定的狭隘性。

布兰特著有《善与正当的理论》,以行为功利主义的思想探讨善的伦理价值。他提出"多元社会道德原则系统",认为人们在选择并践行某种道德行为时并不像传统功利主义所认为的,仅靠对效果的计算就可以简单直接得知,而是包含着一系列复杂的过程。在布兰特的思想中,道德行为的选择和践行既是认知因素的功能,也是包含了欲望和厌恶的功能。③ 合理的道德行为的产生必须分两个阶段:产生合理性的认知基础、对不合理的欲望进行认知批判,明确行为的合理性,这两个阶段就是道德行为认知过程与批判发生过程。布兰特认为人类合理道德行为的发生离不开人的认知因素合理判断。由于人的认知受欲望影响,如何摒弃不合理的欲望干扰做出合理的认知判断成为关键。因此,布兰

---

① 〔英〕约翰·密尔:《论自由》,北京:商务印书馆,2015年版,第11页。
② 李曦:《善恶的此岸——伦理学史话》,长沙:湖南科学技术出版社,2010年版,第192页。
③ 〔英〕Richard B, Brandt. A Theory of the Good and the Right. Oxford,Clarendon press,1999:47.

特对产生欲望的人的心理机制进行基础了解,剖析欲望的产生的根源,他从心理学的"条件反射机制"与"条件认知机制"出发,解释人的欲望可以通过本能产生、经验认知与合理认知三个渠道获得。而引发人不合理欲望的根源在于人对事物的错误认知,这种错误的认知可以通过"理性批判法"进行心理治疗,又被布兰特称为"认知疗法"(cognitive psychotherapy)。布兰特的思想为我们将心理学的研究方法、治疗手段融入友善价值观的培育提供了理论参考,可以将道德心理学的内容与方法应用于核心价值观培育。

2.3.2.4　理性主义学说

理性主义学说是建立在承认人的推理可以作为知识来源的理论基础上的一种哲学方法。斯宾诺莎(Spinoza)是理性主义伦理的代表人物之一,他认为一件事情对于人而言是否是"善"的,取决对人是有利还是有害的。在《简论上帝、人及其心灵健康》中他谈论到"论人和属于人的东西"、人类的"好感"与"感激"时指出:"友善是一种心灵的倾向,指愿望邻人得到某种利益,或要求给予邻人某种利益的态度。"①此处的"愿望"一词指的是因某人做了某件好事而得到某种好处作为回报时出现的情况。他认为一个完善的人,是无须任何原因就去帮助别人的,甚至应该帮助那些"目无上帝之人",因那些人是"最为需要帮助与不幸"的。但同时他认为应当将宗教与哲学分离,哲学的目的只在求真理,宗教的信仰我们已充分地证明,只在寻求顺从与虔敬。这一主张使哲学理论从神学的束缚中摆脱,人们得以从自然的角度重新认识这个世界,这对于后来的马克思等唯物论者有很大的启发。

康德在道德义务论哲学中谈到了对"善"的看法,认为在人的本性中始终有着向善的原初禀赋,他区分了人的"动物性""人性"及"人格性"的三种不同层次的禀赋,但向善的原初禀赋本身毕竟并非已然实现的"善"。在康德看来,人们在自身中应该造就的善与我们作为出发点的恶的距离是无限的,也是在任何时候都无法达到的。② 唯一的、绝对的、无条件的自身即善的东西就是"善良意志",其他的内在善,包括理智的善和道德的善,都可能服务于恶的意志,因此内在善只有在人的善良意志伴随下,在道德上才是有价值的。他认为拉丁词bonum(好)覆盖了两个观念,用德语作为区分就是 das Gut(善)和 das Wohl(福

---

① 〔荷兰〕斯宾诺莎:《简论上帝、人及其心灵健康》,顾寿观译,北京:商务印书馆,2017 年版,第 118 页。
② 〔荷兰〕斯宾诺莎:《简论上帝、人及其心灵健康》,顾寿观译,北京:商务印书馆,2017 年版,第 118 页。

利、快乐、幸福)。康德认为"善"只能适当地用于行为,将善等同于"道德上的善",并且他含蓄地否认了快乐是善的(即便是应得的快乐)。① 康德提出了著名的"德福一致"的思想,当他谈到德性与应得的幸福结合的"完美的善(bonum consummatum)"时,康德认为的"应得幸福"不是善,而仅仅是福利(拥有者的满意之源),那么为了使这种完美的至善可能,必须假定一个更高的、道德的、圣洁的和全能的存在者,唯有这个存在者才能使完美的善的两种因素结合起来。康德还提出了"道德法则理论",认为人的道德来源于实践理性的善良意志,是否"善"取决于道德法则,即凡是符合道德律令的就是善,凡是违反道德律令的就是恶,人可以自由选择是从善还是从恶。康德还强调仅依靠学术的学习不能增进"道德善"的养成。仅给予人强有力的知识武器,而不给予他们关于如何运用知识的指导是不道德的,必须以道德教育为补充,融合知识与技能的教育才是好的道德目标。

综上所述,通过回溯西方哲学中的友善思想我们发现,从近代开始西方学者不再局限于宗教的束缚,开始重视人的发展,尊重人的价值,在发展公共的善的同时也重视个体的善,尊重人的自然本性和欲望与人的本性发展,充分地肯定友善道德对人的价值,给予人追求友善合理与正当的辩护,解放了长期被西方宗教势力禁锢的人性,维护了个体的权利、自由与幸福,具有一定的进步意义。随着追求"人类的最大幸福"的提出,"对己友善"的必要性得以合理存在,为当代友善价值观实现人的"全面自由发展"与"他己两利"的特质提供理论依据。但其中一些阐述扩大了"欲望""情感"等个人情欲对人的思想与行为的控制,把人的私人需求作为道德选择唯一标准,忽略了人在实践活动过程中理性的重要作用,为"纵欲""自私"等非友善因素,甚至恶的行为找到了辩护理由。把人的本性锁定在追求快乐与幸福的设想,把制约人行动的伦理法则视为没有意义的外在工具衍生了自由主义、享乐主义、虚无主义等思潮,某种程度上助长当代社会道德冷漠的出现。在私有制与雇佣劳动制为主的资本主义社会,劳动力所有权要对资本所有权做出妥协让步。正如舍勒(Scheler)所言:"当代资本主义的精神本质是怨恨。"② 当代西方经济学派基于人性自私理论做出的"理性经济人"假设,使人在市场运行过程中信奉极端的利己,为了利益铤而走险,尔虞我诈现象层出不穷,用贪婪取巧替代了人类的良知,人的友善道德践行因此受阻。

---

① 朱贻庭:《伦理学大词典》,上海:上海辞书出版社,2010 年版,第 262 页。
② 刘学坤:《友爱教育论》,安徽:合肥工业大学出版社,2013 年版,第 134 页。

2.3.3　马克思主义经典理论资源

马克思主义思想不是凭空产生的,而是在批判地继承资本主义的文化成果的基础上形成与发展起来的。马克思本人对资本主义思想文化采取辩证的否定态度,我们无须对西方思想文化持机械否定态度,重要的是善于运用马克思主义历史唯物主义的基本立场分析、借鉴西方文明成果中合理之处,摒弃错误一面,与不同思想流派展开积极对话,才能把社会主义的友善价值观不断往前推进,展现越来越旺盛的生命力。作为社会主义国家,培育大学生友善价值观需要从马克思主义理论着眼,从现实的人出发,着眼于人的全面自由解放,实现友善价值观的本质。

习近平总书记在党的十九大报告中把"坚持以人民为中心"作为新时代坚持和发展中国特色社会主义的重要内容。以人民为中心深刻体现了马克思主义的基本观点,将马克思的人本思想贯穿于实现社会发展目标的过程中。友善价值观在本质上是社会主义的,践行的主体是人,在探讨如何培育友善价值观时必须回到马克思主义。马克思虽然很少直接使用"友善"一词,但在他的思想体系中对"人"这一主题始终高度关注,通过对传统的唯物主义与人本主义理论的批判性改造,把关于个人全面发展、人的本质、人的异化、自由人的联合体等人学理论置于历史唯物主义这一哲学观的基础上,为我们将友善价值观培育的价值回归"人"的本身,重视人的主体性,发挥人的力量,把握培育的社会主义方向与当代属性,深刻理解培育以人为本的旨趣指明了方向。

2.3.3.1　个人全面发展理论

人的全面发展理念是马克思在"三大社会形态"的理论框架内提出的,是马克思对共产主义社会个人的存在与发展方式的预言,也是集中了价值规范与道德维度的综合命题。马克思在《1857—1858 年经济学手稿》中写道:"人的依赖关系是最初的社会形态,在这种形态下,人的生产能力只是在狭窄的范围内和鼓励的地点上发展着。以物的依赖性为基础的人的独立性,是第二大形态,在这种形态下才形成普遍的社会物质交换,全面的关系,多方的需求以及全面的能力的体系。建立在个人全面发展和他们共同的社会生产能力成为他们的社会财富这一基础上的自由个性,是第三个阶段。第二个阶段为第三个阶段创造条件。"[①]

---

① 《马克思恩格斯全集》(第 46 卷),北京:人民出版社,2002 年版,第 104 页。

在这段论述中,马克思提出了三大社会形态理论:以人的依赖关系为基础的传统的前商品经济社会形态;以物的依赖为基础的以商品经济为主导的社会形态;以个人全面发展为基础的社会形态,即以产品经济为特征的未来共产主义的社会形态。马克思认为人的全面发展主要是指个人"能力"的全面发展,友善价值观的培育不仅是知识性的德性养成,更是在社会中践行的道德能力。只有处于全面发展的状态中,人的价值才不会受到压制,人们得以享有平等、幸福与尊重,实现对美好生活的期盼。

个人全面发展理论为友善价值观培育提供了从"人"的问题着眼,还是从纯粹的思想理论问题着眼的讨论视角。在《关于费尔巴哈的提纲》中马克思提出:"人的思维是否具有客观的真理性,这不是一个理论的问题,而是一个实践的问题。人应当在实践中证明自己思维的真理性,即自己思维的现实性和力量,自己思维的此岸性。关于思维——离开实践的思维——的现实性或非现实性的争论,都是一个纯粹经院哲学的问题。"①从这段话我们不难看到马克思强调人的实践活动是检验理论是否正确的标准,更重要的是马克思认为哲学不能脱离人的问题,尤其是在人的实践活动中要把人理解为实践的社会存在物,在探讨人的问题时不能抛开人置身的社会关系,友善价值观的培育也必须紧跟动态关系引发的实践,顺应个人全面发展客观规律。

费尔巴哈把人作为其哲学的中心,强调人是"自然的、感性的人",但不论费尔巴哈如何强调他的"人"的现实性,只要他没有超越人的自然关系进入社会生活,就只能是"自然的人"。②马克思认为劳动是人区别于动物的本质属性,是人的社会性的确证,撇开人的社会生活,而将"饮食男女"上升为唯一的"终极目的",那么人的特性与动物的机能无异。③通过对资本主义生产关系的考察,马克思发现人从受物的统治到受人的支配过程,要真正实现人的自由全面发展,就必须从根本上消除物对人的统治、消除不合理的社会关系,只有在这样的社会,人的存在与本质才能得以和谐,个人全面自由发展才能实现。就具体的人在价值关系中,人实现全面自由发展即依赖自身劳动实践,又依赖于他人与社会的友善帮助。人同时是友善价值的创造者与消费者,能够通过自己的实践既

---

① 《马克思恩格斯选集》(第4卷),北京:人民出版社,2012年版,第226页。

② 〔德〕费尔巴哈:《费尔巴哈哲学著作选集》(下),荣震华等译,北京:商务印书馆,1984年版,第76页。

③ 《马克思恩格斯文集》(第4卷),北京:人民出版社,2009年版,第294-295页。

为自己的需要付出劳动,也可以为社会的发展做出贡献,在这样的关系中人的价值就体现为社会价值,即人对社会的贡献。

2.3.3.2　人的本质理论

马克思通过由物的关系到人的关系的深入研究得出了"人的本质不是单个人所固有的抽象物,在其现实性上,人是一切社会关系的总和"的著名论断。[①] 马克思认为现实的人都生成于社会关系中,每一个个体都有在社会关系中与之对应的对象,人的社会性本质属性决定了人与人必须以友善的德性团结合作。既然人在本质上是一切社会关系的总和,就应当着眼于社会生活,人们在实践着的合作中趋于合群,个体与社会的友善德性得到双重的关照。"人并不是抽象地栖息在世界以外的东西。人就是人的世界,就是国家,社会"。[②] 马克思的见解告诉我们,如果想要了解人的本质必须深入考察人所创造的世界,只有充分掌握"人本身",才能有效地改造社会。友善的培育不应停留在抽象世界,应当体现在人们的日常生活中,人与人在生活中的联合也使友善具备真实的德性力量,赋予社会和谐凝聚发展的动力。正因为马克思主义将人类视为本质上是积极的、社会生产的创造物来描述,认为"应该培养社会的人的一切属性,并且把他作为具有尽可能丰富的属性和联系的人"。[③] 友善价值观的培育得以回归人的本身,不再是统治阶级或是宗法礼教的工具,摆脱了培育中以权威为导向的不平等,人得以充分的主体间性,激活了友善价值观的培育动能,为马克思主义哲学在新时代道德教育的发展提供重要参考。

在《德意志意识形态》中马克思谈道:"费尔巴哈从来没有看到真实存在着的、活动的人,而是停留在抽象的'人'上,并且仅仅限于在感情范围内承认'现实的、单独的、肉体的人',也就是说,除了爱与友情,并且是理想化了的爱与友情以外,他不知道'人与人之间'还有什么其他的'人的关系'。"[④] 在马克思看来,费尔巴哈的对人的认识是一种停留在抽象的空想。人是现实的、活动的存在,人可以与生活中无数个的个体产生联系,在社会实践的理解与关怀中联结出向善的社会关系。马克思认为:"封建社会已经瓦解,只剩下了自己的基础——人,但这是作为它的真正基础的人,即利己主义的人。这种人,市民社会的成

---

① 《马克思恩格斯选集》(第 1 卷),北京:人民出版社,2012 年版,第 139 页。

② 《马克思恩格斯选集》(第 1 卷),北京:人民出版社,2012 年版,第 452 页。

③ 〔英〕肖恩·赛耶斯:《马克思主义与人性》,冯颜利译,北京:东方出版社,2008 年版,第 5 页。

④ 《马克思恩格斯全集》(第 3 卷),北京:人民出版社,2002 年版,第 50 页。

员,就是政治国家的基础、前提,国家通过人权承认的人正是这样的人。"①从这点可见,马克思始终把人理解为特定的历史时期社会的存在物,从市民社会的角度看,人是有自己利益和需要的"利己主义的人";从政治国家的角度看,人抽去了市民社会中的人所具有的感性特征,是拥有人权的抽象政治人。马克思认为只有当现实的人也是抽象的公民时,并且个人努力作为类存在物在行动;只有当人认识到自己的力量,并且转化为社会力量,不再把社会力量当作政治力量与自己对立的时候,才能完成人类的解放。这为友善价值观培育中利他与利己的统一提供了重要标准。利己不再是被忽视与批评的存在,对人利己的本能给予理解,利己与利他的共通共融蕴含着人对真实美好生活的向往。"完整的人,是占有自己的全面本质的人",②人的美好生活与对个体利益和共同体利益的追求一致,唯有如此,人才能自由自觉,以从容的状态实现对友善的道德追求。因此,培育友善价值观是对人实现本质的要求,人的社会关系如何,本质就如何,通过强调与尊重人的本质,实现人的主体价值,获得丰富的物质生活与精神生活,以塑造人的思想领域来提升人的素质,为人的思想道德与文化素质的开发提供内驱力。

2.3.3.3　自由人的联合体理论

在马克思主义理论的视域中,实践概念始终与自由概念紧密联结,这两个概念是马克思主义哲学最基本的概念。马克思主义理论体现在友善价值观培育中,目的是人获得全面自由发展,使人以自由人的联合体开展友善的公共生活。生产实践给人的认识不断提供新的技术工具,加强了人的感官,帮助人们深入自然,揭示它的秘密。③ 自由并不在于想象中的脱离自然规律,而在于认识这些规律,并能够把它们用到实践活动中去。④ 为了消除不合理的社会关系,马克思通过对资本主义制度的批评指出:"代替那存在着阶级和阶级对立的资产阶级旧社会的,将是这样一个联合体,在那里,每个人的自由发展是一切人的自由发展的条件。"⑤自由是作为道德实践主体的人的意志自觉性,⑥是人的道德意

---

① 《马克思恩格斯全集》(第1卷),北京:人民出版社,2002年版,第442页。

② 《马克思恩格斯全集》(第1卷),北京:人民出版社,2002年版,第189页。

③ 艾思奇:《辩证唯物主义历史唯物主义》,北京:人民出版社,1978年版,第163页。

④ 〔苏联〕罗森塔尔,尤金:《简明哲学辞典》,北京:三联书店,1973年版,第171页。

⑤ 《马克思恩格斯文集》(第10卷),北京:人民出版社,2009年版,第667页。

⑥ 〔德〕康德:《道德形而上学原理》,上海:上海人民出版社,1986年版,第107页。

志得以充分发挥,在公共生活空间行使道德权利、践行道德责任的基础。在黑格尔看来,人的自由意志发展阶段有三个:抽象权利、道德及伦理。① 但他的自由理念只在单个的特殊意志中出现,尚未达到与意志概念的统一。实现真正的政治解放、经济解放、劳动解放、文化解放的自由需要扬弃人的异化状态与片面性,实现人全面发展的联合体。自由人联合体是马克思对未来共产主义社会的描述,马克思依据历史唯物主义的基本观点指出:"自由人联合体是资本主义社会之后的一种理想社会形态,是人类社会历史发展的最高阶段,是发展的必然趋势。"② 人的发展与社会的发展在历史过程中并不总是一致的,只有在自由人的联合体,也就是在公有制基础上才能实现真正的人与人之间的平等互动,人人为我,我为人人的友善道德实践。③ 马克思以自由人的联合体为核心的公共性逻辑,为美好的公共生活提供价值承诺。一般认为,公共人的理想生成至少包括三个方面的含义,分别是"追求丰富的公共生活、走向全面的人的发展、体现自由的发展个性"。④ 不论是"新苏格拉底德育模式"还是"新柏拉图德育模式",都强调德性的教育不能脱离团体,要在民主的团体氛围中,以团体的力量培育健康的公民,使道德主体积极地面对现实的道德冲突,通过积极的思考将道德原则内化于心、外化于行,成为道德主体自觉践行的为人处事准则。⑤ 人的各类历史实践活动均基于对价值和意义的创设与自由。⑥ 中国共产党对自由人联合体的探索是马克思主义中国化的历史进程。随着时代的进步与当代大学生日益成熟的发展需要,人对于自身获得全面而丰富的发展需要日益强烈。要改变人在过往价值观培育中的被动接受地位,发挥人的主体性及主体间性,增强人对于践行友善价值观的自觉构建、自觉追求、自觉发展的能力,只有以自由人的道德联合体,增强道德自觉性,才能提高人对于友善价值观认同与践行的自觉性,发挥在友善价值观实践活动中的主体性。

① 宿梦醒:《黑格尔法哲学人格理论研究》,北京:人民出版社,2019 年版,第 5 页。
② 张飞,何正玲:《马克思自由人联合体的实现条件及当代启示》,《辽宁工业大学学报(社会科学版)》,2021 年版,第 6 期,第 1-4 页。
③ 高国希:《关于社会主义核心价值观逻辑结构的思考》《复旦学报(社会科学版)》,2021 年第 6 期,第 1-9 页。
④ 莫春菊:《马克思公共性思想的立场、主旨和本质特征》,《社会主义研究》,2019 年第 2 期,第 33 页。
⑤ 张玉茹:《柯尔柏格道德认知发展论及对主体德育模式建构的启示》《教学与管理》,2004 年第 6 期,第 133-134 页。
⑥ 韩丽颖:《当代大学生核心价值观研究》,北京:人民出版社,2014 年版,第 4 页。

马克思恩格斯设想在未来社会是"所有人共同享受大家创造出来的福利"。马克思理论中"真正的共同体"在实质上是指建立"自由人的联合体"的共产主义社会,在那里每个人的自由发展是一切人的自由发展的条件。斯宾诺莎在《伦理学》中指出:"最高善是人人共同之善,且人人可同等享有。"普遍意义上的育人共同体的构建缘于道德责任与义务不受到血缘、宗族、地缘、财富、地位等因素的影响,人与人彼此间有充分的友善互助的伦理义务。教育共同体不是天然的育人共同体,在本源上是信仰的共同体、学术的共同体,具有涂尔干(Émile Durkheim)所言机械团结的集体意识和有机团结特质。教育共同体向育人共同体的转向缘于对当前社会公民道德建设现状的审慎思考,熟人社会向陌生人社会转型的过程中比以往任何时候都需要强调友善德性的养成。

友善价值观的培育最高目的在于帮助人处在自由人联合体,而不是虚幻道德体中拥有友善的德性,最终实现全面自由发展。因此友善价值观培育应当是人们在充分认知、高度自觉的状态下进行的选择,而非迫于外界惩戒压力或为了得到一时的奖赏,具有充分的心理趋同性(psychological convergence),拥有自由意志的心理基础。[①] 党的十七大报告指出,要"切实把社会主义核心价值观体系融入国民教育和精神文明建设全过程,转化为人民的自觉追求"。[②] 强调了人在培育友善价值观的过程中自由自觉的重要性。通过自由意志的道德践行,促进友善价值观从囿于个人德性的私人领域的德走向公共生活,成为共同体的德。因此,友善价值观培育通过道德主体以自由人的联合体回归公共生活,在共同体中养成友善德性,进而在国家这个伦理性的整体中实现友善的权利与义务的统一、个别性与普遍性的利益的统一、公共精神与公民自由的统一。

自由人的联合体的本质属性只有本质是善的育人共同体才具备善的目的与追寻,对人的德性产生引领与塑造作用,打造善的目标群体,引导人以负责的道德责任来践行公共善的生活,满足个体健全人格、获得美好生活的需要,构建友善和谐的社会。在当代中国,高等教育育人共同体的建立是以"立德树人"为根本任务而展开,它的存在与发展是以共同的价值认同与精神信仰为前提条件,共同体中的各个成员拥有的价值观是凝聚人的信念,是为同一事业共同奋

---

① 心理趋同性属于人们潜意识的一部分,是一种不受大脑控制的,无意识状态下表现出来的一种生理趋向。

② 中共中央文献研究室编:《十七大以来重要文献选编》(上),北京:中央文献出版社,2009年版,第107页。

斗所需的黏合剂。① 在友善价值观培育具体实践中,育人与共同体的互构形成有两个基本要素:目标内容的同一性与良性互动关系的同一性。其一,育人与共同体都是价值观的体现,需要"共同的意识形态"作为指向,不仅包含共同价值取向、道德信念、理想追求,还包括基于意义建构的"共同目标"。共同目标是共同体存在与发展的根基,也是育人的出发点与落脚点。共同体意识的建立需要从宏观的视野照进育人的目标,道德主体在育人共同体中获得更多的安全感、幸福感、获得感,实现人们对美好生活的向往与合乎人性的人的复归。其二,育人是社会的产物,不是孤立片面的存在,共同体之间各个要素相互联系合为一体存在。育人共同体在友善价值观的培育践行中,应当以人的发展需求为目标,澄清友善的旨趣,在道德主体的能力全面提升中激发主体践行友善德性的自觉,使其能够自觉扬弃现代社会中个体的异化,自由自觉地追求个人德智体美劳全面发展的完满状态。友善价值观的培育以自由人的联合体思想为资源,打造多方协作的育人共同体,以合力实现人的友善践行。共同体可以实现友善价值观践行所需教育资源的合理配置,在共同体的主体间构建起民主团结、互助互利的关系,利于友善价值观践行目标的实现。在友善价值观的培育践行中,共同体可以推进落实"三全育人"的改革发展,协调各个育人部门与机制,形成良好的全员育人氛围,发挥"三全育人"对实践活动的促进作用。友善价值观的培育任重道远,意义深刻,关乎大学生的全面自由发展与社会友善和谐局面的建成,这一切必须在具备公共性价值指引与公共善为目的的"共同体"中才能完成。综上,本书将马克思主义理论资源引入友善价值观培育,在实践过程中实现马克思主义育人资源现代化,从而阐明中国共产党将友善作为核心价值观在全社会贯彻落实的宏伟愿景。

2.3.4　思想政治教育理论资源

思想政治教育是教育者向受教育者传递知识、思想、价值观、道德规范等信息的教育活动。人的思想意识与道德规范如何进入认知体系与行为实践并非随意而为,有着规范的方法与客观的依据。一直以来我国的思想政治教育都坚持依据受教育者的思想实际与身心发展规律进行科学的建构。在友善价值观培育中,不论社会环境与人的认知发展如何变化,灌输法始终是影响人思想的

---

① 赵荣锋:《新时代构建高校思想政治教育共同体的逻辑理路》,《思想政治课研究》,2021 第 5 期,第 84-99 页。

重要环节,是认知输入的主渠道;道德教育的实现需要道德情感认同成为教育者与受教育者的互动中介;心理接受关乎价值观内化的程度与范围。因此,通过借鉴思想政治教育资源相关的灌输论、道德情感论与心理接受机制,可以有效地厘清人的"知情意"路径,更好把握"行"的落实。

2.3.4.1 灌输论

对于是否应当灌输意识形态是当代思想政治教育的重要议题。支持灌输的人认为"道德教育应当在邪念尚未占据人的心灵之前,把一切知识领域中精粹的总和灌输到人的脑中"。[1] 反对灌输论的人认为价值观教育应当是中立的,应当使人自由地建立自己的价值体系,因为灌输"不仅不能促进,反而会限制了人的智慧与道德的发展"。总体来看,任何社会形态的任何价值观培育都是一定的阶级的意识形态体现,注定带有阶级的态度倾向,灌输的是符合该阶级利益的价值观。任何统治阶级为了使其治理下的社会获得合法性依据与合理性根基,都会在权利的支撑下动员一切力量进行意识形态灌输。如美国在殖民地时期依靠灌输法对国民实施带有宗教色彩的价值观教育,德国也长期运用灌输论对国民输送价值观。虽然部分学者对于灌输法的存在与使用尚有争议,认为灌输是一种机械式的教导和被动式的接受,但在各国实际的价值观教育中,灌输法始终处在改良和隐蔽灌输法的过程中,没有完全废弃或忽视,通过不断的改进和更新自身的价值观教育方式与内容,以显性或隐性的灌输形式教化与渗透人的思想意识。

在当代思想政治教育中,灌输论体现马克思主义理论话语权与生命力的互构。马克思主义思想的真理性与创新性是友善价值观培育的信心与动力来源,在实现理论的话语权与保持生命力的过程中推动友善价值观的培育。在灌输中首先要牢牢把握马克思主义在意识形态建设领域中的话语权。"说理"是灌输的基础,要始终坚持马克思主义的价值取向,说马克思主义的"真理"。马克思主义在思想政治教育中拥有真理性的话语权,马克思主义之所以是真理,就是因为它揭示了人类社会发展规律,为广大人民群众指明了奋斗目标和前进方向。[2] 这种话语权的确立和实现是对马克思主义认同与践行的基础。

---

[1] 〔捷克〕夸美纽斯:《大教育论》,北京:教育科学出版社,2015年版,第178页。

[2] 齐卫平、陈冬冬:《伟大建党精神:中国共产党建设话语的创新表达》,《中国浦东干部学院报》,2021年第6期,第14-20页。

　　人的思想认同源自社会的意识形态的价值观内化的过程,其中价值观认同处于思想认同的核心。[①] 总体来看,意识形态的形成与发展是双重的运动:一方面,世界的无限多样性在意识和精神中获得了统一和综合;另一方面,在这种统一体中又会存在结构上的松动与重新组合的种种趋势。过去人们对意识形态说理的批判总是从心理学层面出发,指责意识形态总是某一阶层的社会立场代表。现在人们的认识深入到理论的宏观层面,分析意识形态的"总体结构"是否是正确的,在这一过程中,人们对意识形态的认知逐渐深化。一个国家与民族能够稳定向前发展的前提是社会全体成员拥有共同的价值观,在当代中国,成为社会主义事业的合格建设者和可靠接班人是大学生的普遍共同追求,要实现这一目标首先要做到对马克思主义的真理性的辩证认同,承认理论的优越性,也不回避因时代性局限造成的问题,通过灌输教育对大学生进行正面的宣传、引导与教育,使马克思主义的理论深入影响大学生的思想与行为。意识形态灌输中的主体是"有责任能力的主体",大学生作为道德主体拥有自由的道德意志。在把握好马克思主义话语权的过程中,要创造对马克思主义"讲真话"的氛围,不断发展马克思主义理论的科学性、实践性、人民性与开放性,从这四个方面充分理解新时代马克思主义的生命力。具体而言,科学性是马克思主义生命力的底色,新时代的大学生友善价值观培育以科学认识为基础,综合运用心理学的研究视角与方法,整合大学生的道德心理认知过程与发展规律,为科学地培养友善德性奠定思想基础;人民性是马克思主义生命力的核心,将大学生始终视为道德的主体,在培育中注重激发人、依靠人、维护人,始终以大学生的全面自由发展为培育理念;实践性是马克思主义生命力的特征,马克思主义告诉我们"意识形态的全部内涵和秘密都深藏于它的意向性对象——社会存在,即人们的实际生活中。[②] 思想理论是人们生活的反射与回声,根源于人的实践,又在实践中实现发展;开放性是马克思主义生命力的动力,通过不断地触及思想育人中遇到的新问题,回应新挑战,提升解决育人难点的世界观与方法论。灌输论使马克思主义在当代思想政治教育过程中依然具有旺盛的生命力,马克思主义并不是僵硬的灌输,其丰富鲜活的生命力源自马克思主义中国化的创新发展,以理论的生命力实现思想政治教育的亲和力,在德性灌输的全过程养成正

---

　　① 万资姿:《当代大学生社会主义核心价值观认同与培育研究》,北京:人民出版社,2018 年版,第 60 页。

　　② 《马克思恩格斯全集》(第 3 卷),北京:人民出版社,2002 年版,第 30 页。

确的友善价值观,并以潜移默化的方式渗透到大学生的知行体系中。

2.3.4.2 道德情感论

人的道德行为与情感关系向来密切,情感对人具有强大的感染力与共鸣力,决定着人对价值观的接受程度与践行意愿。道德情感主义认为:"所有的评价性判断,尤其是所有的道德判断,就其具有道德的或评价性的特征而言,都无非是偏好的表达、态度或情感的表达。"[①]任何宣称客观的、非个人的道德标准存在的主张没有也不可能有任何有效的辩护,因为根本都不存在诸如此类的标准。[②] 道德情感在本质上是以个体在践行道德的心理过程中产生的情感、情绪、信念等,对人进行积极的价值观引导,让人对价值目标产生积极、亲近的态度与倾向,从而在愉快身心、启迪思想中实现道德教育的宗旨。实际上,道德的心理基础一直存在着理性派与情感派,自古希腊时期起,苏格拉底、柏拉图、亚里士多德认为德性基础在于理性,大量论述了理性对于德性的本源性。[③] 随着人们认识到人类活动由"知情意行"四个基本部分构成,情感的作用愈发受到重视,人们发现情感是影响道德信念的重要因素之一,道德主体对价值问题还未能深刻透彻地进行理性理解时,主要依赖情感进行道德判断,得到积极或消极的情绪反馈,决定认同或拒绝道德观念。心理学家马丁·霍夫曼(Martin L. Hoffman)基于情感对个人社会认知能力与道德发展水平的影响作用提出了移情的四种发展水平:普遍性移情、自我中心移情、对他人情感的移情与对他人生活状况的移情,认为情感是个体道德行为的基础,可以加强个体具有的公正道德价值取向或者关爱道德价值取向。情感可以发生在知觉与评价的理智过程之前,以特定的方式集中人的经验,起建构和组织的作用。唤起更多积极道德情感的主体会更为认同与投入道德实践。

价值观从认知到践行的过程中,人对价值目标产生情感认同是关键。情感认同是指个体对价值观充分理解的基础上,根据自身的需要、选择、评价产生的

---

① 〔美〕麦金太尔:《追寻美德:道德理论研究》,宋继杰,刘东译,南京:译林出版社,2003年版,第14页。

② 〔美〕麦金太尔:《追寻美德:道德理论研究》,宋继杰,刘东译,南京:译林出版社,2003年版,第23页。

③ 江畅,钟万玲:《论德性之心理基础——兼评道德情感主义》,《湖北大学学报(哲学社会科学版)》,2017年第1期,第1-6页。

不同情感反应与情感态度。[①] 只有通过情感的认同,价值观才能获得系统性改变与提升,成为指导道德行为的成熟价值观念。道德情感从表现形式上看,主要包括三种:直觉的、想象的和伦理中的道德情感。直觉的道德情感缘于人对具体的社会情景直接感知而迅速地发生的情感体验,人常常处于无意识状态中产生直觉式情感。想象的道德情感需要通过人对某种情景或形象的具象化想象产生,需要主观意志努力,并使人能够受到情绪的感染、激励,以自觉的情感体验更好地理解社会的道德标准。伦理的道德情感以人理性清楚地意识到的概括性与理论性的道德概念、原理和原则为中介,具有清晰的意识自觉性与理性的自发性,因而这种情感更为稳定与深刻。人类对爱与美的追求包含了友善的德性,友善作为美好品德是具有获得性的人类品质,作为美好德性与行为规范的集合体,具有与不同认知层次对应的道德情感,可以根据具体情况引导、激发人的友善认知与行为。友善价值观体现在践行的道德主体是有血有肉的、丰富情感的人,道德作为人类心理的特质,包含着认知与情感的过程,情感是情景与行为之间的中介,积极的情感可以引导人做出正确的道德判断,情感的在场对于德性的养成至关重要。[②]

　　道德情感在德育中普遍存在,并对大学生的健康成长有重要影响,陶冶积极的道德情感是实现友善价值观培育实效性的重要环节。在新时代把握友善价值观培育的契机需要充分关注道德情感这一思想政治教育中不可或缺的因素,对认知与行为发展起重要的影响作用。习近平总书记指出:“人民有信仰,民族有希望,国家有力量。”“一个国家,一个民族,要同心同德迈向前进,必须有共同的理想信念作支撑。”信仰是最强大的精神动力,实现信仰需要“情感”作为“催化剂”,在“以理服人”的基础上“以情动人”,可以通过道德情感的以情育理、以情促行的功能,激发人对友善的积极向往与内心趋同,并渗透在人的精神世界与践行需要中。当前国内外社会背景下大学生友善价值观培育面临复杂性的变化,大学生在践行友善中面临着道德冲突与两难选择,进而产生喜爱、赞美,或是争执、愤怒、误会等积极或消极的情绪。当个体的道德情感与道德选择、道德判断相一致时,便出现积极稳定的内心体验,当两者矛盾时会产生消极

　　① 岳童,黄希庭,吴娜:《价值观的认知神经研究对社会主义核心价值观培育的启示》,《苏州大学学报(教育科学版)》,2021 年第 3 期,第 65-72 页。

　　② 喻丰,彭凯平,韩婷婷,柏阳,柴方圆:《伦理美德的社会及人格心理学分析:道德特质的意义、困惑及解析》,《清华大学学报(哲学社会科学版)》,2012 年第 4 期,第 139-160 页。

的、不稳定的内心体验。如果消极情绪得不到及时的疏通与缓解,那么会影响个体的精神状态与价值判断,甚至对个体的身体健康与社会安全带来隐患,影响思想政治教育工作的顺利开展。情感的认同能够促进人的心理活动积极发展,在当前的友善价值观培育中,依据大学生的认知特点与行为规律,有目的融入道德情感的教育,敏锐把握育人的关键契机,培育大学生产生对获得的道德认识相一致的道德情感,诉诸对理想道德人格的追求,促使情感不断地升华,对提升大学生的友善价值观有积极作用。

2.3.4.3 心理接受机制

在道德教育的实现过程中,心理接受机制是道德认同向道德行为转化的理论基础。"接受"的概念最初缘于古希腊的解释学与接受美学,经过后世的认知心理学家奥苏伯尔(Ausubel)的发展把接受作为重要理念引入教育心理学,将人的学习认同分为接受式学习与发现式学习两类。[①] 心理接受是培育客体在一定的道德养成环境中依据自身过往实践经验,将道德信念经过意志加工形成合理认知,转化为道德行为。心理接受机制过程中人脑的心理接受过程大致经历如下步骤:"接收—反应—解读—筛选—整合—化解",本质上属于知觉心理范畴。[②] 在心理接受过程中,经过对外来输入思想的信息加工整合步骤,转化为个体的新的思想认知后,心理接受并未停止,而是继续活动。其一,经过内化的阶段,受教育者经过对道德认知的自省、反思过程,内化为自身的情感,融入意志活动使认知深化,成为稳定的思想状态;其二,经过受教育者的生活实践检验,转化为行为模式,在个体的社会生活各个方面表现为道德行为;其三,经过外化阶段,受教育者通过心理接受养成道德行为,在社会实践中影响他者与社会,在道德实践圈中进行扩散,形成社会的道德意识与行为,表现为新的思想的释放。在心理接受的活动过程中,个体的意志与信念共同构成动态的综合系统,遵循一定的心理认知规律。

友善价值观作为个体美好德性与行为规范的表达,需要人在心理层面予以彻底地接受肯定方能转化为行为。价值观认同涉及人的心理活动,是心理状态变化的具体形式,需要经过人心理机制的接受方能完成。长久以来的友善价值

---

① 徐园媛,戴倩:《德心共育协同创新—大学生社会主义核心价值观教育模式创新研究》,成都:西南交通大学出版社,2018年版,第95页。

② 换晓明,於天禄:《思想政治教育的心理接受规律研究》,《学校党建与思想教育》,2018年第11期,第30-33页。

观培育研究忽视了人的接受心理机制,把友善德性的养成作为培育的唯一目标,不注重培育目标与人的道德接受和心理机制兼容度,无法依据人的道德心理与道德行为的转化、发展规律进行有针对性的培育。人的道德的心理活动缘于意志,意志是人的行为内在根源,人的道德行为受意志支配。意志涉及个体的思维模式、固定观念等方面,是解决价值观践行过程中的内心矛盾的重要力量与驱动行为的主导因素。假如个体持续性依照道德规范要求行事,并因此逐步形成行为习惯,那么这种行为习惯就会转变为道德品质,长此以往个体就无须意志做功就能践行道德,此时人原先依照道德要求行事即转化为依照自身道德品质[①]。因此,人的心理接受机制是道德认同与道德行为的中介桥梁,通过心理接受价值观,实现认知向行为的转化。行为发生认知法则认为,个体的行为认知因素是影响行为发生的根本原因,个体的行为的选择并非简单的过程,而是经历复杂的认知过程,在此过程中行为受到多方面的思想认知因素的影响。[②]在思想政治教育的视域中,个体道德认同是心理接受的结果,是发生在思想政治教育接受活动中的心理现象。接受主体在内部自身需要与外部环境作用的共同驱动下,对思想政治教育接受客体进行反映、理解、解释、选择、整合、内化、外化等活动。友善价值观培育涉及人的生理、心理、情感、环境等方面,价值认同在心理的意志层面发展,作为新时代的思想政治教育工作者,要重点关注大学生的心理接受机制,切实了解大学生的道德认同与道德行为的实现过程。对于大学生而言,接受道德伦理规范教育的过程不应局限于被动学习,而是处于一定接受心理基础上的意志认同活动过程。[③]心理接受作为道德认知与道德行为的中介,与价值观的培育是相辅相成的关系。对个体施加的价值观影响只有与人的认知水平、情感模式、意志能力、行为方式相适应时,传达的认知信息匹配人的心理活动规律,才能被人所真正地接受,沉淀为合理的道德品质,否则很难引发价值观念在个人思想中获得同频共振。由于心理接受是人在道德养成时已经完成的,且人倾向于使用固定的方式进行道德认知加工,因此在友善价值观培育中重视心理接受与道德行为的形成过程,重视对心理接受机制的影响,可以增强价值观培育的针对性与实效性。

---

① 江畅,迈克尔·斯洛特,李家莲:《道德的心理基础——关于情感主义伦理学的对话》,《道德与文明》2017 年第 1 期,第 10-15 页。

② Richard B. Brandt. A Theory of the Good and the Right. Oxford,Clarendon Press,1999. p.65.

③ 张琼:《接受心理与道德教育》,《道德与文明》,1989 年第 2 期,第 20-21 页。

　　综上所述,在本章中,本书以合乎人性本质、合乎社会发展的内在要求,审视友善的道德根源基础与外部践行环境处于熟人社会向陌生人社会转变的现实,友善作为社会主义核心价值观蕴含的社会主义本质使它比西方的友爱、博爱,中国过去的仁爱与兼爱的包容性与延展性更为深远,总体上与过往阶级社会的善的德性相比较强调人的友善道德义务的同时赋予相应的道德权利,保障人们自由生存与发展的需要,以尊重互助、合作共赢的价值导向维系友善的生存空间。

第3章 大学生友善价值观培育的
必要性、可能性与方向性

新时代背景下友善价值观培育的基本考察解答了友善何以能成为全社会认同的价值观,并实现向社会主义核心价值观的演变的问题。在汲取了马克思主义理论、西方友善思想、中国传统哲学的精华部分后,友善价值观实现了马克思主义友善思想在当代的中国化发展,其中蕴含的崭新概念与扩大的范畴确保了个体与集体的道德权益均被考虑,成为当前公民道德建设的重要内容。从大学生友善价值观培育有序开展的角度而言,当前需要解决友善价值观的培育"何以必要、何以可能、方向何去"三大问题,对友善价值观培育展开全面深入的考察与论证,认识培育的本质、目的与方向,对思想政治教育的科学研究与体系建设具有重要理论意义与实践意义。就必要性而言,友善价值观培育是实现大学生全面自由发展的基本需要,促成大学生发展健全人格与健康身心,以良好的精神条件与道德心理实现对美好生活的向往;是落实立德树人根本任务的内在规定,是培养德智体美劳全面发展的社会主义建设者和接班人,回答"培养什么人、怎样培养人、为谁培养人"问题的重要抓手;是化解社会结构转型过程中道德风险的迫切需求,为维系国家与社会和谐发展提供精神动力,只有创造友善的道德共同体,才能为和衷共济、和合同生的人类命运共同体发展提供广阔的生存空间。就可能性而言,道德认知发展具有阶段性是培育的理论依据,培育回答了大学生处于道德发展阶段的后习俗道德期面对友善道德践行的问题,为友善价值观的认同提供内在动力;友善价值观的实践性本质是培育的实践依据,为知行统一践行友善价值观提供可能;在道德教育中锚入心理机制,是为德育与心育融合,将人的心理机制嵌入马克思主义的道德教育,为友善价值观培育的可能提供实现的载体。就方向性而言,新时代友善价值观的培育实现对了个体善与共同善的统一,以个人友善道德的内在修养与公共友善道德的践行的双重肯认为基础;培育使人在生活中获取理性的善,实现道德实践与美好生活的统一;培育以马克思理论的引领性统领培育方法的科学性,增强当代思想政治教育的感召力与吸引力。

3.1 大学生友善价值观培育的必要性

核心价值观是一个国家与民族灵魂的核心支撑。习近平指出:"核心价值观是一个民族赖以维系的精神纽带,是一个国家共同的思想道德基础。如果没有共同的核心价值观,一个民族、一个国家就会魂无定所、行无依归。"①友善价值观是社会文明程度的显示器,是以马克思主义为指导的道德规范与社会准则,弘扬与践行友善价值观有着理论与现实意义的必要性。由于社会政治、经济、文化等方面的现实变化,陌生人社会逐渐替代熟人社会,大学生面对复杂的道德问题需要友善价值观培育的出场,不论在大学生个体实现全面自由发展、高等教育落实立德树人根本任务,还是化解社会结构转型道德风险都需要友善价值观的培育提供精神层面指导。

3.1.1 大学生全面自由发展的基本需要

马克思主义的观点认为评价一种价值观的先进或落后要以每个人的全面自由发展为基本原则。友善价值观的培育是服务于人民,为了人实现全面自由发展而发展的道德建设,拥有关注人的解放与自由的道义性,使得人成为自由自主、全面发展美好的人。就人的内在德性发展而言,友善价值观培育是塑造大学生健康人格品德的需要。青年是核心价值观落细、落小、落实的重点群体,自我意识高度发展的青年期是则价值观成型的关键期。处于青年期的大学生价值观还未成型,既不像幼儿期那样完全信赖外界提供的价值观,也不像成年期的人价值观固化难以变更,具有较强的可塑性。受多元社会思潮的影响,培育友善的德性对大学生实现良好的社会化,全面自由发展尤为重要。人的全面发展包含基本要素有个人与人类的发展的统一,人的发展与生产发展、生产关系、社会关系发展的有机统一,人的发展与自然、社会关系发展的统一。人的德性培养最终诉求是使人从必然王国走向自由王国,使人与自身、他人,与社会、自然的对抗矛盾得到彻底的解决,实现人的全面发展自由发展。引导大学将友

---

① 《习近平在文艺工作座谈会上的讲话》,人民日报,2014 年 10 月 15 日,第 2 版。

善价值观内化于心,外化于行,对大学生实现良好社会化,提高人际交往能力,健全人格形成起积极作用。马斯洛需求层次理论将人的需求分为五个层次:生理需求、安全需求、社交需求、尊重需求和自我实现需求,人在生理和安全等基本需求满足后随之出现社交、尊重、自我实现等需求。随着社会的发展和经济水平的提高,友善价值观培育满足的是人们生理需求和安全需求之上寻求社会关系互动、获得人格尊重、自我价值充分实现的需要,大学生追寻的不仅是反映社交关系与情感归属的友善,更是追寻美好生活中的真善美。友善价值观培育内部蕴含的"与己友善、与人友善、与社会友善、与自然友善"充分满足大学生以"全部潜力生活"的需要。

就人与社会的道德关系而言,友善价值观培育是大学生将个体友善品质与社会发展契合的需要。社会长期稳定的运行需要具备耐受矛盾与冲突的韧性,达到这一目标需有符合社会发展方向价值观的合格的公民。联合国教科文组织提出公民教育的四个目标:学会求知,学会做事,学会合作,学会生存与发展。良好的公民教育除了具备健全的社会功能,还应该开发人的全部潜能,培育人适应社会发展的美好品质。在全球市场普遍开放,国际竞争激烈的背景下,大学生要同步提高知识技能与道德素养才能处理好竞争与协作的关系,合理协调个人与外部世界的利益。当前构建人类命运共同体的友善需求日益明显,全球化背景下友善早已成为全世界共通共融的道德伦理与价值倾向。习近平总书记多次强调:"构建人类命运共同体,建设持久和平、普遍安全、共同繁荣、开放包容、清洁美丽的世界。"人类命运共同体需要友善价值观团结社会秩序,提供伦理支撑。大学生在参与社会实践中需要养成"以人为本、合作共赢"的发展眼光,以开放、包容、共享的心态认识世界与改造世界,为人类命运共同体谋发展、求福利。

美好生活需要友善价值观作为道德担保,化解发展过程中的各类矛盾。康德指出:"人是目的而不是手段。"在任何情况下都应当把人当作目的而不是工具。相比为了强烈竞争而变得工具性与排他性的,社会更需要友善、包容的人。人的存在高于一切,在马克思主义指导下开展的友善价值观培育以人的全面自由发展为基本的出发点和根本目的,注重人性的发展与人的尊严,是个人全面自由发展的必备精神条件。拥有正确友善价值观的大学生超脱了资本主义对公民的要求,拥有健全的思想、崇高的道德,以更高的道德文明程度成为拥有大爱大德大情怀的时代新人。

3.1.2　落实立德树人根本任务的内在规定

培育大学生的友善价值观是当代思想政治教育的现实课题,也是高校立德树人根本任务的职责所在。《礼记·大学》记载"大学之道,在明明德,在亲民,在止于至善",追求人的崇高道德养成是教育一贯的规定。立德树人是我国高等教育的根本任务,高等教育除了培养大学生的知识技能,还应在道德品质上进行提升。

新时代对思想政治教育提出新使命,要加快构建高校思想政治工作体系,努力培养担当民族复兴大任的时代新人。友善价值观培育本质上是社会主义的,新时代的友善价值观的培育是在党的领导下开展的道德建设工程。2004 年中共中央、国务院发出《关于进一步加强和改进大学生思想政治教育的意见》指出:"加强和改进大学生思想政治教育的主要任务,一是以理想信念教育为核心,深入进行树立正确的世界观、人生观、价值观教育。""以大学生全面发展为目标,深入进行素质教育。"2020 年教育部等八部门联合印发的《关于加快构建高校思想政治工作体系的意见》指出:"以习近平新时代中国特色社会主义思想为指导,全面贯彻党的教育方针,坚持和加强党的全面领导,坚持社会主义办学方向,以立德树人为根本,以理想信念教育为核心,以培育和践行社会主义核心价值观为主线,以建立完善全员、全程、全方位育人体制机制为关键,全面提升高校思想政治工作质量。"培育社会主义事业的合格建设者和可靠接班人是我国高等教育的重大使命,要使大学生成为德才兼备的国家重要战略人才,必须用正确的价值观武装大学生的思想体系。从世界高等教育发展的历程看,大学已经由储存、探索、传播知识与真理的教育机构转化为兼具培育德性功能,具有丰富内涵的社会机构。大学代表的知识源泉与社会良心形象满足了社会公众的期待,并由此确立了自身得到永续发展的合法性。[①] 大学生除了求得知识系统上的进步,更应当自觉追求崇高的价值观,在多元发展的社会中明辨真假善恶,完成道德水平的提升。

育人先育魂,作为现代社会的核心机构,大学作为德育的主体应当思考如何在逐利的社会中保持高尚的道德追求,如何履行自己的德育责任。培育德才兼备的大学生是高校育人的基本方向,决定着国家民族的未来。大学生是我国

---

① 王向华:《大学的道德责任》,北京:北京师范大学出版社,2017 年版,第 22 页。

社会主义事业的合格建设者与可靠接班人,应当是有信仰、有理想、有担当、有情怀,具备崇高道德责任的先进群体。2019年3月18日,习近平总书记在学校思想政治理论课教师座谈会上讲话指出:"我们党立志于中华民族千秋伟业,必须培养一代又一代拥护中国共产党领导和我国社会主义制度、立志为中国特色社会主义事业奋斗终身的有用人才。在这个根本问题上,必须旗帜鲜明、毫不含糊。"社会主义意识形态与资本主义意识形态之间的并存与对峙是当代世界不争的事实。不同价值取向的道德养成之间必然会发生矛盾,甚至形成尖锐冲突,意识形态的斗争会通过各种形式顽强地表现出来,价值观的谁胜谁负会是长期未能搁置争议的问题。假设大学生在高等教育阶段只获得了充足的知识储备与技能训练,但缺失了对社会主义的认同,会使我国高等教育立德树人根本任务落入空套,无法回答"为谁培养人"的时代命题。只有大学生树立正确的友善价值观,具备政治认同与家国情怀,才能对中国共产党领导的中国特色社会主义事业建设产生崇高的信仰、忠诚的践行。

3.1.3 化解社会转型道德风险的必然要求

现如今,随着科学技术、经济体制、社会结构多方面的变革,社会的管理通过对总体格局与运行秩序科学的组织达到了直接的、自动的一体化。在这个过程中人内在的向度被削弱了,社会、人和道德文明都呈现出"单向度化",传统的集体主义价值观与个人主义的个体化产生造成了社会矛盾的放大,陌生人的社会关系普遍成为人的基本关系。人的物质需要随着社会的发展不断地获得满足与更新,按照庸俗的马克思主义者的分析,意识形态会随着经济基础同步发展,普遍的转向社会主义、共产主义。但现实生活中友善价值观与社会发展之间出现了剪刀差,人与人的联结被直接或间接的切断,陌生人社会的道德冷漠取代了熟人社会的道德信任,社会道德伦理的根基受到动摇。马克思认为:"任务本身只有在解决它的物质条件已经存在或者至少是早生成过程中的时候才会产生。"①中国经济的高速增长和城乡结构的变化中社会的道德风险不断加大,疏通发展过程中的道德矛盾,理顺思想郁结需要友善价值观培育发挥社会润滑剂独有的熨帖、联结作用,为当前陌生人社会的道德风险提供解决问题的思路,使人们在践行友善的过程中明确自身价值,增强与他者的交往,建立新型

---

① 《马克思恩格斯选集》(第2卷),北京:人民出版社,2012年版,第33页。

的互爱互助道德关系。

就个体之间的道德关系而言,过去的社会结构封闭性导致人们交往频繁,联系紧密,形成的熟人社会由血缘、地缘、经济联合体等关系逐层建构,熟人社会促使人更多的联结与合作,熟悉、安全、信任等情感使人倾向于更多地选择道德行为。人们以道德监督制约彼此,对于社会中的矛盾冲突起缓和作用,友善的践行得到基本的保障。而今伴随着中国社会由传统转为现代,人们脱离故土前往都市聚集圈生活,城市生产力的高度发展使分工更为精细,基于熟人社会结构的多次道德行为博弈,变为陌生人社会人际交往的单次博弈,人倾向于为了获取自身利益忽视对他者的关注,松散的陌生人社会结构无法为每次道德行为的博弈提供及时反馈,各类矛盾与冲突更为直接。就道德个体的内部而言,陌生人社会对人的异化与物化改变了人与自我的关系,是社会转型道德风险的内在体现。霍布斯在《利维坦》中谈道:"在自然状态中的个体会发现克制相互损害和欺诈的倾向能够产生互惠互利,但即使签订协议,个体仍然会因为过于自信的动机违背协定。"即处于不受约束的环境中每个人都会与每个人为敌,且观念是"自私邪恶的"。[①] 道德个体在陌生人社会的精神迷失意味着友善德性在个体内部的失落。道德的认知、情感、行为是组成道德系统的三个子要素,任何一个要素的缺失或偏离都容易使人出现道德冷漠。康德认为美德是配享幸福的必要条件,人类生活的理想社会应当是"德福一致"的。友善的起源是人们为了彼此守望,团结互助,让人们在彼此信任中抵挡伦理风险,传统熟人社会中人的道德实践大多来自模仿熟人,道德践行趋于稳定。随着陌生人社会的出现,宗族观念、家族观念变得淡漠,人们之间出现了分歧与冲突时缺少了传统力量的化解与道德的缓存空间,道德的认知、情感等因素对道德责任的约束失灵。

友善价值观培育是以适应社会主要矛盾变化,满足人民对美好生活向往的迫切需要为目标的新时代公民道德建设,肩负着使人从道德冷漠的陌生人社会中获得解放的任务。美好的生活并不是单指富足、快乐的生活,还有德性的生活。社会的道德工程建设始终处于惩恶扬善及价值澄清过程之中,人们因此学会辨别与处理道德选择中认知、情感、行为的冲突,增进社会信任基础。在社会转型过程中,友善价值观培育可以作为缓解道德冷漠的润滑剂,在凝聚道德共同体意识中注入温暖的道德情感,为人民追求美好生活提供道德保障。一方

---

① 〔美〕亚历山大·J. 菲尔德:《利他主义倾向——行为科学、进化理论与互惠的起源》,赵培等译,吉林:长春出版社,2005 年版,第 138 页。

面,友善价值观的培育在本质上有维持社会主义事业顺利发展,实现人民美好生活的功能与义务,并且可以成为核心价值观各个子系统的同步培育,谋求和谐发展的理念与共识。社会的良性循环发展需要友善价值观作为道德支撑,满足维护国家秩序、保持社会稳定、人民安居乐业的需求。另一方面,共享共存的社会对友善德性实现反哺,提供温暖的生长空间,使个体可以向陌生人敞开对话空间,在与他者的交往中将自身从个体化的状况中实现超越,在化解矛盾与修补裂痕中增进彼此道德情感,凝聚社会共同意识。

3.2　大学生友善价值观培育的可能性

在探索大学生的友善价值观培育何以必要的基础上,我们需要论证大学生的友善价值观培育实现何以可能的问题。首先,人的道德认知发展具有阶段性,认知依据在于道德主体本身具有培育的可能性。大学生处于道德发展阶段的后习俗道德期,道德认知发展基于社会契约和普遍道德原则,在个人道德发展中不会走向道德相对主义,具备良好的道德动机与道德品质,可以接受系统性的友善价值观培育,完善主体人格,实现友善道德行为,从个体化德性发展至人与人和谐共处的共同体道德。其次,友善是道德要求与行为规范合二为一的德性,践行的依据在于培育的目标具有实践可行性。认识友善价值观的实践性是决定我们从人的问题着眼,还是从纯粹思想问题着眼大学生友善德性教育的关键,道德主体通过实践得以把握友善德性实现的内在逻辑,从个体的道德利益抽身,进行自我本质改造,实现社会友善和谐的道德选择。最后,实现的载体中用心理机制这个桥梁与纽带把培育主体和培育目标联结起来,使培育具备实现充分的理论与现实可能性,是对马克思的意识形态理论的心理学补充,通过心理与思政体系的协同创新,为友善价值观培育的可能提供实现的载体。

3.2.1　认知依据:道德认知发展具有阶段性

人的道德认知发展不仅是描述性的,而且具有规范化的阶段性,规定了人在每一个阶段应该发展什么样的良心、价值观等道德相关任务。价值观普遍被认为是人通过劳动实践与认知发展共同结合造就,社会的互动、环境、文化也对价值观发展起重要作用,价值观本身具有的多维度和多层次性可以视作是人类大脑众多结构协同活动的结果,因而发展带有生物性因素,并受到人的生物性限制及指导。① 价值观的产生需要人的认知作为依据，人的道德自我觉知是道德教育何以可能的基础，而认知系统是动态而非静止的过程，因此人在培育过程中对于友善的道德认知发展具有阶段性的特点。人的道德认知是一种"类人格特质"的稳定心理品质，也是一种德性或社会关系，处于不断的建构过程中，易受社会外界的劝说和比较的影响，当外界支持或肯定某种价值观时会引导个体出现相应的价值观和行为。② 苏格拉底认为："美德即知识，人的理智本性贯彻在道德本性之中。"③中国传统道德哲学同样认为价值观是通过后天个体主观努力与环境影响获得的，如孔子在《论语·阳货》中谈道："性相近也，习相远也。"意即人的自然本性相似，但人格、品德等差异缘于后天的道德教育导致道德认知有所不同，人们通过"学礼—约束—遵循—存仁"的环节，把外在的道德规范内化为自身的道德修养。④ 因此，道德认知实质上是阶段性的，与个体的世界观、人生观关联，并且以体系性整体的发展，体现在如下三点：观念上与现实上的统一；稳定性与可变性的统一；特殊性（符合自身需求的态度倾向更容易被人认同）与共通性（符合集体大众的价值观）的统一。大学生友善价值观发展遵循道德认知与实践的规律，道德不是"有"或"无"的个体特质，道德有认知发展程度的差别，发展的阶段性是实现友善价值观培育的认知基础。著名的道德哲学家科尔伯格（Kohlberg）提出"道德认知发展理论"，认为道德的认知是个体道德水平发展的基础，并将个体对道德的认知水平划分为前习俗道德期、习俗道德期、后习俗道德期三个阶段。他创设道德两难情境，让人们在两种或多种道德困境选项中做出自己的分析和判断，其后通过询问研究的参与者，观察他们回答或解决道德困境的思路，确定其道德发展水平。科尔伯格发现人在阐述解决道德困境的理由时，道德发展水平有高低之分，前习俗道德阶段的道德推理根据的是他律的、相对功利取向的规则；习俗道德阶段的道德推理根据的是人际关系和社会秩序；后习俗道德阶段的道德推理根据的是基于社会契约和普遍

---

① 李林，黄希庭：《价值观的神经机制：另一种研究视角》，《心理科学进展》，2013 年第 8 期，第 1400-1407 页。

② Hitlin，S，& Piliavin，J. A. Values：Reviving a dormant concept. Annual Review of Sociology，2004(30)：359-393.

③ 王向华：《大学的道德责任》，北京：北京师范大学出版社，2017 年版，第 101 页。

④ 范五三，谢兴政：《从中西比照的视角看作为价值观的"友善"思想》，《太原理工大学学报（社会科学版）》，2018 年第 4 期，第 40-45 页。

道德原则。① 在道德认知发展的视角中,人在道德认知的每个阶段成熟后才能顺利进入下一阶段的道德认知水平,道德的发展具有循序渐进的阶段性特征,需要不断地建构才能实现理想状态。一般认为处于后习俗水平的道德认知是相对稳定的,但并非无法改变,人的道德认知会朝向社会鼓励的、支持的方向发展。② 道德教育的根基在于相信个体善的德性可以发展至公共的善,将功利的道德利己主义引导至人与人和谐共处的共同体道德。科尔伯格的理论核心始终围绕个体的道德主体性发展,以人的道德认知能力培养与道德人格完善为道德教育的旨趣,体现了以人为本的发展观。有别于传统的"美德袋"式道德教育,科尔伯格认为:"道德教育的过程不是把既定的规范、规则灌进等待装载的心理和道德洞穴中的过程,目的不再单纯是道德规则的获得,更重要的要发展人的理智能力、独立判断能力及批判意识。"③我们从科尔伯格的理论中看到,随着道德阶段的提高,人逐步脱离了个体式的、狭隘的道德观,实现向共同体规则、制度的理解与超越,主体的自主性德性得以实现。

大学生处于道德发展阶段的后习俗道德期,发展阶段处于普遍伦理取向,道德认知水平发展到逻辑推理阶段,在个人道德发展中不会走向道德相对主义,具备发展良好的道德判断、道德选择、道德情感、道德践行等良好的道德动机、品质与能力的认知基础,可以接受系统性的友善价值观培育。与前习俗道德期发展的"幼稚的德行"或习俗道德期发展的"青春期思想意识"不同,大学生在此阶段丢弃了仿价值观(patterned values)与模仿价值观同义,发展胜任公民身份所需的智力技能、观念、社会行为等一系列价值观与伦理体系。大学生在系统科学培育友善价值观后,通过反复的实践与认知的升华,将其内化为自身的价值观念,外化为价值践行,使自身道德体系逐渐成熟,在今后相对较长的时间内形成稳定的状态,指导道德认知与道德践行。

当代的友善价值观培育应以大学生内在的道德发展阶段为基础,在大学生已经具备的道德思维方式与认知水平基础上激发大学生的主体意识、完善具有

---

① 喻丰,韩婷婷:《有限道德客观主义的概率模型》,《清华大学学报(哲学社会科版)》,2018 年第 3 期,第 148-163 页。

② 喻丰,彭凯平,韩婷婷,柏阳,柴方圆:《伦理美德的社会及人格心理学分析:道德特质的意义、困惑及解析》,《清华大学学报(哲学社会科学版)》,2012 年第 4 期,第 128-139 页。

③ 胡海波:《基于柯尔伯格道德认知论视阈下的高校德育实效性研究》,《新课程研究》(中旬刊),2013 年第 2 期,第 160-163 页。

主体性的人格,最终实现友善的道德行为。大学生处于青春末期,具有创新意识强、思维独立性高、逻辑推理能力强等特点,价值观易受动摇,正处于培育的关键期,在这一时期培育友善价值观体现了对大学生道德品质与人格塑造的尊重与关怀。为了完成社会期待与获得负责任的社会行为任务,有必要重视大学生友善价值观培育,以使大学生能够作为合格的社会成员。同时,依据以人为本的培育理念,科学认识大学生当前所处的、正在发生作用的道德思维方式特点,结合道德认知理论合理设置目标,避免"泛道德主义"的道德狂热培育倾向,把握好大学生的心理过程规律与情感发展规律,了解大学生的道德特点和道德困惑,充分理解大学生的内在精神世界发展水平,给予大学生更为具体的培育指导与情感关怀,防止德育的过度权威化削弱了人的本质与全面自由发展可能,促进大学生自我道德发展的实现与生活的完满。

3.2.2　践行依据:友善价值观的实践性本质

马克思的历史唯物主义理论既是对一切旧意识形态的虚假的总体性破解,又是对现实社会的真实的总体性澄明,作为批判理论致力于论述实践在人类的全部历史活动中的基础作用。实践在认识论上具有优先性,马克思指出:"全部社会生活在本质上是实践的。凡是把理论引向神秘主义的神秘的东西,都能在人的实践中以及对这个实践的理解中得到合理的解决。"①在人类的发展过程中,实践相对于认识是优先的,不论人的思想是真实或是虚幻,都可以通过归化的方式在实践中找到起源。亚里士多德认为实践智慧关系到行为,实践的智慧告诉我们哪些是善的,哪些是恶的。②友善价值观的培育并不是以教条的传授和对友善的记忆、判断、推理为目的。在培育实践中,道德知识的灌输,道德情感的渗入,道德心理意志的认同最终都是为道德行为落实服务,将德性的认同与践行从宏大叙事落实到道德行为生活中。

友善价值观作为意识形态具有实践性的本质属性,具体体现为两个层次:第一层含义是友善价值观并不是纯粹空洞的意识形态,它具有意向性,指向人的现实生活。亚里士多德认为:"善是灵魂与完满德行结合的现实性活动。"友善价值观作为道德心理特质,是个体友善道德人格的外显,它根植于人们的认知与实践中,影响与指导人们的认知、行为、判断,在实践中不断地得以完善与

---

① 《马克思恩格斯选集》(第1卷),北京:人民出版社,2012年版,第56页。
② 〔古希腊〕亚里士多德:《尼各马可伦理学》,廖申白译,北京:商务印书馆,2017年版,第243页。

建构。通过文献综述及理论研究得知,友善价值观既有来自人的先天本性,即
"人之初,性本善"的天性,也有来自后天培育影响,从理性思考与实践活动习
得。当代友善价值观是对中国传统哲学中的友善思想和西方文明成果中的友
善思想批判性地继承与创新,其存在是具体的、历史的,更是在实践中建构的。
"实践"是马克思主义思想的基本观点之一,是人类可以区别于其他物种,能动
地改造客观世界特有的存在方式,人生活在现实的社会关系中,友善价值观必
然需要经过实践检验。毛泽东在《反对本本主义》中提出:"要坚决反对对于政
治形势的唯心的分析和对于工作的唯心的指导。"讨论问题要从应当从实际出
发,而不是从定义出发。大学生友善价值观培育可以通过实践,把握德性实现
的内在逻辑。关于"善"的道德实践性,列宁在《哲学笔记》中提到:"善是对外部
现实性的要求,这就是说,善被理解为'人的实践等于要求和外部实现性'。"[①]道
德主体只有通过具体的行为实践,才能感知自身利益是增益还是受损,从而树
立践行的依据。"直观的唯物主义,既不是把感性理解为实践活动的唯物主义,
至多也只能达到对单个人和市民社会的直观"。[②] 在马克思看来,不仅是自然界
中的客体需要通过人改造自然的实践活动的媒介去加以认识,而且全部社会生
活本质上是实践的,因而也必须通过实践的媒介加以认识。人的思维是否具有
客观真理性,不仅是理论问题,更是实践问题。人只有在实践中才能证明自己
思维的真理性,即自己思维的现实性与力量,自己思维的此岸性。[③] 因此,人
们在社会生活中形成的道德观念,不论是同自然界之间的关系,还是人与人
之间的关系,或是人与自身肉体与思想的关系,都是现实生活实践有意识的
表现。

　　第二层含义是道德主体之所以接受具体的价值观教化,努力与价值观形成
认同,正是出于实践的目的。认识友善价值观培育的实践性质是决定我们从人
的问题着眼,还是从纯粹思想问题着眼进行大学生友善德性教育的关键。马克
思在《关于费尔巴哈的提纲》中阐述了实践唯物主义的立场,"从前的一切唯物
主义(包括费尔巴哈的唯物主义)的主要缺点是:对对象、现实、感性,只是从客
体的或者直观的形式去理解,不是从主体方面去理解。"[④]社会主义性质的友善

---

① 《列宁哲学笔记》,北京:人民出版社,1972 年版,第 200 页。
② 《马克思恩格斯选集》(第 1 卷),北京:人民出版社,2012 年版,第 56 页。
③ 《马克思恩格斯选集》(第 1 卷),北京:人民出版社,2012 年版,第 55 页。
④ 《马克思恩格斯选集》(第 1 卷),北京:人民出版社,2012 年版,第 56 页。

价值观的实现不是天生就有,而是道德主体经过与自私、惰性等外在异化的对抗产生的,是道德主体为了成为社会人,从个体的道德利益抽身进行的自我本质改造,实现社会友善和谐的道德选择。"人是社会的存在物,他的生命表现,即使不采取共同的、同其他人一起完成的生命表现这种直接的形式,也是社会生活的表现和确证"。① 人是社会的存在物,人的个性与本质的充分实现既体现为个体自身美好德性,又体现为与人友善互助的和谐社会关系,在友善价值观的实践过程中,人与他者的紧张关系得到解放,为友善共同体的确立提供实现动力。友善价值观并不是一旦掌握就可以束之高阁的思想,而是人在社会中维持自身生活、与他人互动的实用证书,培育指向的人对友善价值观的认同正是人们在社会中从事实践活动的前提。通过培育人的友善价值观,人的内在道德审视可以有效地以实践的方式"按照原路"(doubles back)返回世界,过上真正的有道德的生活。

3.2.3　实现载体:道德教育中锚入心理机制

在马克思和恩格斯生活的时期,代表着心理学科学化研究的实验心理学研究刚刚起步,当时的历史条件不容许马克思和恩格斯从心理学的角度出发探讨价值观的培育。受到后来发展的实证主义影响,心理学从哲学理论扩展至以实证科学研究人的道德、情感、行为等,如新行为主义的创始人斯金纳认为当代世界遇到的基本问题只有更好的理解人的行为才能解决,他通过心理的强化理论解释人的道德行为选择,从"刺激—反应"的角度提出人的行为结果会对今后的行为发生的影响,通过环境与刺激物的改变研究发现人的本性是趋利避害的,人倾向于善的道德选择是正强化与负强化结合作用的结果。② 道德教育与人的心理机制有大然的结合基础,具有共存互补关系,心理学在认知领域的不断深化为马克思主义认识论的创新研究提供了新的抓手,将人的心理机制嵌入马克思主义的道德教育研究,可以作为对马克思认识论的心理学补充,以心理育人与思政育人的共同体系协同创新,为友善价值观培育的可能提供实现的载体,回应当代马克思主义理论发展中的各种问题。

在马克思主义视域中,价值观培育既不把人视为离开身体存在的意识与心

---

① 《马克思恩格斯全集》(第42卷),北京:人民出版社,2002年版,第122页。

② 〔美〕Robert D. Nye:《三种心理学:弗洛伊德、斯金纳、罗杰斯的心理学理论》,石林译,北京:中国轻工业出版社,2009年版,第198页。

智,也不把人当作反映数据的机器,而是在具体的、现实中生活的人,具有改造历史,创造历史的能力,人的价值是在与外部世界的互动联系中实现的。人是社会关系的总和,人如何处理内部与外部世界关系重大。健康的心理素质是个体生存与发展的前提,社会的正常运转需要良好的社会心理环境。人拥有的良好心理环境可以改善对社会现状的评价,建立社会良好心理环境是公民道德建设的必然之路。心理是人在实践活动中,人脑对客观现实的主观能动反映。思想是客观存在于人的意识活动中,经过人的思维加工活动得到的结果。思想政治教育与心理教育都是为了满足社会与个体生存与发展的需要,都是为了实现人的全面自由发展的社会性教育活动,二者相互促进,具有不可分性。友善缘于人们的心理活动过程,在某种程度上可以视作是人类长期进化的结果。有学者为道德教育的心理机制的寻找依据,认为友善价值观属于先天形成的范畴,在人类社会中有深厚的演化基础,对于社会的整体发展是有益的。进化心理学认为,友善意味着人要帮助非亲缘个体在一个基因相关性不强的群体中生存,道德心理的可塑性本身就是适应自然的结果。如查尔斯·达尔文曾在《人类的演化》中提到:"虽然较高的道德标准会使得个人及其后代在部落内部只有很少的演化优势,甚至没有优势,但是较高的道德标准和更多秉性善良的人无疑会使得这个部落比起其他部落具有更大的优势。"①达尔文认为适者生存法则除了在自然界,在人类社会中也存在,人类的互惠利他式的友善可以用进化论的策略解释,并指出:"人的道德是动物合群感的自然延伸与复杂化。"②

　　道德认知向道德践行的实现需要人的心理机制参与。心理机制指人的能力、性格、气质、兴趣等稳定的心理特质,道德教育与心理机制的结合是必要的,也是可行的。从政策上看,友善价值观培育是当前大学生思想政治教育的重要任务之一,也是新时代公民道德建设在大学生的精神世界的重要标记。中共中央办公厅印发的《关于培育和践行社会主义核心价值观的意见》中指出要"坚持育人为本、德育为先,围绕立德树人的根本任务,把社会主义核心价值观纳入国民教育总体规划"。立德树人是我国高等教育的根本任务,肩负文化育人、科研育人、实践育人、心理育人等职责,高校各部门与人员均承担育人功能,体现为"人在哪里,思想政治教育工作就在哪里"。在《关于进一步加强和改进大学生

---

① 〔美〕戴维·斯隆·威尔逊:《利他之心:善意的演化和力量》,齐鹏译,北京:机械工业出版社,2017年版,第27页。
② 李建华:《趋善避恶论——道德价值的逆向研究》,北京:北京大学出版社,2013年版,第90页。

思想政治教育的意见》中提到，"要重视心理健康教育，根据大学生的身心发展特点和教育规律，注重培养大学生良好的心理品质和自尊、自爱、自律、自强的优良品格""制定大学生心理健康教育计划，确定相应的教育内容、教育方法"。相关政策显示了对思想政治教育与心理健康教育结合的支持，为友善价值观的培育与心理学的融入提供了坚实的政策背景。

从现实上看，大学生在接受道德教育的过程中，心理机制对道德的接受、选择、践行具有正向催化作用，可以优化大学生的道德认知、情感、意志、行为等道德心理建构，为友善价值观的认同与践行机理提供道德教育与心理机制的深层次有机融合。人的许多身心问题皆因心理出现失衡导致，如焦虑、抑郁、回避、惊恐等心理与神经症、精神障碍等问题。人类心理层面的孤独、孤单、被隔离等社交孤立的感觉会引发人体的炎症反应，处于社会压力的情况下会增大人们健康状况恶化的风险。① 友善价值观可以帮助大学生在善待与悦纳自我的过程中正确处理与外界的友善关系，成为身心和谐、知行合一、内外一致的道德主体，获得更高的主观幸福感。大学犹如微型社会，具备社会生活的一切要素，友善价值观是大学生在新时代应具备的基本道德规范与行为准则。拥有友善的德性对于提升大学生在社会良好的适应能力、竞争能力及自我效能感、主观幸福感等特质大有益处。大学生通过涵养正确的友善价值观，在善心善行、推己及人中学会真诚友善，不断完善自身人格，提高抗挫折能力，缓解消极情绪，拥有健康及可持续发展的人际关系，实现对美好生活的向往与追求。

从学科基础来看，国内外均有关于友善的心理机制研究，为友善价值观的培育提供了丰富的理论与方法。有研究从心理机制角度探索友善德性的意义与作用，有研究者认为友善是人的"自我道德投射"，即发现他人与自己道德的相似性，② 社会成员通过友善实现相互包容，从心理层面上接纳其他社会成员。③在道德的生理心理学层面，科学家通过信任博弈实验、最后通牒实验以及对人类被试催产素的采样发现，当人接收到来自他人的信任心理，或当某事激发了

① Kimberley J. Smith et al. The association between loneliness, social isolation and inflammation: A systematic review and mata-analysis. Neuroscience and Biobehavioral Reviews, Volume112, 2020.5: 519-541.

② Vaida, Bara. An Amicable Separation. National Journal, 2007, 39(16).

③ Tyler Swift. Specia report-Companies and the state: The kindness of strangers. Construction Management and Economics, 2007(15).

移情作用时催产素就会激增,表现出人性中善的一面,变得慷慨、体贴、乐于助人与关爱他人。人的道德行为符合金科玉律(Golden Rule),即"己所不欲,勿施于人",且这种友善的行为可以进行良性循环与自我回馈,最终促进道德社会的建立。① 西方学者最新的研究更进一步显示人体现出的友善德性在应对人际交往压力、促进身心健康方面具有重要作用,②有助于改善人际关系,增进主观幸福感,③个体的友善水平越高,孤独感与对社会不满的情绪越低,遭受道德霸凌的可能性越小。④ 通过对人的心理机制研究,人的友善道德认知与友善道德行为的预测性得到提升,切实增强友善价值观培育的实效性。

综合来看,心理机制的锚入拓展了友善价值观培育的可能性,人们越是通过实证的研究方法了解友善价值观,也就越能把握好人的心理与友善道德之间的联系,从而深刻认识友善价值观培育的本质,为友善价值观的培育打开了广阔的视野,我们相信加强对友善价值观心理机制的研究,必将大大深化马克思主义的价值观学说。

3.3　大学生友善价值观培育的方向性

在论证大学生的友善价值观培育的必要性、可能性的基础上,我们有必要分析友善价值观培育在新时代的方向性。友善价值观作为社会主义核心价值观体系的重要组成部分,其培育与践行必定承载了社会的共同理想,体现社会主义道路基本轨迹,表现出鲜明的国家政治目的。习近平总书记指出:"任何一个社会都存在多种多样的价值观念和价值取向,要把全社会意志和力量凝聚起来,必须有一套与经济基础和政治制度相适应、并能形成广泛社会共识的核心价值观。""一个国家、一个民族,如果没有共同的理想信念作支撑,就难以同心同德向前进;如果没有共同的核心价值观,就会魂无定所、行无依归。"⑤新时代的背景下,友善价值观培育要按照超越于现实的理想境界去塑造人、培育人,促

---

① 〔美〕保罗·扎克:《道德博弈》,黄延峰译,北京:中信出版社,2016 年版,第 17 页。

② 加藤司(日). Role of Friendship Goals in the Processes of Interpersonal Stress Among College Students. The Japanese Journal of Educational Psychology,2006,Vol.54(3).

③ 江畅:《西方德性思想史概论》,北京:人民出版社,2017 年版,第 38 页。

④ Woods Sarah,Done John,Kalsi Hardeep. Peer victimization and internalizing difficulties:The moderating role of friendship quality. Journal of adolescence,2008,Vol.32(2).

⑤ 《习近平总书记系列重要讲话读本》,北京:人民出版社,2016 年版,第 96 页。

使人追求理想的精神境界与道德行为方式,提升自身生命的价值,在遵循现实世界的物质、精神基础与发展需要的"实然"基础上,进一步把友善价值观置于来源现实却又超越现实的理想状态中进行审视,用"应然"的标准审视友善价值观培育,经过批判性的继承与创造性的转化,更好地为当今大学生思想政治教育提供建设性的伦理资源。

3.3.1 个体善与共同体善的统一

思想政治教育具有对人的精神世界进行终极关怀的使命,是在持续地实现人的全面自由发展中过程,开启人对真善美价值的回归,重铸人的自我本性,领悟人之为人的价值目的。[①] 社会中人不是独立个体的自在存在,而是以集体的互动生活方式存在。过往传统集体主义取向的道德教育倾向于将个体处于被决定的地位,为了追求集体道德牺牲个体个性发展,在实际的道德情景中充斥着各种道德冲突。认识友善价值观培育的方向性要在马克思唯物辩证法指导下克服个体善与共同体善的对立,承认个体同时包容他者,凸现友善内在的相互性。马克思认为:"人的本质不是单个人所固有的抽象物,在其现实性上,人是一切社会关系的总和。"[②] 人在实践过程中不断创造交往,交往是人类的社会本质。马克思关于人全面自由发展的思想包涵了人与社会的共同发展。人必须生活在社会某种共同体中,依靠他人及其劳动产品维系自身存在,人在社会中与他者的互动交往对于构建道德共同体有重要意义。友善价值观发展经历了古希腊的城邦式、西方近现代的个体式与我国传统宗族血缘式等不同阶段。马克思批评了前资本主义的社会成员交往,认为在前资本主义人们的交往是一种作为劳动者的奴隶农奴和作为统治者的领主之间的统治与被统治关系,缺乏互惠性。在资本主义社会中,社会成员交往基于物与物的交换,交往的唯一价值是交换物的价值,虽然具备一定程度的互惠性,但交换双方只把对方当作自己满足目的的手段,其中的互惠带有工具性质。可以说过去形态的友善价值观,不论是某个政体、群体、家庭还是个体的友善,都带有一定的阶级因素,是异化的友善,只有在当代中国才具备实现个体善与共同体善相统一的物质基础与精神条件。

---

① 赵浚:《思想政治教育对人之本性的价值探源——基于终极关怀的哲学涵摄》,《教育学术月刊》,2017 年第 11 期,第 106-111 页。

② 《马克思恩格斯选集》(第 1 卷),北京:人民出版社,2012 年版,第 139 页。

　　在人类社会早期,部落群体的成员基于友善价值观的相互友善、互惠互利才能相互支撑与依存,并进一步形成高效、稳定运转的社会。亚当·斯密说过"人类社会所有成员都需要得到他人的帮助,也可能受到他人的侵害,如果人与人之间能出于热爱、感激、友善和尊敬互相帮助,社会就能繁荣发达,人们内心则会充满喜悦。"①当前社会人把人视为基本的单位与主体,道德教育存在个体化的趋势,满足了人对个性、选择与自由的需求,激发人的活力。② 但专注于个体德性的培育满足了人的主体性崛起时,忽视共同体善的养成,人与人之间的差异与分化导致社会的人际冷漠与关系的疏离。友善价值观的培育实现不是单向度的付出,在物质利益回报之外,更重要的是人们在践行友善中同时获得完满发展的人格与自我价值,并以友善德性为准绳形成良好的社会互动关系,尊重与发展公共利益,实现个体与共同体友善的统一,即私人生活和公共生活在友善道德上彼此相关。

　　马克思认为,社会成员之间应该具有基于对等的互惠性交往,并且互惠交往中应具备情感维度。他认为:"在未来的共产主义社会中,人们应该按照'人之为人'的方式进行生产与交换。"③人们交往的互惠性区别于资本主义社会中的工具互惠性,是一种得到了充分发展的互惠性,具备了德性的友善的内涵。当生产资料不再把握在统治者手中,生产过程基于人们共同占有生产资料,社会成员之间的平等与自由的关系有了基础,不再是统治或占有的关系,社会成员才有了充分诠释友善的基础。因此,相对于绝对利他主义,友善价值观的实现在本质上体现为互惠利他主义。实际上,友善价值观的互惠利他性为妥协性的个体善或是绝对利他的共同体的善打开了化解矛盾的道路,在对公共性的价值秩序与个体幸福生活的追求中,个体与他者的道德利益得以统一。随着个体道德认知的发展,对善的追求逐渐脱离狭隘的局部利益观,转而向往实现社会共同体的善,建设更高级阶段的共同体道德。友善价值观培育不仅是对个体德性的要求,当友善纳入核心价值观也就成为了国家的德性,是对共同体性的德性要求。新时代的友善价值观培育不是雅典人的"友爱",也不是食禄阶层的"等差之爱",道德范畴从自我拓展至他者,强调的是包括陌生他者在内的共同

---

① 〔美〕保罗·布卢姆:《善恶之源》,青涂译,杭州:浙江人民出版社,2018 年版,第 12 页。
② 揭芳:《从"友爱"到"友善"——儒家友德与社会"个体化"的道德问题救治》,《云南社会科学》,2015 年第 2 期,第 40-46 页。
③ 符海平:《马克思友爱观刍论》,《学术研究》,2019 年第 7 期,第 13 页。

体成员间的善,既是道德规范培育,也是情感态度养成。个体以理性思维把握友善价值观的本质,在共同的价值主张中实现自由的意志,获取蕴含在友善中的"真善美",从而个体善与共同善的统一。

　　个体全面自由的发展离不开集体的秩序保障,集体的有机团结也离不开个体履行道德义务,个体善与共同善的统一缘于道德教育从传统向现代转变的价值图景巨大变迁。新时代的大学生友善价值观培育超脱了过往忽视个体需要,纯粹注重德性的至善养成的道德教育,不是鼓励人们完全牺牲自己,而是更注重个人与他者的结合。在个体与共同体的善的统一过程中,个体与共同体的利益得到双重关照,人们的自我关照与崇高道德追求得以充分互补协调。具体来说,在传统集体主义的向度中,友善价值观培育的意图不在于集体为个体的道德人格完善与德性发展提供多大程度的保障,而是个体如何为了集体的善忽视甚至牺牲自身的善,扼杀了个体的利益需要与自身进步的追求。这种强调绝对集体主义的培育取向违背了人的本性与友善德性的旨趣,引发集体与个体的对抗,使道德主体陷入选择的两难境地。此外,传统意义上道德教育中的绝对利他主义隐含着对个体的束缚乃至压迫,不可能产生完满的善。友善如果成为道德主体必须服从的义务,失去自发性的探索与自我表达,人内在的资源会消解善的意志,诱惑、压力、倦烦都可能导致道德主体会产生道德自卑、道德怀疑,乃至道德倾覆。① 而个体的德性培养如果脱离共同体的德育共识,排斥德育的社会性功能,就与我国社会主义的本质及新时代公民道德建设的社会目的背道而驰。

　　马克思认为需求是人们的交往活动实现的前提条件,人们除了因为自然的需要通过互惠性的交往活动实现彼此的补充外,还有对"全面自由发展"的价值目标,人们在社会交往中完成自我实现,展现对德性的追寻,是社会主义的意识形态的本质特征。② 中国共产党在新时代提出了全方位发展内涵丰富友善价值观的需求,包括对自己友善、对他人友善、对社会友善、生态文明友善,强调个体的善与共同体的善拥有同等地位,体现了对绝对集体主义向度的克服,彰显了个体的地位与价值,满足了人对于自我发展与美好生活的需要。合理的善应当是个体善与共同善的结合体,在双向的兼顾中个体与共同体的道德权益得到保障,满足社会伦理规范与道德准则。

---

① 〔美〕迈克尔·斯洛特:《源自动机的道德》,韩辰锴译,南京:译林出版社,2020 年版,第 65 页。
② 刘顺厚:《新时代坚持社会主义核心价值体系方略研究》,北京:人民出版社,2019 年版,第 138 页。

综上,在友善价值观培育中融入对大学生个性的尊重等发展要素,强调大学生对友善道德共同体发自内心地认同与理解,决定了大学生的道德选择与社会发展需求相一致,大学生不再为了被动服从绝对集体主义要求产生道德压迫感与束缚感,个体的道德责任被完满的包容在社会公共友善之中,在对友善的自发认同与践行中实现与共同体的相互融合的公共友善。

3.3.2　美好生活与道德实践的统一

教育受到人的社会物质生活条件与社会关系制约,社会教育由社会关系决定,教育作为社会现象将永远不能脱离人类社会生活。[①] 友善价值观是个人的德,也是国家大德,体现了社会主义的本质要求。为人民服务中国共产党一切工作的出发点,友善价值观培育的核心理念要体现和维护广大人民的根本利益,要着眼于在追寻美德的过程中将道德实践与美好生活合而为一,体现公民道德建设的社会功能与政治功能。意识形态与其代表和维护的利益体本身构成了对价值观的前理解,[②]友善价值观培育是新时代公民道德建设的重要部分,在日常生活实践中将马克思主义正确友善观与人的道德行为紧密结合,以崇高的友善德性作为道德生活的主旋律,有益于引导崇德向善回归生活,实现德育的生活化与生活的德育化。

在人的历史与现实生活中,个人选择道德还是幸福生活作为终极目标一直受到传统文化与宏观社会背景的影响。中国的传统价值观教育一直有把人的生活与道德结合的传统,认为人在日常生活与三餐起居中皆有道德培育的痕迹,在《礼记》《论语》等古籍中均记载通过对人的生活规范的教导达到教化价值观的论述,如《论语·尧曰》中就有"周有大赉,善人是福""虽有周亲,不如仁人"的记载。[③] 康德基于道德义务论提出的"德福一致"思想,论述了个人美德与物质幸福的统一,认为美德是配享幸福的必要条件。马克思在《政治经济学批判》的序言中曾指出:"物质生活的生产方式制约着整个社会生活、政治生活和精神生活的过程。不是人们的意识决定人们的存在,相反,是人们的社会存在决定

---

① 袁本新:《高校人本德育研究》,广州:中山大学出版社,2015 年版,第 79 页。

② 万资姿:《当代大学生社会主义核心价值观认同与培育研究》,北京:人民出版社,2018 年版,第143 页。

③ 催栢滔:《论语大义》(上),北京:中央编译出版社,2011 年版,第 179 页。

人们的意识"。① 我国教育家陶行知也认为："生活就是教育,好生活就是好教育。"大学生友善价值观培育的目的不仅是为了获得有关的知识或是良好的学校考评,而是要在知行合一的践行中带着友善走入生活,展开善的人生画卷,在生活实践中提炼高尚的价值追求与人文精神,实现全面自由全面发展。苏格拉底与柏拉图早有言论谈及人的德性与幸福生活的"同一性",只有真正拥有德性才是幸福的人。② 从人的生活角度审视培育的方向有利于全面认识友善价值观作为国家核心价值观的正当与义务,凸显"好价值观"与"好生活"的联系。人组成社会不是为了被统治,而是让自身拥有幸福,社会发展的使命也是让人拥有美好的生活。道德并不完全等同于幸福,以道德发展为单一目标的社会只重视集体忽视了个体,加上集体通常以统治者为代表阶级,这就使个人的追求与社会的追求产生冲突。以美德与美好生活作为统一目标,既可以反映社会的发展要求,也与人以美好生活为目标统一起来。③ 在人的公共实践生活与精神生活日益广泛的今天,大学生的友善价值观培育作为立德树人的关键环节不能排除于生活之外,大学生对美好生活的向往必须以拥有高尚的道德品格作为充分条件。

人的生活空间依据主体的时空、思想的不同呈现多种样态,从物理空间拓展至虚拟网络空间,显示出共享、互融、平等、交流等特质,人的友善不再局限于"独善其身",而是要在"参差多态、各美其美"的公共生活中实现"美美与共、天下大同"。这不仅意味着人的道德实践空间的拓展,更是生活对人们美好品质的教化。如何在生活中通过道德教育提升大学生的公共性友善价值观,助力大学生获得美好生活,已成为当前培育的重要方向。友善价值观是社会生活健康发展的精神动力与伦理支持,培育的旨归在于消除人与人、人与社会的紧张对抗,化解原子化社会中个体孤独、无序的互动状态与道德解组、人际疏离、社会失范的社会危机,在个体善与共同体善的融合中实现人们对美好生活的向往。人的幸福是多方面的,综合的整体感受,古希腊起就把幸福划分为"快乐幸福"与"意义幸福",拥有怎样的幸福关乎友善的实现。柏拉图把"有德性的生活"视为教育的终极目标,亚里士多德在《尼各马可伦理学》中指出:"幸福是最高善,

---

① 《马克思恩格斯选集》(第 2 卷),北京:人民出版社,2012 年版,第 32 页。
② 江畅:《西方德性思想史概论》,北京:人民出版社,2017 年版,第 53 页。
③ 江畅:《关于道德与幸福问题的思考》,《湖北大学学报(哲学社会科学版)》,1999 年第 3 期,第105-109 页。

幸福是合乎德性的现代活动。"①人的灵魂的部分可以分为有逻各斯部分和无逻各斯部分,相应的德性的区分也同灵魂的划分相应的。我们把一部分德性称为理智德性,把另一些称为道德德性。慷慨、节制、友善等道德德性需要通过习惯养成,回到生活本来面目扬弃与践行。"美好生活"来源于希腊语中的"eudaimonia"。亚里士多德认为美好生活是完备的、合乎德性的、理性的活动,这里面包含了三重含义:理性(phronesis)、合德性(virtues)以及完备(complete),同时必须是活动的(action)。eudaimonia 暗含人的繁荣(human flourishing),也指过一种经过审视的、值得的、自我充实和自我提升的生活(worthwhile,fulfilling,and elevating),不是情绪,而是某种状态(state of being)。② 亚里士多德指出幸福与美德相关,幸福就在于有德性地生活,不是一种现成的状态,而是一个合乎德性的持续生活或行动。友善作为美好品德,践行价值最终要体现在社会生活中,使自己与他者获得幸福的美好生活。当代的心理学家塞利格曼(Seligman)认为人赋予事物意义,并愿意为其投入与奉献,从而获得幸福。③ 引导人产生积极向上的友善价值观,获得对生活崇德向善的态度,以自由实现友善的道德过上有德性的生活就是在美好生活中获得高尚的幸福。

　　友善价值观作为美好的道德人格是社会成员实现美好生活的必备条件。美好生活一旦脱离德性的本色,就不再是真正的好生活,人不仅要实现物质层面的满足,还需要精神世界的富足。人的全面自由发展是马克思主义对美好生活的愿景,自由在释放人的潜能同时也在不断地开发人的欲望,伴随而来的除了精神财富还有自利与物欲。同时,现代性的快节奏、碎片化的生活样态加速了熟人社会向陌生人社会的转化,社会物质的极大发展使个人生活普遍物化,人的本性、情感不同程度地受到破坏,人的追求被定格在生理层面,生活的市场化、世俗化和单向度化挤压了友善德性实现的空间。如果人们不努力克服全面自由发展生活方式中的弊端,人的德性与情感、价值等高层次需求的实现将面临严重威胁。在这样的情况下,要实现普遍幸福、构建和谐社会,必须促使现在

① 〔古希腊〕亚里士多德:《尼各马可伦理学》,廖申白译注,北京:商务印书馆,2017 年版,第 11 页。

② 〔古希腊〕亚里士多德:《尼各马可伦理学》,廖申白译注,北京:商务印书馆,2017 年版,第 211-218 页。

③ 杨慊,程巍,贺文洁,韩布新,杨昭宁:《追求意义能带来幸福吗?》,《心理科学进展》,2016 年第 9 期,1497 页。

的友善价值观培育走向有德性的生活实践。

美好生活不仅是个体拥有,还是共同体成员所享有。"以社会主义公共人为培育目标"是当代思想政治教育面临的公共化转型。^① 大学生作为社会主义事业的合格建设者与可靠接班人,如何通过友善的道德实践走向美好生活,事关人的生活方式转化与和谐社会建设。在生活中实现友善德性的价值引导有助于澄清大学生的价值观体系,将隐性的价值观输入转化为显性的价值行为输出,以公共生活培养友善互助的公共性道德,拥有不仅关心自身,更对他者友善的情怀。新时代,站在历史发展的关键转折点,大学生的友善价值观培育应当着眼于人类真善美生活的理想蓝图,有效利用公共生活铸就人的公共精神,实现人从消极自由向积极自由的创造性转化,展开大学生完善健康人格与美德的高层次需要。大学生在友善价值观的践行中,将个体利益的实现尺度转为人生价值的实现,从追求物质占有转向精神充实。当人的整体需求得到全面满足,共同体成员都追求道德人格的完善,美好生活就能够得到普遍实现。

3.3.3 价值引领与科学规律的统一

马克思主义理论指导下的大学生友善价值观培育体现了价值与科学统一的辩证性。从价值引领出发,人具有主观能动性,人的活动具有目的性与能动性,需要予以正确的价值方向引领,使人对客观世界呈现出超然状态。从科学规律出发,人的存在具有客观实在性,人的认知与行为活动具有独特的规律,表现为受动性、现实性、事实性等。^② 在过去的培育方向引领中,忽略了这两个尺度的辩证关系,或是注重价值引领,夸大了价值观的能动作用,忽视了客观规律的影响,或是注重科学规律,将人作为研究的客体,忽视了意识形态的目的性与人的能动作用。必须在对人的本质与客观世界的充分认识基础上,坚持价值引领与科学规律的辩证统一,才是新时代友善价值观培育的理想路径。

改革开放40余年的宝贵经验对新时代中国发展的指导意义之一是"必须坚持党对一切工作的领导"。^③ 全面提升思想政治教育工作质量,办好兼具中国

---

① 戴锐:《思想政治教育的公共化转型》,《马克思主义与现实》,2013年第1期,第189-194页。

② 蒋锦洪、刘洋、闫莉:《马克思的人本思想及其当代价值研究》,上海:上海人民出版社,2021年版,第64页。

③ 习近平:《论把握新发展阶段、贯彻新发展理念、构建新发展格局》,北京:中央文献出版社,2021年版,第289页。

特色与世界水平的教育工程,中国共产党坚持以马克思主义理论为价值观引领是根本保障。聚焦在友善价值观培育这一"怎样培养人"的问题,需要明确价值引领方向同时遵循科学规范的培育规律,做到既坚持中国特色社会主义发展方向又结合思想政治教育科学的育人方法,兼顾未来发展方向的同时解决现实问题,扎根大学生立德树人工作又心系新时代公民道德建设全局,实现大学生友善价值观培育与时代合拍、与社会同步。落实立德树人的教育根本任务要不断增强大学生思想政治教育凝聚政治共识的育人属性。习近平总书记在全国高校思想政治工作会议上强调"高校思想政治工作关系高校培养什么样的人、如何培养人以及为谁培养人这个根本问题",体现在友善价值观培育中,必须牢牢把握马克思主义思想的引领性地位,坚定大学生的社会主义信念,贯彻党的教育方针。人脑对外界环境的反映与思想的发展不是机械的过程,在实践过程中受多种文化、思潮交互影响,具有一定的自主性。思想政治教育在本质上是以政治教育为核心目的,具有鲜明的阶级立场与社会导向,必须体现对人的思想引领性。高等教育肩负立德树人根本任务,需要在弘扬马克思主义的政治观点、立场的同时体现马克思主义对道德领域建设的引领性,传播符合社会主义性质的思想观念与道德规范,实现对人的主观世界改造与培养。友善价值观培育以马克思主义理论与人的全面发展价值目标为导向,使人自觉接受价值观并指导行为的践行,就是实现培育的引领性。在马克思主义思想指导下的友善价值观培育得以摆脱博爱、仁爱的阶级狭隘性,兼顾个人的利益与集体的利益,把友善的建设提升到国家社会治理的高度,对马克思主义的道德观做出更贴近当代中国人民心理的诠释,把最广大人民获益作为培育的价值旨归。

理论的价值引领与科学内涵不是非此即彼的关系,马克思主义具有与时俱进的理论品格,随着实践不断发展。马克思在《德意志意识形态》中指出:"一切划时代的体系的真正内容都是由于产生这些体系的那个时期的需要而形成起来的。"[①]大学生对马克思主义的信仰、对友善价值观的认同关系立德树人事业的成败,关系国家的未来。确立马克思主义在大学生友善价值观培育中的引领地位,实现以马克思理论的引领性统领培育方法的科学性,以培育的科学性支撑马克思主义的逻辑自恰性意义重大。中国共产党向来重视思想政治教育工作的科学性,在与时代共同进步的过程中研究新问题,解决新情况,适应新时

---

① 《马克思恩格斯全集》(第 3 卷),北京:人民出版社,2002 年版,第 544 页。

代。毛泽东曾在《古田会议决议》中提到"思想政治工作的政治化与科学化"问题,并在《反对本本主义》中提出了著名的"没有调查就没有发言权"论述。① 在《实践论》中毛泽东还指出:"知识的问题是一个科学问题,来不得半点的虚伪和骄傲,决定地需要的倒是其反面诚实和谦逊的态度。"当前我国社会经济发展进入新常态,必须统一思想,深化认知。新时代大学生的友善价值观培育既要与新时代公民道德建设要求一致,又要符合价值观培育的普遍性科学规律,只有以马克思主义思想引领全局,以科学性的举措替代过往培育中与时代发展不符合的理念与方法,大学生的友善价值观培育才能具备现代思想政治教育的感召力与吸引力,增强育人的时代性与方向性。

高校立德树人工程既要遵循大学生成长发展的规律,又要在内容、方法和手段上下真功夫,更要在坚持"四个全面"的过程中科学把握其历史经验与现实要求、内在动因与外部表征、趋势变化与规律遵循,通过路径创新,切实推动大学生思想政治教育的科学化进程。② 马克思主义理论在中国的发展为培育大学生的友善价值观提供了坚实的理论基础,表明了科学社会主义的立场与态度。然而,当前大学生友善价值观培育多停留于理论思辨层面,对过往经验的直接总结与提炼具有较大的主观性,对友善价值观培育存在片面机械的认知,有充分的可继承性与可扬弃性。现有培育研究中道德心理学基础薄弱,缺乏有针对性的实证研究,导致教育者对大学生的道德心理发展规律与道德行为方式把握不足,培育难以"入脑、入心"。采用科学的思想政治教育研究方法对培育进行指导,经过基于经验事实的科学的调查,才能不断接近真理。这要求我们不仅要把握大学生的友善道德心理产生、发展的规律,了解友善价值观的产生机制与影响因素,还要对大学生的内隐友善认知与友善知行转化准确把握,建立层次丰富、途径多样、体系严谨的培育体系。思想政治教育学科已经创立了发展四十余年,在立德树人领域取得丰硕的成果,但较于其他学科,科学性的基础研究仍较为薄弱,新时代背景下,要着力发展科学化的思想政治教育,保证友善价值观培育始终引领大学生道德领域建设的先进发展方向。

习近平总书记在十九大报告中指出:"牢牢掌握意识形态工作领导权。意识形态决定着文化前进方向和发展道路。必须推进马克思主义中国化时代化大众化,建设具有强大凝聚力和引领力的社会主义意识形态,使全体人民在理

---

① 《毛泽东选集》(第1卷),北京:人民出版社,1999年版,第109页。

② 龚燕:《推进大学生思想政治教育科学化的路径创新》,《光明日报》,2015年11月17日,第8版。

想信念、价值理念、道德观念上紧紧团结在一起。"①脱离实践的理论会陷入教条主义，新时代的大学生友善价值观培育要获得深入发展就必须遵循科学性的规律，以人的身心发展实际情况为基础，将学科研究范式从经验型向科学型转变。科学性的培育意味着与愚昧、神秘、迷信的决裂，但需要注意的是，理论是假设检验或是原理的集合体，离不开方法学的佐证，需要科学的方法予以证明或辅佐，但缺乏理论的方法学研究犹如盲人摸象，虽触及部分却难以拥有严密的整体性学理根基，禁不起时代的推敲。在强调新的方法学的引入与使用的同时要警惕"数据"将友善价值观的研究简单化、粗暴化、边缘化，钳制研究的灵魂，落入科学至上或方法恐怖主义（Methodological Terrorism）的窠臼。

过去学者们对价值观采用了理论思辨、文献分析、问卷调查、行为观察、质性访谈等研究方法，取得了颇丰的成果。随着科学研究不断深入，价值观的探索已经发展到认知神经与内隐认知层面，需要探索更多人脑在认知与知行转化过程中缄默的信息，心理学尤其是认知心理的实验研究逐渐进入核心价值观的研究，如功能性磁共振成像（FMRI）、内隐联想实验（IAT、GNAT）、卷积神经网络（CNN）等，以科学的研究范式保障价值观研究结果真实可信。② 而实证研究法的描述、解释、预测、控制等功能为价值观研究纵深化发展提供了可靠保障。③ 在伦理学视域中，道德是触及人格的内在，友善作为具有美好品德性质的价值观，不同于规范性质的价值观，它的存在可以理解为友善道德的"人格化"，是一种个体以显性结合隐性存在的特质。心理学认为特质是一种面对情景时，直觉化、自动化、稳定化的行为意向，包含着人的认知、情感、动力。人的美好品德实现是具有情绪倾向的，基于直觉自动加工的无意识过程，规范的实现是人有意识的，不含有情感的，有意识的推理加工过程。

友善价值观践行的落实需要在培育中将其与一般性的价值观进行区分，通过实证调查寻找有利于友善价值观内化于心、外化于行的条件，不断提升解决培育现实难题的能力。马克思指出："问题是时代的口号，是它表现自己精神状

---

① 习近平：《论坚持全面深化改革》，北京：中央文献出版社，2018 年版，第 368-369 页。

② Huang Xuewen. Analysis of application of CNN value orientation to College students. Journal of Physics：Conference Series，2021（1）：43-49.

③ 辛自强：《实证社会科学中的因果关系与理论解释：我们需要理解的十对概念》，《清华大学教育研究》，2013 年第 3 期，第 7-15 页。

态的最实际呼声。"①在新时代的背景下实现社会主义核心价值与大学生思想政治教育融合的科学化开展迫在眉睫,具有深厚的理论与现实意义。通过认知心理学等研究方法拓展马克思主义的大众化,运用实验的方法与认知心理学的视角研究个体的友善价值观对道德、情绪、行为等方面的影响,促使友善价值观这一道德哲学命题从思辨性的纯学理研究开始进入行为实验与心理实验的阶段,对大学生友善价值观培育引领性与科学性的统一具有丰富的借鉴意义,同时促进当代思想政治教育遵循人的认知发展科学规律,深入探索价值观的认知图式,在把握理论的真理性同时提高理论的亲和力。

综上所述,本章通过对友善价值观必要性、可能性与方向性追本溯源的过程,论述新时代友善价值观培育通过舍弃过往培育思想中存在的主体间不平等、缺乏主体实践自觉、个体与他者难以共在的部分,系统地把握大学生友善价值观培育的必要性、可能性与方向性,准确定位当代友善价值观培育的社会主义性质,并将其统一于友善价值观培育当中,在立德的过程中合力内与外,形成清晰的培育思路与践行框架,使友善价值观培育符合当代立德树人教育的需要。

① 《马克思恩格斯全集》(第40卷),北京:人民出版社,2002年版,第311页。

第4章　大学生友善价值观培育的
实证研究与结果分析

　　当今世界面临着前所未有的大变局,中国特色社会主义进入新时代,国内外环境随之产生巨大变化。面对百年未有的大变局赋予当代青年的使命与担当,如何从"变局"中开创"新局",从"危机"中育"新机",需要着力解决大学生在思想道德领域的相关问题。友善价值观的培育作为当代马克思主义道德建设的重要内容,既存在于马克思恩格斯的经典论述中,也体现在具体的时代发展与社会进步中,在顺应时代要求、表达时代精神的过程中,需要摒弃故步自封的态势,以实证研究与科学的结果分析不断深入认识。

　　改革开放已有四十余年,随着改革进入深水区与攻坚期,社会结构面临急剧转型,社会主要矛盾已经转化为人民日益增长的美好生活需要和不平衡不充分的发展之间的矛盾,人们对友善价值观的高要求、践行的高标准与现实社会存在的道德冷漠形成冲突,凸显出践行友善的阻力。大学是各路思想文化汇集交锋的前沿阵地,西方世界从未停止对我国的意识形态渗透,西方的多元价值观和个人主义、享乐主义、历史虚无主义等社会思潮极大地影响了当代大学生,企图把友善价值观培育的形态建设为一个封闭的系统是不现实,也是不可能的。习近平总书记指出:"调查研究是谋事之基、成事之道。没有调查,就没有发言权,更没有决策权。研究、思考、确定全面深化改革的思路和重大举措,刻舟求剑不行,闭门造车不行,异想天开更不行,必须进去全面深入的调查研究。"①大学生的友善价值观现状如何、认同与践行呈现何种态势、培育遇到何种困难,是当前做好大学生的友善价值观培育需要重点关注的现实问题。实证研究作为认清现状、发扬优势、补齐短板,积极探索培育体系的重要路径,有利于获取翔实的资料与深入的分析,打通思想政治教育"入耳入脑入心入行"的通

---

　　① 《习近平关于"不忘初心、牢记使命"论述摘编》,北京:中央文献出版社,党建读物出版社,2019年版,第211页。

道,对于更好推进新时代公民道德教育,落实社会主义核心价值观养成具有重要的理论与现实意义。

4.1　实证调查:大学生友善价值观培育的定量与定性研究

新时代背景下,思想政治教育工作的载体、环境、内容、方法都经历着巨大的变革。习近平总书记在《中共中央关于全面深化改革若干重大问题的决定》中指出:"冲破思想观念的障碍、突破利益固化的藩篱,解放思想是首要的。思想不解放,我们就很难看清各种利益固化的症结所在,很难找准突破的方向和着力点,很难拿出创造性的改革措施。因此,一定要有自我革新的勇气和胸怀,跳出条条框框限制,克服部门利益掣肘,以积极主动精神研究和提出改革措施。"[①]一般而言,人的感性认识来源于经验与观念,理性认识来源于对事物运行的规律的科学把握。在哲学本体论中结合科学的研究方法,启动思想政治教育科学研究,培育才有章可依,从而将友善价值观内化于心、外化于行。通过科学严谨的实证调查,探析大学生友善价值观培育现状,旨在为大学生友善德性的践行、社会友善道德共同体的构建与人们实现美好生活提供坚实依据。因此,通过实证研究探索当前大学生友善价值观培育存在问题,回应人们在践行友善中遇到的真实难题,探索有效的培育路径与方法,是解决大学生思想政治教育在新时代遇到问题的内在关键与逻辑可能。

定量结合定性研究还具有充分的科学意义。大多数人受到自身认知水平的影响,对"自我"概念的认识来源于对自身行为进行推测和判断,因此,定量分析测量的结果不一定是人在"观念"上的差异,也许是"行为"上的差异,用人的"行为"差异来解释人的价值观会缺乏一定的效度,在问卷测量过程中个体表现出来的态度倾向有可能与实际行为间存在着一定的差异。并且,人们表现出"拥有"及"赞同"友善价值观本身就是带有高度社会性赞许,人们由于印象管理与内省水平程度不一致,使得定量研究中问卷法和实验法在某种程度上也可能是有限的。定量研究是通过逻辑语言的形式,在缜密设计的程序中归纳与解释人的认知与行为过程,把人从具体的复杂的生活场景中暂时置于静止的时空范围进行考察,通过单一的定量研究得到的"归纳性"数据会使得数字化的研究结

---

① 习近平:《论坚持全面深化改革》,北京:中央文献出版社,2018 年版,第 42-43 页。

果缺乏丰富的内涵与层次。人类友善的产生与实践伴随的道德情感、情绪反应、推理能力、人际温暖是人独有的特质,在调查中对人类属性的否认是"非人化"的研究倾向。若仅采用定量研究,由量化数据推导出人的认知与行为,则缺乏对具体过程的描写、寻求意义及深刻的理论建设,而若仅采用定性研究,则研究的过程及结果可能缺乏严谨性与准确性。需要将二者结合,依托定量研究的方法科学性与定性研究的内容丰富性,保障研究结果层次丰富、真实可靠。

4.1.1　现实需求:培育的现状与践行成效亟须实证调查

斯宾诺莎认为人的体验本质上是身心一体的"具身认知体验"(embodied cognition),心智过程是人与环境持续互动的过程中身体内正在发生和变化的事情,挑战了笛卡尔将人的身体和心灵分割成独立部分的领域或实体的思想。[①]从斯宾诺莎式的观点出发,我们有必要基于新时代对友善价值观培育提出的新要求,超越身心二元分离观点,以现代性、科学性的调查,将人的思想与行为联结。

摆脱价值观践行中知与行的离散。正如柏拉图所言:"仅依靠教育、习惯、权威、正确的意见的德性是一种盲目的摸索,它可能偶尔会找到正确的道路,但只有'善的科学知识'能使人的意志正确、确实和坚固。"[②]只有通过实证调查获得理性、丰富的科学认识,才能将以情动人与以理服人结合,剖析友善价值观培育的现状与践行的效果。因此,本书通过实证调查开展定量与定性研究,从整合性的研究方法、跨学科的综合视角、对德育的实验检验三个方面进行考量,将问卷调查、内隐认知实验、结构式访谈结合进行,以此对大学生友善价值观培育的现状与践行成效展开较为全面的研究。

4.1.1.1　整合性的研究方法

自维特根斯坦起,西方学者们开始尝试使用科学的研究方法对道德哲学、道德心理学等问题进行研究。思想政治教育发展至今,已在理论思辨的基础上融入心理学、统计学、概率论等多学科的研究方法,使得思想政治教育在有理、有用同时更是一门真实、可信的学科,进一步凸现马克思主义理论的真理性及在中国道德建设实践中的深度与广度。孔多塞(Condorcet)认为:"理想社会的

---

① 〔挪威〕乔恩·斯莱特沃德:《精神分析中的具身》,上海:上海社会科学出版社,2021 年版,第 3 页。
② 〔德〕弗里德里希·包尔生:《伦理学体系》,北京:中国社会科学出版社,1988 年版,第 41 页。

一个必要条件是社会的政治研究必须引用数理方法,使之成为一门新学科,概率论则是通向新学科的桥梁。一般而言,对社会现象的叙述是不可能精确的,但对这些现象的概率估值却是可以精确的确定。"①一个科学且完整的"研究体"不但要对现象或问题进行发现、检验,还需要对寻找到的问题进行剖析与说明。整合性的研究获得的研究内容丰富,可以使研究结果层次多维、互为佐证。当前学者们对道德与哲学领域的研究范式进行了不断的改进,认为过于强调量化分析容易忽略对以人为研究对象的深度探讨,而一些纯理论的思辨研究则存在规范性与科学性的问题,混淆了对结果的客观理解。② 方法学的创新可以使培育的指导思想、途径与内容得到严谨、合理、有效的耦合,对于大学生友善价值观培育的深化有重要影响。在运用各个学科视角与研究方法时,要注重整合性的原则,始终把友善价值观的内部结构与知行系统视作有机联系的整体,在分析内部关系同时注重外部因素研究,把握好人的认知结构与知行关系,综合践行友善的知、情、意、行过程,展开整体性研究。

全球的科学技术大发展环境为价值观研究提供了承前启后的机会,尤其需要注意各个研究方法的协同整合,帮助研究认知内在的各部分之间相互作用、相互影响,构成多样中具有统一的关系。人的认知结构、知行转化过程与认知的结果受多方面因素影响,各要素在复杂的变化中又有千丝万缕的关系。由于人的认知基础——"大脑"具有高度的敏感性与可塑性,仍处于有待研究开发过程中,使得我们必须整合多种研究,适用人的认知在多线交织的波动模式下的"动态变化"。③ 现有研究大多通过发放"自陈式问卷"搜集数据,以此进行实证研究,以验证理论的假设是否得证,而个体填写自陈式问卷实质上是一种"自我报告"的过程,在研究方法的科学性上存在着缺乏"真实性、准确性、普适性及因果关系"四个方面的缺陷。④ 自陈式问卷调查的题项中一些描述性词语的细微

---

① 〔法〕孔多塞:《人类精神进步史表纲要》,何兆武,何冰译,南京:《江苏教育出版社》,2006 年版,第 11 页。

② 〔美〕约翰·W·克雷斯威尔:《研究设计与写作指导:定性、定量与混合研究的路径》,崔延强等译,重庆:重庆大学出版社,2017 年版,第 168 页。

③ 姜永志:《整合心理、脑与教育的教育神经科学》,《心理研究》,2013 年第 3 期,第 3-10 页。

④ 喻丰:《美德的实证心理学研究:存在、涵义、分类及效应》[D],博士学位论文,清华大学,2014 年,第 11 页。

差异都可以导致大学生自我知觉与自省程度的重大差异。[①] 对于大学生而言，内心实际喜欢和偏好的，行为实际倾向和选择的，以及社会要求和赞许之间常常存在差异。友善价值观作为美好德性一直为全社会推崇，不仅仅是大学生的个体道德选择，更包含了国家与社会对大学生在友善层面的期许与要求。大学生对友善价值观的态度、认同等倾向受社会与他者评价的影响，当个体与共同体的友善价值观产生交融，基于自陈量表的问卷调查得到的结果可能更多是人对社会的道德规范与国家法律法规的认同甚至是规训式的服从，而非个体真实性情与态度的表达，导致以自我报告为主的问卷填写中得到的结果与实际情况存在偏差。总体来看，问卷调查受到自我报告、印象管理、自省水平、社会评价等方面影响，以及友善价值观有可能是一种无意识，不需要主观努力获得的价值观（与美德类似），很可能造成测量结果与实际情况之间存在偏差，导致后续的培育体系的构建也失去科学性。因此，本书在实证调查中采用"顺序性探究设计"（sequential explanatory strategy），整合实证研究中的定量与定性分析进行混合路径探索，如图 4-1 所示。在此基础上得到的研究结果和发现的问题较之纯理论研究更具有科学性，同时还蕴含着对人的价值与本质的尊重，可以更好地对友善价值观培育的影响因素、特征进行深度分析，对思辨研究进行有效补充，将这些科学的调查结果应用于培育工作之中也将更具有针对性和实效性。

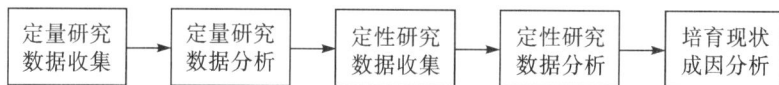

图 4.1　实证研究顺序性路线图

4.1.1.2　跨学科的综合视角

社会科学的问题需要在世界观与方法论的层面共同思考才能获得根本性解答。价值观的研究范式经历了理论思辨、问卷调查、行为观察等变迁，随着认知科学的发展引入认知心理学的内隐联想实验（implicit measurement）。美国教育学家索科尔认为："将道德教育与心理学方法分离会严重影响理解学生的实际表现行为与内化的道德水平之间的关系。"[②]大学生的友善价值观培育是思

---

① 〔美〕菲利普·津巴多，迈克尔·利佩：《态度改变与社会影响》，北京：人民邮电出版社，2018 年版，第 92-95 页。

② 〔英〕Authur J. Of Good Character：Exploring Virtues and Values in 3-25 Years Old. London：Academic Imprint，2010：153.

想政治教育、哲学、社会学、心理学多学科融合的现实课题,仅从单一学科视角进行认识有失全面与研究深度。心理学与思想政治教育都是研究人的思想,具有学科联通的先天优势,从心理学跨学科开展友善价值观培育研究,有助于实现大学生友善价值观培育全部潜能的开发。跨学科地引入心理学视角体现了核心价值观培育的深化与具体化,将大学生作为培育友善的主体,强调了大学生在践行友善中的主观能动性,培育不再是单向度、流于表面的,得以转入以人为本的多维度、有温度的研究,通过人的心理认知过程获悉培育困难的原因,可以为新时代大学生友善价值观的培育改善症结难点、提升培育实效性提供牢靠的实证依据与数据支撑。

借鉴心理学研究范式对价值观展开多重方法研究是一种从认知的特殊性拓展到普遍性的思路。特殊性体现在使用心理学研究方法,普遍性是适用于人的思想,譬如价值观研究,今后可以拓展至其他核心价值观或美德伦理领域。大学生处于青春后期,是价值观成型的关键期,具有极大的可塑性,也存在着价值观摇摆不定的问题。受自身认知水平的影响,大学生对于自己友善价值观的描述很大概率上出于对自己的过往经历和立场的设定,而并非出于自身在真实场景中出现的现实行为。从心理学视角出发,可以研究人的真实认知,尤其是未被自身察觉到,难以直接测量的内隐层面的价值观。

结合内隐测量实验法对友善价值观进行测量,探讨外显与内隐友善价值观的关系,以问卷法结合实验法进行跨学科创新探索可以得到更为科学的结论。现有大学生的友善价值观测量研究中多为问卷调查,较少从认知心理研究出发,使用内隐联想实验等实验法佐以辅助研究。传统问卷调查法中以文字语言为载体,人们通过对问卷中语句的自我理解做出反应和选择,存在"措辞效应"问题。[①] 调查问卷中的语言表述、问题及选项的排列顺序、问卷中问题蕴含的褒贬意味、人们的理解及认知水平等因素都会对调查结果的准确性产生影响,因此得出的问卷测量结果存在着真实性、准确性、普适性、因果关系等方面的不足,有可能与人们的实际情况存在一定偏差。同时,问卷调查的前提是认为人们对问卷选项的选择完全等同于自身行为的选择,建立在人的"完全理性认知"

---

① 余小霞,辛自强,苑媛:《量表中的措辞效应:类型、机制及控制方法》,《心理技术与应用》,2016年第 4 期,第 56-57 页。

基础上。① 但在现实生活中受到自身潜意识层面的影响或其他因素导致的无意识影响,人对自身的需求与抉择并非完全自知,这些是问卷调查无法到达的认知深度。因此,在使用问卷的基础上引入实验法,尤其是针对内隐认知的内隐联想实验,以实验数据探析"不可见的"内隐意识活动,可以提高大学生的友善价值观研究的科学性与结果的可靠性。同时,实验法的创新性还在于没有对大学生的友善价值观现状做出预先假设,而是试图通过问卷调查与内隐实验得到的数据进行驱动式研究,这种研究方法可以客观地认识大学生的友善价值观,对培育措施做出科学解释,从而发现研究惯性思维带来的误区或盲点。

4.1.1.3　对德育的实验检验

思想政治教育是马克思主义理论学科的一部分,是哲学更是科学,研究具有高度的真理性与复杂性。除了哲学思辨与自然观察,实验检验对于具有真理性的学科发展至关重要。习近平总书记指出:"我们正在从事的中国特色社会主义事业是伟大而波澜壮阔的,是前人没有人做过的。因此,我们的学习应该是全面的、系统的、富有探索精神的,既要抓住学习重点,也要注意拓展学习领域;既要向书本学习,也要向实践学习;既要向人民群众学习,向专家学者学习,也要向国外有益经验学习。学习有理论知识的学习,也有实践经验的学习。"② 现有对大学生友善价值观培育的认识多从理论分析,缺乏实验作为开展实践的依据,对友善价值观的内部结构、友善知行的逻辑关系进行深入的探索,停留在理论思辨范畴的研究主观性成分大。随着立德树人工作的不断深化,以实验法考察友善的道德心理发生与作用机制是创新且必要的,是新时代德育科学化的具体体现,可以避免道德研究中的经验直觉主义。德育科学化指的是在马克思主义理论指导下,高举科学旗帜,运用科学的理论和规范揭示、掌握、运用思想政治教育规律,以提高工作的实效性。德育的科学化趋势使思想政治教育的观念、内容、方法、手段、设施逐步发展到与现代化发展规律相适应,得以培育出适应社会主义现代化建设的人才。③ 通过科学化的研究范式探析大学生友善价值观培育的现状、特征,遇到的难题与困境,厘清解决的思路、找到培育的方向,增

---

① 屈陆,戴钢书:《认知神经科学与思想政治教育研究方法的创新》,《学术论坛》,2016 年第 8 期,第 173-176 页。

② 《习近平谈治国理政》(第一卷),北京:外文出版社,2018 年版,第 404 页。

③ 郭亚莉,林宏彬:《高校思想政治理论教育科学化水平研究》,北京:知识产权出版社,2014 年版,第 13-14 页。

强培育的紧迫感与使命感,切实提高对培育的实效性与针对性。

马克思把人的实践活动作为探索一切哲学问题的出发点。在《关于费尔巴哈的提纲》中马克思对抽象的物质观进行了批判,"从前的一切唯物主义(包括费尔巴哈的唯物主义)的主要缺点是:对对象、现实、感性,只是从客体的或者直观的形式去理解,而不是把它们当作感性的人的活动,当作实践去理解,不是从主体方面去理解。"①人在本质上是"活生生的人",在复杂的社会关系践行友善价值观,过程中会面临道义与利益、利他与利己、关怀与嬉戏等多种矛盾。仅通过问卷的外显价值观测量,会失去对人的整体性理解以及对人的内隐意识、态度、情感的把握,获得的结论也是刻板的认知与僵化的建议。使用内隐实验法结合问卷调查,可以更好地探知人们的真实价值观水平。②实验法没有对大学生的友善价值观程度做出预先假设(没有预设大学生的友善价值观总体认知水平,以及内隐、外显的友善价值观水平),而是试图通过问卷调查与内隐实验进行驱动性研究,这种研究方法可以客观地认识大学生的友善价值观并对培育措施做出科学解释,发现研究惯性思维带来的误区或盲点。

在实证调查中"为什么"以及"怎么样"使用内隐联想实验测量大学生的内隐的友善价值观具有一定的理论基础。自古就有学者以人们表达态度行为时采用"情感反应""不经反省"的方式进行选择来说明人是否拥有道德感。亚里士多德曾言:"良善的人特征是致力于把经过审慎思考的善行善举变成无意识的习惯,让自身成为不用审慎思考过程就会做出正确决定的人。"③他认为美德背后隐藏了情感,"好的行为"是正确的"情感反应",不需要人们通过抑制情感来完成。④休谟在《人性论》中提到:"愉快与美好的事物有种莫名其妙的性质,正如机智与雄辩一样,我们必须求助于某种'不经反省'而且不考虑到性格和性质的倾向而就发生作用的感觉。"⑤经过后来学者的科学研究,学者们发现从道德心理学的层面看道德认知过程可以分为直觉与推理两种方式,诸如海特、格林、丹尼尔·卡尼曼等学者从各自角度出发探讨了人们在进行道德判断的认知

---

① 《马克思恩格斯选集》(第1卷),北京:人民出版社,2012年版,第54页。

② 詹启生,俞智慧,涂小金:《权威与群体对受暗示心理的影响》,《健康心理学杂志》,2001年第5期,第387-389页。

③ 〔美〕保罗·布卢姆:《善恶之源》,青涂译,杭州:浙江人民出版社,2018年版,第185页。

④ 喻丰:《美德的实证心理学研究:存在、涵义、分类及效应》[D],博士学位论文,清华大学,2014年,第90页。

⑤ 〔英〕休谟:《人性论》(下册),北京:商务印书馆,2016年版,第651页。

过程时是出于直觉还是推理。尽管学者们对于直觉优先还是推理优先各有说辞,但均认可人们在道德认知过程中具有直觉和推理的"双加工"模式。道德直觉派认为道德人格与直觉过程紧密相连,建立在人的直觉过程中,当一个具有良好品德和价值观的人做出符合社会道德的行为时,在理想状态下应该会像亚里士多德所提及的那样处于内心和谐、无冲突的状态,人们会在无意识的状态下以直觉启发式地快速做出道德判断,无须克服内心的欲望、紧张等状态。① 而道德双加工学派认为人的道德决策有直觉与加工两个系统,直觉系统是快速、自动、无须意志努力的,不耗费注意资源,推理加工则是缓慢、受控、需要意志努力的。面对大量的道德选择信息,人常常难以有意识地进行纯粹理性的信息加工,倾向于使用直觉系统。尤其当给予人们道德选择的时间限制时,个体倾向更多地采用直觉系统快速做出反应。②

从进化心理学视角审视,人的直觉道德认知在进化表现上等级优于推理道德认知,是人面临社会环境时的自动化反应。我国当代的研究者经过实验发现,人们在思维加工时"快速"选择好事,比起"缓慢"选择做好事被认为更具有美德。③ 内隐联想测试启动的是人的直觉加工,加入的作答时间限制恰好可以促使人们在实验中以直觉系统进行道德判断,得出内心真实的观念,即"内隐价值观"。因此,使用内隐友善价值观进行直觉模式道德选择没有大的心理冲突,不耗费心智成本,反应快速且直接,本书认为内隐友善价值观的测量可以对外显友善价值观的测量结果与分析起到有效的补充作用。内隐联想实验测量大学生内隐友善价值观的反应时具有较为充分的逻辑、理论和实证研究上的依据,并且可以拓展思想政治教育学科的研究视角,深化对大学生的友善价值观的科学探索,帮助教育者了解为何在生活中出现熟知马克思主义理论却未能真正践行的现象,解决好"教与学""信与会""知与行"等问题。

据此,本书采用定量与定性相结合的方法,通过编制调查问卷、实验程序、访谈提纲,深入搜集与大学生的友善价值观培育有关的影响因素、情感因素、认知根源等数据难以获取的内容,为后续培育的理路构建与实践路径打下坚实的基础。

---

① 喻丰:《美德的实证心理学研究:存在、涵义、分类及效应》,博士学位论文,清华大学,2014 年,第 94-96 页。

② 袁晓林:《道德心理学》,北京:科学出版社,2019 年版,第 135-136 页。

③ 喻丰:《美德的实证心理学研究:存在、涵义、分类及效应》,博士学位论文,清华大学,2014 年,第 180 页。

4.1.2 定量研究：问卷调查与内隐联想实验的实施

新形势下社会主义核心价值观培育的环境面临着经济全球化、价值观多元化、科技更新高速化等变化，需要加强对人在新变化下的认知领域研究。随着实证研究的技术与应用领域不断拓展，对大学生社会主义核心价值观践行的过程中知情意行过程展开定量分析也成为可能，尤其是将认知心理学的内容与方法纳入友善价值观的研究视野，是新时代思想政治教育依据人的认知结构特点不断拓展的需要，也是推动马克思主义理论与实践发展的积极探索。通过定量研究解决大学生在友善价值观的认知系统与行为转化中存在的问题，是加强大学生对马克思主义理论的"真学、真懂、真信"，实现马克思主义理论的"可信、可用、可亲"的重要途径。据此，本书依照心理学的研究范式编制《大学生外显友善价值观与培育现状调查问卷》，使用 E-Prime 2.0 软件编制《内隐友善价值观GNAT 程序》，考察大学生的认知层面的外显与内隐友善价值观，编制《友善行为调查问卷》考察大学生在行为层面的自评与他评的友善价值观践行水平。通过对大学生友善价值观的认知与行为的定量分析，充分讨论大学生外显及内隐友善价值观的人口学变量、特征、影响因素、外显和内隐友善价值观的关系等，为科学规范地揭示、掌握、运用大学生友善价值观培育现状与特质，构建培育大学生友善价值观培育体系和实践路径提供真实可靠的依据。

4.1.2.1 大学生外显友善价值观及培育问卷调查

（1）调查问卷的编制。本书紧扣大学生当前对友善价值观的认知与践行现状这一核心目标，通过开放式访谈和文献分析的方式，沿着友善价值观的"目标、手段、评价"三个维度编制具体的调查题目，涉及大学生友善价值观在知情意行等方面的体现情况。同时关注大学生对培育的熟悉度、认可度、培育途径、影响因素等，为构建合理的友善价值观培育体系提供参考与建议（问卷的题项见附录2）。为检验问卷的信效度，在问卷编制过程中通过简单随机取样的方法对 483 名大学生进行了试测，统计结果显示：在问卷的信度检验方面，问卷的内部一致性信度系数为 0.935，分半信度为 0.905。各个分问卷的内部一致性信度分别为友善价值观目标（0.854）、友善价值观手段（0.822）、友善价值观评价（0.818）。总问卷及各个分问卷的内部一致性系数均大于 0.8，表明该问卷的信度较好。问卷的结构效度方面，采用高低分组独立样本 t 检验对问卷进行项目分析，发现调查对象在所有项目上的差异均达到了显著水平（$p < 0.001$）。对问

卷的题目进行探索性因素分析,结果显示 KMO＝0.949,Bartlett＝4400.478,df ＝45(p＜0.001),说明数据适合进行因素分析。采用主成分分析法得到特征值大于 1 的因素 1 个,解释了方差 67.221％的变异。利用 AMOS 进行验证性因素分析,单因素模型的验证性因素分析结果显示:$\chi^2/df＝6.785$,RMSEA＝0.051,GFI＝0.980,AGFI＝0.967,NFI＝0.984,CFI＝0.986,IFI＝0.981,TLI＝0.981,模型拟合较好,综合结果表明该问卷结构效度较好,可以较好地反映大学生的友善价值观现状。

(2)调查问卷的样本情况。本书采取纸质问卷与电子问卷结合的方式,在浙江、上海、天津、北京、湖南、贵州、重庆、四川、广西、广东等地选取高校进行纸质问卷发放与数据收集,共计发放 2000 份,回收 1962 份;在问卷星发放电子版问卷共 1500 份,回收 1470 份。在调查取样时尽量兼顾年级、性别、专业等类别平衡,总计发放问卷 3500 份,回收 3432 份,回收率为 98.06％。删除规律作答、无效作答及缺失题目太多的问卷后,得到有效问卷 3322 份,问卷的有效回收率为 96.79％。样本具体分布如表 4.1 所列。

表 4.1　问卷调查样本信息($N＝3322$)

统计指标		人数	百分比
性别	男	1142	34.4％
	女	2180	65.6％
年级	大一	1014	30.5％
	大二	806	24.3％
	大三	820	24.7％
	大四	682	20.5％
户口所在地	城镇户口	761	22.9％
	农村户口	2561	77.1％
独生与否	独生子女	749	22.5％
	非独生子女	2573	77.5％
专业类别	文科	1211	36.5％
	理工科	949	28.5％
	其他学科	1162	35.0％

(3)外显友善价值观调查问卷的结果分析。

本书以问卷结果的平均数、标准差等指标为基础,系统认识大学生友善价值观的总体状况以及在各维度分问卷上的表现与特征。调查结果显示:大学生的友善价值观整体而言呈现积极健康的状态,大部分人对友善的知晓与认同程度较好,在目标、手段、评价中都体现了友善的状态,同时有少部分人存在需要引导与规范之处,具体结果分析如下。

①大学生对友善价值观的总体知晓情况。

在"您了解友善价值观的内容吗?"题项中的选择比例如表 4.2 所列,总体而言约有 85% 的大学生了解友善价值观,剩余约 15% 的大学生认知存在模糊或不了解。数据表明大学生普遍了解友善价值观,需要在当前的友善价值观培育中要继续大力拓展、积极创新培育的内容、途径与方法,激起大学生对友善价值观的深层次认同,保持大学生对崇德向善的热爱。同时也要注意当前存在的道德冷漠、友善践行困难等问题,思考为何友善价值观的认知水平如此高,仍然有道德失范现象出现,继续探索其他深层次的因素。

表 4.2　大学生对友善价值观的总体知晓情况

选项	人数	百分比
非常了解	299	9.00%
比较了解	958	28.80%
一般	1569	47.20%
比较不了解	399	12.00%
非常不了解	97	2.90%

②大学生友善价值观的总体特征。

友善价值观的"总体特征"是友善价值观三个维度紧密联系形成的友善综合体现。在具体的各维度上,"友善价值观目标"是人践行友善的动因,主要调查大学生"践行友善是为了什么"的问题。"友善价值观手段"是人为了达到友善所采取的途径与方法,主要调查大学生"通过怎样的行为友善"的问题。"友善价值观"评价是人依据自身或外界的标准对友善的价值做出的判断,主要调查大学生"践行友善的意义及意义的大小"。调查发现:大学生的友善价值观总体状况较好,友善价值观总体得分为(4.18±0.61),各个维度得分依次为友善价值观目标(4.12±0.68)、友善价值观手段(4.21±0.62)、友善价值观评价(4.22±0.65)。调查问卷采用 5 点计分法统计,各指标的得分均超过了 3 分的理论中值,表示大学生具有较好的友善价值观总体评价,并且在目标、手段、评价等方面也处于较高水平,大学生总体认同友善价值观是应当追求的人生目标与应当坚持的行为准则,践行友善具有积极的现实意义。同时,从得分的排序"友善价值观评价>友善价值观手段>友善价值观目标"可见,大学生相对而言更看重对友善价值观的意义评价与实现途径,这为友善价值观培育不再停留于简单的宏大叙事层面,实现落细、落小、落实,增强培育的实用性和可操作性提供了指引与参考。

③大学生友善价值观在各维度上的特征。

对友善价值观目标维度的题项调查得知,大学生对于认同与践行友善所要达到的目的与愿景有明确和清晰的意识,得分显示总体水平较好,绝大多数学生都能以客观的态度看待实现友善的价值,正确处理践行友善时与他者的关系。如有 87% 的大学生认同"践行友善是为了能够与他人和谐共处"(1% 表示不同意,12% 中立);84% 的大学生认为"践行友善是为了更好地实现自我价值"(2% 表示不同意,14% 中立);80% 的大学生认为"友善应该要做到身体力行知行合一的践行善意"(2% 表示不同意,18% 中立);83% 的大学生认可"友善的实现能够增进人际信任和社会信任"(2% 表示不同意,15% 中立)。不过调查也发现大学生在友善价值观目标中,对己友善存在认知不清晰,只有 56% 的大学生同意"友善可以调节我在感到孤独抑郁时的不良情绪"(11% 表示不同意,33% 中立),这表明大学生还没有意识到对自身施与友善同样重要,友善不是过往传统集体主义的绝对利他与牺牲自身利益,在践行友善价值观过程中可以实现他己两利。同时,友善还是一种于自身的心理健康与情绪调节有利的价值观,需要在培育中不断深化大学生对友善价值观的认知。

对友善价值观手段维度的题项进行调查统计得知,大学生对怎样的践行是友善的认识较为清晰,对为了达到友善采取的途径与方法具备良好的践行意愿。如有 89% 的大学生同意"我非常愿意为了社会实现友善多做好人好事"(2% 表示不同意,9% 中立);88% 的大学生认可"友善体现在人们彼此友好对待与守望相助"(2% 表示不同意,10% 中立);81% 的大学生认可"我会在日常的生活中例如给他人让座践行友善"(2% 表示不同意,17% 中立);81% 的大学生认可"进行志愿服务是人们实现友善的一种表现"(3% 表示不同意,16% 中立)。

不过调查也发现了一些问题,如只有 67％的大学生认可"友善要在生活中做到己所不欲,勿施于人"(3％表示不同意,30％中立),这反映了大学生在践行友善的过程中需要着力培育"将心比心,共情共感"的道德情感,以积极正面的情感教育融入大学生的友善认知与践行,营造全社会崇尚弘扬友善的良好氛围。

对友善价值观评价维度的题项调查得知,大学生友善价值观的自我认知与外界评价正处于形成期,总体上对友善的实现持积极态度,如有 90％的大学生同意可"友善是一种优良的道德品质"(2％表示不同意,8％中立);85％的大学生同意"友善是大学生应当坚守的社会主义核心价值观"(3％表示不同意,12％中立);82％的大学生认可"友善具有不可替代的维持社会秩序稳定的意义"(2％表示不同意,16％中立);81％的大学生认可"成为与人和善、心胸宽广的人对我的人生很重要"(6％表示不同意,16％中立)。不过调查也发现了一些问题,如有 71％的大学生认可"别人都评价我为人友善"(3％表示不认可,26％中立),表明有部分大学生在践行友善中可能并没有自觉自愿地友善待人,因而会对自己友善素养的评价产生模糊界定。

④大学生友善价值观的性别特征。

如表 4.3 所列,不同性别的大学生在友善价值观友善认识的总体平均分上差异不显著($t=-0.926$,$p>0.05$),但在友善价值观的目标、手段、评价三个维度上得分均超过了 3 分的均值,显示出比较好的水平。具体表现为男生的友善价值观目标得分(4.16±0.76)显著高于女生得分(4.10±0.64),男生的友善价值观手段得分(4.16±0.72)显著低于女生(4.23±0.56),男生的友善价值观评价得分(4.19±0.73)显著低于女生(4.24±0.59),p 值均小于 0.05。说明男生对于友善价值观所要达成的目标更为明确,但是在实施的手段以及给予友善价值观的评价上显著低于女生。心理学研究已允分证实男女大学生在动机、兴趣、情感、意志、性格等方面存在"先天性别"的差异,同时也存在文化教育打造的后天"社会性别"。[①] 在今后的培育工作中应当注意男女两性在生理和心理上的明显差异,如男性更有进取精神,女性更具奉献精神,根据男女大学生在友善价值观的思想状况方面的差异,开展更富有针对性的友善价值观培育,提高大学生思想政治教育工作的针对性与实效性。

---

① 傅安球:《青年性别差异心理学》,上海:上海人民出版社,1998 年版,第 57-84 页。

表 4.3　不同性别在各分问卷及总问卷上的得分情况统计分析

变量	目标分问卷		手段分问卷		评价分问卷		友善价值观总问卷	
	平均值	标准差	平均值	标准差	平均值	标准差	平均值	标准差
男	4.16	0.76	4.16	0.72	4.19	0.74	4.17	0.70
女	4.10	0.64	4.23	0.56	4.24	0.59	4.19	0.55
t	2.186		-2.827		-2.169		-0.926	
p	0.029		0.005		0.030		0.354	

⑤大学生友善价值观的年级特征。

如表 4.4 所列,不同年级的大学生在友善价值观认识的总平均分及各个分量表上差异均不显著(均 $p>0.05$)。但根据总问卷得分可知,大一学生的友善价值观得分最高(4.21 ± 0.62),大四学生的友善价值观得分最低(4.15 ± 0.59),在总问卷中按照平均值大小,大一的友善价值观>大二的友善价值观>大三的友善价值观>大四的友善价值观。这一现象表明随着年级发展的递增,大学生的友善价值观水平反而在下降,这可能跟高年级大学生在与社会更多地接触过程中如考研考公、工作求职、校外实践等过程中更专注知识、技能方面的培育,欠缺连续的友善价值观培育,受社会不良风气影响产生功利思想等价值观混乱有关。需要发挥思想政治教育在育人全过程的主导作用与社会实践教育的载体作用。友善价值观培育除了理论学习,还体现在社会实践中,实践的过程是大学生把理论知识和友善价值观内化于心,外化于行的过程,也是友善价值观融入育人全过程的重要体现。

表 4.4　不同年级在各分问卷及总问卷上的得分情况统计

变量	目标分问卷		手段分问卷		评价分问卷		友善价值观总问卷	
	平均值	标准差	平均值	标准差	平均值	标准差	平均值	标准差
大一	4.16	0.69	4.23	0.63	4.25	0.65	4.21	0.62
大二	4.11	0.69	4.20	0.63	4.20	0.67	4.17	0.62
大三	4.10	0.67	4.21	0.61	4.22	0.63	4.18	0.60
大四	4.09	0.66	4.16	0.61	4.20	0.63	4.15	0.59
F	1.529		1.846		1.366		1.597	
p	0.205		0.137		0.251		0.188	

⑥大学生友善价值观在是否为独生子女上的差异。

如表 4.5 所列,是否为独生子女的大学生在友善价值观认识的总平均分差异不显著($t=1.539, p>0.05$),在友善价值观手段和评价维度上,二者之间差异也不显著。不过在友善价值观目标维度上,独生子女大学生得分(4.18 ± 0.72)显著高于非独生子女大学生(4.10 ± 0.67),差异具有显著性($t=2.898, p<0.05$)。目前高校中的独生子女大学生占有一定比例,他们在特殊的家庭环境中形成了独具特点的价值观,最突出的就是强调个人价值实现。如何将独生子女群体的特质充分利用,转化为当前培育的有效抓手,重视学校、家庭、社会的共同培育环境,对提升友善价值观培育的系统性与前置性,让培育走在价值观定型期之前意义重大。

表 4.5　是否为独生子女在各分问卷及总问卷上的得分情况统计

变量	目标分问卷		手段分问卷		评价分问卷		友善价值观总问卷	
	平均值	标准差	平均值	标准差	平均值	标准差	平均值	标准差
独生	4.18	0.72	4.20	0.65	4.25	0.69	4.21	0.64
非独生	4.10	0.67	4.21	0.61	4.21	0.63	4.17	0.60
t	2.898		−0.173		1.453		1.539	
p	0.004		0.863		0.146		0.124	

⑦大学生友善价值观在城乡区别上的差异。

如表 4.6 所列,不同户口所在地的大学生在友善价值观认识的总平均分上差异不显著($t=1.623, p>0.05$),在友善价值观手段和评价维度上,二者之间差异也不显著。不过在友善价值观目标维度上,城镇大学生得分(4.17 ± 0.70)显著高于农村大学生(4.10 ± 0.67),差异具有显著性($t=2.515, p<0.05$)。每年高校的录取生源中农村生源大学依然占有相当比例,但因对城市生活的适应性问题,对价值观体系的整合存在一系列问题,可以展开有针对性、适应性、强调友善集体融入的培育活动,帮助各个生源地来源的大学生在友善价值观目标实现上具备清晰的认知。

表 4.6　不同户口所在地在各分问卷及总问卷上的得分情况统计

变量	目标分问卷		手段分问卷		评价分问卷		友善价值观总问卷	
	平均值	标准差	平均值	标准差	平均值	标准差	平均值	标准差
城镇	4.17	0.70	4.21	0.65	4.26	0.67	4.21	0.64
农村	4.10	0.67	4.20	0.61	4.21	0.64	4.17	0.60
t	2.515		0.050		1.877		1.623	
p	0.012		0.960		0.061		0.105	

⑧大学生友善价值观的专业特征。

不同专业类别的大学生在友善价值观总平均分上得分情况如表 4.7 所列，差异显著（$t=17.715$，$p<0.05$），并且在友善价值观的目标、手段、评价三个维度上差异也都显著。通过对不同专业类别在各分问卷及总问卷上差异的 LSD 事后多重比较发现结果如表 4.8 所列，在友善价值观总平均分上其他专业大学生得分显著低于文科和理工科；在友善价值观目标维度和评价维度，其他专业大学生得分显著低于文科和理工科；而在友善价值观手段维度，文科专业大学生得分显著高于理工科和其他专业大学生。综合来看，由于专业设置原因，文科大学生有更多机会在课堂与实践中接受核心价值观理论教育，因此文科大学生对友善价值观的认知接受情况要优于其他专业大学生。虽然这种优势从整体来讲并不存在较大差距，但在具体的价值观维度上，文科大学生会表现得更为优秀。因此，在培育中要继续加强对文科类大学生的友善价值观培育，保持应有的政治理论素养。对于其他专业大学生，高校要利用好思想政治教育课程，加强友善价值观的认知教育，在此基础上融合课程思政与思政课程，构建全员、全程、全课程育人格局，将各类课程与思想政治理论课同向同行，形成协同培育效应。

表 4.7　不同专业类别在各分问卷及总问卷上的得分情况统计

变量	目标分问卷		手段分问卷		评价分问卷		友善价值观总问卷	
	平均值	标准差	平均值	标准差	平均值	标准差	平均值	标准差
文科	4.16	0.65	4.26	0.60	4.29	0.61	4.24	0.57
理工科	4.19	0.66	4.20	0.63	4.26	0.65	4.22	0.61

变量	目标分问卷		手段分问卷		评价分问卷		友善价值观总问卷	
	平均值	标准差	平均值	标准差	平均值	标准差	平均值	标准差
其他	4.02	0.72	4.15	0.64	4.12	0.66	4.10	0.63
F	19.002		8.857		24.103		17.715	
p	0.000		0.000		0.000		0.000	

表 4.8　不同专业类别在各分问卷及总问卷上差异的 LSD 事后比较结果

因变量	(I)专业类别	(J)专业类别	平均差异(I-J)	显著性
目标分问卷	其他	文科	−0.137	0.000
		理工科	−0.166	0.000
手段分问卷	文科	理工科	0.063	0.018
		其他	0.107	0.000
评价分问卷	其他	文科	−0.171	0.000
		理工科	−0.148	0.000
友善价值观总问卷	其他	文科	−0.138	0.000
		理工科	−0.119	0.000

(4)友善价值观培育现状调查的结果讨论。

①大学生对自我与他人的友善价值观评价存在不一致。

培育状况的问卷调查显示,大学生认为当前大学生的友善价值观总体情况稳中向好,仍有较大的提升空间。其中有 6.3% 的大学生认为当今大学生的友善价值观的总体情况"很好",30.6% 的大学生认为"比较好"。有超过半数即 53.7% 的大学生认为总体情况"一般",认为友善的实现存在积极的进步空间。认为"较差"的有 6.5% 的大学生。认为"非常差"的有 2.9%。这一结果与自评问卷中的题项"别人都评价我为人友善"反映的"71% 的大学生认为自己是非常友善的"存在一定的矛盾,表明部分的大学生认为"自己是友善的,而别人都是非友善的",有高估自己的友善价值观,低估他人友善价值观的倾向。这一结果符合"乐观偏差理论",即人们倾向于将积极评价与自身联系,把消极评价与他人联系。也与人们存在的归因思维有关,即人有一种需要,总想把自己的思想或行为看成是好的、适当的、典型的,因此大学生评价自身的友善价值观时出现拔高现象。在"您认为大学生不友善行为发生的概率如何"题项中,认为"非常频繁"的有 11.5%,选择"时常出现"有 63.8%、"一般"有 16.7%、"从来没出现"有 1.2%、"不清楚"的有 6.8%。综合来看,这些结果反映在自陈式量表中,当人们回答具有某些社会赞许性的题项时,出于形象管理和自我修饰的原因在自我评价式回答中有意识或无意识地与自身实际情况出现偏差,造成此类回答的结果与自身友善价值观的实际情况及认可程度等方面存在某种程度的偏差。这需要通过内隐联想测试检验内隐与外显友善价值观的发展水平。

②大学生对开展友善价值观认知与实践关系的认识与评价。

调查结果显示,当前大学生了解并认同现行的友善价值观培育,在题项"在您看来对当今大学生进行友善价值观培育是否有必要"题项中,回答"很有必要"的占 48.2%、"比较必要"的占 34%,"一般"的有 15.4%、"没必要"的有 1.8%、"无所谓"的有 0.7%。大多数大学生认为培育有开展的重要性及必要性。在"您认为大学生的友善行为和其友善价值观有必然联系吗"题项中,回答"有必然联系"的占 34.7%、"部分联系"的占 53.3%、"没有联系"的占 4.2%、"说不清"的占 7.7%,超过八成的大学生认可友善价值观与行为之间的紧密联系。这为在培育中实现友善价值观的知行统一筑牢了良好的认知基础。

③大学生对现有培育覆盖面与进展的认识。

尽管大学生普遍认同友善价值观的培育存在的必要性,却存在认知的表层化,缺乏对培育清晰的理解,在"您是否在学校里听说或接触过友善价值观培育的具体内容和措施"题项中,回答"常常听说"的有 14.7%(489 人)、"偶尔听说"的有 63.8%(2119 人),从未听说的有 21.4%(711 人),需要对友善价值观培育的开展进行宣讲,在第一课堂中重视友善知识的灌输需要给予重视。在"您所在的学校有开设专门培育友善价值观的课程或活动吗"题项中,回答"有"的占 24%、"没有"的占 26.9%、"不清楚"的占 49.1%,表明在现有的课堂教学及实践活动中,对于友善价值观的针对性内容与培育途径有较大的提升空间,这为高校在新形势下开展友善德性养成的立德树人教育提供了机遇与挑战。2015 年中共中央办公厅、国务院办公厅印发的《关于进一步加强和改进新形势下高校宣传思想工作的意见》中指出:"意识形态工作是党和国家一项极端重要的工作。"高校作为意识形态工作前沿阵地,肩负着学习宣传马克思主义,培育和弘扬社会主义核心价值观,要以积极的友善价值观培育,为实现中华民族伟大复兴的中国梦提供积极的价值观保障。

④影响大学生友善价值培育的多重因素。

当前大学生对友善价值观培育的影响因素选择的答案呈现多元化趋势,在"您认为影响当今大学生友善价值观培育与发展的最主要因素是哪个"题项中,选择"个人因素"的有30.3%、"家庭教育"的有29.7%、"社会因素"的有28.1%、"学校教育"有11.9%。在"您认为谁在大学生的友善价值观培育中起着主导作用"题项中,选择"个人"有30.8%,其次是"家庭"29%、"学校"22.1%、"社会"18.1%,总体来看在各个选项上的得分未拉开明显差距。大学生的友善价值观培育必定是全员式、全方位、全过程,每个社会部门都有育人责任,每个平台都是育人阵地,需要在整合培育资源与力量中形成合力育人的良好局面,积极组织与协调优化各育人部门、环节、要素,在一致性的思想与工作步调中形成友善价值观培育的共同体,提升培育效率,避免因重复工作或是职责推诿导致的培育空缺,通过设计科学合理的培育模式,实现综合性、长效性的友善价值观培育。

⑤大学生对现行学校友善价值观培育开展情况的认识与评价。

在题项"您认为在学校中对大学生进行友善价值观培育的最主要途径是以下哪项"中,选择"课程教育"的有46.9%,"社会实践"的有17.8%、"网络媒体宣传"的17.9%、"自我教育"的有10.4%、"其他"类的占7%。在"您最常接触的大学生友善价值观培育方式是哪个"题项中,回答"课程教育"的最多,占47.7%,其次依次为"宣传讲座"11.7%、"志愿服务"11.3%,"其他"17.6%、"社会实践"11.6%。结果显示,现有的培育中课堂教学作为思想政治教育的主渠道作用显著,课堂教学对于友善价值观培育的功能至关重要,具有传播知识与灌输德性的双重功能。但同时需要注意,过度依靠课堂教育可能会存在某种将价值观知识化学习与考核的倾向。

在有关学校的培育效果的总体评价"您认为学校现行的友善价值观培育方式有用吗"题项中,选择"完全没用"的有15.9%、"比较没用"的有20.9%、"一般"的有36.3%、"比较有用"的有18.1%、"非常有用"的仅有8.8%。从调查结果中可见,大多学生认为当前开展的友善价值观培育活动效果一般,只有少数的大学生认为现阶段学校的培育措施显著有效,表明培育未能达到当代大学生心中认可的效果,培育的内容、途径、方法在激发大学生对友善价值观的认同与践行上需要进行创新性构建,激发大学生对参与培育的积极性与主动性,提升思想政治教育的吸引力与感召力。

⑥大学生认为学校应对友善价值观负主要培育责任。

在题项"您认为影响大学生的友善价值观培育的最主要因素是以下哪个"题项中,选择"学校"的有 38.8%、"社会"的有 29.4%、"个人"的有 22.2%、"家庭"的有 9.6%。表明大学生认为学校教育对自身友善价值观的影响最为明显,要重视发挥好学校培育,尤其是课堂教学的主渠道作用,在"因事而化、因时而进、因势而新"的高校思想政治教育工作指导思想下,丰富课堂内容,满足大学生对友善价值观培育的需要和期待,把友善价值观培育贯穿教育教学全过程和各环节,形成合力育人长效机制。在题项"您认为以下哪个原因主要导致了大学生的友善价值观的缺失"中,回答"社会"的占了 38.1%、"个人"的占了 25.5%、"学校"的占了 23.1%、"家庭"的占了 13.1%,可见大学生认为社会的不良风气对友善价值观的负面影响最大。因此,我们要营造良好的社会风气,形成有利于大学生全面自由发展的外部环境,建立和谐互助的友善价值观践行氛围。

⑦当前学校的友善价值观培育存在的问题。

在题项"您认为当前高校的友善价值观培育过程存在以下哪个方面的问题"中,39.8%的大学生认为是"缺乏实践",20.4%的大学生认为是"缺乏趣味",15.5%的大学生认为是"方法陈旧",8.7%的大学生认为是"内容脱节",15.7%选择了"缺乏公平"。这一调查结果显示大学生认为学校的培育仍有较大改进空间,培育内容的途径与手段有待进一步的优化、提高与创新。在培育中要做到以学生为本,为大学生量体裁衣,度身打造对大学生富有吸引力和感召力的培育途径与方法,才能真正获得大学生的认可。同时我们也发现有 15.7%的大学生选择了"缺乏公平",在培育的体系中需要重视保障性制度的建设,对践行友善的善心善行予以积极的反馈与正确的引导,以制度保护践行友善的个体权益不受侵犯,对于各类友善失范行为现象公平地予以处理。

在题项"您希望通过哪些途径培育和提高自己的友善价值观"中,有 51.2%的大学生选择了"社会实践"途径,18.1%选择了"文体活动"、15.1%选择了"课堂教学"、15.6%选择了"心理活动",调查结果为后续建构大学生的友善价值观实践的路径提供了有效的参考,亟须围绕为党育人、为国育才的目标,组织开展大学生喜闻乐见的校内外实践活动,构建三全育人工作新格局,将各个实践的渠道打造为实现三全育人的重要平台,让大学生在耳濡目染中接受友善的熏陶。

⑧开放式问题统计。

对题项"您对大学生友善价值观培育的具体举措有什么好的建议吗"回答过滤空选后得到1418条有效答案,在进行关键词的聚类、统计与分析后,根据频次出现的高与低得出如表4.9、表4.10所列(由于词条数众多,出现频次低于30的未收录入表中),答案频次统计可见出现频次最高的关键词是实践活动,其后依次是课程教育、社会培育、自主学习、心理活动等。频次统计结果揭示实践活动及社会参与友善价值观培育对于大学生富有吸引力和感召力。另外,大学生对课程教育的较高的认可度,反映现有的主要课堂教育培育方式也得到了大学生的认可,需要在创新培育方式方法的同时继续加强和改现有思政课程对大学生的友善价值观的重要作用及影响力。而其他关键词如心理活动、文体活动、榜样示范的出现频次则表明学校进行友善价值观培育的措施中应多开展志愿服务活动、公益活动等在潜移默化中熏陶大学生友善价值观的活动,以沉浸式体验增强自身对友善价值观的认可。网络教育一词在某种程度上显示出大学生渴望的网络空间友善问题,在开放式问题的回答中,大学生数次提及"网络暴力很严重"和"远离网络'杠精'行为",对于网络暴力如"网络挂人""网络抬杠""网络霸凌"等网络失范行为与现象大学生深有感触。在开放式问题中的一些回答,如"很多活动都是做无用功""没法教化""形式主义""这个年龄怎么教都没用"等回答透露出部分大学生存在道德怀疑主义和道德犬儒主义倾向,表露当前友善的缺失与培育存在的不足。还有的大学生对于培育中公平性问题表达了关注,如"有的很好的活动只让学生会的同学和成绩好的同学参加""一些志愿服务活动普通学生没有途径了解或者参加,名额都被协会所谓的'内部人员'瓜分了""老师指名让学生干部参加很不公道""对于大二、大三的同学,脱离了社团活动和学生会部门后参加集体的志愿服务活动几乎没有门路"等。这类问题是过往的研究中较少反映的却客观存在,且大学生切身体会较深的问题。在今后的培育开展过程中应重视培育公平性的制度的建立,通过培育的制度化建设增强培育的权威性与实效性。

表4.9 "您对大学生友善价值观培育的具体举措有什么好的建议吗"答案频次统计

关键词	实践活动	课程教育	社会培育	自主学习	心理活动
频次	610	353	205	171	84

表 4.10 "您对大学生友善价值观培育的具体举措有什么好的建议吗"答案频次统计

关键词	文体活动	网络教育	家庭教育	学生社团	榜样示范
频次	73	53	45	42	31

4.1.2.2 大学生友善价值观内隐联想实验的测量

过往对大学生的友善价值观进行培育时,默认人的认知系统内部是协调的,不存在认知矛盾,这一研究领域也缺少专门的实证调查,存在探讨的模糊区间,展开系统的调查由于需要交叉学科的研究手段也一直为人们所忽视。价值观是个体较为稳定与持久的态度选择趋向,然而在现实生活中人们对某种事物的价值判断与相应的行为选择有时会存在较大差距。大学生的价值观正处由不成熟趋向成熟发展的时期,当前的培育大多关注如何提升外显友善价值观,为了友善的践行更为牢固与顺畅,需要关注内隐友善认知的状况,了解当前大学生对友善的真实态度及价值观向行为转化的现状。因此,本书通过内隐联想测试的实验法,考察大学友善价值观的内隐层面,并结合外显友善价值观问卷调查结果,全面了解内隐与外显友善价值观的关系与大学生对友善价值观的真实认同情况。为说明引入内隐友善价值观研究的重要性,以及内隐联想实验方法的适用性,需要对内隐联想测验实测的相关内容进行介绍,包括内隐价值观理论、内隐与外显价值观的关系、实验的原理、方法、程序等,以此论证研究方法的科学性及合理性,为大学生友善价值观培育提供一定的理论基础和参考依据。

第一,内隐价值观的存在及内隐外显价值观的关系:

我们在日常生活中常常看到人对道德规范与核心价值观的条目内容熟记于心,却出现违背理论知识的行为这种认知表达与实施的行为不一致的现象。影响人的认知情况的除了利益、环境等外部因素与需求、情感等内部因素,还在于人的价值观结构具有复杂性。内隐认知是人在日常生活中通过与外界环境互动获得的知识与经验,以无意识的形式在大脑中存储,并可以进行提取与恢复。[①] 根据内隐认知的发现,研究者进一步探索了内隐与外显的认知活动与价值观结构,通过心理学研究证明价值观存在内隐与外显两个层面,是二者的统一体,如克拉克洪(Kluckhohn)指出:"价值观的存在是一种'外显或内隐

---

① 屈陆:《思想政治教育认知问题研究》[D],博士学位论文,成都电子科技大学,2017年,第55页。

的'的形态,体现为人们认为什么是'值得的'的看法,是内隐与外显价值观共同影响了人们对行为方式、手段、目的的选择。"①迈克尔·波兰尼(M. Polanyi)认为人的认知具有内隐与外显两种结构,外显的知识可以为个体所意识到,以语言、文字进行明确表达,而内隐的知识则属于非言语系统的表达,具有无意识与自动加工的特点。② 沙阿(Shah)与希金斯(Higgins)认为:"价值观处于个体的潜意识层面,以外显与内隐的结构存在于个体认知系统之中,是个体一系列经验的反映。"③从这个角度出发,完整的友善价值观认知系统应当是内隐友善认知与外显友善认知组成的统一体。学者们过去普遍认为价值观可以直接预测人们的行为,当价值观发生改变时相应的人们行为也会受到影响。④ 随着价值观研究的深入,学者们发现外显的价值观实质是行为的"意向性",外显认知不一定会表现为行为,可测量的外显的价值观与观察到的行为之间时常存在不一致,对行为的影响有限。⑤ 学者们开始质疑是否应该把行为的原因全都归结于外显认知,如美国心理学家拉·皮埃尔(R. T. La Piere)研究发现人们的外显价值观与行为之间的相关系数很低,威克(Wicker)后来对此问题进一步经过测量发现二者的相关性系数相关系数不超过0.3~0.4(0.3的系数只能解释人9%的行为差异)。⑥ 菲利普·津巴多(Philip G. Zimbardo)也指出:"复杂的环境会激活个体复杂的评价,从而阻止价值观向特定行为的直接转变。"⑦个体价值观系统内部是有机联系的动态整体,人有时在做出决策时常常处于无意识状态,并不知道是自身的哪一种价值观影响了自身的行为,⑧这是缘于人拥有的内隐与外显价值观在人的潜意识层面进行关联,个体不容易意识内隐价值观对自身行为产生的作用。价值观向行为的转化是人在内隐认知与外显认知层面共同作

① Kluckhohn. Values and Value Orientation in Throry of Action. Crosscultural Psychology,1951.

② Polanyi M, Grene M. Knowing and Being: Essays by Michael Polanyi. Philosophy and Phenomenological Research,1969,5(4):35-38.

③ Shah J., & Higgins E.T. Expectancy and Values Effects:Regulatory Focus as a Determinant of Magnitude and Direction. Journal of personality and Social Psychology,1997,73(3):447-458.

④ 陈莹,郑涌:《价值观与行为的一致性争议》,《心理科学进展》,2010年第10期,第1612-1619页。

⑤ 温芳芳,佐斌:《社会心理学实验》,广州:世界图书出版公司,2017年版,第96页。

⑥ 郭毅然:《高校德育困境及其超越——基于社会心理学的研究》,北京:中国社会科学出版社,2013年版,第10-11页。

⑦ 〔美〕菲利普·津巴多,迈克尔·利佩:《态度改变与社会影响》,北京:人民邮电出版社,2018年版,第185页。

⑧ 陈莹,郑涌:《价值观与行为的一致性争议》,《心理科学进展》,2010年第10期,第1612-1619页。

用,以整体的价值观转化为行为的心理过程,而大多数情况下人们并没有意识到是内隐认知于无形中影响行为。

如今,学者们通过认知神经科学的研究发现,价值观作为指导人判断是非、善恶、得失的重要信念系统,内部是具有结构特性的,越是能靠近人的价值认知结构中心,人对价值观的认同程度越高,对个体行为的指导作用越强。[①] 因此,人的价值观大体上上存在着"应然"与"实然"上的区别,当人的内隐与外显态度发生冲突时,其行为选择多是由内隐态度引起的。[②] 问卷法只能测量到外显层面的价值观,而不是价值观的全貌。[③] 并且,在对培育的调查中由于实际工作中问卷测量内省法的自身缺陷,导致人们在进行口头或者显性的测验报告的价值观并不能完全代表其内心真实的态度。因此,通过内隐价值观的实验,结合外显价值观问卷调查可以得到较为完整的友善价值观现状。

第二,内隐联想实验相关内容介绍:

基于内隐联想测试的实验法主要测量大学生的内隐友善价值观有关意识的"反应时"(reaction time,简称"RT")。反应时是心理学实验中常用的反应变量,人的任何心理活动都需要一定的时间,反应时不是指执行反应的时间,而是指"刺激施于有机体之后,到明显反应开始所需要的时间"。[④] 有效的测量反应时的仪器包括三部分:刺激呈现装置、反应装置、计时装置,本书使用计算机进行反应时研究,因为大多数计算机都能通过编程实现这三个方面的工作。友善价值观涉及大量的人的内部心理过程,而这些心理活动过程于表面难以观测,是目前研究中的"暗箱",我们只能通过给予人某种刺激之后人的反应时来推测在暗箱之中人的心理活动过程。反应时的研究始于 18 世纪末到 19 世纪初,由英国的格林尼治天文台研究人员发现。1850 年荷兰著名生理学家赫尔姆霍茨(Helmholtz)实施了第一个反应时实验,至今已发展出多种反应时研究方法,主要有减数法、加因素法及开窗实验法三种。[⑤] 本书选取的方法是减数法,又称

---

① 岳童,黄希庭,吴娜:《价值观的认知神经研究对社会主义核心价值观培育的启示》,《苏州大学学报(教育科学版)》,2021 年第 3 期,第 65-72 页。

② 杨治良,高桦,郭力平:《社会认知具有更强的内隐性——兼论内隐和外显的"钢筋水泥"关系》,《心理学报》,1998 年第 1 期,第 1-6 页。

③ 辛志勇:《当代中国大学生价值观及其与行为的关系研究》[D],博士学位论文,北京师范大学,2002 年,第 10 页。

④ 郭秀艳:《实验心理学》,北京:人民教育出版社,2017 年版,第 175 页。

⑤ 郭秀艳:《实验心理学》,北京:人民教育出版社,2017 年版,第 199 页。

"唐德斯反应时 ABC"。减数法的逻辑是,当某种作业包含另一种作业没有的某种特定心理过程,并且除了这个过程外,二者没有其他不同之处,则这两种反应时的差即为此种心理活动过程所需要的时间。唐德斯又把减数法细分为 A(简单反应)、B(选择反应)、C(辨别反应)三类,本书进行的内隐联想实验属于 C 类,即辨别反应,测量的是刺激辨别时间加上基线时间。[①] 20 世纪 90 年代,格林沃尔德(Greenwald)以反应时为指标提出内隐联想测验,通过在计算机运行的分类任务测量概念词与属性词之间的自动化联系紧密程度,从而达到对人的内隐价值观进行测量的目的。[②] 一般而言,内隐联想测试分为七个步骤:①呈现概念词,让被试进行辨别归类,系统记录反应时;②对属性词(褒义词或贬义词)样例进行归类反应;③联合任务一,被试对概念词即属性词的联合做出反应;④对联合任务一进行测试;⑤配合联合任务二,交换左右键反应内容再次进行测试;⑥联合任务二,与联合任务一内容相反;⑦测试联合任务二。[③]

根据反应时的研究原理,人的反应时越长,代表其心理进行加工的过程就越为复杂。如果呈现给人们的是具有复杂社会意义的刺激,势必会引起人们复杂的心理反应,这种刺激与人们的内隐态度、需要、价值观等存在一致或者不一致。根据给予人们的刺激所含的社会意义不同,人们的认知加工过程的复杂程度也会随之发生变化,反应时也就着有长短的不同。当任务相容时,概念词与属性词的关系与被试内隐态度一致或联系紧密,此时被试的认识过程更多的是自动化的加工过程,任务简单速度快,反应时短。当任务不相容时,概念词与属性词的关系与被试内隐态度不一致或缺乏联系,导致被试的认知出现冲突,任务复杂速度慢,反应时长。因此,相容任务与不相容任务的反应时的差可以作为概念词与属性词的关系和被试的内隐态度相对"一致性"的指标,我们称为内隐联系测验的效应。[④] 由于内隐联想实验中词语出现的时间是有限制的,当人们在需要快速直接反应的条件下,对给予刺激的反应形式是较难由意识进行控制的,即普通意义上的"权衡""思考""揣摩""分析""推理"等过程,并不存在像填写调查问卷时拥有的充足思考时间,推论在快速反应条件下获得的价值观选择被视为是人们的内隐价值观。因此,内隐价值观的测量可以在一定程度上避

---

① 郭秀艳:《实验心理学》,北京:人民教育出版社,2017 年版,第 201 页。

② 郭秀艳:《实验心理学》,北京:人民教育出版社,2017 年版,第 217 页。

③ 郭秀艳:《实验心理学》,北京:人民教育出版社,2017 年版,第 218 页。

④ 郭秀艳:《实验心理学》,北京:人民教育出版社,2017 年版,第 219 页。

免人们由于社会赞许、自我矫饰、印象管理、内容敏感等原因带来的测量结果的差异,得到人们较为真实的价值观。

1998 年格林沃尔德研发了用于内隐联想测试的 IAT(Implicit Association Test)实验,IAT 主要用于政治倾向、宗教信仰、情感倾向、态度动机等内隐认知的研究,或是对某种行为的合作、歧视、赞扬的内隐态度。国内现有的内隐价值观、内隐态度研究多以 IAT 程序展开实测,但该程序在速度、准确性、实验对象对于两个对象的相对态度等方面存在问题。为对 IAT 做出补充,格林沃尔德等人进一步研发了 GNAT(Go/No-go Association Task)内隐联想测验。[①] 目前的国内外大多数研究者在内隐价值观的研究中均使 E-Prime 软件进行 GNAT 程序的内隐联想测试实验。[②] 内隐联想测试可以增强研究的外部效度,把友善价值观的实证研究加入可操作、可重复、区组化的实验法,使研究得出结果具有更好的推广性与普适性。

第三,内隐联想实验的具体展开:

(1)内隐联想实验的目的:

本书通过开展内隐联想实验研究在内隐认知过程中,大学生将自身与友善词联结的程度,探讨其对友善价值观的内隐认同程度。同时研究大学生的内隐友善价值观在性别、生源地、户口、独生与否、年级、专业类别等方面的差异,以及与外显友善价值观之间的联系。

(2)内隐联想测试实验的实施及步骤:

第 1 步:实验对象取样:

本次实验从三所高校中共选取 133 名高校大学生为被试,男生 65 人,女生 68 人。其中 2 名被试的错误率高于 20%,3 名被试实验中的反应敏感性指标 $d'\leqslant 0$,数据无效被删除。最终得到有效数据 128 份,其中男生 63 人,女生 65 人,平均年龄为(19.22±1.33)岁。所有人均为右利手,视力及矫正视力正常,之前没有参加过类似的心理学实验。在实验结束后所有大学生均填写《大学生外显友善价值观调查问卷》。

第 2 步:编制实验工具:

外显友善价值观测量采用自编的《大学生外显友善价值观调查问卷》。内隐友善价值观测量部分包括预实验和正式实验 2 个部分。预实验主要筛选出

---

① 冯成志:《E-Prime 从入门到精通》,北京:北京师范大学出版社,2017 年版,第 12 页。

② 赵庆柏,范焰:《心理学实验设计与编程指导手册》,广州:世界图书出版公司,2017 年版,第 3 页。

概念词(自我词和他人词)和属性词(积极词和消极词)。正式实验则利用E-Prime 2.0软件编制实验程序,用于了解大学生的内隐友善价值观。

根据内隐联想测验的要求,实验中使用词语的选取不可随意,来源要有明确的报告,以便后来的研究者获取词语、重复实验。[1] 因此,本书从《新华字典》《现代汉语词典》《辞海》《古代汉语词典》《同义词近义词反义词词典》等词典,以及网络中搜集40个积极词(与"友善"意思相似或相近)、40个消极词(与"友善"意思相反)、20个自我词(代表"自我"的含义)、20个他人词(代表"他人"的含义),制作词汇表。邀请4名专家(思想政治教育学专家和心理学专家各2名)和5名研究生(思想政治教育学专业)对这些词语进行评定,具体为:在40个积极词、40个消极词、20个自我词、20个他人词中勾选出25个积极词(最能体现友善以及与友善的意思想法)、25个消极词(与友善意思完全相反)、10个自我词(最能代表"自我"含义)、10个他人词(最能代表"他人"含义)。之后在大学生群体中发放纸质版《词汇评定表》120份,请大学生在课堂上作答后回收109份,有效问卷106份。对回收的词汇评定表进行统计,得出排名前5的大学生认为最能体现"友善"的词语(积极词),分别是"友好、善良、关心、尊重、友爱";排名前5的大学生认为与"友善"意思完全相反的词语(消极词),分别是"欺诈、敌视、歧视、残忍、虚伪";排名前5的大学生认为最能代表"自我"的词语为"我、我的、自己、俺、我们";排名前5的大学生认为最能代表"他人"的词语为"他、他们、他的、其他、他人"。(词汇评定表及勾选统计结果见附录3)

第3步:实验施测内容开展:

实验的程序包括练习部分和正式实验两个部分,要求大学生将"自我"和"他人"两个维度与友善价值观词汇和非友善价值观词汇进行联结。其中内隐友善价值观的相容任务为:自我词+积极词(友善)或他人词+消极词(不友善);不相容任务为:自我词+消极词(不友善)或他人词+积极词(友善)。相容任务指的是对于实验对象而言,概念词与属性词有更为紧密的联结。实验中采用个体的内隐友善价值观 $D=$ 不相容任务—相容任务,其中当 $D>0$ 时,表示个体具有内隐友善价值观。实验在计算机上完成,个体需要坐在计算机前注视计算机屏幕,为了保证反应的稳定性,在进行实验前个体会有练习的机会,于是实验共包括八个部分。

---

[1] 温芳芳,佐斌:《社会心理学实验》,广州:世界图书出版公司,2017年版,第99页。

具体操作步骤如下:

练习一:按键反应练习。试次 12 次,计算机相继随机呈现自我词与他人词,要求大学生在出现自我词时按"H"键,出现他人词不按键。

练习二:按键反应练习。试次 12 次,计算机相继随机呈现他人词与自我词,要求大学生在出现他人词时按"H"键,出现自我词不按键。

练习三:按键反应练习。试次 12 次,计算机相继随机呈现积极词(友善)与消极词(不友善),要求大学生在出现积极词(友善)时按"H"键,出现消极词(不友善)不按键。

练习四:按键反应练习。试次 12 次,计算机相继随机呈现消极词(不友善)与积极词(友善),要求大学生在出现消极词(不友善)时按"H"键,出现积极词(友善)不按键。

实验一:告诉大学生下面进行正式测试。试次 40 次,当屏幕上出现自我词与积极词(友善)时按"H"键,出现他人词与消极词(不友善)时不按键。

实验二:试次 40 次,当屏幕上出现他人词与积极词(友善)时按"H"键,出现自我词与消极词(不友善)时不按键。

实验三:试次 40 次,当屏幕上出现自我词与消极词(不友善)时按"H"键,出现他人词与积极词(友善)时不按键。

实验四:试次 40 次,当屏幕上出现他人词与消极词(不友善)时按"H"键,出现自我词与积极词(友善)时不按键。

将所有词条进行测试后,完成实验。

第 4 步:实验数据处理:

本书参考格林沃尔德等人提出的 D 值计算方法进行如下的数据处理。[①]①剔除错误率高于 20％的数据;②将反应时＜300 ms 的数据记为 300 ms,反应时＞3000 ms 的数据记为 3000 ms;③将有效反应时数据进行对数转换;④计算得出每一个被试的不相容条件和相容条件下的平均反应时之差,即为内隐友善价值观的效应指标值 D。

D 值为正数,说明被试具有内隐友善价值观,D 值为负数则相反。D 值越大,说明个体把积极词(友善)与自我联结的程度越强。统计方法中利用 Excel 2010 软件对收集的数据进行统计和整理,并利用 SPSS 21.0 软件对整理好的内

---

① Greenwald AG,Mcghee DE,Schwartz JL. Measuring individual differences in implicit cognition: the implicit association test. Journal of Personality and Social Psychology,1998,74(6):1464-1480.

隐和外显数据进行统计分析,具体包括:计算每个大学生的内隐效应 D 值;采用单样本 t 检验比较内隐效应 D 值与 0 的差异;采用多因素方差分析探讨人口学变量对内隐友善价值观的影响;采用皮尔逊积差相关系数对外显和内隐的数据进行相关分析,以 $\alpha=0.05$ 为检验水准,进行双侧检验。

第 5 步:实验的结果分析:

首先,以 0 为标准与表示内隐友善观的 D 值进行单样本 t 检验,探讨大学生的内隐友善观,结果见表 4.11,可知大学生的内隐友善观 D 值(0.10 ± 0.12),差异有统计学意义($t=4.79$,$p<0.001$),证明大学生存在内隐的友善价值观。

表 4.11　内隐友善价值观 D 值的 t 检验结果

程序	$M\pm SD$	df	t	p
GNAT	0.10 ± 0.12	127	4.79	<0.001

其次,以内隐效应值 D 值为因变量,分析内隐友善价值观在不同人口学变量的差异,在性别、年级、是否独生子女、户口所在地、专业类别为自变量进行多因素方差分析,具体结果见表 4.12、表 4.13,可知 GNAT 效应在性别、是否独生子女、户口所在地、年级、专业类别等人口学变量上的主效应都不显著($p>0.05$),即大学生的内隐友善价值观在人口学变量上不存在差异。

表 4.12　内隐友善观 D 值与性别、独生子女、户口所在地的多因素方差分析

人口学变量		$M\pm SD$	t	p
性别	男	0.11 ± 0.12	0.035	0.835
	女	0.10 ± 0.12		
独生子女	是	0.10 ± 0.11	-0.014	0.989
	否	0.10 ± 0.12		
户口所在地	城镇	0.13 ± 0.12	0.808	0.426
	农村	0.09 ± 0.12		

表 4.13　内隐友善观 D 值与年级、专业类别的多因素方差分析

人口学变量		$M\pm SD$	F	p
年级	大一	0.09±0.11	1.904	0.220
	大二	0.07±0.10		
	大三	0.07±0.07		
	大四	0.05±0.06		
专业类别	文科	0.05±0.06	1.351	0.276
	理工科	0.12±0.15		
	其他	0.13±0.13		

　　最后,外显友善价值观通过描述常见的社会友善现象来探究大学生的友善倾向,人会受社会称许性的影响,从而选择符合社会道德规范的选项,维护良好的自我形象。内隐友善价值观则是通过按键反应时来了解大学生对于友善词语的辨别反应,从而推断大学生是否将友善价值观内化为自己的内隐社会认知。经过统计分析,大学生外显友善价值观与内隐友善价值观的关系由表 4.14可知,内隐友善价值观 D 值与友善价值观目标、手段、评价以及总分的相关系数分别为−0.100、−0.186、−0.113、−0.171($p<0.001$),各个维度及总分相关均不显著,即大学生的外显友善价值观与内隐友善价值观之间并未表现出显著的差异性。这一结果意味着从整体看来,大学生在内隐认知中并未将友善价值观与外在的友善认同联系起来,外显与内隐层面的友善认知有待整合与关联,在一定程度上可以推断大学生虽然在外显价值观调查问卷中对友善价值观持高度的认同态度,但并未在内隐认知中将其内化为自身价值认同。大学生对友善的认同限于在外显层面将友善价值观赋予积极、肯定的意义,以及表现出信守、遵从友善的态度倾向,而真正在行为中践行友善需要以内隐认知完成高度的内在认同。因此大学生能在外显层面高度认同友善价值观,但可能由于未经过系统的针对内隐友善的培育,内隐认知层面中的友善水平仍然较低。当然,友善价值观的知行转化实现需要内隐外显认知的共同作用,问卷与实验的结果表明大学生虽然在内隐友善方面存在不足,但外显友善的认同较好,已经具备在价值观的整体系统中认同友善的基本条件,在今后的培育中要更多的关注内隐友善,使其达到与外显友善相当的程度水平。思想政治教育产生的认识根源来自

认识活动的内在矛盾及其解决。[①] 解决大学生在认知友善的过程中的矛盾,实现内隐认知与外显认知层面的友善相一致,是思想政治教育的重要任务。当人的内隐外显价值观发展水平协调一致,认知系统整体达到平衡,内心不存在强烈冲突,友善认知向行为的转化就更为顺畅。

表 4.14 外显友善价值观与内隐友善价值观的相关关系

变量	友善价值观目标总分	友善价值观手段总分	友善价值观评价总分	友善价值观总分	内隐友善价值观 D 值
友善价值观目标总分	1	0.519 **	0.481 **	0.831 **	−0.100
友善价值观手段总分	0.519 **	1	0.541 *	0.808 **	−0.186
友善价值观评价总分	0.481 **	0.541 *	1	0.743 **	−0.113
友善价值观总分	0.831 **	0.808 **	0.743 **	1	−0.171
内隐友善价值观 D 值	−0.100	−0.186	−0.113	−0.171	1

注:* 代表 $p < 0.05$,* * 代表 $p < 0.01$,* * * 代表 $p < 0.001$。

4.1.2.3 大学生自评与他评友善行为问卷调查

在对大学生的友善内隐外显的认知进行研究后,为对友善行为开展调查,本书编制《友善行为调查问卷》。问卷的编制同样经过问卷编制的一般步骤,通过文献法、访谈法、问卷初测等步骤,确立了"利他性、情感性、依从性"三个维度,每个维度下设 5 题,以及一道总体性评价题项,共 16 个题目。问卷均采用 5 点计分法,1(完全不符合)到 5(完全符合),3 分为理论中值。测量以自评和他评量表结合,考察参与内隐与外显友善价值观调查的个体在自评与他评的友善行为问卷中的得分是否存在差异,即人们的友善外在行为表现是否与自我评价一致,探讨人们友善价值观的知行统一水平(问卷题项见附录 4)。

友善行为问卷在参与内隐实验中的样本中开展调查,实验结束后有 93 名大学生同意参与。每一名大学生在完成自评量表后发放他评量表,由大学生带回身边请 10 名熟悉自己的他人进行评价,随后将两个版本问卷的得分进行比较。行为调查问卷共回收 873 份,剔除无效作答后有效问卷有 863 份,回收有效率为 98%。结果显示,自评问卷的内部一致性系数为 0.945,分半信度为

---

① 骆郁廷,杨威:《论思想政治教育的认识根源》,《江汉论坛》,2009 年第 10 期,第 126-130 页。

0.918。他评问卷的内部一致性系数为 0.971,分半信度为 0.949,表明问卷的评定结果较为可靠。自评问卷的各个维度得分依次为利他性(4.06±0.66),情感性(4.15±0.60),依从性(3.89±0.67),总体自我评价(3.95±0.80)。自评总问卷的平均得分为(4.03±0.60),问卷总平均分及各个维度得分均大于 3 分,表明个体的自评友善行为处于较高水平。他评总问卷的平均得分为(3.78±0.68),他评问卷总平均分大于 3 分,表明个体的他评友善行为处于较高水平。

采用配对样本 t 检验结果显示,大学生对自我评价的得分(4.03±0.60)显著高于被试他评问卷得分(3.78±0.68),差异具有统计学意义($t=17.54, p<0.001$)。表明与评价他人友善相比,大学生更多认为自己是友善的,维持着非常积极的自我友善评价。这与大多数内隐社会认知研究结果一致,表明友善价值观作为一种高尚的道德品质受到社会的积极赞许,人们会对自身的友善价值观评价较好,存在积极的自我认知偏差。综上,对大学生使用自评与他评两个版本的友善行为量表结果显示:大学生自我评价的友善行为水平高于来自身边他人评价,存在自我友善行为水平高估倾向。

4.1.3 定性研究:质性访谈的开展与主题分析

习近平总书记在 2016 年全国高校思想政治工作会议上指出:"思想政治工作从根本上说是做人的工作。"尽管定量研究的数据处理分析能力越来越强,但思想政治教育的对象是人,人的思考与生活具有复杂的知情意行过程,在一个研究中仅依据问卷与实验得出的数字化结果会脱离实际情况,抽离了研究对象的丰富性。把人的感受、观念等同于数字,失去以人为本的理念与人文关怀意蕴。通过文献综述得知,目前对大学生友善价值观培育研究多集中在理论思辨与问卷调查,结合开展质性访谈研究的较少,研究结果存在一定的局限性。因此,合理使用定性研究中的质性访谈,可以与理论研究、定量调查的结果互为佐证支撑,有重要的理论与实践意义。

4.1.3.1 质性访谈的研究重点

与友善价值观有关的道德感、情绪反应、推理能力、人际温暖是人类独有的特质,在研究中对人类属性的否认是非人化的倾向。[1] 因此,本书的质性访谈重

---

[1] 韩雨芳,喻丰,杨沈龙:《非人化的原因、结果及对策》,《中国临床心理学杂志》,2020 年第 6 期,第 1177-1181 页。

点是获取对大学生友善价值观深入细致的考察，寻找大学生年龄阶段独有的心理感受、情绪体验行为特点，做出解释性理解，重视主体道德判断的复杂性，以深入的视角具体地呈现友善价值观的特征、影响因素等方面的情况，避免单纯依靠理论研究的脱离实际，或是仅用数据分析导致的机械式的非人化研究倾向。通过为大学生友善价值观培育研究提供深入的视角，得以更为具体、生动地呈现大学生友善价值观培育的特征与影响因素等方面的情况，在访谈过程中尽可能地贴近大学生的实际生活，了解大学生的友善价值观是如何被创造以及如何赋予意义的，发掘多重研究维度下大学生友善价值观培育的全景，以深入研究个体人生故事隐含的信息来获得复杂的个体体验，对定量分析只呈现数据性结果进行有效补充。

4.1.3.2　质性访谈的实施步骤

第一，质性访谈的对象选取：

对于访谈对象的数量选择有几个判断标准。首先，对社会某一群体或某一现象进行专门研究的"现象学研究"通常要确定并找到以前经历过或现在正在经历所探索现象的对象。对比定量分析的大规模样本调查，在定性研究中为了研究更为深入，获取细节更为翔实，会倾向于牺牲样本的规模，选择较少的样本来得到丰富且具饱和的研究材料。一般而言访谈选取 5 至 6 个对象可以满足研究，这个抽样过程叫作同质抽样。其次是样本的充分性，即选取访谈对象的数量能反映受访者所在地点和人群范围情况的访谈量，以使样本以外的其他人员也有可能和受访者经历建立联系的机会，样本量以研究对象的信息量达到足以解释本研究问题的信息效能为标准。最后是访谈信息的饱和性，即研究者在访谈中听到了相同的重复信息，不能再获得更多新的信息。[①]

在访谈对象的特殊性经历推广到群体的一般性过程中，研究者可以在对个体的访谈经历中发现共在的联系。个人生活之间存在的联系是各不相同的，但那些被共同的结构性和社会性力量所影响着的人们的经历，能够帮助研究者掌握这些经历中隐含的普遍性模式意义。通过理解访谈对象的复杂性，访谈以能更好地认识个人生活与结构性、社会性力量相互作用的复杂方式，并且在面对

---

① 〔英〕大卫·希尔弗曼：《如何做质性研究》，李雪等译，重庆：重庆大学出版社，2018 年版，第 8 页。

这些复杂情形时更加理性和具有说服力。综上，本书运用目的抽样法，[①]选取西南一所、中部一所、东部一所高校，共计三所高校的 24 名大学生进入访谈，编号P1—P24，访谈对象基本信息见表 4.14。选取的对象数量符合质性访谈对象选取的条件与要求，保障本书开展质性访谈研究的生态效度（ecological validity），[②]结果具有一定的合理性与代表性。

表 4.14　访谈对象基本信息

编号	性别	专业	年级
P1	女	工商管理	大三
P2	男	能源与动力工程	大四
P3	男	中国语言文学	大一
P4	女	应用心理	大三
P5	男	思想政治教育	大二
P6	女	计算机科学与技术	大四
P7	男	动物科学	大二
P8	女	化学工程与工艺	大四
P9	男	土木工程	大三
P10	男	马克思主义理论	大四
P11	女	机械制造及自动化	大二
P12	女	新闻传播学	大三
P13	女	思想政治教育	大二
P14	男	电气工程及其自动化	大一
P15	男	公共事业管理	大三

---

　　①　目的性抽样是在初步筛选时，就要去界定一些概念，比如抽样的地点范围，受访者的个人特征要求，年龄等基本信息。在本书的研究中，为了确保研究结果具有普适性，对象界定在自愿接受访谈的大学生中。
　　②　生态效度指实验结果能够推论到样本的总体和其他同类现象中的程度，即实验结果的普遍代表性和适用性。这也是心理学理论或实验研究结果推广到真实生活情景的程度的指标，是外部效度的一个组成部分，是衡量一个理论或实验结果是否有实用价值的重要指标。来源：〔英〕大卫·希尔弗曼：《如何做质性研究》，李雪等译，重庆：重庆大学出版社，2018 年版，第 43 页。

续表

编号	性别	专业	年级
P16	女	金融学	大一
P17	男	法学	大二
P18	男	工商管理	大一
P19	男	课程与教学	大一
P20	女	信息与通信工程	大二
P21	男	教育经济与管理	大三
P22	男	食品科学工程	大四
P23	女	基础数学	大一
P24	女	艺术美学	大三

第二,质性访谈的提纲编制:

本书从思想政治教育研究视角出发,在质性访谈的提纲编制过程中遵循质性研究的关键要素:案例取向(case-orientation)、真实性(authenticity)、开放性(openness)、完整性(integrity),以期得到较为科学与严谨的质性研究结果。①

第1步:根据已有文献及小组讨论形成初步提纲,内容包括:①访谈对象基本信息(姓名、性别、年级、专业等);②基本的人生状态;③对友善价值观的理解与现状;④友善价值观的体验与影响;⑤友善价值观的影响因素;⑥对友善价值观的结构(目标、手段、评价)的认识;⑦对"自觉践行社会主义核心价值观"等政策的理解;⑧目前最想做的事情;⑨如何评价友善价值观的意义;⑩个人情绪状态,形成初始版访谈提纲。

第2步:在访谈开始前,邀请思想政治教育专家与心理学专家组成编写专家组,对访谈提纲进行阅读分析与专业论证。开展对6名大学生的试访谈,对问题设置的合理性、易读易懂性及访谈时长进行测试,进行预访谈检验。

第3步:根据编制访谈提纲的一般步骤,以大学生友善价值观培育为主体内容,编制结构性、针对性适用于本书的《大学生友善价值观培育质性访谈提纲》(访谈提纲内容见附录5)。

---

① 〔德〕伍多·库卡茨:《质性文本分析:方法、实践与软件使用指南》,朱志勇,范晓慧译,重庆:重庆大学出版社,2017年版,第1-5页。

第三,质性访谈的质量保障:

访谈结果的文本分析不使用统计检验并不意味着访谈缺乏质量。目前在质性研究中使用"可信""真实""可靠"等表达精确性的术语一直存在争议。[①] 信度在质性研究中是次要的,主要需要考量的是效度。效度指的是"对叙述所表示的社会现象进行阐释的准确程度"。[②] 访谈研究中保证效度的方法一是投入更多的时间进行走访调查,对研究对象和场所进行长期、反复的观察;二是使用人员校验法(member checking),把最终形成的具体报告和主题分析反馈给被试,由被试来把握研究结果的可靠程度;三是保障对访谈结果的丰富且详细的描述,尽可能多地记录访谈过程中的各类信息,保证信息收集的立体性;四是在访谈中提出或追问与主题相反或是存在较大差异的信息,通过被试论述中的冲突考量访谈的真实性及准确性。[③] 本书在访谈过程中对受访者的人口学资料、访谈信息和语调神态均进行记录,保证访谈信息收集的细节完备性。研究者注意在访谈过程中对受访者询问与友善价值观冲突的信息,例如询问当被试遇到"不友善的事情"的感受,追问被试在访谈回答中提到的"鄙视""惩罚"等与友善含义存在矛盾的词语,以此考量访谈的内容是否建立在真实的事实依据上。

第四,质性访谈的具体过程:

访谈由来自 3 所高校共 6 名经过培训的访谈者利用访谈提纲对访谈对象进行一对一深入访谈。访谈者专业背景均为思想政治教育硕士研究生,与受访者无现实交集或利益关系。访谈采用面对面方式,在介绍访谈目的、过程、是否同意录音与进行保密承诺后正式开展,时间为 2021 年 11 月 16 日至 2021 年 11 月 30 日,每位访谈对象时长为 30～60 分钟。访谈是"研究性"的对话,即在使用提纲基础上辅助以观察法、文献法、比较法,共同完成资料的收集、整理、归类与分析。谈话收集一手资料,了解大学生与友善价值观有关的深层次认知、情感、意志与行为等评价以及对友善价值观培育的认知。访谈在结束 24 小时内进行录音转文字稿的处理,厘清访谈的目的、内容和意义,获得访谈文本资料。

---

① 〔美〕约翰·W·克雷斯威尔:《研究设计与写作指导:定性、定量与混合研究的路径》,崔延强等译,重庆:重庆大学出版社,2017 年版,第 155 页。

② 〔英〕大卫·希尔弗曼:《如何做质性研究》,李雪等译,重庆:重庆大学出版社,2018 年版,第 180 页。

③ 〔美〕约翰·W·克雷斯威尔:《研究设计与写作指导:定性、定量与混合研究的路径》,崔延强等译,重庆:重庆大学出版社,2017 年版,第 156 页。

第五,质性访谈的资料分析。访谈主要收集受访者在人生故事中发生的与友善价值观有关的事件、情绪、感受,以及对友善价值观的总体认识、目标、手段、评价、影响因素、培育现状等方面的信息。资料收集分析使用 NVivo11.0 软件对转录结果进行整理、标识与编码,通过查询命令统计词频结果,并使用 Excel 软件对资料进行分类汇总与分析。①

4.1.3.3 质性访谈的结果分析

在质性研究中,对结果进行归纳和整理分析是一种重要的研究方法,通过收集一手的访谈资料后经过整理与分析获得理解性解释。质性研究的结果分析是一种阐释性诠释的系统化分析(hermeneutical interpretive informed systematic analysis),对质性研究的文本分析常用的方法有主题分析、扎根理论、传统内容分析等。根据本研究的设想、目的及研究的特点,选取主题分析法为访谈文本的分析方法。本书使用"主题分析法"对访谈结果进行分析。主题分析法适用于处理数量较多的数据,尤其是与个体认知与行为相关的文本段落分布在整个访谈中的情况。② 主题可以直接从访谈提纲中直接建构,数量划分上一般数据越大,需要分析的主题越多,占总数据的 10%～20%。假如主题的类目来自实证研究或是研究过程中的总提纲,则可以不需要进行检验直接进入实际编码阶段。③ 因此本书把主题划分如下六个方面:友善价值观的总体认知情况、友善价值观各维度的认识、友善价值观培育的特征、大学生对友善价值观践行的自评与他评、友善价值观培育的影响因素、友善价值观培育存在的困难,得到如下的主题分析。

第一,友善价值观的总体认知情况:

(1)访谈结果统计:

24 人表示友善是对人关怀、友好和谐、奉献团结的态度,19 人表示是关心与帮助他人的善良好意,18 人表示友善要以行动乐于助人,15 人表示友善缓解压力并对自身有益处,13 人表示友善要助人自助,12 人认为友善观念在社会与

---

① 〔美〕约翰·W·克雷斯威尔:《研究设计与写作指导:定性、定量与混合研究的路径》,崔延强等译,重庆:重庆大学出版社,2017 年版,第 157 页。

② 〔德〕伍多·库卡茨:《质性文本分析:方法、实践与软件使用指南》,朱志勇,范晓慧译,重庆:重庆大学出版社,2017 年版,第 79 页。

③ 〔德〕伍多·库卡茨:《质性文本分析:方法、实践与软件使用指南》,朱志勇,范晓慧译,重庆:重庆大学出版社,2017 年版,第 71 页。

家庭传承,11 人认为需要对环境友善,10 人表示友善要力所能及,10 人认为友善可以改善内心自卑感与阴暗心态;当遇到不友善的情况时,21 人表示需要沟通消除误会,17 人表示要宽容谅解,12 人认为遇到不友善的事情很愤怒,11 人表示会鄙视不友善的人。

(2)访谈结果分析:

大学生认为友善价值观的实现应是认知与实践的统一,友善中包含助人自助、奉献、宽容、尊重、关怀、团结、沟通等要素,分为对自己友善、对他人友善、对社会友善、对自然环境友善等方面,与理论研究结果相符。大学生普遍认同友善的价值,视友善为重要的公民道德与为人处事的基本规范,在践行友善时有积极强烈的情感共鸣。在家庭、校园、社会、网络大学生中都意识到友善价值观的重要作用,遇到不友善现象基本能以宽容心态面对。大学生在帮助他人时注重力所能及,不会无限制的友善,希望友善能得到相应的回报。

第二,友善价值观各维度的认识:

(1)访谈结果统计:

友善价值观目标维度:23 人表示友善的目标是与人友好相处、化解人际交往冲突,18 人表示是为了构建和谐社会,15 人表示了国家强大,14 人表示为了获得情感满足;13 人表示为了提高个体幸福感与生活质量,11 人表示保护环境,10 人表示为了社会和平。

友善价值观手段维度:24 人表示通过关爱他人做到友善,21 人表示通过思想政治理论课学习,17 人表示在生活中付诸行动践行,16 人表示参加社会实践活动,13 人表示通过执行国家政策,12 人表示保持宽容心态减少冲突,11 人表示在自律中做到友善,10 人表示要参与志愿服务。

友善价值观评价维度:20 人表示友善是为了让社会更美好,17 人表示要保护施与友善的人,13 人表示友善是为了内心幸福与满足,11 人表示友善的人有好报,10 人表示友善是己所不欲勿施于人。

(2)访谈结果分析:

大学生友善价值观的目标包括两方面:为了自我世界的获得利益、提高生活质量与情感体验(如快乐、幸福),获得得到家庭与社会的和谐;为了外部世界的化解与他者、与社会的冲突,以友善促进国家的发展、自然环境的保护、世界的和平。大学生友善价值观的手段包括两方面:在思想上注重自律,设身处地为他人着想,通过思想政治理论课学习友善知识,了解社会的政策等;在实践上身体力行地关爱与帮助他人,以宽容友爱的态度减少冲突矛盾,积极参与社会实践与志愿服务,在日常生活中注重友善的践行。大学生友善价值观的评价包括两方面:提倡积极践行友善,认为友善价值观是美好且重要的品质与行为方式,可以提高人的主观幸福感,友善的人会得到好的回报。

第三,友善价值观培育的特征:

(1)访谈结果统计:

22 人认为培育重在行为引导,19 人认为培育友善是为了社会和谐,17 人认为友善培育会使人更幸福,15 人认为社会不良风气影响友善,14 人认为会对亲人朋友更友善,12 人认为人会被无形的环境影响自身友善,11 人认为公平、公正对于友善很重要,需要惩罚不友善的人和现象,10 人表示社会贫富差距导致不友善。10 人认为网络不友善比现实生活中更严重。

(2)访谈结果分析:

友善价值观培育可以促进人与自身、他者、社会的和谐发展,是一种友好互助、利己利他的道德品质。大学生现有的友善践行范畴以自身为中心向他者扩散,友善的范围和程度由内至外逐渐削弱至无,呈现出类似于"差序格局"的道德实践差序圈。同时,友善价值观存在内隐和外显两个层面,具有个体尚未察觉的内隐友善,因此需要重视隐性培育对大学生产生的影响。不公平的制度、不相等的回报、人际交往中单次博弈导致的自私、狭隘等情况会极大地破坏友善。为了维系社会公平正义,大学生的友善价值观具有利他性惩罚性质,倾向支持惩罚不友善的人和事,甚至愿意因此牺牲自身利益。受社会不良风气影响,以及网络空间的监管存在失当,友善价值观的应然与实然存在差距。总体而言,大学生认为友善价值观培育需要围绕知、情、意、行四个方面做功,以他者的言传身教与环境的积极影响,引导大学生在认知与行为的统一、自律与他律的统一中实现友善。

第四,大学生对友善价值观践行的自评与他评:

(1)访谈结果统计:

23 人认为自己是友善的,19 人认为社会风气影响自己的友善行为,15 人认为他者的友善存在问题,12 人认为自己比起身边人更为友善,11 人认为自己做到对陌生人友善,10 人认为践行友善应当力所能及。

(2)访谈结果分析:

大学生普遍认为自身是比较友善的,而其他大学生的友善价值观水平有待提高,对他人友善的评价低于自身水平,与定量研究结果一致。同时大学生认为在外部环境如校园、社会、网络中人的友善行为存在明显不足,亟待改进。

第五,友善价值观培育的影响因素:

(1)访谈结果统计:

24 人认为学校培育是必要的,19 人认为自我教育很重要,17 人希望在社会实践中培育友善,16 人认可国家在全社会倡导友善,14 人认为课堂培育有作用但需要改进,14 人认为社会有培育责任,13 人希望在生活中培育友善,12 人认为会受教师的言行影响;12 人认为自己缺乏践行友善的动力,11 人希望多开展文体艺术活动,10 人认为需要在网络中展开培育,10 人认为友善教育来自家庭。

(2)访谈结果分析:

大学生的友善价值观培育受到来自个体认知、家庭教育、学校教育、国家政策、社会舆论、社会良好风气、同辈群体的互动、网络环境等方面的影响。大学生知晓道德自律的意义,但缺乏自制力,仅靠自身很难提高友善,希望得到外部环境的引导。大学生普遍认可现行的学校与家庭的友善教育模式,但比起直接劝导、课堂教学、知识灌输等形式,实践活动的收效更大。大学生认可在课堂外的日常生活、社会实践、文化艺术等方面的培育,这些潜移默化的隐性培育是调度主体践行积极性的重要资源。在课堂教学中,大学生认为比起知识传授,教师的师德师风的隐性影响更具效果。大学生偏好在具体生活场景、学生活动、社会实践中接受友善的德性培育,充分展现三全育人的德育价值。

第六,友善价值观培育存在的困难:

(1)访谈结果统计:

24 人认为友善培育应开展大学生真正需要及喜欢的活动,21 人认为当前培育缺乏实践活动,17 人认为要把培育结合日常生活,16 人认为需要具体的引导和示范,15 人认为过度灌输式教育引发逆反心理,14 人认为培育应加入中国传统文化,12 人认为课堂教育存在照本宣科,11 人认为不能忽视家庭的培育,11 人认为需要法制保护友善,11 人认为社会对不友善现状的惩罚不足,10 人认为忽视了对高年级学生的培育,10 人认为网络是不友善行为的高发地。

(2)访谈结果分析:

大学生充分认同党和国家关于培育友善价值观的要求,愿意身体力行地弘扬和践行友善价值观,中华优秀传统文化的友善资源为大学生所认可,提升了大学生的文化自信。但大学生认为当前培育主要是课程教育的理论学习,缺少行为实践养成,不利于知行统一的践行友善价值观。同时,培育过程重视低年级、忽视高年级,存在衔接性不足。培育主要经过课堂教学,较少采用隐性培育与实践培育,友善认知难以转化为友善的行为,对过量灌输的显性培育存在逆反心理。合理的奖惩机制可以更好发扬友善,学校和社会培育重视友善德性养成,但对于不友善的人和事疏于管理,影响社会的公平正义。应注重对友善价值观及友善行为的评价机制的建立,学校与社会应当切实保护见义勇为等善行,树立争相踊跃学习的典范。

4.2 现实之难:大学生友善价值观培育的问题聚焦

马克思指出:"问题就是时代的口号,是它表现精神状态的最实际的呼声。"[①] 当前存在的差距就是友善价值观培育应该改进和加强的地方,工作应大力推进之处。总体来看,大学生的友善价值观积极向上,对培育的认可得分均超过中位数,总体上认同当前的友善价值观培育。尽管社会出现了道德冷漠与陌生人社会的伦理风险,大学生依然保持着较好的友善水平,友善价值观并未出现明显滑坡,表明现阶段的培育起充分的积极引导作用,凸显了思想政治教育的成效。但我们也要看到大学生的友善价值观存在内隐和外显两个层面,且内隐友善的水平有待提升,在友善行为的评价中存在自评高于他评的倾向。同时,培育中存在一些受传统教育模式影响,需要规范与矫正的问题。正确解读当前友善价值观培育存在的困难,根据新时代的新要求进行自我更新,是我们解决好"如何培养人"这一根本问题的使命所在。

4.2.1 友善价值观践行之难:知行转化存在的障碍

友善价值观内化为道德性品格与外化为道德行为规范需要经历善知向善行的转变才能得以彻底实现。在价值观的实现过程中,人的"知"与"行"即"身与心"的合一。人的友善价值观经由个体意识社会意识共同影响于心中产生,经历意识层面的认同与转化,形成友善的心理认知,支配个体的身体践行友善行为,并以知与行的相互持续的作用推动个体与共同体友善的不断发展,满足当

---

① 《马克思恩格斯全集》(第 40 卷),北京:人民出版社,2002 年版,第 289 页。

下人的道德需求与社会的理想未来目标。现如今,全社会大力提倡友善的氛围与社会的人际疏离、利益冲突共同出现,道德冷漠有向社会矛盾冲突升级的风险,知易行难、知行不符、有知无行等问题极大困扰人在社会中友善的良性互动,友善的知与行转化的障碍成为友善价值观践行的难点。对于如何实现核心价值观,习近平总书记在北京大学师生座谈会上的讲话指出:"要于实处用力,从知行合一上下功夫,核心价值观才能内化为人们的精神追求,外化为人们的自觉行动。"培育和践行社会主义核心价值观,贵在坚持知行合一、坚持行胜于言。① "知"是践行友善的起点,没有正确的认知就不可能有自由自觉的友善践行。友善价值观的作为规范性伦理美德的实现必定要体现在实践中,抛开知行转化存在问题的现状抽象性地、泛指性地谈论友善价值观的培育工作不仅难以获得大学生的内在认同,更无法落实友善从认知转向行为的具体实现,最终大学生主动或被动地放弃认同与践行友善价值观,社会也因此出现友善道德失范现象。只有通过大学生的亲身实践及检验才能让友善价值观入脑、入心、入行,实现从友善价值观的观察者到行动者的转换,身体力行地在全社会弘扬和践行友善价值观。

其一,友善价值观知行转化障碍首先缘于对友善认知内部结构的了解与培育存在不足。由实证调查结果可知,尽管当前大学生的友善价值观在外显层面认同水平较高,但是内隐友善水平不高,内隐友善与外显未能同步发展,人的友善认知存在失调状态(cognitive dissonance)。在行为层面也出现对自身践行友善的水平高于他者的评价的现象,进一步使人的认知与行为系统间无法获得协调,难以实现认知到行为的顺畅有效转换,善心无法落实到具体的善行中。这一现象缘于价值观与人的自尊密切相关,自尊是个人的价值观可以发挥作用的重要中介环节,因此价值观可以视为是个人的"理想自我"的成分。大学生处于青春末期,具有较高的自尊水平与自我认同度,大学生在自我评价过程中涉及前额叶、眶额叶、扣带回等多个脑区的大脑反应,会更积极地描述自己,出现"优于平均水平"(better than average,BTA)的效应。② 大学生出于印象管理的考虑和自我修饰的作用,未能正确认知与评价自身的内隐友善价值观,从而导致

---

① 习近平:《青年要自觉践行社会主义核心价值观——在北京大学师生座谈会上的讲话》,《人民日报》,2014 年 5 月 5 日,第 1 版。

② 杨紫嫣,罗宇,古若雷,刘云芝,蔡华俭:《自尊的认知神经机制》,《心理科学进展》,2017 年第 5期,第 788-798 页。

内隐友善价值观难改变、难培育。教育者对内隐友善价值观同样存在认识不够、缺乏有针对性的隐性友善培育措施、重视程度不到位等问题,仅通过对传统的外显友善培育难以达到理想效果,导致了大学生的友善价值观在践行友善中难以切实提高知行转化效率。因此,在新的社会发展背景下,友善价值观培育需要从大学生的实际情况出发,在灌输增强外显友善的基础上对内隐友善做功,着力解决针对内隐友善的渗透性培育,实现友善认知内隐与外显发展水平一致,通过影响内隐友善提升人的认知体系对友善的整体认可,促进大学生友善认知水平与践行能力的提升,在自发性认同与践行友善过程中实现内化于心,外化于行的培育目的,将友善价值观的知与行顺利转化。

其二,友善的理想崇高性造成人们的道德畏难,善知难以向善行实现。当前在友善价值观的培育过程中,教导与宣传过于强调友善的崇高性,相应的践行友善所需的物质条件与精神保障不足,大学生缺乏践行友善的情感与深层次动机。

在面对崇高的友善德性,却缺乏激励制度、法律制度保障的前提下,大学生不免产生畏难情绪,并进一步形成道德推脱,产生冷漠与麻木的心理,最终导致友善精神的信仰缺失,加剧知行转化的困难。友善的实现基础是人与人之间最基本的共情共感、友好互助,面对他人的痛苦,大学生想有伸出援手之心,却存在担心自身利益因此受损的隐忧。《新时代公民道德建设实施纲要》中指出:"一些地方、一些领域不同程度存在道德失范现象,拜金主义、享乐主义、极端个人主义仍然比较突出。"[1]友善畏难引发的友善的知行转化困难不会只影响个体的价值观层面,还会以各种方式影响社会的整体道德水平。如果任由友善践行的道德畏难发展,社会的友善道德认同持续滑坡,这不仅消解的是友善的本质与实现的情怀,更是对人之所以为人的否定,带有严重的人性危机性质,进一步使大学生出现友善践行时的畏难情绪、善知向善行转化的滞后。正如吉尔·利波维茨基谈道:"我们已经进入了后道德社会。"[2]后道德社会体现为道德责任的淡化,道德约束力的苍白,友善的奉献显得与他人格格不入,社会道德也不再要求人为了集体牺牲个体,为了崇高牺牲欲望,严肃的道德教育被各种娱乐化所替代。人在本质上是社会关系的总和,尽管原子化社会使人与人之间的交往呈

---

① 《新时代公民道德建设实施纲要》,北京:人民出版社,2019年,第2-3页。
② 〔法〕吉尔·利波维茨基:《责任的落寂——新民主时期的无痛伦理观》,倪复生译,北京:人民大学出版社,2007年版本,第109页。

现孤独冷漠的变动趋势,但任何人都不是孤悬于世的生命体,而是融他人于自身的关系行存在。① 我们培育友善价值观,促使友善的知行转化顺畅实现,就是在防止大学生产生道德信仰危机,把握友善实现的自觉性与能动性,以有意志的、主动的道德践行实现对自身与他者的关切,为自己积极的践行友善感到愉悦、自豪,阻断产生道德推脱的畏难、冷漠心理,形成强大的友善认知习惯与践行动力。

其三,认知培育与实践培育的不匹配阻碍大学生顺利的实现友善价值观的知行转化。践行是社会主义核心价值观培育的重点,卢卡奇(G. Lukacs)指出:"无产阶级的意识形态与其他阶级的意识形态的根本区别在于,第一,它诉诸整个社会和全人类的解放;第二,它重视理论和实践的结合。"②目前的培育重视课堂上的友善知识教育,而价值观实践的途径与内容较为单一,没有把培育和践行工作深入和渗透到大学生学习生活的方方面面。亚里士多德认为:"学习的目标不是为了获得理论的知识,而是为了获得实践的智慧,因为我们不是为了了解德性,而是为了使自己有德性。"如果仅仅停留在让大学生拥有关于友善的知识,以课堂考评作为培育的终点线,知行转化就被迫处于边缘化的地位。习近平总书记提到:"道不可坐论,德不能空谈。于实处用力,从知行合一上下功夫,核心价值观才能内化为人们的精神追求,外化为人们的自觉行动。"③大学生拥有良好的友善价值观仅仅是内在的德性保障,是弘扬和践行友善价值观的第一步,只有通过培育工作使大学生掌握践行友善价值观的能力,才能做到认知与行动的统一,让大学生以实际的友善行为来表达其信仰、践行、弘扬友善价值观的意愿与能力。在培育中注重认知培育与实践培育可以帮助大学生在观念上正确地认识世界,在行动中改造世界,是在认知领域探讨"友善价值观是什么",在实践领域需要具体指导"友善价值观怎么做"的问题,两者结合才能知行合一的践行友善。马克思认为:"德育与实践生产的结合不单单是提高社会生产的一种防范,并且是造就全面发展的人的唯一方法。"④毛泽东指出:"无论何人要认识什么事物,除了同那个事物接触,及生活于(实践于)那个事物的环境

---

①　高德胜:《道德冷漠与道德教育》,《教育学报》,2009 年第 3 期,第 76-83 页。

②　G. Lukacs, History and Class Consciousness, Cambridge:The MIT Press,1991,p.38.

③　习近平:《青年要自觉践行社会主义核心价值观——在北京大学师生座谈会上的讲话》,《人民日报》,2014 年 5 月 5 日,第 1 版。

④　《马克思恩格斯选集》(第 1 卷),北京:人民出版社,2012 年版,第 33 页。

中,是没有法子解决的"。[1] 认知与践行的知行统一关系共同构成大学生友善价值观培育的全部实践活动。人的完整价值观系统是规范性与选择性的统一。核心价值观的培育贵在知行统一,知是前提,是基础,内心认同才能自觉践行,培育和践行核心价值观一定要在增强认知认同上下功夫。[2] 大学生除了逻辑性地进行友善认知的摄入,还需要在具体的社会实践中,用友善的实践检验和发展对于友善的认知,使认知与实践二者统一,让友善价值观实现人的身心需求与国家、社会的需求。认知是实践的前提,在培育工作中,只有主体和客体均具有对友善价值观正确的认知,才能把认知转化为良好的实践行为,在行动中落实友善价值观。认知培育与实践培育的统一是友善价值观内化于心,外化于行的基础保障。人一旦认可和接受了友善价值观,就会在今后的行动中较为稳定地保持与践行愿意为他人付出的利他性质的观念、言语与行为态度倾向。"内化于心与外化于行"中的"心"与"行"分别对应了认知与行为,而"化"则是需要以认知结合行为的方式,把友善的概念、作用、意义进行综合性培育。打通知与行的通道,在培育中坚守知行合一,以认知培育保障真学、真信,以实践培育落实真懂、真用,是友善价值观最终实现内化为人的信念,外化为人的自觉行动的根本要求。

4.2.2 友善价值观培育之难:传统教育模式的束缚

培育时代新人的任务为友善价值观的实现描绘了理想蓝图,但社会的快速发展与价值观多元化的影响为培育带来新的任务与挑战,形成了理想与现实的冲突。毋庸置疑,我们并不否认传统价值观培育的价值,但当前友善价值观培育的弊端在于忽视了经验性与时代性的辩证关系。社会是不断变化的,人所处社会背景不一致,需求也随之发生变化,传统教育模式的间接经验价值就需要斟酌。受多元化的价值观冲击、学校教育的缺失、个体与集体利益的抉择、舆论主场的失控、保障机制的不成熟、家庭教育的缺席等因素影响,大学生友善价值观培育存在一些长期性、积累性的问题,部分培育内容停留在传统道德教育与价值观养成的模式中,脱离大学生的生活实际,一味地从崇高理念与理性主义角度出发,疏于贴近实际情况,将本应该具有生命力和感召力的友善价值观培育变为空洞抽象的单纯的知识律令或道德教条,需要消解与新时代发展需求不

---

① 《毛泽东选集》(第1卷),北京:人民出版社,1991年版,第286-287页。
② 刘云山:《着力培育与践行社会主义核心价值观》,《求是》,2014年第2期,第30页。

匹配的传统教育模式的惯性束缚,将大学生友善价值观培育推至新的历史发展高度。

4.2.2.1　培育内容的知识化

卡尔·西奥多·雅斯贝尔斯(Karl Theodor Jaspers)曾言:"教育是人灵魂的教育,而非理智知识与认识的堆积。"[①]尽管当前友善价值观培育已取得一定成效,提高了大学生的友善素质,但仍存在培育方法较为单一,教育者满足于传递友善的价值准则与道德知识,内容较为陈旧,与社会生活与时代发展存在脱节等问题。尤其是在道德教育的考核倾向影响下,过于"知"的培育,没有落实"行"的成效,认为解决了大学生的"知",大学生自然就会贯彻到"行"。这种强化知、弱化行的传统教育模式使友善价值观成为仅仅在课堂上谈论的宏观叙事,而不是大学生在生活中身体力行实践的价值观,造成知行脱离。培育的知识化是指将友善价值观当作一门学科或技能,通过规范化的知识传授,把美德当作知识来学习,通过教师授课,学生记忆、做题、考试等手段灌输友善价值观的内容。由于缺乏相应的实践环节,忽视了价值观的发展的规律与理解的本质,导致友善价值观的培育变成了教师课堂传授与学生记笔记,最终以考试成绩作为评价标准,抹去了培育过程中人的主动性、能动性及全面发展的需要。尽管知识化的培育也能达到一定效果,但始终脱离大学生的自主实践活动,缺乏鲜明的时代特色与广泛的全球视野。未能遵循道德教育基本客观规律与大学生心理发展规律的友善价值观培育缺乏对人的本质的关怀,培育变得舍本逐末。

友善价值观的知识化培育是一种知识中心主义的倾向,使友善不再是人实践中的德性,而是变成课本里、教条里的德目,友善的认同与践行变成教学与规训,忽视了人在道德践行中知情意行的整体作用,导致大学生失去践行的内生动力,培育的意义与效果逐渐弱化。将友善价值观的养成片面视为道德知识加以灌输,将重点放在道德规范制定与遵循上,难免有稍嫌抽象与高迈之处。例如培育的课程内容的时代性、感召力不强,没有对大学生形成足够的吸引力,大学生没有形成自我学习、自我进步的要求;课堂的授课内容与方式缺乏与实践的联系,大学生不能在日常生活中进行充分的理性认识;课程设置的目标过于强调社会要求,缺少个人要求,使学生失去主动学习和实践的动机;培育中政治

---

① 肖海涛,阳书亮,张西西:《道德教化与自我教育》,北京:中国社会科学出版社,2020 年版,第 96 页。

性内容较多,以政治为导向的培育变得生硬,缺乏人文关怀和对社会实际情况的反映;培育课程内容、方式等与初、高中存在一定的重复,没有与大学生的身心发展水平和道德认知发展水平同步提高;缺少信息化的线上培育互动与精神契合,没有捕捉大学生的内在情感世界需要等。友善价值观培育不应限于掌握德性的知识结构,而是应当引导道德主体具备相应的精神、人格、品质等更为持久的信念系统和行为准则,形成相应的内在品质与德性,自觉探寻友善的本质和意义,而不是囿于德性条目的知识习得。当前我国高校的立德树人工作由学校的学工处、思政部、社科部、马克思主义学院等教学部门负责向大学生传授理论知识,实践活动主要由学工部、校团委、宣传部开展,造成内容与形式在实体上的分离。大学生的友善价值观培育工作除了传授直接的、显性的理论课程,还需要大学生参与间接的、隐性的实践体验活动。将价值观教育等同于知识传授型的教育,只会提高大学生的外显友善价值观,内隐层面并未得到实质性提升,使培育变得灌输太多、缺乏自由,共性要求太多,针对性丧失。实现友善价值观入耳入脑入心入行还需要知行统一地开展培育,将友善价值观内化为大学生的价值信仰、行为规范和人生追求,从智育向德育发展,才能显示出社会主义核心价值观体系的科学与真挚,禁得起大学生的推敲与社会的考验,成为全社会共同的价值信仰与精神追求。

4.2.2.2 培育方式的功利化

教育的功利化指以是否符合自身当下的利益与需求为最高价值取向。[①] 过去的功利主义的哲学家认为人的道德权利与功利主义并不相容,功利主义奉行"普遍利益最大化"原则,能够带来"最大化利益"的事物才是善的事物,人们合理的欲望与行为都是以促进最大化利益为目标。实际上,社会道德与社会文化紧密相连,道德权利不能仅依靠衡量利益实现,还需要借助非功利性的文化导向,如牺牲自己的生命挽救他人,奉献自己利益服务社会等,道德的功利论与义务论并非二元对立,道德与其所处时代的社会存在紧密相连,旨在增进个体幸福与社会利益,客观上具有一定功利性,但是过度追求功利势必造成道德教育走向功利化,将既定利益的追求视为行为的参照标准和驱动力,违背了道德教育发展应有的导向,架空了人全面自由发展的目的。在价值观的培育中的功利

---

① 万资姿:《当代大学生社会主义核心价值观认同与培育研究》,北京:人民出版社,2018 年版,第72 页。

化有两层含义：第一指对待价值观培育与社会发展的关系时，过于强调培育为社会服务的工具性作用，忽视了价值观培育对于人自身道德发展的价值。第二指在进行价值观培育的过程中没有遵守、忽视，甚至违背教育过程的内在规律，过于揠苗助长要求见到效果。① 如果价值观培育表现为一种控制，那么人的友善缺失与褊狭必不可免。友善价值观培育必须在利于人整体精神健康的环境下进行，从而使人摆脱功利的影响，到达永恒的"自由王国"。

中国的高等教育在 20 世纪的 50 至 70 年代曾经奉行"德育为政治服务"，在国家经济局面即将崩溃时才停止，②紧接着改革开放后部分高校开始施行"德育为经济服务"，使个人主义、物质主义、实用主义之风盛行。至今仍有高校以科研量、考研升学率和就业率作为衡量学生是否优秀，教育是否具卓有成效的标准，大学的人文关怀与崇高精神受到冲击。大学生是否具有友善价值观可有可无，培育是否落到实处无关紧要。培育的功利化直接导致友善美德的引导演变为授课了解、知识记忆，以及日常遵守行为规范，培育内容缺乏针对性与实质性，培育在某种程度上沦为固守社会规范、教条的道德规劝，使道德主体缺乏道德自律的积极性。道德教育包含规范性教育，但不是培育的全部，无法代替真实道德教育的功能及作用。③ 当道德主体的活动是为了遵守规范，或是出于外界压力，在或强制情况下机械执行，就失去了道德践行应有的自觉性、自律性及主体性。正如孙峰所言："离开了人类道德生活的内在目的意义和品格基础，使道德成为纯粹外在的规范约束，这种类似于法律规范的体系使道德规范失去了应有的作用和意义，从而使道德教育陷入无根之境"。④ 功利化取向的友善价值观培育失去情感吸引力与持续性的生命魅力，脱离了社会主义核心价值观培育和践行的旨趣，要扭转教育功利化的倾向，让教育回归育人本位。

4.2.2.3　培育过程的短程化

立德树人是做人的思想工作，其中的方法、规律、特点都要遵循人的特质。价值观的形成与改变需要经历一个漫长的发展过程，尤其是友善价值观具有明

---

① 廖芳玲，王学川：《大学德育功利化的危害和根源》，《学校党建与思想教育》，2010 年第 11 期，第 72-73 页。

② 赵志毅：《文本与人本：高校德育方略研究》，南京：南京师范大学出版社，2004 年版，第 71 页。

③ 王向华：《大学的道德责任》，北京：北京师范大学出版社，2017 年，第 183 页。

④ 孙峰：《大学教育的追求：知识与道德的整合》，《西北师大学报（社会科学版）》，2008 年第 1 期，第 41-45 页。

显的道德情感倾向,与大学生的人格、气质特点、原有道德观念、价值观结构等
方面息息相关,需要长期持续的培育方能见效。习近平总书记在与北大师生座
谈会上的讲话指出:"核心价值观的养成绝非一日之功,要坚持由易到难、由近
及远,努力把核心价值观的要求变成日常的行为准则,进而形成自觉奉行的信
念理念。"[1]德性养成应当具有连续性与持久性,绝不是"速成班"式的教育,而是
要通过道德主体在道德生活中逐步习得、内化、巩固、实践。道德养成的见效是
具有迟滞的,要通过长期、反复的培育方能见成效。短程化的友善价值观培育
使工作流于形式,教师面对育人应付了事,学生将德性养成束之高阁。当代快
节奏的社会生活方式导致价值观培育存在效率优先、指标考核等急功近利的倾
向。调查发现,现阶段友善价值观培育的短程化已较为明显,譬如思想政治教
育课程和社会实践等安排在大一大二的低年级,在大学生的大三阶段注重专业
课的传授及进入课题组进行科学研究训练,大四阶段注重外出实习及就业工
作,忽视了友善价值观培育工作的长期性、连续性、艰巨性。毛泽东在《论持久
战》中论证长期性斗争获取胜利的理路,该理论充满了辩证法与唯物主义,是马
克思主义普遍真理与中国实际国情结合的典范,对当今中国的核心价值观铸造
工程依然有指导与借鉴意义。友善价值观培育关乎人的整体生命状态提升,原
本的特质是不能快速地使人"变好",需要循序渐进地"慢养"才能形成气候。中
华民族伟大复兴的中国梦的实现不是一蹴而就的,实现梦想必须依靠艰苦卓绝
的努力与长期的斗争,在国家的核心价值观体系培育的前进道路上目前同时受
到国外国内消极思潮的干扰,对党的执政能力与中国人民的信仰的考验日益复
杂。只有立足长期性、常态化的培育,才能保证友善价值观培育内容不走样、方
向不偏向、效果不打折。

4.2.2.4 培育效果的形式化

友善价值观培育的形式化指以口号式、运动式、行政式等手段开展价值观
教化,把培育变成了完成某些政治任务的工具,导致友善价值观在大学生群体
中入耳、入眼,却未能入脑、入心,得以落实在践行中。由于当前的培育缺少从
内隐德育的视角展开工作,忽视了内隐友善在培育中可能存在的积极或消极作
用,造成培育实效性低下。从道德的认知发展规律而言,不同的道德主体在不
同成长阶段的道德特点不同,并且同一道德主体的内部也存在不同特征。缺乏

---

① 《习近平谈治国理政》,北京:外文出版社,2018年版,第174页。

对个体在不同发展阶段的道德发展特质把握,而是以统一的、普遍的形式化培育覆盖不同道德发展阶段的德育主体,对大学生所处的道德认知发展阶段以及群体内部的特征缺少划分,会导致培育目标设置虚高,片面强调人在友善价值观实践中的牺牲性、付出性与遵从性,缺乏支持性与回报性的鼓励,造成培育针对性不足,存在形式化的弊端。例如在调查结果可见不同年级的大学生友善价值观水平存在差异,表明随着大学生道德能力的不断发展,友善价值观培育的内容没有及时更新,延续流程化的形式与陈旧的内容,缺乏科学化的设计与阶段性衔接。需要依据大学生的心理特点与行为特质,进一步细分培育的实现形式。

培育的形式化还包括过量灌输友善价值观知识,忽视了大学生通过灌输难以触及改变的内隐友善价值观,直接教导高屋建瓴的讲话和精神,没有意识到友善价值观践行需要达到知行合一的境界,忽视了大学生的心理层面、认知层面存在的差异,培育中缺乏落细、落小、落实的具体可操作举措,偏倚外显却忽略内隐友善价值观的培育、注重活动的开展忽略了活动的效果考评和友善价值观前后差异的评价,缺乏对培育效果的检验等。这类问题的存在使大学生的友善价值观培育难以落到实处,根植入大学生的脑海与心中,最终流于形式,变成了讲形式、轻内涵,讲排场、轻效果。以形式化的方式推进友善价值观的培育严重脱离了价值观培育的规律与友善的内在根本性质,尤其是忽视了友善价值观存在内隐层面,让大学生在培育中进行不走心的模仿与口头的灌输,缺乏人性化的培育要求。尽管在各个研究调查问卷中可以得到大学生都十分"认同"与"愿意践行"友善价值观的结果,但受到培育的形式化影响难以落在实处,严重地影响社会与高校对大学生友善价值观真实情况的正确评估与判断,阻碍了培育科学化的开展。

著名哲学家安·兰德(Ayn Rand)指出:"比起怎样成为一个有道德的人,人为什么必须具有道德更为重要。道德是引导人们做出选择和行动的价值符号,这些选择和行动决定了人们的认识目的与过程。'价值'是人在行为中希望获得、保持的东西,譬如水之于橡树、骨头之于小狗,金钱、健康、友谊之于人类。"[①]培育形式化的存在另一缺陷是使大学生友善价值观培育失去应有的人文关怀与情感色彩,无法获得人在内心的认同与信仰,导致人缺乏践行友善的积极性

---

① 〔美〕安·兰德:《自私的德性》,焦晓菊译,北京:华夏出版社,2018年版,第25页。

与主动性,当主体失去兴趣与热情之时,友善价值观培育共同善的目的难以实现。思想政治教育工作者需要经过详细的前期调研工作,了解大学生的所思所需、兴趣爱好,甚至是大学生群体内部的流行文化,做到创新发展培育的内容、途径与方法,增强培育的时代感和吸引力,切实祛除培育的形式化顽疾。

4.3 成因分析:大学生友善价值观培育之难的多重因素

大学生的友善价值观是自身人格、动机、需要、情感、能力、目标等诸多特征与生活实践结合的体现,受自身态度信念、外部环境、培育机制、社会保障多方面综合因素的影响。伴随西方多元价值观与社会思潮的涌入,大学的德育工作面临新的机遇与挑战,需要全面落实、统筹兼顾,加强立德树人的科学性与感召力,革除友善价值观培育存在的重数量、重表面、重局部等问题,以友善德性培育作为价值载体,促成大学生发展健全人格与健康身心,提升大学生的友善道德水平与践行能力,彰显新时代友善核心价值观的品格。对大学生友善价值观培育的困难进行系统分析,可以为构建新时代培育体系打下坚实基础,培育的成果更具持续性与实效性。通过对大学生友善价值观培育的现状调查分析,本书从以下几个方面解析大学生的友善价值观培育困难的原因。

4.3.1 主体信念的弱化

陌生人社会中心灵孤独困扰人在精神世界认同感,容易盲从追随各种不良思潮。种种迹象表明青年群体缺失核心价值观教育,对社会主义制度优越性缺乏价值趋向,无法认同国家与集体带来的后果是严重的。康德提出"自律性"是人的最高道德原则。真正的友善一定是主体自由、自主、自觉的践行,以友善为自身的价值目标。面对当前社会上工具理性与价值理性之争,大学生在践行友善价值观时难免产生"友善有什么用""我作为友善的人可以有什么好处""培育友善会考试吗"等疑惑。工具理性并非毫无可取之处,但大学生在"唯用是从"的影响下对自己的人生观、世界观产生怀疑,特别是在人心向善的维度上缺乏践行友善的理想信念,友善失去德性之美的境域,人会失去人之为人的灵性,生活失去美好的意义。友善价值观的实践是依靠对个体信念的激励与引导来完成的,通过调节人内在认知的冲突使人整体和谐,将人引入积极主动追求友善的过程之中。

其一，大学生作为践行的主体，只有在感到理论的真理性与亲切性的前提下，才能接受与运用理论，进而形成正确的思想体系与行为方式。友善价值观可以视作大学生个体友善美德的人格化，涉及个体的认知水平、情感情绪、气质性格、思维特点等方面的影响，表现在大学生的自我意识的增长、思维独立性的增强、认知需求的提高、自尊水平的提高、态度的改变等诸多方面。在道德主体践行德性诸多因素中，践行信念影响因素最为重要。人的践行信念是道德内化与外化的心理基础，践行信念水平高的个体比起低信念水平的个体，更自觉投入处理道德认知的信息加工活动，充分地理解道德蕴含的理念与责任，而低信念水平的个体对道德的认同与践行更依赖于他人与外因。在传统的培育模式中虽然意识到大学生的主体地位，但对大学生的道德人格完善与发展的真正内涵缺乏科学的认识与有效的培育手段，忽略了大学生自生性的友善道德判断与情感认同，把大学生视作德性培养中的"美德袋"，培育的职责停留在教育大学生何为友善，而不是帮助大学生思考如何友善。大学生没有经历道德选择、道德理解与道德体验的过程，而是顺从传统德育的规训，被动式式接受价值观灌输。道德主体缺乏由自身具体的道德实践形成的道德判断，导致践行中的主体性缺失，对友善价值观信念的弱化。

其二，由内隐联想实验结果可知，大学生的内隐与外显友善价值观存在发展不协调，一定程度上影响了大学生坚定践行友善的信念感。费斯廷格（Festinger）在《认知失调论》中指出："人的认知因素相互关联，在认知的过程中各因素协调发展，人就可以保持认知的高度一致性，假若各因素存在失调，个体就会因此感受不平衡状态带来的心理痛苦体验，主体因此减少乃至回避践行认知的动机。各认知因素间失调的程度越大，个体减轻或解除失调状态的动机就越强烈。"[①]当大学生的内隐友善认知未获得实质性的关注与培育，与外显友善发展水平不匹配的情况下，大学生会为了缓解认知系统的失衡感在无意识中带来的焦虑、紧张等压力，在未被自身与教育者觉察的情况下，从潜意识层面减少践行友善的动机，回避因认知失衡带来的不愉快心理体验，进而影响对友善的践行意愿。

其三，我们需要重视主体在道德践行信念弱化背后的心理健康、性格与气质等心理因素因素，鉴别信念弱化背后"不愿""不想"与"不能"的区分，合理引

---

① 〔美〕费斯汀格：《认知失调理论》，郑全全译，杭州：浙江教育出版社，1999 年版，第 15-18 页。

导大学生产生积极践行友善的信念。气质与性格影响人的信念生成方式,为个体的道德践行带来了区别于他者的特征。例如对于胆汁质、多血质的个体,有着与人的沟通交往顺畅、活动水平高、情绪的变化快的特点,与之对应黏液质和抑郁质的个体则表现出活动水平低、与人交往较为内倾性、情绪体验深刻不易变化等特点。个体外向或内向、积极或消极、开朗或敏感、宽容或偏激的性格对其评价友善价值观的目标、手段、动机也会造成影响,不同的信念与评价基础的外显友善行为也有所不同。值得注意的是,道德主体的心理健康隐患也影响了对道德践行的信念。美国学者简·M. 腾格(Jean M. Twenge)通过元分析(meta-analysis),对 1938 至 2007 年间美国大学生实测的《明尼苏达多相人格测试》中"抑郁倾向"分量表得分展开元分析,结果发现大学生在抑郁倾向存在得分越来越高的趋势。[①] 假如大学生出现心理健康问题未能得到合理的疏导与化解,很有可能阻碍个体对美好德性的向往与践行。道德主体的信念还易受工具理性与规则理性的影响,由调查得知,当前部分大学生追求自由主义的精神独立与明哲保身的人际疏离,缺乏对道德共同体的认同,在目标、手段、评价三个价值观维度上呈现目标的虚无化、手段的无力化、评价的功利化。在访谈中我们还发现,有的大学生认为在当代"利己的人是智者,利他的人是愚者",出现家国情怀的淡薄、集体主义感的削弱、利他精神的退位等现象,徒增的唯我欲望削弱友善价值观在大学生心中应有的崇高感与使命感,友善精神在大学生的理想世界中遭受冷遇。

4.3.2 外部环境的制约

家庭、学校、社会、网络虚拟空间共同组成了道德教育的外部环境。通过定量调查与定性访谈我们发现,培育的外部环境对大学生的友善价值观培育有重要影响。在社会结构转型的关键期,社会市场经济的影响、高校教育力度的不足、家庭教育的缺位、网络道德伦理的失序等外部环境产生的矛盾冲突严重制约着友善价值观在大学生个体中的内化与外化。

家庭环境方面,父母对子女互动式、有意识地施加等影响的过程,对子女的道德情操、文明习惯、心理素养、价值观都具有一定的塑造作用。进化心理学认

---

① 〔美〕史蒂芬·平克:《当下的启蒙:为理性、科学、人文主义和进步辩护》,杭州:浙江人民出版社,2019 年版,第 307 页。

为人们在照顾后代与亲属的进化过程中形成了亲族选择与互惠利他,[①]即友善价值观的原型。而班杜拉的社会学习理论认为来源于直接经验的一切学习现象实际上都可以依赖"观察学习"而发生,儿童会在家庭观察、模仿与练习家人的思维与行为习惯获得最初的友善价值观。因此,家庭可以视作价值观培育的第一环境。家庭友善价值观培育建设的不足导致大学生友善德性难以为继,例如通过质性访谈我们发现友善价值观会在家族内部进行代际传递。值得注意的是,当前农村地区仍存在大量留守儿童,留守儿童大多由祖辈进行隔代抚养,甚至以"放羊式"抚养,导致有留守儿童经历的大学生相较于普通家庭而言缺乏足够的关爱与管教,以及完美温暖的家庭环境。

学校环境方面,当前高校开展的友善价值观培育的创新性与践行性不足,没有营造积极的友善价值观培育氛围。大学肩负立德树人重要使命,然而在现实的培育中存在对大学生心理特点把握不足,对创新培育体系认识不到位等问题,导致培育存在低效与固化。大学的德性教育存在的心理隔阂、代际矛盾、文化堕距等问题加剧了大学生对培育目标与内容缺乏信任。德育的功利主义倾向与知识化的倾向使大学生缺乏自觉道德践行,培育体系呈现内容零散、协作匮乏、系统分配资源缺失的局面。师资、物资、时间的分配不足与培育主体、客体的重视程度不高使培育出现落实的碎片化倾向。校园环境应当是高度凝练与概括的传授德性的载体,但现如今友善价值观的培育散落在思想政治教育课堂、口号宣传以及零星社会实践中,社会实践、志愿服务、社团活动、心理健康教育等环节未能形成培育的统一体,忽略了道德主体自我培育的可能性及必要性,缺乏主体间性认识,学校未能与家庭、社会培育形成共同的培育体,调动全社会的资源与力量进行培育。学校对人格友善、人际友善、社会友善、环境友善、政治友善缺乏有机衔接,道德主体没有完整的,具有逻辑结构的友善整体认知。

社会环境方面,社会结构从传统型转向市场经济过程中,经济发展带来了社会各方面的极大发展,然而社会分工的发展和以利益为导向的经济形式淡化了个体的友善意识,经济结构的调整带来的利益增长的同时导致了社会摩擦加剧。已有越来越多的人意识到人工智能、大数据等科学技术的进步并不必然及全然带来人们价值观与美德的进步。市场经济使得人们越来越重视契约,个人

---

① 袁晓琳:《道德心理学》,北京:科学出版社,2019 年版,第 143-144 页。

与他者之间的关系不再受到道德或情感的约束,而是依赖于法律法规和契约的维持,各种隐性或显性的矛盾爆发冲击着人们的友善德性。社会原子化引发的道德风险与规范失灵,人与人之间变得冷漠隔阂,友善的价值被不断地削减。社会不良风气对大学生的生活方式、人际交往方式、学习方式、就业方式产生负面影响。有研究显示青少年的友善及利他行为与社会环境存在显著相关性,青少年对环境越满意,越倾向于友善,反之则对友善的认可度较低。① 良好的社会风气和社会治安水平,可以给予大学生宽松的成长环境,充足的社会信任感带来美好的生活体验及感受,愈发地倾向于表现友善,而险恶的社会环境中的不良风气与混乱的治安,导致大学生对友善德性的认可度降低。

互联网环境方面,美国心理学家苏珊·平克(Susan Pinker)指出:"数字技术下的善的交往并不能取代人们面对面的实际交流,人也不能通过虚拟社交获得心理上的益处。"②当前大学生的友善价值观受网络时代冲击影响较大,开放的网络使大学生友善价值观受到自由主义、享乐主义及拜金主义的影响,出现情感淡漠、缺乏信任与唯利是图的倾向。同时,新生的互联网行业是一个快速增长的行业,国有企业之前没有进入,造成了这个行业巨头由私营企业控制的现状。互联网环境缺乏有效的监管,垄断带来的私有化附加了意识形态风险。政府缺乏对互联网垄断巨头有效的市场干预政策工具,只能采取行政性干预。网络世界是几乎由陌生人组成的虚拟世界,人的交往不再局限于熟人社会,缺乏血缘、地缘、同窗等关系的约束,也不需要遵循基于市场经济活动的契约性,导致人与他者并不处在践行友善的道德圈层内。当匿名的网络使人们得以脱下矫饰的面具,失去了友善践行圈层的束缚,人们以本我为驱使在网络中进行活动,导致以熟人为主的现实世界和以陌生人为主的网络世界之间的友善价值观由于信息不对称、交往层次复杂而产生较大的差异。虚拟网络的交往方式使人正失去对友善的本质理解,真实完满的友善正在消逝,人与人的交往关系已从寻找智慧、美德和正义异化为熟人与偷窥欲者组成的庞大社交网络。

---

① Hing Keung, Man Chi Leung, Altruistic Orientation in Children:Construction and Validation of the Child Altruism Inventory. Psychology Press,1991,p.26.

② 〔美〕史蒂芬·平克:《当下的启蒙:为理性、科学、人文主义和进步辩护》,杭州:浙江人民出版社,2019年版,第298页。

4.3.3　体系建设的薄弱

友善价值观培育作为道德教育是一种抽象性的活动,只有制定规范的培育体系,按照道德教育与心理发展的规律开展才能收获实效。当前友善价值观培育难题主要缘于缺乏培育的体系化建设,对原则尚无系统全面的认识。人们在未能认清现状的前提下将友善德性等同于传统道德,以过往道德教育的内容与模式进行机械缝合,既难以满足新时代的发展需要,也不符合友善价值观本身的认同特征与践行规律。问卷调查显示,部分思想政治教育工作者把育人简单地理解为管理,在具体实践中出现重管理轻德育的倾向。如何构建具有时代气息与突显实践性的友善价值观培育体系,是量体裁衣地打造大学生思想政治教育有效途径的关键抓手。

缺乏体系化的培育带来的后果包括评估系统的缺乏、可持续发展动力的缺失、奖惩机制的失效,严重阻碍了友善价值观培育的可持续发展,使培育缺乏活力与灵魂。大学生具备较高的文化水平,理解力强、富有热情,但思想易于摆动。当前的培育内容与方法主要依赖传统课堂进行理论灌输教育,缺少实践教育,尤其缺乏体系化的志愿者活动、沉浸式启发教育等。因此,培育需要在创新的基础上做到有逻辑条理性,在内容保持更新的同时增强思想衔接性,将培育变为科学且连贯的体系。在其中,开创针对性的培育方法、理顺培育的流程、创造立体培育环境、正确评估培育效果。友善价值观培育缺乏客观的评价标准,具体可操作的科学的评价标准的缺失使得友善价值观培育的效果难以衡量,无法检验是否达到培育的目标,也使得学校无法及时更新或调整培育的目标、方法,无法考核学生的友善价值观实际水平的高低,造成了培育工作展开的盲目甚至无效。大学生的友善价值观结构分为友善价值观目标、友善价值观手段、友善价值观评价,培育应该针对每一个结构具体地量身打造培育的方式方法,以提高思想政治教育工作的实效性和科学性。

现有的培育体系中还缺少对道德践行的保障。缺少制度保障的道德践行是一种抽象的乌托邦主义,丧失的不仅是人的实现动能,更缺少改造世界的能力,我们不能寄希望于纯粹以个体自身提升道德水平来实现社会主义。个人主义、享乐主义、虚无主义等世俗化的思潮在撬动了友善生存根基的同时并未提供任何崭新的进步的价值体系,友善成了消极的旁观者。卢梭认为:"人类文明的进步伴随着纯朴感情的消逝和道德的堕落,社会变得愈发的不平等。"①当前,友善价值观践行的道德保障机制面临权威性的丧失,友善德性的合理性、合法性得到普遍承认时,友善的践行遭遇边缘化,社会中不断涌现的友善价值观失范现象也给大学生践行友善带来了思想困惑与选择困惑。调查中发现诸如"扶不扶摔倒老人、该不该见义勇为、做志愿者会不会寒心"等道德践行的免责难题阻碍了大学生的友善德性实现。大学生认为社会的风气不正、社会信任度降低、友善没有给自身带来良好的反馈与回报、自身利益平衡等问题严重阻碍践行友善的动力,道德践行保障机制的模糊化使人们对友善产生了畏难情绪。

当前法律法规对友善践行没有给予合理的保护,人们担心惩恶扬善时遇到欺善怕恶、隐恶扬善的信仰危机。人在追逐资本中失去了与他人和谐相处的心理状态及行为方式,崇拜经济利益大于尊崇道德价值,在面对冲突时变得冲动与极端。货币逐步在人类社会成为一切交往关系的主宰,货币由手段变成目的,成为社会上部分人寻找人生价值观的支撑点,代替真正的友善成为至高善。人们对物(商品)的追求使他们的目光变得愈来愈近视,愈来愈拘执于眼前的关系和孤立的事实,忽视了对前景和未来的思考,使活生生的现实物化、僵硬化、机械化。② 假如人人都需要自私自保才能在社会中生存得更好,被迫成为"精明人",则反映了社会在制度方面出现了问题,社会的理性与智力便不可避免的衰落。③ 友善是一种集向善、互助、利他、经济等要素为一身的美好道德品质,面对践行友善价值观的权威弱化,大学生在具体的社会道德情景中缺少必要的道德践行保障。法律法规对道德践行的保障机制失灵会引发巨大的道德风险,严重挫伤人们践行友善价值观的积极性。例如在质性访谈中有大学生谈到在实行友善时"非常害怕被讹诈""担心碰瓷""觉得好心没好报"等迷茫心态,导致友善在认知转化为行为的过程中出现断层。友善德性的实现需要道德伦理与法律法规的互构共治,用法律保障消除人们践行障碍的畏难情绪,在实现法律与友善价值观的德法共治过程中提升崇德向善。

总体来看,人的生产生活和创造活动集合了认知、价值、审美的"真善美"三

① 〔法〕雅克・卢梭:《论人类不平等的起源和基础》,黄小彦译,南京:译林出版社,2013 年版,第2 页。

② 〔美〕G. Lukacs:History and Class Consciousness. Cambridge:The MIT Press,1991:38.

③ 〔美〕弗朗西斯・福山:《信任:社会美德与创造经济繁荣》,郭华译,桂林:广西师范大学出版社,2017 年版,第 76 页。

种理性,求真的崇尚科学、求善的遵守道德与求美对美好事物的追求向往过程
三者构成辩证统一整体,缺少"真"的基础,"善"只能成为无本之木,遑论"美"的
实现。因此,本章通过逻辑严谨的实证调查研究,结合定量与定性综合分析,坚
持从客观实际出发,发现当代大学生的友善价值观总体是进步、健康、向上的,
现行开展的培育工作也是卓有成效的,但也不能过于乐观,要看到当前在践行
与培育中存在的难点,提升友善价值观的培育成效具有必要性与紧迫性。客观
来看这是缘于新时代思想政治教育工作的背景与环境发生的巨大变化与大学
生不断增长的个人全面自由发展需求之间产生的矛盾。要在新的历史条件下
夺取中国特色社会主义新胜利,必须保持理论与实践的与时俱进,从当前调查
结论切入,建构培育的理路体系,坚定大学生主动践行友善价值观的追求,树立
对社会主义制度的信仰,以个体内在友善道德修养与公共友善道德维护的双重
存在为基础,深入剖析友善价值观培育的价值旨归、原则要求与保障机制,以理
论联合实践,创新打造大学生友善价值观培育的新思路与新方法,增强当代思
想政治教育的感召力与吸引力。

第5章　大学生友善价值观培育的理路建构

任何思想如果不和客观的实际的事物相联系,如果没有客观存在的需要,如果不为人民群众所掌握,即使是最好的东西,即使是马克思列宁主义,也是不起作用的。① 友善价值观培育不是空中楼阁,而是建立在对客观事实的科学认识基础上。理路的建构是统合培育的目标、原则、制度与培育途径的桥梁,是培育实现成效的关键,构建合乎社会发展需求与大学生价值观认知发展规律的内在理路,是贯彻落实友善价值观,提升培育实效性与针对性的必由之路。要按照思想政治教育的规律协调统筹整个培育过程的发展方向和轨迹,做到贴近学生、贴近实际、贴近生活,促进大学生的道德自觉与道德践行,为友善价值观的实现创造条件。

5.1　大学生友善价值观培育的目标机制

习近平总书记提到:"一个民族、一个国家的核心价值观必须同这个民族、这个国家的历史文化相契合,同这个民族、这个国家的人民正在进行的奋斗相结合,同这个民族、这个国家需要解决的时代问题相适应。"②目标是对人们对培育价值观所能达到的践行效果与未来发展的预设,目标机制的确立是在适应新时代的需要与大学生道德心理发展变化规律基础上,明确友善在人与社会的共同发展中的积极作用,增强培育的实效性与针对性。2020 年教育部等八部门发布的《关于加快构建高校思想政治工作体系的意见》指出,要"加快构建目标明确、内容完善、标准健全、运行科学、保障有力、成效显著的高校思想政治工作体系"。价值观培育的理想目标要以价值的需要为起点,价值的传递为过程,价值

---

① 《毛泽东选集》(第4卷),北京:人民出版社,1991年版,第15页。

② 习近平:《青年要自觉践行社会主义核心价值观——在北京大学师生座谈会上的讲话》,《人民日报》,2014年5月5日,第一版。

的实现为目标。① 友善价值观是全社会最广大人民所追求与向往的公共之善，它的目标追求决定着大学生群体的思想与行为的方向，目标若出现偏差，会使改革发展多年的意识形态势的良好局面停滞甚至倒退，培育要以马克思主义人本思想为旨归，通过满足人合理的物质需要与健康的精神需要，以个体知行统一践行友善价值观为目标根基，以实现人的全面自由发展为理想状态，在对人异化状态的扬弃中促进社会优良治理，人们在真正自由、和谐的社会中才能感受幸福与尊严，实现美好生活，体现友善作为马克思主义道德观对个体与共同体的发展与解放。

5.1.1　以马克思主义人本思想为旨归

马克思主义是意识形态领域建设的主导思想。马克思通过剖析人类社会的本质与实践的本质，以"现实的人"的全面自由发展、对人的本质认识、人的需要、人的主体性地位与自由人的联合体等对"人本之本"的认识，构成了马克思主义的人本思想基本脉络。人是社会历史发展的前提和主体，人的自由全面发展是马克思主义理论的最高命题，也是社会主义的本质要求，人通过实践获得物质世界与精神世界的自由发展，体现了马克思社会发展理论的人本意蕴。② 人的需要具有多样性，作为有意识的社会存在物，人不仅有满足基本生存生活的物质需要，还具有不断追求非物质利益，体现人的理想与价值的精神需要。实现人的需要与本质是友善价值观培育的主导价值取向，是贯穿一切培育理路与培育实践的主线。从马克思主义人本思想展开友善价值观培育理路的内部探索，可以保证培育的社会主义属性，提升大学生践行友善的自觉性与对社会主义制度的认同感。

在大学生友善价值观培育中体现马克思主义的人本思想，必须解决生产力与生产关系的物的解放，以及人自身的素质发展问题，实现物质需要与精神需要的统一。具体在大学生友善价值观培育的目标机制上，是在实现友善的进程中引导大学生克服各种条件制约与发展不平衡性，在个体层面知行统一践行友善，在社会互动中谋求全面自由发展，以个人的能力、个性、需求与社会关系的全面发展促进人与社会在友善的道德共同体中获得统一，进而以共同体友善实

---

① 李忠军：《大学生思想政治教育目标新探》，《思想理论教育导刊》，2013 年第 12 期，第 96-101 页。

② 张耀灿，周琪：《人的自由而全面发展：马克思主义社会发展理论的人本意蕴》，《理论探讨》，2005 年第 2 期，第 5-8 页。

现社会的优良治理。

5.1.1.1 在获取物质需要中满足人践行友善的基本动力

马克思认为人的衣食住行等物质生活的需要是人得以生存延续的基础,物质的发展是人在自然力量面前获得的解放,"人们奋斗所争取的一切,都同他们的利益有关"。[①]"仓廪实而知礼节",在培育友善价值观、实现人的本质回归与人的解放过程中,首先要实现从"物"对人性本质限制的解放,以科学的眼光和正确的态度看待人的自然性,看待人践行友善的物质需求,解决人在物质生活中的实际问题,而不是一味进行空洞说教。物质不会自发满足人,而是需要人通过生产实践劳动满足自身需要,生产力的发展是人得以完善自身的前提,也是人类社会发展的基础。[②] 社会存在决定社会意识,人的价值的实现离不开生产力的发展,物质的解放是实现人本的物质基础条件,生产力的极大提高才有可能节约必要劳动时间,为人的意识发展留出物理时间。物质生产的发展体现在量与质两方面:从量的角度衡量,通过人的实践活动促进政治、经济、文化、生态的繁荣,体现为政治方面的人民民主集中制度保障人的权利、经济方面的各项经济指标水平的增长、文化方面的大发展与繁荣,以及生态方面人与自然和谐相处;从量的角度衡量,体现为在物质发展中重视人的价值,实现又好又快的均衡发展。

按照社会发展的一般规律,人的解放与发展会随着社会生产力的极大发展,物质水平的提高不断摆脱对物的依赖。习近平总书记指出:"要深刻认识人们对美好生活的向往已经从'有没有'转向'好不好',不断提高人民的生活品质,增强人民群众的获得感、安全感、幸福感。"[③]在新时代背景下,人民的物质生活水平已经处于较高层次,同时人对物质的需要也不是无限量的需求,因此人是否在物质解放中实现人的价值,通过友善的品德摆脱"自然律",达到真正的"自由王国"显得尤为重要。当前,衡量一国的发展水平除了国内生产总值(GDP),还有国民幸福指数(GNH),也就是说,物质发展满足人的安全需求,但不再是决定一国现代化程度与社会丰富度的唯一指标因素,以友善价值观为代

---

① 《马克思恩格斯全集》(第3卷),北京:人民出版社,2002年版,第83页。

② 蒋锦洪,刘洋,闫莉:《马克思的人本思想及其当代价值研究》,上海:上海人民出版社,2021年版,第73页。

③ 习近平:《论把握新发展阶段、贯彻新发展理念、构建新发展格局》,北京:中央文献出版社,2021年版,第16页。

表的人的生产关系与社会关系的解放更能体现人的生活质量提升,实现人的本质与全面自由发展。在友善价值观培育中,重视人的价值实现就是在贯彻马克思主义的人本思想。通过从当前社会背景与外部环境的现状出发,尊重人的主体地位,理解人的知行困难,关心人的情感需求,帮助人实现践行友善的发展与需要,实现人在友善价值观培育中的根本诉求,就是为了促进人的全面自由发展,实现马克思主义的人本向度与价值追求。友善价值观的培育目标实现只有在理解、关心、尊重大学生的物质需要出发,才能构建教育者与大学生之间沟通的纽带和情感的桥梁,为培育打下认知与情感的基础。在培育过程中,教育者可以根据人的需要原理,结合必要的物质奖励,激励与强化大学生将内在践行友善价值观的需要首先内化为奋斗的思想与心理动机,进而外化为具体的友善行为,丰富与提升人的自然性。

通过友善价值观的培育,在物质领域实现民生改善的基础上,为人民群众诉求的友善道德的满足奠定基础,实现对人的解放。从这个角度来看,培育友善价值观就是基于我国基本国情,为了解决人民日益增长的美好生活需要和不平衡不充分的发展之间的矛盾,为全面建成小康社会、全面建设社会主义现代化国家提供道德保障,重视人的主体价值实现,以友善促进社会关系的协调,创造更多更好的物质财富。大学生作为社会主义事业合格建设者与可靠接班人,以怎样的友善价值观参与社会生产实践,实现自身价值,事关人生理想的实现、社会的稳定与国家和谐发展。培育大学生的友善价值观,将改造世界创造财富与提升友善价值观合二为一,恪守友善的知行要求与实践的智慧,将个人的友善与共同体的友善统一,以积极进取、敢立潮头的心态参与社会主义建设,对于实现以人为本的发展有现实意义。

5.1.1.2 在促进精神需要中提升人追求友善的思想境界

人的生存发展不仅需要物质生存要素,更需要精神生存要素。人的主体性不是与生俱来,也不是一旦拥有就不会消逝,需要人持续的实践活动予以保持。人通过自身的历史活动,不断地推动社会发展前进,创造社会的物质的同时发展丰富的精神需要。随着生产力的发展,人在多个维度获得解放,减少了对物的依赖,人的主体意识被唤醒,社会物质的极大发展增强人的主体性地位同时,也引发了道德风险,友善的缺失造成的人情冷漠与行为失范扰乱了人的思想境界纯洁性以及社会的和谐稳定,出现道德失范与社会排斥等现象。马克思指出:"精神从一开始就很倒霉,受到物质的'纠缠'。"①提升人的思想境界需要依靠培养更高的德性成就自然,克服譬如人的自私、冷漠、贪婪、懒惰等本能,在践行友善中实现全面素质的提升。友善价值观培育目的与功利性的目的粘连,会违背友善践行的目的与人性本质发展的规律,衍生出一系列远离友善原本价值的精神性目的。个体道德品质、思想修养等精神世界直接体现个人的思想水平,崇高的思想境界是人实现远大理想信念、完成国家与社会交付的社会责任、提升个人素质,促进全面发展的保障,是实现人的本质的源泉。实现友善价值观培育不仅要满足物质的追求,想要进一步实现以人为本,还需要赋予人精神世界的生活,提升人的思想境界,调动人的积极性与热情,引导人坚持马克思主义、社会主义和共产主义教育,拥有大公无私、自我牺牲、全心全意为人民服务的精神,统一自身的物质利益与精神利益,塑造健康的世界观、人生观、价值观。

社会主义核心价值观凝结着当代中国精神与人们共同的价值追求。习近平总书记强调,要"以培养担当民族复兴大任的时代新人为着眼点,强化教育引导、实践养成、制度保障,发挥社会主义核心价值观对国民教育、精神文明创建、精神文化产品创作生产传播的引领作用"。② 满足人在精神世界需要的实践活动可以为人在社会生活中必备的政治文明素养、科学文化素养、体能发展素养的开发提供内驱力。在创造精神财富中实现对人的解放,全面的提升人的思想境界,就是在不断克服异化的过程。

然而,精神客体的生长并不一定给主体带来积极的影响,大学生在成长道路上面临诸多社会负面因素,阻碍友善在大学生的思想境界中扎根,拜物教对人需求的奴役、机械化教育对人个性特征的扼杀、科技机械对人的本质奴役等都是"纠缠"大学生精神世界的表现。人的解放与异化处于不断平衡发展的过程,友善价值观培育的目的就是满足人的精神世界成长需要,以"友善"作为合乎人性本质的精神产品,实现思想境界的提升。大学生的精神需要直接决定着培育的实效性,而实效性不仅取决于教育的工作方式,还在于这种培育能在多大程度上给予人精神动力。因此,友善价值观培育应当在尊重人、关心人的基础上,把满足大学生的精神性需要当作现实的目标与任务,观察与反省培育的过程中的理路是否违背人的本质,有违人的解放规律,在以友善价值观培养人、塑造人、发展人、提升人的过程中坚持人性化架构,以更好、更多的精神产品作

---

① 《马克思恩格斯全集》(第1卷),北京:人民出版社,2002年版,第81页。

② 习近平:《论坚持全面深化改革》,北京:中央文献出版社,2018年版,第369页。

为培育载体满足大学生需求,努力创造适应新时代立德树人的培育机制与方法,找到能充分发挥大学生主观能动性与创造力的培育路径。

5.1.2 兼顾人的现实需求与社会发展

长期以来友善价值观培育存在目标过高,要求大学生做到"至善、至真、至美",只考虑了培育的必要性,忽视了目标实现的可行性,脱离人的生活实际与主体的能动性。友善价值观培育目标本身是对人践行友善活动结果的一种设定,是对现实培育活动的导向,既要立足现实,又要具有一定的前瞻性与超越性,兼顾好解决现实问题与理想发展的关系。这既是对大学生开展友善价值观的认知与行为相关培育后希望达到的预期效果的现实判断,也是对"培养什么样的人"理性预设。道德目标作为对德性培养群体确立的观念准则与行为标准,具有规范化道德认知与标准化道德交往的功能,对人们认同与践行道德内容,在全社会形成道德效应有重要指导作用。马克思主义思想作为社会主义核心价值观体系的灵魂,解决的是"举什么旗"的问题,处于社会主义核心价值观培育工作的指导地位。[①] 大学生的友善价值观培育是以马克思主义理论为指导思想,引导大学生在认知与在实践层面自觉弘扬与践行友善价值观,是价值规范性与引导性的统一,合理的目标设置可以帮助大学生将践行友善价值观的动机转化为行为,实现培育的效果。在现实中,培育目标应当既能满足大学生完善自身友善德性,提升践行水平的需求,又能兼顾社会立德树人的发展要求,成为切实提升大学生友善的思想与行为的指南。

5.1.2.1 培育目标要能满足人的现实需求

人的需要是马克思人学中的核心概念,马克思认为现实中的人追求需要和谋取利益是思想政治教育实践活动得以存在和发展的内驱力,社会的发展与人的需要满足都是为了实现这一终极目标。需要是人产生特定动机的根源,一定的动机形成特定的思想,并在思想支配下产生行为,因此,友善价值观的培育只有在人感到对之有需要,才会积极去寻找满足,从而自觉践行。马克思认为人的需要具有多个层次:物质生活需要、精神文化需要、劳动的需要以及交往的需要。对于大学生友善价值观培育而言,重视与及时满足大学生的合理需要是落

---

① 唐凯麟:《社会主义核心价值体系是在实践中不断完善的科学体系》,《光明日报》,2008 年 9 月 23 日,第 7 版。

实育人效果的第一基础,也是实现培育针对性、提高实效性的基本条件。

过去价值观培育中强调实现社会目标,但对于个体需要的重视程度不够,片面强调社会需求,忽视个体需求的功能与发展,人践行价值观的能动性与积极性会受到严重影响,情感认同与培育效率低下。在个体践行友善的现实需求中,培育要注重在现实生活中培养大学生具备友善道德与践行能力。毛泽东在1957年首次提出了"德智体全面发展"的要求,之后经过社会发展与实践总结,中国共产党进一步提出"培养德智体美劳全面发展的社会主义事业建设者和接班人"的教育方针。2018年9月,习近平总书记对党培育人才提出了要"培养德智体美劳全面发展的社会主义建设者和接班人"的重要论述,进一步解释了新时代大学生的发展目标。"德"一直处于培育目标的首位,决定一个人可以为国家社会做出多少贡献的即是"德",对人的发展起着把控方向作用。树立和培育社会主义核心价值观,要围绕"勤学、修德、明辨、笃实"的要求,从落细、落小、落实入手,形成课堂教学、校园文化和社会实践多位一体的育人平台,促进青年学生学会劳动、学会勤俭,学会感恩、学会助人、学会谦让、学会宽容,学会自省、学会自律。新时代大学生友善价值观目标要全面把握突出重点方向,以"勤学、修德、明辨、笃实"为培育的精神,涵盖"课堂教学、校园文化和社会实践"在内的方法与平台,包括"劳动、勤俭、感恩、助人、谦让、宽容、自省、自律"在内的新时代友善价值观的内涵,而这些内涵恰好与理论研究中友善价值观包括的与自身、与他人、与社会、与自然友善四个层次相对应,体现了中国共产党人在新时代对大学生友善价值观培育创新式的发展。

马克思说曾说过:"人类奋斗所争取的一切都与他们的利益有关。"① "正确理解的个人利益是整个道德的基础。"② 大学生友善价值观培育的个体需求必须得到明晰,才能提高大学生道德践行的动力。过往在构建价值观培育的目标时,人们往往囿于遵循"集体利益高于一切"的思维,对个体目标的认识不足,导致培育的内容缺乏人文关怀,造成培育的主体及客体均缺乏主动性、积极性,严重影响了个体目标的实现。新时代的大学生思维活跃、目光开放,在关心国家和民族的命运的同时也希望获得全面自由发展。只有在培育的目标中融入塑造高尚品格、完成良好社会化、身心健康发展、人际关系和谐等因素,把个体德性养成融入培育的内容及过程之中,才能被大学生在情感上充分接受,在心理

---

① 《马克思恩格斯全集》(第1卷),北京:人民出版社,2002年版,第82页。

② 《马克思恩格斯全集》(第1卷),北京:人民出版社,2002年版,第333页。

上积极认同,在态度上主动靠拢,在行动上落实践行。

5.1.2.2　培育目标要有引领社会发展的理想性

友善价值观培育的目标要高于现实的道德水平,适当超越大学生的现实生活。只有这样,大学生才能依据自身条件,逐步完善自己的友善知行水平,有目标地实现美好生活。但超越不是盲目地脱离社会现实基础,而要以社会发展实际水平为立足点,否则培育的目标只能成为空想,将友善的培育引入不切实际的境地。

国家的核心价值观的培育都普遍带有政治倾向和国家意志,反映的是某个时代国家倡导的需要人民具备的价值观,价值观作为意识形态是社会的利益关系与价值取向的反映,个体的价值观与政体主导的价值规范一致前提下形成了核心价值观基础。[①] 培育友善价值观在立德树人过程中引导大学生获得全面自由的发展,是为了国家强大、民族繁荣与社会安定,体现了党和国家倡导的主流意识形态及社会发展方向,有坚定的社会主义指向,要坚持以马克思主义为指导思想,以社会主义核心价值观体系为统领方向,设置具有引领社会发展的崇高理想目标。友善价值观培育目标要实现对社会发展的引领,首先以当前的政治制度为保障。当今世界格局持续动荡,国际秩序格局调整与社会生活习惯的变迁带来了不同文化与思想的激荡,导致人类价值观危机比历史上的任何时刻都要危险,文明的冲突与融合成为世界性的话题。如萨缪尔·亨廷顿(Samuel P. Huntington)认为:"世界主要文明核心国家的全球战争可能不会发生,但伴随全球化的到来,冲突将最终演变为文明间的冲突,具体来说就是不同价值观之间的冲突。"[②]党的十九大报告明确指出:"旗帜鲜明讲政治是我们党作为马克思主义政党的根本要求。"友善价值观是党为了为社会的和谐稳定发展和人民幸福生活而提倡的价值观,体现了党对意识形态发展方向的引领。育人是为了聚民心。教育是"国之大计、党之大计",我国的教育必须坚持中国特色社会主义教育发展道路,培养德智体美劳全面发展的社会主义建设者和接班人,服务于党、国家和人们的发展要求与价值指向。

习近平总书记在庆祝中国共产党成立 95 周年大会上的讲话指出:"中国共

---

① 万资姿:《当代大学生社会主义核心价值观认同与培育研究》,北京:人民出版社,2018 年版,第 13 页。

② 〔美〕萨缪尔·亨廷顿:《文明的冲突与世界秩序的重建》,周琪等译,北京:新华出版社,2010 年版,第 292 页。

产党之所以能够完成近代以来各种政治力量不可能完成的艰巨任务,就在于始终把马克思主义这一科学理论作为自己的行动指南,并坚持在实践中不断丰富和发展马克思主义。"并进一步深刻提及:"马克思主义是我们立党立国的根本指导思想。背离或放弃马克思主义,我们党就会失去灵魂、迷失方向。"党的十九届四中全会决定要进一步把坚持马克思主义在意识形态领域指导地位明确为根本制度,坚持和发展马克思主义对我国制度体系建设的思想引领作用。大学生的友善价值观培育是中国共产党在意识形态领域的重要工程,要以鲜明的政治性引导着大学生认知与践行友善的方向,在培育过程中保持社会主义的性质,保证培育的方向与目标和党和国家的价值取向保持一致,保证大学生的友善价值观符合社会主义的发展需要,成为友善价值观政治合法性的理念基础。在这样的背景下,友善价值观成为社会共同认可的"最大公约数",为稳定社会局面,汇集发展力量提供精神支持。

5.1.3 在实践中落实培育目标三重维度

为了实现人的自由与解放,友善价值观培育实践必须面对人所具有的强大主体能动性,以及人所处社会的复杂性与多样性,以人本身、人与社会关系、社会的发展为培育的落脚点,关注人的现代性困境,立足对人的本质教育,以人的生活世界为实践的基础,人的全面自由发展为依归,构建以人与社会的友善共同提升为旨趣的培育目标。大学生是国家重要的人才资源和新生力量,他们的价值观发展方向直接关系到党的事业与国家民族的命运,要明确友善价值观培育的目标,具体落实在知行统一践行、人的全面发展与社会优良治理三个方面,体现友善在新时代的道德规范、道德价值与道德生态,让友善成为联结人的发展与社会团结和睦的精神纽带,为大学生形成正确的世界观、人生观、价值观奠定基础,对于社会健康运转、实现社会发展与经济增长的同时满足人民日益增长的美好生活需要具有重要意义。

5.1.3.1 知行统一践行落实友善道德规范

知行统一的践行是友善价值观存在的底线,这一底线是友善价值观得以培育、存续与发展的现实依据和逻辑前提,丧失了这一底线,培育大学生友善价值观,实现个体与共同体友善的旨趣必将荡然无存。过往的友善价值观培育一度被界定为单一的知识性灌输活动,德性养成被推上唯知识化的道路,把知识灌输作为培育的最终目标,使得友善的践行在现实生活中处于"失语"境地,难以促成人的友善品行发展与生成,善心与善行难以统一。这样的培育目标脱离生活实际,难以拉近、放大人的生活世界与现实需要,是无力且软弱的。新时代立德树人教育事业立足于人的完整生命塑造和健全人格与健康心理的培养,友善价值观培育凝聚和支撑整个生命的友善关系互动,进而获得幸福人生与美好生活。友善价值观培育既有知识教化的意义,又有道德实践的意义,教育者不仅要从理论上教导大学生拥有友善的德性,还要注重友善的实践,努力使自己的道德理性与行为一致,达到"知而可行、知行同发"的境界。

朱熹曾言:"论先后,知为先;论轻重,行为重。"认知友善价值观的目的在于践行,导之以行作为培育的基本环节,直接指向培育大学生友善行为习惯的培育目标。知行统一践行友善价值观,体现了人对理论的理解是否透彻,以追根溯源、研精致思的精神内摄至认知的内隐层面,实现鞭辟入里的实效;检验了理念是否坚定,于精神中实现价值观自信,从心底认同与重视友善价值观,脚踏实地,日行一善,矢志不渝地信仰友善;升华了对友善行为的践行自由,在"从心所欲不逾矩"中释放人的友善践行自主性,塑造展现自我价值的友善践行目标,摆正自我在社会中的位置,在践行中体现自我价值,培育理想的友善道德人格。针对当前大学生在践行友善价值观过程中存在的知行难以统一问题,在实现知行统一的培育目标时,一是要深化大学生对友善的道德认同。人的需求是价值观内化的原动力,明确友善价值观的科学内涵与践行价值,确立大学生在践行友善中的主体性地位可以为践行注入深层次的动力,把友善的道德认知与个人日常行为规范紧密结合,做到知中有行,行必带知,引导大学生在日常生活具体事物中开启友善的践行,强化自身的道德责任感与道德担当。二是要引导大学生正确看待与处理践行友善中面临的矛盾。一般情况下,个体利益与共同体利益产生冲突时,人维护自身利益是生物属性的生存本能。大学生作为社会主义事业的合格建设者与可靠接班人,要展示人的本质与主体性,具备良好的政治素养与共同体道德,自觉维护共同体的利益,并通过树立为社会集体奉献的意识,主动将个人利益融入共同体利益中,寻找个体与共同体利益实现的共通点,在建设社会主义事业过程中实现自身对美好生活的追求,以包容、理性、平和的心态参与社会实践。三是要建立联结友善认知与友善行为的中间桥梁,充分运用人的道德情绪对行为的"催化"作用,强化大学生对友善美好品行的情感共鸣,激发践行的坚定意志与积极情感,以知育情,以情促知,感受善行为人带来的价值实现的心灵喜悦,为知行统一的践行友善提供稳定、持久的精神力量。

四是要不断打磨大学生的道德韧性,在事上练,主动投身社会友善实践,敢于发出弘扬友善之声,与各类不当行为对垒,在复杂的现实情景与道德抉择中练就坚定的践行信念。五是要养成优良的学习、生活、实践作风,以自律自省不断地进行反思与总结,不断地对自身友善观念的源头、目标、手段、评价进行深层次剖析与总结,在思想实验与道德推理中提升内隐友善认知,促使内隐外显友善一致,打牢知行统一践行的思想根基。

5.1.3.2 人的全面自由发展体现友善道德价值

思想政治工作是做人的工作,必须坚持以人为本,既要坚持教育人、引领人、鼓舞人、鞭策人,又要做到尊重人、理解人、关心人、帮助人。[①] 大学生作为立德树人的实践主体,友善价值观的培育应从大学生实现全面自由发展出发,在充分尊重学生个性的前提下践行友善价值观的潜能与需求。人的因素是培育目标需要考虑的根本,是打破培育中教条主义、经验主义与形式主义的关键。人的全面自由发展主要包括人的能力和素质发展、人的社会关系发展与人的个性发展,意味着对人的异化状态的彻底扬弃。大学生不是"传承"友善与"被教化"友善的被动受体,而是认知实践的主体,在自身实践中创造新时代的友善价值观。罗德斯(Rhodes)指出:"学校不仅要培养具有专业知识的'专业人',还要培养具有道德与修养的'社会人',社会人除了掌握知识(knowledge)还应具有'见地'(knowledgeable)。"[②]教育除了培养人的专业知识技能,让学生对于人生发展与专业生涯具有热情,还应该培育人的美德规范,作为实现美好生活的德性保障。友善价值观的培育应当着眼于大学生的能力塑造、社会关系与个体天性,全方面地促进大学生完善友善品格、促进思想升华、激发践行友善的意志,充分考虑大学生的生理心理发展特点、接受程度、认知水平、行为模式,以是否能促进学生的全面发展与社会和谐运行为引导方向,尊重大学生的主体性,深入了解大学生的思维、气质、个性、学习特点、身心发展规律、情感体验、兴趣爱好等,维护大学生的切身利益,在进行价值引领过程中,时刻将学生的所想所需放在心上,帮助大学生获得自觉认同与践行友善价值观的源泉与动力。

马克思主义追求的终极目标是"实现人的全面自由发展",以满足人的全面

---

① 《胡锦涛在全国宣传思想工作会议室发表重要讲话》,《光明日报》,2004 年 1 月 21 日,第 2 版。

② 〔美〕弗兰克·H. T. 罗德斯:《创造未来:美国大学的作用》,王晓阳译,北京:清华大学出版社,2007 年版,第 122 页。

发展需要为核心,培育友善体现了引导人走向全面自由发展的道德价值。自由
发展强调了人们的个性,每个人都可以拥有自己发展的方式方法与智慧等,而
人人都得到全面自由的发展则需要人与人之间友善平等、社会和谐友好。人与
自己、与他人、与社会、与自然的和谐友善相处正是维护社会稳定、经济发展、国
家运行的基础,与之对应,当代立德树人要在六个方面下功夫:坚定理想信念、
厚植爱国主义情怀、加强品德修养、增长知识见识、培养奋斗精神、增强综合素
质。友善价值观的培育要服务于实现大学生的全面自由发展这个目标,才能使
大学生在一个和谐、文明的社会中尽情发挥所能,自由全面地进行学习、生产与
创造劳动等实践。中共中央、国务院发布的《关于进一步加强和改进大学生思
想政治教育的意见》中指出:"坚持以人为本,贴近实际、贴近生活、贴近学生,努
力提高思想政治教育的针对性、实效性和吸引力、感染力,培养德智体美全面发
展的社会主义合格建设者和可靠接班人。"友善价值观培育与一般的规范性价
值观培育不同,是一种实践性美德的价值实现过程。从社会心理学角度看,人
在保持认知的协调性的过程中,外在的理由越少,越会需要内在理由进行补充。
路易斯·拉思斯(Louis E. Raths)认为:"如何处理生活中常见的友谊、恐惧、合
作、爱情、贫穷、金钱、暴力等问题,这些不是学生个人的问题,而是重要的社会
问题。"①友善价值观在培育过程中虽然要注重奖惩手段的实施,鼓励和保护友
善,但获得回报绝不是践行的目的,将友善价值观的效用与目标功利化是坚决
不可取的。同时在不背离社会发展的主流价值观发展方向前提下,培育要理解
和尊重大学生的自我需求,尽量做到兼顾多元包容,把自上而下的培育途径与
自下而上的培育途径紧密结合,兼顾好友善价值观的历史品格与时代精神,满
足大学生多种追求与发展取向的需要。当前我国社会的主要矛盾已经转化为
人民日益增长的美好生活需要和不平衡不充分的发展之间的矛盾,友善与社会
的自由、公平、正义、幸福、富足等美好生活息息相关,大学生要实现对美好生活
的向往,抵抗未来社会对人的异化以及"去人性化"的发展趋势,友善价值观培
育必不可少。而培育并不意味着对大学生进行束缚、限制,甚至是直接的利益
牺牲。亚里士多德在探讨友善与人美好生活的关系时曾经谈道:"人的每种技
艺与研究、实践与选择,都以某种善为目的。"②"人的目的,人的可实践的最高善

---

① 〔美〕路易斯·拉思斯:《价值与教学》,谭松贤译,杭州:浙江教育出版社,2003 年版,第 2 页。
② 〔古希腊〕亚里士多德:《尼各马可伦理学》,廖申白译,北京:商务印书馆,2017 年版,第 47 页。

就是幸福。完善的幸福就是人的灵魂合德性的实现活动。"①每个人最终都会过上与自己德性相符的生活,友善价值观要指引大学生选择有德性的生活方式,构建拥有友善价值观的认知体系与行为方式,在满足社会发展的需要的同时获得对美好生活的追求与向往,通过践行友善价值观在物质世界感到愉悦、幸福,在精神世界得到满足、提升、超越,收获美好生活,获得全面自由发展。

5.1.3.3 社会优良治理凝聚友善道德生态

习近平总书记指出:"稳定是改革发展的前提,必须坚持改革发展稳定的统一。只有社会稳定,改革发展才能不断推进。现在我国即处于发展的重要战略机遇期,也处于社会矛盾凸显期,在社会稳定中推进改革发展尤为重要。我们要坚持把改革的力度、发展的速度和社会可接受的程度统一起来。把改善人民生活作为正确处理改革发展稳定关系的结合点。"②良好的道德生态是消除异化的根源。人的美好生活以政治稳定为基本保障,社会治理与友善道德的融合运行有利于实现国家和人民利益诉求的和谐稳定局面。友善价值观的实现可以为我国的社会治理体系的内容与方向提供指引,以友善道德参与社会治理,在党建、法治、文化、教育多个层面出台一系列友善治理的复合措施,体现友善的品性、精神风貌与伦理行为,可以为遏制社会异化、夯实党的权力合法性、建设社会主义政治文明提供思想支撑。在社会治理过程中,仅有政治道德还不足以实现社会的完善治理,要以友善价值观为中介,德法并重地缓和社会各类矛盾,引导人的社会行为与国家治理权力向善,共同构建优良的社会治理氛围。友善道德生态的核心是以友善之心、友善之行为人民服务,摒弃西方政治体系为权利、为资本服务的狭隘理念,为新时代构建我国政治道德确立科学的价值向度。

习近平总书记在党的第十九次全国代表大会的报告上指出:"社会文明水平尚需提高。"这是给新时代的中国社会治理尤其是道德建设提出的重大课题。友善价值观属于社会主义核心价值观体系的一部分,与民主、自由、平等、公正、法制联系密切,体现了国家的意识形态,具有鲜明的社会主义性质,贯穿经济发展与社会治理的全过程,友善价值观培育目标体现在社会维度上,是以人的友善自觉践行建构社会政治生态的行动路径,以友善积极化解社会发展进程中各类矛盾,促进社会经济稳定发展、推进道德工程建设、引领先进思想文化、建

---

① 〔古希腊〕亚里士多德:《尼各马可伦理学》,廖申白译,北京:商务印书馆,2017年版,第49页。

② 习近平:《论坚持全面深化改革》,北京:中央文献出版社,2018年版,第8-9页。

设友善型环境发展,协调人与市场、社会、自然的关系,以善治结合法治,带动社会优良治理,实现"贤能政治"的友善道德生态。一是要通过践行友善价值观密切党群关系、干群关系,解决权力的道德失衡,实现"权为民所用,利为民所谋,情为民所系",教导党员干部以无私忘我的境界勇担人民福祉重任,将践行友善价值观的初心与使命融入社会主义事业建设中。二是以友善自身的道德属性在治理社会中回应民众诉求,制定的政策要以人民为中心,体现友善的本质与应然的价值向度,在规范生活中确立社会治理的公共属性。三是在社会治理的制度中融入友善,以善的理性构建美好生活的制度载体。习近平总书记领导中国共产党在制度层面不断创新,确立了一系列友善道德制度,如"四史学习""学党章党规定、学系列讲话,做合格党员"学习教育、完善多项党内法规,为社会的优良治理塑造了良好的制度场域。① 四是以友善的道德生态遏制腐败现象,运用友善价值观蕴含的正义、公平、良知、利他、奉献等价值目标,对党员干部进行价值观教育,引导理性反思,与严苛的法律法规形成互补贯穿于新时代反腐败斗争。五是以友善道德生态实现社会的复杂状况治理。新常态背景下面对各类复杂的人民内部矛盾,需要有友善价值观作为缓和冲突的力量,把矛盾维持在社会秩序范围内,使人民内部的利益冲突不至于上升、激化矛盾,维护社会发展的有生力量。这既是对国家、社会与个人三者关系的有效调适,也是确认社会治理上限,实现优良治理,消除权力异化的有效途径。因此,在友善价值观与政治权力间建立良性关系,尤其是以道德和知识主导社会权力的结构中实现全社会的优良治理,这不仅是社会的责任,更是人的本质体现。

5.2　大学生友善价值观培育的基本原则

大学生友善价值观的培育应当着眼于时代发展的诉求与对现实中道德实践困境的超越,根据具体的历史时空、政治体制、经济制度、大众需求、文化氛围制定具有新时代气息的培育原则。友善的最初含义是"握手、合作",象征着朋友间的友好合作,随着时代发展,友善早已不再局限于"朋友之间",友善的主体、对象、手段的范围已获得拓展,不仅是人际友善,还是对自身、对社会、对大自然的友善,具有巨大的时代进步意义。通过实证调查得知,既往培育的单向

---

① 马晓星:《论新时代中国共产党重构权力道德生态的内在理路》,《理论导刊》,2022 年第 2 期,第 12-18 页。

度使友善德性的实现流于表面,培育遇到阻碍主要缘于有外显而无内隐、重知识轻实践等因素使大学生在践行友善的过程中遇到多重阻力,友善价值观的培育遇到了新时代的挑战。培育的基本原则是制定培育手段、充实培育内容、检验培育成效的重要标准,依据开放多元的社会需求与友善道德实践形式丰富的特点,制定规范统一的培育原则,实现个体对友善德性与规范的适应与遵循,是提升友善价值观培育的时代性与感召力,更好地实现友善培育中立德树人本质的保障。因此,培育要在符合马克思主义思想真理性与友善道德心理发展规律的前提下,遵循规范的培育基本原则,激活大学生践行友善的自觉能动性,促进大学生友善思想与行为的形成,引导大学生形成正确的友善价值观,内化为统一发展的内隐与外显友善认知,外化为友善践行。

5.2.1 批判继承与创新发展的统一

习近平总书记指出:"文化是一个国家、一个民族的灵魂。文化兴国运兴,文化强民族强。没有高度的文化自信,没有文化的繁荣兴盛,就没有中华民族伟大复兴。"①要深入地发掘中华民族的优秀传统文化中蕴含的友善思想观念、人文精神与道德规范,结合时代要求,在批评继承中创新发展,体现中华民族文化的持久魅力与风采。友善不仅是大学生修身、齐家,独善其身的重要精神标志,也是实现治国、平天下,兼济苍生的大义所在,是在立德树人过程中植根中华文化传统,赓续中华文化文脉,引领中华文化发展方向的重要体现。传统的道德教育与新时代友善价值观培育的区别在于,前者强调以道德的规范作用实现对人单向度的约束,而后者更能激发道德主体在践行德性过程中的主观能动性。在批判性继承中创新发展友善的培育,可以引导大学生在文化自信、文明认同中践行友善。习近平总书记指出:"我们决不可抛弃中华民族的优秀文化传统,恰恰相反,我们要很好传承和弘扬,因为这是我们民族的'根'和'魂',丢了这个'根'和'魂',就没有根基了。"②中华优秀传统文化已经成为中华民族的基因,根植在中国人内心,潜移默化影响着中国人的思想方式和行为方式。今天我们提倡和弘扬社会主义核心价值观,必须从中汲取丰富营养,否则就不会有生命力和影响力。中华优秀传统文化中的友善资源是中华民族独有的道德思想特色与价值信念支柱,失去传统文化的精神母体滋养,当前的友善价值观

---

① 习近平:《论坚持全面深化改革》,北京:中央文献出版社,2018年版,第368页。

② 《习近平总书记系列重要讲话读本》,北京:人民出版社,2016年版,第96页。

培育极有可能丧失历史根基与独立精神,丧失培育的制度与文明自主性,淹没在多元价值观变迁的长河中。培育大学生对友善价值观的认同及践行,要拥有坚定走中国道路,讲好中国故事,实现中国梦的信心与决心。通过对传统友善思想资源的扬弃,打破中国文化等同传统落后的思想束缚,跳脱西方社会价值体系的陷阱。

马克思认为:"人们创造自己的历史,但是他们不是随心所欲地创造,并不是在他们自己选定的历史条件下创造的,而是在自己直接碰到的既定的、从过去继承下来的条件下创造。"①中华民族的优秀传统文化拥有大量可借鉴的友善价值观培育资源,以中国智慧、中国精神、中国话语提升友善价值观的地位与发展,对大学生自觉认同与践行友善价值观,提升道路自信、理论自信、制度自信、文化自信尤为重要。中共中央办公厅印发的《关于培育和践行社会主义核心价值观的意见》指出:"中华优秀传统文化积淀着中华民族最深沉的精神追求,包含着中华民族最根本的精神基因,代表着中华民族独特的精神标识,是中华民族生生不息、发展壮大的丰厚滋养。""加强对优秀传统文化思想价值的挖掘,梳理和萃取中华文化中的思想精华,作出通俗易懂的当代表达,赋予新的时代内涵,使之与中国特色社会主义相适应,让优秀传统文化在新的时代条件下不断发扬光大。"②价值观的改变具有两种方式:直接否定法与逻辑劝导法。直接否定法是提供一种正确的价值观,否定和覆盖人们原有的观念;逻辑劝导法是找到人们观念矛盾之处进行推理、追问。③ 对中国传统友善批判性的继承与创新运用了逻辑劝导法,例如对"君臣父子"等落后腐朽的伦常观念进行批评,对"尊师重道"等值得继承的道德修养进行发扬与创新。人的心理惯性和认知模式对于熟悉的、潜移默化式的内容会更为开放式的认同,以逻辑推理进行劝导得以维护个体的道德惯性思维与行为习惯,缓解彻底刷新价值观带来的观念抗拒与行为阻碍。

社会成员的民族精神与历史品格又可以统称为"国民性",体现为相似的心理模式和情感体验。中华民族在长期实践中培育和形成的扶正扬善、守望相

---

① 《马克思恩格斯全集》(第 11 卷),北京:人民出版社,2002 年版,第 131-132 页。

② 《关于培育和践行社会主义核心价值观的意见》[OL]. http://theory.people.cn/GB/68294/383685/,2013-12-23,中国共产党新闻网,2019 年 11 月 7 日。

③ 郭毅然:《高校德育困境及其超越——基于社会心理学的研究》,北京:中国社会科学出版社,2013 年版,第 22 页。

助、尊老爱幼、和衷共济、风雨同舟等传统道德规范,始终是中国人国民性的体现。习近平总书记指出:"在学习、研究、应用传统文化时坚持古为今用、推陈出新。""坚持古为今用、以古鉴今,坚持有鉴别的对待、有扬弃的继承。"中华优秀传统文化中"友善、沉稳、内秀、自谦、节俭"等思想对大学生有着天然的磁场吸引力,在进行培育时可以有所选择地吸纳创新、古为今用,唤醒大学生对传统文化的心理亲切感,增强对友善价值观的内生认同,在继承优秀传统文化的基础上不断总结创新,提取出适用于当代大学生的友善价值观培育经验借鉴。

大学生在学习本国历史、文化、风俗时接受友善道德熏陶,是以民族血脉中的友善精神引起大学生的情感共鸣,树立具有时代气息、适应公民道德建设需要的德性发展需要。本书通过调查得知,当代大学生对优秀传统文化中的友善思想资源具有较高的认同性。中国传统友善文化中蕴含着丰富的友善培育资源,如强调在人格层面实现友善的"谦谦君子,温润如玉""上善若水",在社会规范层面实现友善的"己所不欲,勿施于人""和为贵""天人合一"等。但同时也存在着消极避世的一面,如"修来世""进儒退道"等。正如梁漱溟先生所言:"所有的反省、自责、克己、让人、学吃亏等等这一类的传统教训,皆有其社会构造的事实作背景而演成,不可只当它是一种哲学的偏嗜。"①要结合时代背景与当前中国社会的发展目标,适应社会主要矛盾的变化,对传统友善思想进行理性甄别,通过现代化的吸收、借鉴、转型成为培育的理论来源与道德支撑,在新时代中获得继续发展的生命力。"牢固的核心价值观,都有其固有的根本。抛弃传统、丢掉根本就等于隔断了自己的精神命脉"。② 中国的民间文化、家庭文化、乡规宗族制度蕴含着中华民族对个人、家庭、社会、国家等不同层面的传统价值观,对当代中国人的价值观依然影响巨大,批判性的继承则是一种对传统文化"激活"的过程。在批判性继承与创新发展中统一培育的原则,是将马克思主义理论与中华优秀传统文化熔于一体,提高了友善价值观培育的新陈代谢机能,在坚定文化自信过程实现中华优秀传统文化创造性转化与创新性发展。

习近平总书记指出:"中国优秀传统文化的丰富哲学思想、人文精神、教化思想、道德理念等,可以为人们认识世界和改造世界提供有益启迪,可以为治国理政提供有益启示,也可以为道德建设提供有益启发。对传统文化中适合于调理社会关系和鼓励人们向上向善的内容,我们要结合时代条件加以继承和发

---

① 张涛:《友善乐群》,上海:复旦大学出版社,2016 年版,第 7 页。
② 《习近平谈治国理政》,北京:外文出版社,2018 年版,第 164 页。

扬,赋予其新的涵义。"①文化自信是一个国家、一个民族发展中更基本、更深沉、更持久的力量。② 价值观自信是文化自信的内核,价值观是否能深入民心,取决于这种价值观是否符合该国家民族的历史文化,是否体现了国家民族的心理特点,是否顺应了国家民族的前进和发展方向。要大力培育和弘扬社会主义核心价值观体系和核心价值观,加快构建充分反映中国特色、民族特性、时代特征的价值体系,努力抢占价值体系的制高点。③ 通过友善德性的培育,引导大学生树立文化自信,增强对社会主义友善价值观认同感,自觉抵御西方所谓的自由主义、享乐主义、"普世价值"等方面的冲击,在延续本国文化命脉的同时坚定大学生对社会主义事业的理想信念。

5.2.2　显性培育与隐性培育的统一

价值观培育受人的认知结构存在形式与发展的客观规律影响。马克思指出:"我们的意识和思维,不论它看起来是多么超感觉的,总是物质的、肉体的器官即人脑的产物。"④人的思想意识产生的根源在于人的大脑,要充分利用实证调查研究的相关成果,遵循人的大脑活动与心理认知活动的科学规律,从人人具有内隐与外显认知的实际情况出发,有效实现人们对马克思主义理论的"真学、真懂、真信",促使大学生更好地学习、理解马克思主义,自觉、自愿地践行马克思主义,切实提高思想政治教育的科学性与实效性。调查发现,当前友善价值观的培育的难点在于解决大学生内隐与外显价值观的矛盾与冲突,帮助个体获得价值观内部系统的平衡,达到知行合一境界。人的价值观既有通过先天遗传获得,也有来自后天的缘于生命探索的实践活动与培育,以及缘于社会环境与历史文化的影响。一般而言在后天培育的历程中人的价值观形成与发展大致经历了"习得—顺从—认同—内化"的阶段。⑤ 在习得与顺从的阶段,外力能够影响和改变的大多是人的外显价值观,人会为了社会的标准、外界的评价或自

---

① 《习近平在纪念孔子诞辰 2565 周年国际学术研讨会暨国际儒学联合会第五届会员大会开幕会上的讲话》,北京:人民出版社,2014 年版,第 7 页。

② 习近平:《决胜全面建成小康社会 夺取新时代中国特色社会主义伟大胜利——在中国共产党第十九次全国代表大会上的报告》,北京:人民出版社,2017 年版,第 23 页。

③ 中共中央宣传部:《习近平总书记系列讲话重要读本》,北京:人民出版社,2014 年版,第 49-50 页。

④ 《马克思恩格斯选集》(第 4 卷),北京:人民出版社,2012 年版,第 223 页。

⑤ 郭毅然:《高校德育困境及其超越——基于社会心理学的研究》,北京:中国社会科学出版社,2013 年版,第 13 页。

身的好恶保持或抛弃某种价值观。但一旦外在因素改变,个体的价值观也随之
改变,因此在这个阶段培育得到的价值观是较为短暂与表面的。在认同的阶
段,影响和改变开始触及人们的内隐价值观层面,有更为深刻的认知与情感成
分,人们会更容易接受或改变价值观。在内化的阶段,人们把前面阶段培育获
得的价值观与自身的情感、信念、原有价值观等成分充分融合,甚至可以内化为
自身的一部分道德人格,此时价值观的改变完全渗透入内隐层面,形成一种更
为持久,不易改变的价值观。

　　友善价值观具有内隐与外显两个层面,相应的培育内容、方法、途径等方面
都相应地保护显性和隐性两个层次。人在内隐层面拥有正确的友善价值观,是
判断个体对友善认可和践行程度的重要标志之一。根据人们的内隐价值观,学
者进行了深入探究,如雷伯(Reber)通过实验发现人们可以通过内隐的方式习
得规则,提出了"内隐学习"的概念,指人在无意识状态下获得关于刺激环境的
知识的过程。[①] 价值观是隐藏于个体的行为和决定背后的沉默力量,[②]通过授课
等显性培育可以提高学生的外显友善,但内隐友善的提升则必须经过隐性培
育。哲学家恩斯特·卡西(Ernst. Cassirer)在《人论》中提出了著名的"认识自
我乃是哲学探究的最高目标"。[③]《大学》中也提到"所谓诚其意者,毋自欺也"。
在人隐性的自我认知层面展开德性培育是提升道德教育成效的基础。人的认
知结构中,内隐价值观是未被人自身觉察的部分,是已经发生但并未达到意识
状态的价值观活动过程。涉及内隐价值观的信息整合过程可以发生在人的"意
识"之外,是思考的结果,但并未体现在思考的过程中,个体难以察觉内隐价值
观是如何影响自身对道德的认知。[④] 一旦人们的内隐价值观接受了某种想法,
人的大脑开始自动执行观念,随后实质化地进入外显层面,当人接受良好的内
隐友善认知培育,内隐与外显价值观的发展水平一致时,可以减少个体对受教
育信息的抵触,顺利的实现价值观知行转化。

　　通过调查得知,现阶段友善价值观培育的整体结构未得到全面认识,只触

---

　　① 郭毅然:《高校德育困境及其超越——基于社会心理学的研究》,北京:中国社会科学出版社,
2013 年版,第 215 页。

　　② 杨云飞:《美国学校价值观教育研究》,北京:科学出版社,2018 年版,第 93 页。

　　③ 〔德〕恩斯特·卡西:《人论》,甘阳译,上海:上海译文出版社,1985 年版,第 33 页。

　　④ 〔美〕菲利普·津巴多,迈克尔·利佩:《态度改变与社会影响》,北京:人民邮电出版社,2018 年
版,第 235 页。

及价值观的外显层面,培育反复停留在外显友善做功,内隐友善长期处于人们
知识的盲区。尽管显性教育的成果是丰硕的,但过度依赖外显培育的弊端也是
显而易见的,培育意图的直接暴露导致的大学生应付、被动,甚至是反抗;进行
培育的思政工作者、专业教师与大学生缺乏互动与交流;培育过程中师生地位
的不平等,变成机械的灌输者与接收器;显性教育过于生硬,缺乏吸引力和情绪
感染力,与大学生的心理需要和社会需要脱节等,阻碍了培育成效的落实。同
时,友善践行的过程涉及利与义的纠葛,人类具有趋利避害、趋乐避苦的生物本
性与心理趋势,尤其是处于青年期的大学生自我同一性有待发展,内隐与外显
友善价值观一直未能得到整合统一与共同提升,培育目标设置不合理,最终导
致内隐价值观成为培育中"看不见的天花板",阻碍培育获得实际上的践行性,
缺乏创新性的手段。

　　人的内隐价值观无法通过直接的授课式培育改变,过度强化外显层面,尤
其是以课堂灌输式的培育会使大学生在内隐价值观未受到触动与改变的情景
下有产生心理阻抗,不利于价值观与行为的转化,致使培育效益递减。

　　核心价值观的影响要"像空气一样无所不在,无时不有"。隐性的价值观培
育是显性培育的良好补充,在价值观培育过程中加入隐性的元素可以避免过于
直白、生硬、灌输的说教,对于大学生的内隐层面的友善价值观教育尤为有效。
隐性的价值观培育是显性培育的良好补充,在价值观培育过程中加入隐性的元
素可以避免过于直白、生硬、灌输的说教,对于大学生的内隐层面的友善价值观
教育尤为有效。应当从友善价值观具有内隐性的特点来审视,创新大学生的友
善价值观培育方法,以渗透、间接的隐性方式进行培育的设计,尊重大学生的年
龄阶段发展特点,挖掘大学生的潜能,充分体现对大学生的尊重与关爱,在潜移
默化之中完成对大学生的友善价值观培育。内隐价值观培育从人的潜在心理
需求出发,以隐性的暗示、投射、渗透等方法在道德主体内心将友善的信息要素
形成积淀,让大学生在不知不觉中接受感染与熏陶,使道德主体的认知、态度、
动机等心理倾向得以改变,转变在培育时只做表面、短暂的功夫,戒除只注重显
性培育而忽略隐性培育的教条主义与形式主义作风。隐性的培育尤为适合以
活动开展,如校园文化建设、文体活动、社会实践、志愿服务等实践活动。培育
的途径除了授课式的教导,还可以在文体、科研、日常事务管理中渗透友善价值
观的培育,从认知、情感、意识、行为全方面隐性地培育友善价值观,把无意识层
面积累的友善信息转化为自身关于友善价值观的偏好与选择,实现隐性层面与

显性层面友善共同提高。

人的友善价值观实践是内隐与外显价值观共同作用的结果,尽管内隐与外显的友善处于两个层面,但二者都包含了人的感觉、印象、思维,可以在相互的影响、渗透过程中彼此促进。因此,可以利用隐性认知与显性认知结合,将友善价值观的培育生活化、情景化、具体化,形成系统全面的培育原则,通过课堂教学实现外显认知学习的同时,以课外的校风学风、学校政策、学生社团、校纪校规、环境营造、教师示范发挥隐性培育的作用。在课外积极开办各类校园文体活动、兴趣社团和节庆仪式等传递文明向善、积极乐观向上的价值倾向,呈现隐性培育与显性培育高度契合、培育方式多元化的特征。针对内隐外显共同提升的目的,合理设计培育方案,使思想政治教育对大学生保有吸引力与感召力,引导大学生在外显认知的主动学习过程与内隐认知的潜移默化熏陶中接受友善思想,最大限度地提升思想政治教育的引领力与整合力。

5.2.3　说理教育与情感引导的统一

传统的道德教育历来重视讲授、灌输、训练规范。道德认知与道德践行对应不同的心理机制,友善同时具有美德的内涵与规范的性质,二者是在不同心理水平上进行加工,有着不一样的心理机制,不将美德教育与规范教育的方式统一难以收到良好效果。[①] 当友善价值观作为伦理美德时,对应的是无意识层面、包含情绪因素、自动完成的直觉型道德认知。当友善价值观作为伦理规范时,对应的是意识层面、不含情绪因素、需要努力完成的推理加工系统。仅通过说理教育灌输美德的认知让大学生知道怎样的友善价值观是正确的,依然难以在道德实践中贯彻友善的价值。育人与其他工作的最大区别就是要尊重人的本性,积极调动人发挥自身的主观能动性,尊重人的心理特点、认知特点、情感特点、生理特点。友善带有明显的情感倾向性,需要在建立喜好、热爱、尊重、信任等情感倾向实现。立德树人作为高等教育根本任务,其权威性是不容置疑的,但大学生友善价值观培育的内容、方法、过程等应当去权威化,以饱含感情色彩与人文关怀地呈现给个体。友善价值观的培育要适应大学生的身心发展特点及成长成才规律,有针对性、实效性的开展培育,需要在把握说理教育的规律基础上融合情感性,引导人对友善的积极道德情感,不断发展创新现有的德

---

①　喻丰,彭凯平,韩婷婷,柏阳,柴方圆:《伦理美德的社会及人格心理学分析:道德特质的意义、困惑及解析》,《清华大学学报(哲学社会科学版)》,2012年第4期,第128-139页。

育模式。

说理教育与情感引导的培育原则是对大学生内在精神世界和认知系统的一种改造与境界升华,是培养大学生对社会主义真诚信仰,对友善价值观的真学、真信、真用的基础。当前认知的传达在实际工作中已经取得一定的成效,但情感的引导仍然是培育的薄弱之处。通过现状调查得知,现有的友善价值观培育存在回避真实复杂的大学生实际思想状况和情感倾向,造成培育的内容空洞无聊,方式流于表面,缺乏真情流动等问题,缺乏扣动人心的情感力量,无法获得大学生的内生性认同,导致个体在培育中产生"无聊感、无用感与无力感"。人类是具有丰富情感的生物,情感贯穿人的认知与实践的全过程,情感的缺失造成的不仅仅是培育的主体与客体积极性、主动性的低下,还伴随着兴趣的丧失、践行的消极。说理教育核心在于其中的"理"字,是思想政治教育中常用的正面灌输法,通过一系列的讲事实、摆道理使教育的对象接受灌输思想,改变错误认知,包括课堂教育、座谈演讲、谈话谈心等形式。友善价值观培育在说理的基础上更要"通情",以理服人、以情感人的情理交融方能达到培育的效果。

人是情感丰富的生命体,情感时刻伴随着人道德发生与实施过程。亚当·斯密在《道德情操论》中谈到人性具有天然的同情感,人世间该有的道德包括同情弱者、悲悯苦难、像爱自己那样去爱邻人、正义、谨慎、律已。人类的道德与情感的具有的天然联结,利己是人的本性,对他人的同情之心也是人性。人对情感上认可的事物存在强烈的心理上的归属感、认同感,而对于情感上否定的事物不可避免地出现心理上的疏离感、排斥感,甚至是厌恶的逆反情感。只有说理缺乏情感的培育把大学生变为理论灌输的容器与德性践行的工具,使培育变得空洞、机械、教条,唤起的是大学生内心的空虚与消极情绪,抑制了大学生主动参践行的意愿。最终的结果是贬低了培育的价值,使友善价值观始终在大学生认知系统的外围徘徊,没有进入内隐价值观层面,这也是内隐与外显友善价值观发展水平不一致的因素之一。对于带有情感倾向性的价值观,触发人们的情感更能引起培育的自觉性与能动性,只有形成情感上的共鸣才能带来心理的共情与行为的共振,使大学生充分感悟友善价值观的丰富内涵和深远意义。友善价值观培育中的情感性成分的加入犹如隐形的催化剂,以弥漫、渗透的方式解决友善价值认知转化为友善选择、取向、行为的问题,对于培育目标的达成至关重要。

友善价值观培育中的情感引导包括主体情感、客体情感,主体间在培育的沟通互动过程中的情感。友善价值观的培育要做到以大学生的实际心理、生理、情感倾向等基本情况为本,尊重大学生的情感需求和思维特点。列宁指出:"没有人的感情,就从来没有,也不可能有人对于真理的追求。"①价值观的践行需要获得主体的心理认同,认同是一种个体或群体在感情、心理上趋同的过程,需要建立在人们情感的共同性质之上。② 情感是价值接受的核心,是人们对于客观事物是否符合自我需要产生的心理体验,表现为肯定或否定,热爱或憎恶等不同取向的心理状态,对人们的认知与行为起到积极的推进或消极的阻碍作用。③ 情感作为强大的价值观认同与践行的动力,在大学生对友善的认同与践行中具有调节、整合、凝聚等方面的作用,合理地调动人们积极的或消极的情绪对于价值观的培育尤为重要。只有在情感上得到高度的赞美与肯定,价值观才能成为人们自觉认同与践行的对象。通过引导大学生积极的情感,提升培育对人的凝聚力与吸引力,使友善价值观成为大学生在情感上易于、乐于、趋于接受的价值观。同时要注意,培育中的情感成分应该是基于理性认识的、健康、积极、向上的情感,要注意加强友善价值观培育过程中的情感性与个体的远大追求及社会的道德规范相结合,以理性的推理认知为培育的基础,注重培育过程的对人的价值关怀与情绪疏导,以充沛的情感作为培育强大而持久不衰的动力引擎。

5.3 大学生友善价值观培育的制度构建

制度是社会运行公共性的规范要求,也是公共道德秩序的重要影响因素,为道德的践行提供强有力的保障,有利于促进大学生友善价值观培育有序展开。友善价值观的培育是持续发展的动态概念,是根据现实需要与未来需要,遵循培育客体身心发展规律,有组织、计划、目的、系统地引导客体获得友善知识,将友善德性内化于心外化于行的过程。习近平总书记指出,要"以更大的政治勇气和智慧,不失时机深化重要领域改革,构建系统完备、科学规范、运行有效的制度体系,使各方面制度更加成熟更加定型"。④ 友善价值观培育的制度构

---

① 《列宁全集》(第25卷),北京:人民出版社,2017年版,第255页。

② 车文博:《弗洛伊德主义原著选辑》(上卷),辽宁:辽宁人民出版社,1998年版,第375-377页。

③ 郭毅然:《高校德育困境及其超越——基于社会心理学的研究》,北京:中国社会科学出版社,2013年版,第55页。

④ 习近平:《论坚持全面深化改革》,北京:中央文献出版社,2018年版,第3页。

建要参照人的道德动机性基础及人的道德践行要素加以评判,把制度构建当作具有人类色彩的问题。在熟人社会向陌生人社会转变的过程中,面对社会关系的发展,友善价值观培育的制度一直未能形成稳定的运行机制,成为友善德性养成与实现效果不佳的原因之一。友善价值观的培育制度是一种稳定的践行机制,友善的德性养成在社会发展过程中,始终依据主体内部需求与社会外部要求实现培育的目标,当面对友善践行的争论与分歧时,制度可以维系德育的权威,促进道德主体对友善的道德规范认同。制度的构建以法律法规制度保护友善践行,实现对友善德性的托底;以激励制度鼓励友善发生,提升友善德性的上限,友善道德的底线与上限得到维护,拓展了人的道德实现空间,从总体上形成对友善价值观的培育的制度保障,强化人对友善德性的道德认同,确保培育的顺利开展。

5.3.1　法律制度维护德育伦理权威

在道德教育的进程中,道德之于法律是内蕴及向度,法律之于道德是依托与拱卫,需要重视法律和道德二者间的相互支撑作用,避免单一路径道德教育可能产生的弊端和问题,以法律法规的制度化维护德育伦理权威,实现友善伦理与法律制度互构共治。《中共中央关于全面推进依法治国若干重大问题的决定》中提出,"以法治体现道德理念、强化法律对道德建设的促进作用"。依法治国与以德治国相结合是我国全面推进依法治国总目标的原则之一,法律和道德作为调控社会秩序、维持社会和谐的重要手段是相辅相成的关系,社会的治理离不开道德与法律的共济。当现实生活中出现友善德性在陌生人社会的边缘化,道德无法约束人们行使符合社会要求德性的现象时,道德分歧与争议难以休止,需要法律制度出场,对道德失范现象进行抑制与管束。通过加强法律法规对道德伦理权威的保障,德治与法治相辅相成、相互促进,破除人们践行中的心理畏难与实际困境。

"立善法于天下,则天下治;立善法于一国,则一国治。"[①]友善的交往方式源于社会运行的良性规则,人们应当遵循社会道德规范进行交往,理想的道德行为规范应该是被公众和社会共同认可的。[②] 友善的实现条件是有能够满足大多

---

① 《习近平关于全面依法治国论述摘编》,北京:中央文献出版社,2015 年版,第 13 页。

② 〔英〕Richard B. Brandt. Morality, Utilitarianism, and Rights. Cambridge:Cambridge University Press,1992:119.

数社会成员需求的社会规则,并且是具有一定约束力的,与当时社会实际情况相结合的制度,这个制度可以对社会成员起教育与惩戒的作用①。道德教育主要靠人的"良心"这种内在约束力实现对人的认知与行为的规范化。但并非人人心中都存良知。社会作为生活的共同体不能没有社会道德,需要法律制度的出场,作为友善德性践行机制与策略的关键环节。友善的道德的权利实现未必导致群体的最大化利益,友善行为的正确性并不能仅靠"最多数人最大幸福"的功利原则评定,而是要依靠合理、合法的社会法律制度加以判定,在陌生人社会以制度的引领与约束引导社会成员凝聚团结。在熟人社会向陌生人社会转型的过程中,只有制度的规范性才能将道德秩序维持在相对稳定的状态。友善德性要切实履行积极的道德职责,必须渗透入制度的框架,以刚性的制度实现友善的规范性效能。当某些社会问题无法单纯依赖道德规范解决时,软性约束为主的道德规范与强制性管束的法律结合可以合情、合理、合法地解决社会友善践行难题,维护社会秩序。同时,符合人的动机、需求的道德规范会成为人们拥护与支持的制度基础,在道德符合社会成员良心的基础下,获得制度维护的道德会得到社会成员的强烈向往与遵守,成为推动人们道德选择与道德践行的关键力量。

黑格尔认为:"善是被实现了的自由,是存在的最终目的。"②友善德性拥有使社会和谐稳定发展、优化社会秩序的功能,对缓解社会内部矛盾,维系社会正常有效运转起推进作用。习近平总书记强调:"培育和弘扬核心价值观,有效整合社会意识,是社会系统得以正常运转、社会秩序得以有效维护的重要途径,也是国家治理体系和治理能力的重要方面。"③友善德性的实现需要合理的制度予以保障,以德法共治促进人的友善德性提升与社会和谐稳定发展具有强烈的现实必要性。友善作为社会普遍的伦理理念,作用的发挥不仅需要根植于人们的思想意识和行为常识中,更需要内化为国家的法律法规制度的形构,在观念立场与利益格局高度分化的现代社会中将制度的外在约束与德性的内在约束融合,将道德他律上升为道德自律,使崇德向善转化成为人们的道德自觉,也使得

---

① 黄明理:《社会主义核心价值观研究丛书友善篇》,南京:江苏人民出版社,2015 年版,第 40 页。

② 郭毅然:《高校德育困境及其超越——基于社会心理学的研究》,北京:中国社会科学出版社,2013 年版,第 171 页。

③ 习近平:《把培育和弘扬社会主义核心价值观作为凝魂聚气强基固本的基础工程》,《人民日报》,2014 年 2 月 26 日,第 1 版。

法律法规符合人们普遍性的价值追求。

缺失制度维系公平与正义的培育危害是显著的,友善会被异化为侮辱性的施舍。亚里士多德谈论城邦友爱时表示,"友爱是联系城邦的纽带,立法者们重视友爱胜过公正,因为城邦的团结类似友爱。若人们都是朋友,便不需要公正,若他们仅仅只公正,就还需要友爱,因为公正中包含着友爱"①"公正是德性之首,比星辰更让人崇敬""公正是一切德性的总括""公正就是对他人的善"等。②法律法规的制度是实现友善德性的保障与动力,有了制度托底,人们才能放心大胆地发挥主观能动性,放大个体道德选择空间,在践行友善时感拥有充足的安全感、获得感与幸福感。习近平总书记强调:"政策制度、法律法规、社会治理都要体现社会主义核心价值观的要求,使符合核心价值观的行为得到鼓励,违背核心价值观的行为受到制约。"③维护友善践行的合法性势必涉及对友善失范现象的否定乃至惩罚。友善价值观具有"互惠性利他(reciprocal altruism)"与"利他性惩罚(altruistic punishment)"的性质,会促使人们对陌生他者也愿意施与善意,也对非友善的观念与行为做出谴责与惩罚的反应。达尔文认为合作互助是人的进化特质之一,个体出于维护自己和群体的利益,会愿意由好人来执行惩罚坏人,同时对于具有友善价值观的个体进行奖励,人类也由此进化出了互惠性利他,正是这种赏罚分明的社会制度使得社会成员间可以积极合作,获得共同发展。④ 罗伯特·特里弗斯(Robert Trivers)在谈及友善时表示人类互惠利他的理念解释了没有亲缘关系的朋友与陌生人之间如何开展合作。互惠利他产生有心理因素与社会因素,面对友善失范现象,人会非常乐于惩罚违规者,作为利益的旁观者或哪怕自己也要付出一定的代价也会倾向采取利他性惩罚。⑤ 利他性惩罚最早由苏黎世大学恩斯特·费尔(Ernst Fehr)教授提出,即人们都是潜在的惩罚者,倾向于惩罚不合作者或搭便车者,哪怕自己因此承担惩罚的成本或受到利益的损失。利他性惩罚体现了人的本性,人类自古以来就通过惩罚执行社会规范与促进合作。⑥ 访谈发现,大学生对于不友善的行为现

① 〔古希腊〕亚里士多德:《尼各马可伦理学》,廖申白译,北京:商务印书馆,2017年版,第117页。
② 〔古希腊〕亚里士多德:《尼各马可伦理学》,廖申白译,北京:商务印书馆,2017年版,第142-143页。
③ 中共中央宣传部:《习近平总书记系列重要讲话读本》,北京:人民出版社,2014年版,第95-96页。
④ 〔美〕保罗·布卢姆:《善恶之源》,青涂译,杭州:浙江人民出版社,2018年版,第13页。
⑤ 〔美〕萨姆·哈里斯:《道德景观——科学如何决定人的价值》,于嘉云译,北京:中信出版社,2017年版,第66页。
⑥ 黄少安,姜树广:《制度性惩罚与人类合作秩序的维持》,《财经问题研究》,2013年第11期,第3-9页。

象感到生气、愤怒,宁愿为了维护友善倾向于采取利他性惩罚的情况。如果没有制度维护德育伦理权威,人们自行采取利他性惩罚,会破坏程序的正义性,最终损害德育权威。

综合调查结果发现,大学生尤为重视价值观培育平等与公正的实现,破坏平等与公平的原则会使大学生产生一系列的否定、抗拒、逆反等心理防御机制。如在问卷调查的开放式问题与访谈中,大学生对于参与友善活动的荣誉名额分配不均、参与机会不公这类现象感到十分的愤慨,甚至因此抵触和反对培育活动的展开,哪怕知道这样的培育能达到良好效果,极大地破坏了实现友善德性的初衷与目的。同时,针对校园暴力与近年来常见的网络欺负等非友善现象,更需要在遵循法律法规的基础上,结合校纪校规等制度的基础上,进行适当的惩罚予以遏制。否则人们自主选择进行惩罚,即"你伤害我,我回敬你",便会形成霍布斯笔下的"所有人对所有人的战争"的环境,伤害社会整体的友善德性。因此,要以合理的法律制度引导人们从善如流,减少利他性惩罚的心态与行为发生,维护社会公平正义。在以合理机制做好奖惩的过程中,高校还需要做好清晰的,具有导向的价值信号传递的角色,引领大学生充分探讨友善价值观的认识论与实践论的课题,帮助大学生学会在现实生活中如何辨别、发扬、践行友善,提升自身的友善智慧与德性。

友善价值观的弘扬与践行有赖于国家的法律制度与社会的规范准则的保障,需要国家与社会对友善义举进行根本性、长效性的维护,加强社会主义核心价值观的法治建设,以国家法律制度的权威力量化解大学生心中的顾虑,激发友善动机,引领大学生积极自觉地践行友善价值观。受友善道德规范滋养的法律制度框架反过来会对人的内在友善品质德性的塑造产生影响,实现对道德教育的促进。在 2017 年颁布的《民法总则》第一百八十三条规定对见义勇为行为中救助者所受损害的救济,第一百八十四条规定救助人不承担因紧急救助行为造成受助人损害的民事责任,2020 年两会在民法典草案总则编中纳入的"因自愿实施紧急救助行为造成受助人损害的,救助人不承担民事责任"等法案,彰显了国家法律制度对友善道德的褒奖与肯定,鼓励了友善的践行,体现了社会主义核心价值观的德治与国家法治的融合与共治。在以法律保护友善价值观的同时,也是友善价值观对国家民法内在价值体系进行丰富。

国家以法律制度的顶层设计对践行友善进行保护,切实以善法推动善行,在法制与善制的结合中将社会主义核心价值观融入国家法治建设,补全之前制度短板,以制度的完善帮助友善从观念变为实践,维护立德树人的伦理权威,增强对践行友善的保护性与规范性。人们遵循国家和社会现行的治理与发展秩序的同时,用友善价值观看待自身及一切生命体和社会关系,在德育与法治充分结合的过程中,以法治的权威保护德育的有序铺开,以国家的意志进行友善价值观的引导,使友善既是个体的道德责任,更是公民应尽的社会道德义务。

5.3.2　激励制度强化友善践行需求

　　培育具有友善德性的全面发展的人是友善价值观培育公共性的规范要求。如何获取友善价值观的践行动力,是大学生将友善德性内化于心、外化于行的关键。习近平总书记在中国共产党第十九次全国代表大会上的报告指出:"必须坚持和完善中国特色社会主义制度,不断推进国家治理体系和治理能力现代化,坚决破除一切不合时宜的思想观念和体制机制弊端,突破利益固化的藩篱,吸收人类文明有益成果,构建系统完备、科学规范、运行有效的制度体系,充分发挥我国社会主义制度的优越性。"[①]深入实施公民道德建设工程要注重激励人们向上向善,以此满足人们的正当需要,重视人的主体价值,在多维度实现人的发展与解放。

　　个体的道德践行意志是自由的,在符合社会的规范性要求与培育的路径中,将人践行的自由意志与道德责任结合,可以解放人的思想束缚、激发行为活力,给予个体更多的道德选择,丰富道德实践的空间。激励可以规范人们对友善价值观的认知与践行,科学地运用激励可以强化大学生的道德践行需求,促使大学生养成良好的友善道德行为。激励制度的建立可以成为个体践行友善价值观的回馈与调节手段,以激励助力社会良好道德秩序建立,与法律制度共同实现友善的高境界与友善伦理底线的互补。

　　其一,激励制度的建立要具备友善的道德特性。不同激励机制的设立具有不同的目的,要遵循科学的激励原则,合理运用于友善价值观培育。我们目前熟知的激励原则有物质激励与精神激励、外在激励与内在激励,激励方法有目标激励法、情感激励法、榜样激励法、竞争激励法、奖惩激励法等。培育中应该根据融入大学生的道德践行需求,科学地运用各项激励手段,激发大学生内部与外部的友善践行动力,确保培育的顺利进行。从德性养成来看,培育中的激

---

① 习近平:《论坚持全面深化改革》,北京:中央文献出版社,2018 年版,第 1 页。

励制度要充分、彻底地阐释制度蕴含的道德特性,激励制度与友善德性养成的贴合度,决定了人们受激励的水平与认同度。激励制度要从原则上与方法上融入如何培育友善的诠释,采取形式多样、大学生情感接受的激励措施,尤其是针对内隐友善价值观的隐性形式与提升道德践行的道德情景模拟等,使其获得大学生的认可。

中国人向来信奉"善恶有报"的朴素善恶观,认为对人们拥有美好德性的"回报"是合理且必需的。在激励的过程中增强制度的执行力,形成长期稳定的制度化模式,关乎对人们对友善的评价与践行积极性。以激励制度保证友善价值观践行的合法性与延续性,促进友善德性的在潜移默化中入耳入脑入心,强化了对道德主体的德性关照。通过科学的立法、执法、司法实践推动核心价值观的培育和践行,用有效的制度机制来规范人们的行为,使符合核心价值观的行为受到鼓励,使违背核心价值观的现象受到制约。要加大对先进典型、道德模范的关心和帮助,不仅要给予舆论上的推崇和道义上的支持,还应当给予物质上的激励和生活上的关心,推动形成好人好报、善有善报的正向机制,形成崇德向善、见贤思齐的社会氛围。在大学生的友善价值观培育中,合理的激励机制的功能应当达到规范、引导、激励、控制等方面的效果,将友善价值观培育维持在稳定的状态,避免培育的非系统化。激励制度还应当及时修复友善德性的缺口,积极促进大学生正确友善价值观的养成的同时对失当行为予以校正,激励认同践行友善价值观的大学生,对于违背者、漠视者,甚至是搭便车者应给予相应的惩罚,启发大学生的理性道德判断与道德选择,促使大学生认同与践行友善观念与行为。

其二,激励制度的建立要遵循以人为中心的原则。切实激励大学生践行友善价值观的需求与动力,是大学生充分发挥主体性,自觉自愿地投身友善价值观的道德实践活动的重要保障。合理的激励制度可以塑造人、锻炼人,是改变大学生友善价值观的态度与认知的有效措施。激励机制的设立必须以"人道"作为尺度。[①] 要意识到当代友善价值观的内涵与外延的范围较之以往更为广泛,友善的对象从拥有血缘关系的亲人、到朋友同学,进而扩展到陌生人、社会、世界各国全人类,甚至是自然界环境。调查研究发现目前大学生处在对友善价值观认识较为初始的阶段,未对友善的概念、对象、内涵、方法等拥有清晰的认

---

① 〔法〕米歇尔·福柯:《规训与惩罚:修订译本》,刘北成、杨远婴译,北京:三联书店,2012年版,第83页。

知,导致友善的践行局限在"人际友善""熟人友善""利己友善",在践行中有明显差序性的友善实践圈。这需要激励机制与新时代的友善内涵相适应,适时调整激励手段,建立层次多样的激励目标,防止因目标过于宏大使大学生产生道德畏难,在循序渐进中潜移默化地将友善价值观培育引导至可持续发展的良性轨道。激励的制度要依据大学生的道德心理特点具备充分的亲和力与吸引力,在履行培育职责的同时更具人文关怀,围绕友善的德性基础,对大学生的友善践行进行升华,实现人的全面自由发展。

惩恶同时还需做到扬善。激励除了激活人的动机,还在道德评价的导向上对道德失范具有约束力,以心理学中的正强化与负强化为基础,建立正向激励与反向激励机制,以合理的奖惩手段引导大学生避免友善失当行为。激励过程中对友善践行反馈的奖与惩都需要把握合理的"度",度的把握关乎社会的公平正义是否得到规则清晰的执行,友善的需要与动机是否得到实现与满足,友善的水平与状态是否可以维系。为此高校可以将友善价值观的培育要求融入校内的学生守则、文明公约、宿舍管理条例、社会实践要求等一系列的学校规章制度中,以民主、公正的原则展开激励,广泛听取大学生的意见与反馈,及时调整激励制度。对于友善价值观培育过程中实现公正的奖惩和赏罚的反馈机制、规章制度的实现和具体的措施办法等最好由权威第三方施行,避免当事人自行采取行动裁决,更好地维护友善的氛围。在现实社会中施行惩罚的角色依赖于稳定的第三方,即没有从该行为中直接收益或受损的公正决策者。① 在大学生友善价值观培育中,高校应当责无旁贷地承担起这个第三方的角色,建立长效的、客观的奖惩机制与纠错制度,以制度规范鼓励及正面激发友善的践行,对非友善的行为现象进行纠错与惩罚,解决和协调好友善价值观引发的矛盾与冲突。

5.3.3　环境制度巩固协同育人基础

价值观是在特定情景下人与环境各因素的互动过程中产生的思想观念,环境既有宏观的,也有微观的,有可见的,也有无形的,各个环境要素相互影响与作用,共同影响着人的价值观发展与行为实践。马克思认为:"环境的改变与人的活动的一致,只能被看作是并合理地理解为变革的实践。"②友善价值观培育的实现离不开德育的环境场域制度建设,在价值观培育中,学者们把培育的因

---

① 黄少安,姜树广:《制度性惩罚与人类合作秩序的维持》,《财经问题研究》,2013 年第 11 期,第 3-9 页。
② 《马克思恩格斯选集》(第 1 卷),北京:人民出版社,2012 年版,第 59 页。

素大致划分为"主体、客体、载体、环境"等几个方面,人是关系性的存在,培育的环境需要多重维度场景作为育人的环境平台,共同促进友善道德的实现。教育部印发的《学习贯彻落实中发〔2004〕16号文件和全国加强和改进大学生思想政治教育工作会议精神的宣讲提纲》的通知中指出:"大学生理想信念的树立、思想品质的培育、道德情操的培养、文明习惯的养成、美好心灵的塑造,需要社会方方面面共同支持,需要营造健康向上的良好社会环境,特别是要大力营造良好的文化环境、舆论环境、校园周边环境。"环境系统各部分互相呼应可以为友善价值观的共同育人提供平台保障。通过调查得知,现有的友善价值观培育受到外部环境的制约,各个环境子系统自成一面,缺乏有效联结。

《教育部办公厅关于开展"三全育人"综合改革试点工作的通知》中明确提出,要"构建一体化育人体系""全面统筹办学治校各领域、教育教学各环节、人才培养各方面的育人资源和育人力量",从体制机制完善、项目带动引领、队伍配齐建强、组织条件保障等方面进行系统设计,从宏观、中观、微观各个层面一体化构建育人工作体系,实现各项工作的协同协作、同向同行、互联互通。① 在培育中一切可以为道德养成所用的显性的、隐性的、宏观的、微小的环境都应该被充分考虑,科学构建起培育的环境制度。习近平总书记指出:"每一代青年都有自己的际遇和机缘,都要在自己所处的时代条件下谋划人生、创造历史。"当代的大学生友善价值观培育处在百年未有的历史大变革环境条件下,中国社会传统的价值观不断被刷新,新的核心价值观体系面临国外多元价值观不断冲击。在这样的背景下,环境制度的建设要遵循当前思想政治教育的"全员育人、全程育人、全方位育人"的要求进行构建。具体而言,"全员育人",要求全体教职员工都要成为"育人者"。其一言一行、一举一动都要覆行育人之责、产生育人之效,实现育人无不尽责。"全程育人",要求将立德树人贯穿高校教育教学全过程和学生成长成才全过程,实现育人无时不有。"全方位育人",要求将立德树人覆盖到课上课下、网上网下、校内校外,实现育人无处不在。

马克思在《费尔巴哈的提纲》中提到:"有一种唯物主义学说,认为人是环境和教育的产物,因而认为改变了的人是另一种环境和改变了的教育的产物,这种学说忘记了环境正是由人来改变的,而教育者本人一定是受教育的。"② 环境

---

① 《教育部办公厅关于开展"三全育人"综合改革试点工作的通知》,〔OL〕. http://www.moe.gov. cn/srcsite/A12/moe_1407/s253/201805/t20180528_337433.html,2018年5月25日。

② 《马克思恩格斯全集》(第3卷),北京:人民出版社,2002年版,第5页。

是个体生存、交往、相互影响作用并得到发展的外部世界,对人的行为、观念和价值观的作用巨大与人的思想意识是一种辩证关系。① "人是教育和环境的产物,只有在合乎人性的环境中,人性才能健康发展",②当代的友善价值观培育的环境制度采用整体结构的系统生态理论,符合道德教育的"三全育人"的方向。生态系统论的提出者是布朗芬·布伦纳(Bronfen Brenner),该思想基于发展心理学提出,重视人与环境的相互作用。生态系统论以融会贯通的视角探索道德教育的现实问题,对高校德育共同体的打造具有重要借鉴。布朗芬·布伦纳把"环境整体"划分为五个系统:微观系统、中观系统、宏观系统、外部系统以及时间系统。③ 较之于传统的思想政治教育的环境分类中的两分法(宏观环境、微观环境)或三分法(宏观环境、中观环境、微观环境)增加了外部系统与时间系统,强调"整体性"环境而非"要素性"环境,体现了新时代的育人要求,具体的结构如图 5.1 所示。基于生态系统理论的环境特征是,强调事物会随着环境与文化的改变而发生连续性变化,不同层次的环境系统之间是相互作用、相互依存的关系。在友善价值观的培育过程中,显性的与隐性培育环境对于"关键的少数"与"沉默的大多数"的道德主体有重要影响。在动态的环境制度下,可以通过显性灌输或隐性暗示对大学生的内隐与外显友善价值观进行培育。

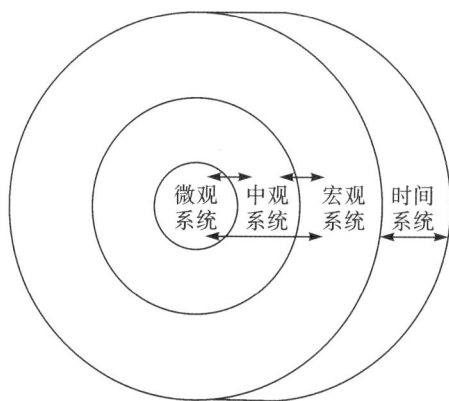

图 5.1　大学生友善价值观培育环境制度构想

① 袁贵仁:《价值学引论》,北京:北京师范大学出版社,1991 年版,第 380 页。
② 《马克思恩格斯全集》(第 2 卷),北京:人民出版社,2002 年版,第 166-167 页。
③ 刘杰,孟会敏:《关于布郎芬布伦纳发展心理学生态系统理论》,《中国健康心理学杂志》,2009 年第 2 期,第 250-252 页。

　　根据生态系统理论的结构与逻辑,大学生友善价值观培育的环境可以细分为外部环境、宏观环境、中观环境,微观环境以及时间系统,各系统间均可进行流通与互动。其中,外部环境包括国际环境、自然环境、网络环境;宏观环境包括国家政治环境、社会文化环境、经济发展环境、意识形态环境、民族文化环境;中观环境包括家庭环境、校园环境(含校园文化氛围)、社区环境;微观环境包括大学生个体在生理方面的遗传因素、智力,以及心理方面的性格、情绪、人格、价值观、生活方式、态度等;时间系统是个体生命历程中环境实践和过渡的模式变化,包括大学生的毕生每一个关键点与转折点,如升学、工作、结婚及其他重大生活事件。大学生友善价值观培育的环境跨度是从个体、家庭、社会、国家乃至国际格局与自然环境的层次,需要关注微观环境、中观环境、宏观环境、外部环境、时间系统之间相互影响、相互塑造的关系。值得注意的是,时间系统的设立是缘于大学生友善价值观培育的阶段性与长期性共存的状况设立的,是对"未来时间维度"的德育考虑。

　　人的价值观会终身发展,一生都受到教育和环境的共同影响。友善价值观的培育非一日之功,需要进行系统的、长期的培育方能见效,而大学生在例如入学、社会实践、求职、正式进入社会、就业与婚育等人生的每个不同阶段,培育的目标、手段、效果也不尽相同,需要设立具有阶段性的针对性的培育体系。在各个系统之间如果能产生正面的、积极的联系与互动,友善价值观则可以得到较好的发展,若系统间联系是消极的甚至切断联系,大学生的友善价值观培育则有可能遭到损害。例如,微观系统中的个体情感与中观系统中的家庭环境无法产生联结,家庭教育就无法实现;中观系统的校园环境与宏观系统的社会文化无法产生良性互动,则校园教育失去对大学生的吸引力;宏观系统的意识形态与外部系统的国际环境产生冲突,友善价值观的培育受到国外多元价值观的强烈冲击;或是平级系统间的链接弱化,如学校与家庭教育存在脱钩而不是合力等。基于生态系统理论的环境建设更为真实地体现了现实生活中的复杂多变的环境,并可以从多方面优化环境体系,增强不同层级环境的互动,以毕生发展的理念看待大学生的友善价值观培育,营造良好环境制度体系,为道德共同体的协同育人奠定基础。

　　综合来看,友善价值观培育的理路受国家政治、经济、精神文明发展机制的运行牵引,目的在于更好地实现"发展为了人民,发展依靠人民,发展成果由人民共享",契合社会主义本质,体现了社会主义发展的内在要求、价值取向和最终目的。友善价值观的培育不仅仅是为了使大学生做一个有良善道德的人,而是为了使大学生受到价值观、美德、情感、审美等元素的熏陶,体验美好生活的意义,使大学生拥有认识外部世界、改造世界的信心同时,具备发展自我、展现人的本质的尊严与卓绝,在不断解决践行友善矛盾的持续进程中实现个体成长与社会发展的意义。大学生友善价值观培育作为立德树人的探索与尝试,内在理路建构应当基于对社会发展新趋势、公民道德建设新需求、人在道德实践中的新发展等方向的关注,不断地克服不科学的培育目的、原则、制度等对人的素质提升存在阻碍的因素,将培育的体系建设置于贯彻落实核心价值观的背景中、置于人与社会友善互动的生产中、置于优化思想政治教育的网络中,为友善价值观培育的实践路径提供实现的目标、原则与制度依据。

第6章　大学生友善价值观培育的实践路径

立德树人是我国高等教育的根本任务,要把立德树人落在实处,需要将宏观要求落实至具体培养目标。2020年教育部等八部门联合印发的《关于加快构建高校思想政治工作体系的意见》指出,当前的思想政治工作目标任务是"健全立德树人体制机制,把立德树人融入思想道德、文化知识、社会实践教育各个环节,贯通学科体系、教学体系、教材体系、管理体系"。友善价值观培育不仅需要系统的把握内在机理,还需要以实践检验理论,科学地建立实践路径,在实践中将友善价值观转化成人们的情感认同与行为习惯,将友善道德践行融入人与社会发展各方面。价值观的培育过程可以宽泛地定义为建立在人的认知、情感、意志与行为基础上的评价性倾向。[①] 认知是培育的起点,情感是培育的动力,意志是培育的支撑,践行是培育的结果,知情意行彼此间相互联系,任何一部分的变动都会引起价值观整体的变化,以知情意行构成的育人路径成为发挥培育实践功能的活动与过程,联结了友善价值观承载的价值观念、行为规范与培育的主客体。据此,本书把大学生友善价值观培育实践路径依据知情意行过程划分为四种:思想育人、文化育人、心理育人与行为育人,以思想育人解决大学生最基础的友善认知活动,文化育人提升大学生对友善的情感认同,心理育人强化大学生践行友善价值观的坚定意志,行为育人通过家庭、学校与社会合力,创建实践场域将友善的认知升华为行动。

6.1　坚持培育实践的马克思主义导向

以马克思主义为实践路径的导向,就是不断发展开放的理论,始终站在时代前沿,随着社会的变化而发展,探索核心价值观建设领域与新时代公民道德

---

① 〔美〕菲利普·津巴多,迈克尔·利佩:《态度改变与社会影响》,北京:人民邮电出版社,2018年版,第29页。

提出的新课题,回应人类社会面临的新挑战。人需要多维度的解放才能实现全面自由发展,马克思诞辰已有 200 余年,但我们仍可以看到异化、人情冷漠、道德失范等社会问题,他当年研究的问题依然应景,从这个意义上看,马克思仍然是我们的同时代人,马克思主义仍然是我们这个时代的哲学主题,理解友善价值观的实践必须回到马克思本身,为我们认识世界、改造世界提供强大精神力量。大学生友善价值观培育实践是在新时代加强马克思主义理论大众化的探索过程,要以实践提升友善价值观从知到行的转化,做到对马克思主义真学、真懂、真信,增强理论的亲和力与感召力,在对人充满人文关怀的情感的同时不断拓展培育实践路径的视域,提升培育友善认知与践行的效力,充分诠释友善价值观培育实践的当代活力。

6.1.1　以实践教育促进人的解放与自由

经过实践检验的理论才能具有新时代特色。习近平总书记在 2016 年底全国高校思想政治工作会议上明确提出:"我国高等教育发展方向要同我国发展的现实目标和未来方向紧密联系在一起,为人民服务,为中国共产党治国理政服务,为巩固和发展中国特色社会主义制度服务,为改革开放和社会主义现代化建设服务。"[1]阐明了党中央对教育的目的、功能和作用的认识,是办好中国特色社会主义教育事业必须坚持的方向。我国社会主义性质的教育事业是以人的整体生命为尺度,需要以"实事求是"的理念回到实践本身。人的教育实践不能是封闭、恒定的,暗含既定的逻辑,否则在实践教育中依照过去的逻辑路径依赖会罔顾人的身心发展规律,偏离实践原本的轨道。友善价值观培育归根结底需要以人为本,在马克思主义实践哲学基本原则的指引下,以实践回到友善的践行本身,促进人的发展、解放与自由,回答好"培养什么人,怎样培养人,为谁培养人"的逻辑问题,克服片面依靠理论灌输培育的空想性与盲目性,在实践中审视、发展友善价值观的实现路径,通过坚持社会主义的办学方向,把人的全面自由发展作为实践教育的根本目的,发挥实践在培育和践行友善价值观中的重要作用。

人在本质上是一种无限丰富性、多样性和可能性的存在。[2] 人在践行友善

① 童世骏:《建设社会主义教育强国研究》,北京:人民出版社,2019 年版,第 22 页。
② 沈壮海,李岩:《注重人文关怀和心理疏导:创新思想政治工作的新要求》,《思想政治工作研究》,2008 年第 2 期,第 20-22 页。

价值观过程中的实践活动本质上是"合道德性"与"合价值性"一体的追求友善道德践行的活动,内在的具有向善性质。马克思主义的实践哲学是宏观的理论,在具体指导友善价值观的培育实践如何促进人的解放与自由时,要转化为具体的实践策略,达到既能认识世界,又能改造生活的目的。从马克思的"现实的人及其活动"出发,追求友善的理性实践即是摆脱把人置于自然与社会、个体与群体、物质与精神、能动与被动等矛盾与冲突的状态,实现人的无限丰富与发展。首先,要引导大学生树立正确的友善实践目的观,培养大学生在践行友善中体验愉快的情感与自发产生践行动机。友善价值观培育的实践是引导大学生"向往友善、认同友善、实现友善"的过程,大学生在实践中以"有德性的善行"不断地摆脱与超越"动物性",使自身趋于"完善",成就自我与超越自我,通过友善价值观的实践教育走向通往德性与智慧的道路。① 其次,要保障道德主体有充足的友善认知灌输,促进人对自身友善活动的感性认识,以此作为保障发展高阶段的理性认识。通过考评促进知识学习是我国长期以来教育实践常用传统做法,为了防止考试机制限制人的自由发展,要注重以人为本原则,在考试测评中减少考试原本的"遴选"意味,增强考试的育人功效,以发展性的目的举行考试,科学衡量考试结果,防止友善道德知识灌输功能异化,避免对考试的工具性依赖。最后,要注重通过将友善价值观的实践活动转化为具体的对象化形式,脱离价值观认知的抽象化藩篱。人的活动在本质上是对象性的,事物的对象化需要有感性的对象,人必须借助感性的、实践的对象,才能生成自己的本质。② 友善价值观的实践教育通过与社会的生产实践相结合,直观的实践对象更具有直观性与终极性,克服人学习对象的异己性,使人在社会的实践中习得友善,获得解放与自由。

6.1.2 立足唯物史观诠释实践特质

意识形态需要通过人的实践才能体现,体现为经济基础对上层建筑的作用,当上层建筑符合经济基础发展需要时,可以推动经济基础的发展。习近平总书记指出:"理念是行动的先导,一定的发展实践都是由一定的发展理念来引

---

① 刘庆昌:《教育实践及其基本逻辑》,《山西大学学报(哲学社会科学版)》,2015 年第 3 期,第 97 页。

② 陈理宣,刘炎欣:《基于马克思主义实践哲学的教育问题研究》,北京:人民出版社,2020 年版,第331 页。

领的,发展理念是否对头,从根本上决定着发展成效乃至成败。"①时代的发展使经济基础大为繁荣,对友善的意识形态产生积极的影响,为友善的实践准备了充分的物质条件与精神保障。在历史唯物主义诞生前,人们总是从宗教的角度、卓越人物的思想或某种隐秘的理性,即从精神因素出发解释历史事件,说明历史的发展。费尔巴哈对人的观点是一种孤立、静止、撇开历史进程的考察,认为人是一种生物学、生理学和心理学的特殊性抽象出来作为孤立的人类个体。马克思主义理论批判费尔巴哈的"人自身"学说,恩格斯提到:"费尔巴哈设定的是一般的人,而不是现实的历史的人。"②"对抽象的人的崇拜,即费尔巴哈新宗教的核心,必定会由关于现实的人及其历史发展的科学来代替"。③ 把人理解为抽象的、孤立的人,失去对人的自我意识与现实生活的考察,脱离人的历史发展与社会关系,其后果就是曲解了人在社会关系中发展的真实过程,使过去的友善成为古老城邦的维护稳定的关系、宗教团体虚幻的理想、资产阶级调和矛盾的工具或是统治阶级驯化人民的教条,人们践行友善不是为了提升自身道德水平或是促进人与社会共同进步发展,而是从抽象的角度理解人,把友善实现的动力归结为人的善良天性或是某种神秘的理性,不可能正确地激发友善的知行落实。唯物史观从人社会历史发展的主体角度出发,肯定人在历史的创造和发展过程中具有的决定性作用。运用历史唯物主义的视角批判性的继承与创新性的转化,使其符合当代道德教育的需要,固守马克思主义思想在当代中国意识形态领域的主导地位。

从唯物史观来看,友善在新时代经历了传统到现代,个体到共同体,集体潜意识到社会认同的演变,内涵、外延、性质与作用都得到了充分的凝练升华,是在社会中产生、历史上活动、不断发展的美好品德与行为规范。"人"作为培育与践行友善价值观的主体拥有无限的丰富性,我们开辟培育的实践路径,不仅应从马克思主义哲学理论去研究和把握,还应该从社会学、心理学、人类学、历史学、政治学、伦理学、美学、文学等社会科学各分支学科开展培育实践路径的研究。还可以参考有关人的自然科学,例如人的认知神经科学、脑科学、生理心理学等。马克思曾经预言:"自然科学往后将包括关于人的科学,正像关于人的

---

① 习近平:《论坚持全面深化改革》,北京:中央文献出版社,2018 年版,第 170 页。
② 《马克思恩格斯选集》(第 1 卷),北京:人民出版社,1995 年版,第 75 页。
③ 《马克思恩格斯选集》(第 1 卷),北京:人民出版社,1995 年版,第 241 页。

科学包括自然科学一样,这将是一门科学。"①马克思的预言在今天通过时代发展、科技进步、各个学科的综合与思想流派的整合逐步成为现实。在今天,友善的特质突出体现在新时代的语境与人对道德实践的需要之中,社会主义制度保证了友善践行的社会主义性质,不再是自上而下的道德律令或是自下而上的民间伦理,使友善的实践无法摆脱不平等的人身依附。友善的实践是为了人民,也需要依靠人民,需要从群众中来,到群众中去,在实践中不断循环往复地提高全社会对友善的弘扬与认同,以满足人民群众对美好生活的向往为归宿。

一切社会制度、社会形态都是人类社会从低级到高级的无穷的发展过程中的一些暂时阶段,没有永恒的社会制度和形态,马克思主义被看作并被理解为一个活的总体的社会发展理论。② 作为马克思主义友善思想的中国化发展,大学生友善价值观培育实践是不断变化的有机体。在对培育展开系统理路建构同时,要以实践路径的生成机理为基础,在实践中发展友善培育,切实增强新时代立德树人根本任务的针对性与实效性。从唯物史观的立场出发,我们需要不断地拓展创新培育的实践路径,为友善价值观在大学生中内化于心、外化于行提供联结的桥梁与纽带。马克思主义作为正确的社会意识,其理论真理性保证了培育实践的社会主义本质,思想政治教育的规律性保证了实践开展有章可依,心理学认知机制的客观性保障了培育结果切实有效。结合新时代社会主义核心价值观培育体系的新要求,把立德树人融入思想道德教育、文化知识教育、心理健康教育与社会实践教育各环节,在深刻认识友善价值观培育实践的基础上,从现实的社会存在出发,以立德树人根本目的为旨归,探索与完善友善价值观培育的实践道路,将友善价值观培育实践与中国社会的发展需要密切相连,使友善价值观成为大学生自觉弘扬与践行的崇高道德,有效保障新时代公民道德建设的推进。

6.1.3 友善实践路径的生成机理与发展

把属于"精神世界"活动的友善思想变为"现实生产"活动的友善实践需要人们经历知识、情感、意志、行为的变化,形成正确的友善价值观,以实践培育友善,在社会中以实践检验观念。这不仅是个人获得全面发展的问题,也是关系社会和谐有序发展的重大课题。2019 年中共中央办公厅、国务院办公厅印发的

---

① 《马克思恩格斯全集》(第 42 卷),北京:人民出版社,第 128 页。

② 〔美〕K. Korsch,Marxism and Philosophy,New York:NLB Press,1990,p.57.

《关于深化新时代学校思想政治理论课改革创新的若干意见》中指出,要"全面提升学生思想政治理论素养,实现知、情、意、行的统一"。[①] 价值观的践行是人们对一定社会或阶级的价值观念、行为准则及意义的涉及知、情、意、行的完整认识过程及认识结果。[②] 价值观的教学不同于一般的知识与技能的教学过程,使用口头讲授或技能训练难以达到目的。友善价值观培育实践路径的生成机理源自人的体验,只有将价值观融入大学生的实际生活,使人在亲身的体验中感知、领悟、接受,才能以潜移默化的效果实现价值观的传达过程。"体验"是人脑认知与事物本质关系的勾连,人通过体验得以回忆过去经历,反思当下经历,畅想未来可能,并在体验的经历中对自身的认识、情绪、行为产生感受与建立意义。[③] 恩格斯指出:"我们不知道有任何一种权利能够强制那处于健康而清醒状态中的每一个人接受某种思想。"[④]体验作为友善价值观学习与践行的根源,在整个培育实践中起关键性作用。人通过体验友善践行,达到与自我、他人、社会的联结,产生践行的愿景与丰富的情感,并成为未来某些时刻践行友善价值观的动力源泉。友善价值观培育实践的育人路径探索需要经过有具体对象、目标、方法指引的体验,引导大学生对友善的道德知识产生认知接受、逻辑推理与情感意愿,经过启迪实践动力,体验践行友善给自身带来的满足,学会理解他人与社会,以友善的道德践行回到生活。

友善实践的生成机理有赖于不断创新发展的实践路径,以马克思主义理论为指导进行孕育、反思,实现友善实践教育的前瞻性与超越性。友善价值观培育的实践路径要注重规范性与发展性的结合,激发大学生的友善道德选择与友善道德践行,通过实践培育获得友善的知识体系,进阶至友善的信仰体系,推动大学生对友善信仰的追求。"信仰"一词并不专属于宗教,信仰最主要用于描述人的一种"极度信服与尊重"的态度。思想政治教育在本质上就是培育人产生"政治信仰"的教育,目的在于使占据统治地位的意识形态深入人的精神世界,帮助人形成政治信仰并以此指导自身活动,使人产生对于知识可靠性和真实性

---

① 中共中央办公厅、国务院办公厅:《关于深化新时代学校思想政治理论课改革创新的若干意见》,[OL]. http://www.gov.cn/zhengce/2019-08/14/content_5421252.htm,2019 年 8 月 14 日。

② 屈陆:《思想政治教育认知问题研究》[D],博士学位论文,成都电子科技大学,2017 年,第 6 页。

③ 陈理宣,刘炎欣:《基于马克思主义实践哲学的教育问题研究》,北京:人民出版社,2020 年版,第113 页。

④ 《马克思恩格斯选集》(第 3 卷),北京:人民出版社,2012 年版,第 125 页。

笃信不疑的自我意识。① 人对价值观深刻的认同并在践行过程中保持精神世界的一致性同样属于信仰,是人在认识世界与改造世界过程中赋予价值观某种意义的心理倾向,饱含着对理想世界的向往。友善价值观可以称之为"信仰"在于方向的正确、内容的科学与精神的崇高,体现了人的全面自由发展、社会主义的本质要求与中国共产党一切为了人民的旨归。

过往的友善实践由于忽视对主体的本质体验与情感体验,造成人们学习与效仿的动力不足,更为严重的是由于错误的实践方法导致践行主体产生逆反心理。在现有的友善实践路径中国外已有相应的体验策略,如社会学习、自我肯定、价值澄清、价值排序等,对推进友善价值观落实在人的认知系统,转化为具体的实践有一定的参考作用。但直接照搬国外经验会引发意识形态差异导致的适用性、可靠性等问题。因此,当前实践在明确体验对于思维发育与行为发展的重要性时,要领悟友善价值观实践的学科任务,以马克思主义为导向,回答好"培养什么人,怎样培养人,为谁培养人"的关键问题,积极摸索出适合当代大学生的实践路径。通过不断地对社会形态的预判与分析把握人的需要,掌握友善价值观培育的现状与规律,结合立德树人事业的深远情怀,以习近平总书记强调的"深化学校思想政治理论课程改革创新,要加强和改进学校体育美育,广泛开展劳动教育,发展素质教育,推进教育公平,促进德智体美劳全面发展"②的育人要求,针对友善价值观培育践行面临的困境,优化实践教育策略,选择适合的培育路径。

6.2 思想育人:依托课堂教育灌输友善认知

认知是践行的必要条件,只有拥有了正确客观的"知"才能实现后续的"情、意、行"环节。价值观从观念转化为行为的前提是主体具有相对完备的知识与正确的理念。③ 价值观无法被直接"教会",但可以被"学习"。思想政治理论课的课堂教育是立德树人过程中合理运用灌输法的主渠道,承担了大学生友善价

---

① 王孝如、王立仁:《思想政治教育的本质是政治信仰教育》,《思想教育研究》,2015 年第 10 期,第 13-16 页。

② 习近平:《论把握新发展阶段、贯彻新发展理念、构建新发展格局》,北京:中央文献出版社,2021 年版,第 399 页。

③ 王燕文:《社会主义核心价值观研究丛书总论》,南京:江苏人民出版社,2014 年版,第 103 页。

值观培育实践最基本的理论德育功能,为实践提供了强有力的智力支持。在思想政治教育中,灌输法始终是重要的基石,课堂是培育友善价值观的主战场。通过从外部对受教育者进行意识形态灌输,教育者与受教育者在互动交流中实现灌输显性或隐性的目标,体现了道德说理与自由意志的统一。思想育人的宗旨是把马克思主义写在课堂教育上,体现在理论与实践中,不断推进马克思主义中国化、时代化,用马克思主义中国化的理论观察、解读、引领立德树人的根本任务。课堂教学中知识灌输的最高目的是德育,帮助大学生认清什么是值得追求的,发展正确的友善价值观,解决的是大学生对于友善价值观的认知、观念、态度等思想性问题。大学生在课堂中成为友善价值观的坚定学习者,领悟友善价值观的本质,认同灌输对于自身德性完善的意义。新时代背景下,在课堂教育的知识灌输场域中需要做好顶层结构与内容设计,赋予友善认知灌输更为丰富的内涵,从"灌输形式—灌输内容—灌输人员"的整体环节进行全局性把握,在坚持社会主义价值导向中启迪大学生的友善智慧,以思想引领达到化育人性的目的,使大学生对友善价值观拥有整体性的认知,对如何实现要义拥有全面的了解,为感性认识上升到理性认识打下扎实的认知基础,自觉地在认知层面对各种错误的价值导向予以坚决的抵制。

6.2.1　坚持价值导向中创新文本表达形式

面临的百年未有的发展新局势,以及党和国家赋予教育的立德树人使命,如何根据社会的需求与变化以及当代大学生特有的心理与行为特点,在坚持社会主义性质培育方向与立德树人的根本宗旨基础上,在坚持社会主义的导向中创新灌输文本的表达形式,将抽象的价值观灌输转化为大众化、鲜活化的内容,增强灌输文本的可信、可亲,已成为开展友善认知灌输的重点。2018 年召开的《加强新时代高校思想政治理论课建设现场推进会》会上提出"要打一场提高思政课质量和水平的攻坚战,充分认识到我国正处于一个大有可为的历史机遇期,高校思政工作特别是思政课要更加关注深层次问题,要以习近平新时代中国特色社会主义思想引领、贯穿思政课建设,推动新时代思政课展现新气象、实现新作为",提出了新时代对思想政治教育课程建设的新要求。[①] 道德认知涉及

---

① 教育部:《总结"教学质量年"经验成效 吹响新时代思政课奋进号角 加强新时代高校思想政治理论课建设现场推进会召开》,[OL]. http://www.moe.gov.cn/jyb_xwfb/gzdt_gzdt/moe_1485/201801/t20180117_324982.html,2018 年 1 月 17 日。

人的能力、情感、价值、智慧等方面,灌输友善的知识学习是一个内容庞大、层次
复杂的命题。任何一种思想体系都需要文本的灌输进行诠释与支撑,文本是人
在生产实践过程中为了传递信息的需要而产生的,随着时代的发展与人的实践
变化不断丰富。文本中不仅包含着意识形态的丰富内涵外延,还传达了灌输者
的价值观念、情感信念。文本作为知识灌输的载体,表达目标知识体系的关键
在于通过主体的知识学习生成认知图式,把客观的学习对象内化入自身已有图
式中,实现友善认知学习"顺应"到"同化"的发展过程。课堂教学作为友善价值
观实践路径中最为根基的思想育人,想要气象为之一新,表达马克思主义理论
的时代性与感召性,需要在坚守马克思主义理论主导地位、立德树人培育方向
基础上。不断创新友善认知灌输文本的表达形式,将抽象的友善价值观知识性
灌输教条转化为鲜活的大学生可践行的文本内容,在"变虚为实"的过程中将友
善价值观认知教育与行动实践结合,实现"以知促行"。

6.2.1.1 思政课程与课程思政相结合

高校的所有课程都可以成为价值观教育的载体,在通盘全局性的课程设计
中,需要加强培育中思政课程与课程思政的渗透与结合程度。《中共中央、国务
院关于进一步加强和改进大学生思想政治教育的意见》中指出:"高等学校各门
课程都具有育人功能,所有教师都负有育人职责。""要深入发掘各类课程的思
想政治教育资源,在传授专业知识过程中加强思想政治教育,使学生在学习科
学文化知识过程中,自觉加强思想道德修养,提高政治觉悟。"①习近平总书记在
全国高校思想政治工作会议上强调:"要用好课堂教学这个主渠道,各类课程都
要与思想政治理论课同向同行,形成协同效应。"②从思政课程与课程思政相结
合的文本灌输形式看,思政课程承担了灌输过程中基础性的"精学"任务,课程
思政承担了广泛性"泛学"任务,二者的核心任务与目标都体现在"育人"二字。
通过合理利用思政课程与课程思政的互补结合作用,在专业课程教学中觉察各
种丰富的友善教育资源,以"精学＋泛学"的有机融合,实现以思想政治理论课
为主渠道,以人文、工学、理学等专业理论课程以及艺术、体育、形式政策教育、
劳动、军事理论课程等课程思政为有效补充,形成整体性的课程灌输体系,实现
灌输平台覆盖面广、灌输体系类型丰富、灌输氛围寓教于乐的目的。

---

① 《中共中央、国务院关于进一步加强和改进大学生思想政治教育的意见》,中发〔2004〕16号文件。
② 习近平:《习近平谈治国理政》(第二卷),北京:外文出版社,2017年版,第378页。

在思政课程的建设中,要从政治高度把思政课程建设列在立德树人工作的首位,加强在思政课程的地位与作用,落实高校的党委书记、校长以及各级分管领导、教研室带头人的责任,把用好思政课程培育大学生积极向上的友善价值观作为政治担当与育人使命,做到课程有地位、规划有部署、政策有力度、工作有落实。在友善认知灌输的思政课堂中,教师要做到讲理论、说案例、做活动的统一,达到"学习—思考—践行"友善认知的一体化。促进大学生在课堂灌输中自觉自愿地接收友善知识,改变全程灌输的模式,打造活跃的课堂气氛,赋予友善价值观学习积极的意义与健康的情感,在师生围绕文本交流对话的过程中呈现动态教学结合静态教学的形式,实现对人的友善智慧知识的启发、润泽、点化,提升大学生认识友善的效率与意义。

在课程思政的实施中,友善的灌输可以从学科的发展历史、学科的现状、未来走向等引导学生进行思考和探索。美国学者德瑞克(Derek)指出,任何学科的学习都要回答三个问题:"这个领域的历史和传统是什么?它所涉及的社会和经济问题是什么?要面对哪些伦理和道德问题?"①课程思政在灌输友善价值观的过程中要以问题意识积极调动大学生的学习自主性,端正学习的目的,摒除实用主义、功利主义等不良倾向影响,帮助大学生逐步从"要我学"向"我要学"过渡,在专业课程的科学精神、创新精神、合作精神、爱国精神中挖掘背后的友善思想与道德内容,如文学与历史课堂中讲授"百家争鸣"的包容谦和友善精神,在物理学课堂中讲授制造"两弹一星"元勋与其他默默无名的幕后功臣团结协作的故事,让大学生在专业课程中也能收获友善思想的魅力。鉴于专业知识与友善价值观培育内容有时存在贴合度不足的问题,导致灌输出现的"表面化"或是"碎片化",或是部分教师在授课中存在价值观"硬融入"的问题。为此,课程思政认知灌输的开展要注意做到"三不"原则:不影响专业课程的授课专业度,不强行推进价值观认同,不强行拔认知高度,在授课过程中实现润物无声、水到渠成地实施课程思政。同时,评价课程思政的效果要从"教学、教育、育人"三个层面展开实践与思考,深刻认识思想政治教育课程、专业知识课程、人文通识课程、形势与政策课程、劳动课程、体育课程等都是价值观传导和培育的阵地,都具备友善价值观的培育作用。课程思政还应做到"三多一少",即引起大家的共鸣,即案例讲解多、展示形式多、专业结合层次多,课堂上所用的时间要

---

① 〔美〕Derek Curtis Bok. Our Underachieving Colleges:A Candid Look At How Much Students Learn And Why They Should Be Learning More. Princeton:Princeton University Press,2006:75.

少。要做好课程思政学习中的引导、评价、激励等工作，让大学生以务真求实的态度正确认识友善价值观在个体和社会发展的不同阶段中的应然与实然的关系，把理论问题与社会实际问题结合思考，带着热情与乐趣学习。从而将应知变为乐知、好知，提高学习的主观能动性及效果，最终达到自觉追求与践行友善价值观的目的。

6.2.1.2 内隐认知灌输与外显认知灌输相结合

思想灌输有不同的呈现形式，灌输的"文本"作为认知的符号载体，需要通过与人的有机融合才能转化为现实的知识。在友善价值观的灌输中，友善的知识与人的相遇是精神的交流与情感的对话，不仅要尊重人与社会对友善实现的合理需求，还要尊重人的认知结构现实基础。实证调查证实大学生的友善价值观存在内隐与外显两个层面，应当实现内隐与外显认知灌输的有机结合，形成对友善价值观灌输渗透的完整体，在对话与互动的形式创新中进行思想感化，实现人的内隐友善与外显友善相互支撑、彼此促进的目的。

外显灌输主要做到在进行友善价值观理论教育的之时出"实招"，明确外显认知学习在大学生友善认知塑造过程中的功能定位，把培育和践行友善价值观作为德育课程的重要目标。不断创新变革教学方式，使友善价值观的灌输内容做到"虚实结合"与"远近结合"，引导大学生在求知探索外显友善认知的氛围中增进对友善的理解和认同。具体来说，外显认知灌输主要以教师直接授课为主，通过在教学环节中采取师生互动提问、主题演讲、课堂辩论、主题汇报、新闻点评、小组讨论学习等形式，让大学生在知识学习过程中提升外显友善价值观。

内隐认知灌输可以采用情景式教学，以观看视频影音资料、探讨道德两难问题等形式，探讨社会上的友善道德事件，在具体情景探讨中增强大学生的道德判断能力，让大学生在无意识状态下沉浸式地接收培育信息。课堂教学是教授学生道德推理最具效果的形式，有调查研究结果显示大学生的道德推理能力提升是在大学期间取得的最大进步之一。① 针对当前社会上道德失范现象频发的问题，在培育中除了理论阐述，需要引导大学生主动进入道德角色，身临其境地做出道德判断，感知道德情感，训练相关的道德逻辑思维能力，以此引导大学生主动暴露在思想认识方面的问题，引发大学生的"自我说服"与"自我卷入"，

---

① 文福荣，肖少北：《道德推理、道德情感与道德行为关系的研究进展》，《江南大学学报（教育科学版）》，2009 年第 4 期，第 342-345 页。

强化原有正确认知,修通错误观念,塑造对友善价值观积极的态度、情感、信念,调动内隐认知对友善价值观的认可。

教学内容中的隐性文本以内隐学习的方式对大学生的认知产生渗透性影响,深入大学生内隐友善价值观所处的无意识层面,满足对内隐与外显友善共同提升的需求,完成的友善知行转化。内隐与外显灌输结合的灌输形式可以提升大学生在课堂中的抬头率、参与率与获得感,进一步产生与认知态度的转变,提高友善的道德判断能力,在面对义与利的道德争议事件时不回避道德冲突。通过创造性与灵活性的转化与使用,特别是探索隐性的教学内容、方式、载体的创新,增强认知灌输的针对性和有效性,帮助大学生在内隐与外显认知的灌输中达到启发智慧、滋养心灵的目的。针对内隐与外显友善价值观存在的发展水平不一致的现状,要尤为重视疏通过去存在的灌输"重表现轻本质"的症结,主动引导大学生进行自我认知的讨论与剖析,从大学生的道德实际发展水平与践行的实际情景出发,不断提升大学生对灌输文本的领悟力,坚定大学生的道德践行对与真善美不懈的追求,达到灌输文本入耳、入脑、入心的效果。

6.2.1.3 传统文本与科技创新相结合

在当前的友善价值观培育中,认知灌输主要通过课堂授课制开展,以系统的文本教育提升大学生的友善认知,传统的本书是灌输友善认知的根基,灌输需要教育者与被教育者基于直接接触产生信息传递。在强调人的全面发展的今天,需要不断根据人的需求与社会发展的变化进行文本内容与形式的创新,提升文本的理论的亲和力。一是采取友善价值观灌输的专题讲授式教学法,结合大学生的友善认知现状对课程进行总体安排,总结梳理与友善认知观念相关的专题,如"亲社会""利他""共赢""共同体""美好生活"等,以专题讲授的形式将课程主要理论观点结合当前社会实际讲深、讲透,提高灌输文本的针对性。二是在灌输过程中尽量少使用过于晦涩与难懂的术语,使用大学生乐于接受的大众话语与事实数字,对文本深入浅出的解析,使教学过程与内容尽量具体化、生活化。三是以问题探究的教学形式,从具体的友善道德践行问题的研究与分析着手,启发大学生的研究性学习与思考,以师生间、生生间的对话探讨社会上友善价值观践行面临的热点、难点。

在新时代背景下,网络技术与信息技术快速迭代,知识的储存形式与传播的方式以及知识本身的性质、内涵都发生了巨大的改变,亲历性的知识灌输越来越少。同时,大学扩招导致班级的学生规模人数扩大,传统的课堂灌输规模已不能满足教学需要,知识灌输除了亲历性的教学体验,虚拟的技术手段也开始引入灌输的过程,产生大量的虚拟学习模式与方法。《关于深化新时代学校思想政治理论课改革创新的若干意见》指出:"大力推进思政课教学方法改革,提升思政课教师信息化能力素养,推动人工智能等现代信息技术在思政课教学中应用,建设一批国家级虚拟仿真思政课体验教学中心。"[①]在课堂的友善认知灌输中可以充分利用新型的科学技术手段,结合图像、视频、游戏、音乐等新媒体艺术手段,在动态结合静态,严肃结合活泼,事理结合情理的形式中实现文本灌输形式的创新发展,达到激发深入思考友善教学的知识的目的,将大学生学习的注意力与的焦点停留在课堂教学中,调动人认知中的意识与潜意识,实现沉浸式、融合式新媒体灌输教学,激发大学生学习友善价值观的兴趣与践行的自主性。当前的课堂灌输已经开始运用如中国大学慕课平台(MOOC)、小规模限制性在线课程(SPOC)等多媒体教学手段,以及开通网络直播课堂、虚拟仿真实验室等新型教学场域。大学生可以在虚拟仿真实验室中通过增强现实技术AR(augmented reality)与虚拟现实技术 VR(virtual reality)为代表的虚拟体验中,感受具体的友善道德选择经历,充分发挥友善的践行中大学生的主体作用。虚拟的灌输方式满足思维活跃、内心世界丰富的当代大学生的求新、求变的认知需求,在价值观培育方向性正确的基础上利用现代化科学技术手段灌输,可以提高灌输文本的亲和力、针对性,体现中国共产党不断提高党的执政能力和领导水平的要求,使得友善价值观培育更具有吸引力、感召力,以创新开放的内容与形式促进大学生在知行合一中践行友善价值观。具备强烈的环境沉浸感和超强的仿真系统的虚拟文本灌输使人在认知过程中体验人机交互模拟环境的真实性,获得真实的视觉、听觉、触觉等反馈,以沉浸式的灌输方式把文本的平面二维知识变为三维、四维的立体空间感受,使认知与感知结合,利用好感觉与知觉的综合作用促进认知水平的提高,同步、同向提升内隐与外显友善价值观。

要也注意新的科技手段灌输形式与传统灌输相比存在的可能弊端。例如人在面对新的科技手段灌输过程中,需要克服想象力的限制,用思维重现灌输文本的内容,以抽象符号在认知层面中进行"再现"的操作比在现实环境中以具体形象进行操作更难。要避免在虚拟认知的灌输中失去教学过程的真实性,不

① 中共中央办公厅、国务院办公厅:《关于深化新时代学校思想政治理论课改革创新的若干意见》,[OL]. http://www.gov.cn/zhengce/2019-08/14/content_5421252.htm,2019 年 8 月 14 日。

断的修订与克服虚拟灌输的限制性,以现实灌输结合虚拟灌输,扎实地在教学中完善认知灌输的路径与模式。同时,知识灌输是为了道德能力的养成,在创新科技手段融入文本表达形式的过程中强调的是"沉浸式"体验,需要大量的注意力消耗与认知时长,虚拟技术灌输要注意给大学生留下充分讨论与深入思考的时间与空间,加强自主习得道德推理与道德判断的能力,以"灌输—习得—觉察—践行"的知行过程帮助大学生理性的辨别与分析友善的道德现象与道德判断,留下充足的学习心理冗余度(Redundancy),①给大学生以全面自由发展认知的空间,减轻人在知识灌输中的精神负担。

6.2.2　丰富教学内容显性与隐性学习资源

　　理论灌输的基础作用必不可少,承载了道德知识的课堂教学文本有很好的整合思想认识与传承价值观的功能,但不能与大学生的实际生活脱节,成为高高在上的教条与口号。灌输的友善认知能否让大学生真正的接受与认同,并运用在自身日常生活中是落实的重点。理论必须得到大学生的普遍认同才能成为信仰,获得深刻的践行基础。友善认知灌输要能激起大学生的学习意愿,就要建立丰富的学习资源素材库,以充足丰富的素材支撑授课过程,才能恰到好处地进行友善价值观引导。丰富思想政治理论课程灌输文本的显性与隐性学习资源,是运用好以人为本的教学策略,探索与新时代发展相适应的教学途径的过程。课堂教学中显性的学习资源是以专门性、规范性、系统性的内容为主体,教学的内容与目的有明确的组织与指向,文本载体有明确的语言与符号。而隐性的学习资源则是以内隐性、发散性、灵活性的内容为主,教学的内容通常是缄默的,发散的,需要通过引导与联结,帮助培育的目标、主体、客体建立关系。过去的友善价值观培育文本灌输中一度忽视了隐性的文本教育资源以及专业课教学特殊的隐性培育功能,主要以教条性、指令性的文本为主,导致人的隐性与显性的友善认知存在发展不统一问题,友善的知行转化与培育难以落实。针对这一情况,要依据当前大学生的内隐外显友善认知发展水平不一致,友善知行存在脱节的症结创新性发展教学内容的显性与隐性资源。通过丰富教学内容显性与隐性学习资源,实现隐蔽、间接、渗透的形式和寓教于乐的风

---

　　① 冗余度是知觉心理学中的概念,指人的感觉与经验的重复会增强人对信息的熟悉性,使人们可以轻易预测下一个出现的信息是什么,或是在已知基础上增添新内容,可以降低新的信息输入的带来的注意力负担。来源:高湘萍:《知觉心理学》,北京:人民教育出版社,2011 年版本,第 411 页。

格,在坚持马克思主义思想在培育中的话语权同时,以马克思理论在新时代鲜活的生命力激发友善的灌输不断自我革新与完善。

大学生友善价值观知识灌输的隐性资源复杂且庞大,任何有利于友善思想产生与行为落实的文本内容均可以成为资源。灌输教育中采用隐性的文本资源主要是将教育的目标、载体、主题进行遮蔽,在潜移默化中对大学生的思想与行为产生影响。为了保持友善价值观灌输效果的稳定性,将教学资源进行聚焦深挖,本书主要从"中国传统哲学、中国诗词书画、红色经典文化"三个方面展开,在显性与隐性资源结合的灌输文本中构建充满智慧与启迪的课堂,巧妙地提升大学生的友善价值观,在拓展文本资源的过程中使课堂的教学厚度加深、宽度变广,将中华民族的优秀传统文化基因深入大学生骨髓,通过现代性的转化使友善价值观的培育更贴近现代文明社会的要求。

6.2.2.1　发扬中国传统美德的友善文化资源

友善作为社会主义核心价值观的重要内容之一,不仅基于它是优秀的传统文化,而且还是中华民族的道德规范和优良传统,是基于中华民族的生存环境与生存伦理而生长的道德规范。中华优秀文化承载着中国精神的命脉与根基,是源源不绝的隐性价值观培育资源,其中包含的友善精神与智慧可以在显性灌输与内隐学习过程中启发大学生友善价值观提升。友善认知的灌输过程中可以通过定期宣讲中华传统美德,开办友善道德讲堂活动,传授大学生"仁义礼智信""谦让不争""上善若水"的优秀传统友善观念,以"读孔得仁、读孟得义、读老得智、读庄得慧、读墨得力行、读韩得直面、读荀得自强"的传统友善道德教育,让大学生从中领悟民族品格中友善的价值。中国传统文化友善思想中拥有丰厚的显性与隐性的友善育人资源,以课堂灌输在大学生思想深处厚植中国精神的文化土壤,贯彻人文关怀的理念,可以给予大学生友善行为引导,让大学生在理解中华传统友善文化道德精髓中获得高尚的道德情操。优秀传统文化中友善思想学习要注入新时代的内容,结合新的时代要求予以创造性的发展,脱离愚昧、落后、腐朽的一面,使传统友善育人资源尊重人性、贴近人心,以学善、学史延续中华民族的文化命脉。

6.2.2.2　融入中国共产党"红色文化"的经典资源

中国共产党成立至今经过长期的革命与改革伟大实践,拥有独特且宝贵的精神财富,深刻体现在红色文化基因承载的价值观传承中,具有丰富的育人功能。红色文化蕴含了深厚的家国情怀,爱国主义精神与民族精神,是将友善价值观弘扬为公共的德最有力量的精神源泉。以红色文化的现实资源为蓝本铸造大学生向上向善的追求,是在育人中实现铸魂,唤醒大学生友善精神与友善知行转化能量的体现,能让大学生在当今社会各种激荡的思潮中厘清友善价值观的新时代价值,坚定践行友善的信念。在红色文化的经典资源中:毛泽东、周恩来、彭德怀、粟裕、邓小平等党和国家领导人的生动事迹与中国共产党抗战救国的历史过程集中体现了中国共产党不骄不躁的作风与团结人民的群众路线;雷锋同志的奉献服务精神激发大学生的友善意识;习近平总书记的青年岁月故事有助于大学生学会在帮助群众过程中做有益于社会的人;诸多优秀的历史纪录片如《复兴之路》《大国崛起》《大国方略》等蕴含了中国共产党人的为全人类的解放而奋斗的共同善思想。红色文化在知识灌输的效果与说服的效率上有着优越性与实效性,红色文化在友善价值观的思想育人认知灌输层面中,首先应当是大学生在接受红色文化经典文本的输入过程中获得知识的传递、经验的学习、行为的模仿与情感的趋同。将中国共产党自革命以来的红色文化的经典文本融入课堂灌输的文本中,从理论、事迹、作风、精神等方面多维度的培育大学生的友善价值观,增强灌输文本的亲和力与说服力,帮助大学生树立崇高的友善践行理想,致力于实现社会共同的友善,发挥思想政治教育价值引领的功能与优势。在开展红色文本的灌输中,大学生可以内化“为人民服务”“群众路线”等以友善为主旨的文化符号,对其中的友善内涵进行历时性还原与共时性认同,分析探讨友善价值观在中国历史进程中的演进与培育的意义,与当下个体友善践行相互交织融合的进行建构。学生在灌输红色文化后的认知与表现趋于社会主义指向的精神价值特征,具有社会主义荣辱观的道德内涵,使大学生通过红色文化的熏染成为具有中国精神底蕴的时代新人,自觉接受红色文化教育彰显的社会共同友善的价值取向,以“传红立德”的信念树立践行友善价值观的崇高理想。

6.2.2.3　领悟中国诗词书画的艺术气息

人对善的认同常常伴随美的享受,表现在对友善道德认同基础上对美好生活的向往。友善是中华民族高级的文明美感,中华艺术血脉中始终传递着善的高级智慧,中国传统的诗词书画作为中华民族的文明瑰宝,蕴含着大量的友善的哲思情怀,如《诗经》中的“投我以桃,报之以李”,范仲淹的“先天下之忧而忧,后天下之乐而乐”描述的豁达友善观,“六尺巷”“罗威饲犊”“饮水思源”等典故,体现了古人的深厚、绵长的友善智慧。宋朝普济编著的《五灯会元》中记载的

"利刀割肉疮还合,恶语伤人恨不消""劝君不用镌顽石,路上行人口似碑""三岁之童皆知之,百岁老人行不得""鸟栖林麓易,人出是非难"等词句,体现了古人对于友善价值观实现已经有了"知"与"行"的践行要求,并对友善有强烈的情感认同,认为关爱他人可以提升自身道德境界,收获完满的人性。以中国诗词书画的优美滋养大学生心灵,可以于无声中感受古人友善思想的奇思妙境,丰富人对友善的感悟体验。以艺术作品的渗透力增强友善灌输文本的亲和力,可以唤起大学生对践行友善的目的与意义的热情,进入自觉维护与弘扬友善的美好意境,帮助大学生形成深刻、自觉的文化自信,实现民族精神的升华。中国诗词书画等艺术作品资源还可以通过"活动的文本"形式走入大学生课堂,开设如中国水墨画、剪纸、押花团扇、民族扎染等传统文化体验活动,使大学生得以深入体会中华传统文化的魅力,将学习、继承、弘扬中华优秀传统文化的友善思想设为实践中的"必修课"。

6.2.3　发挥教师示范性榜样引导崇德向善

只有自身受过良好教育的个体才能教育人,只有这样,才能把理论讲得彻底,贯彻鲜活,"而理论只要彻底,就能说服人"。[①] 教师作为灌输形式与灌输内容的中介环节,是促进学生与知识融合的关键。"学高为师,身正为范",拥有友善价值观的教师对大学生会起到积极的榜样示范作用,一名教师的德性会发散变成多名大学生的价值追求。教师自身渊博的学识、高尚的人格、友善的品德与行为均是对学生最直接的示范,在培育大学生友善价值观的实践中,教师需要全面提升自身的人格修养、道德品质、行为规范,以教师本身作为友善价值观培育的桥梁,以身作则地在潜移默化的过程中化灌输的文本理论为实践的德性。

6.2.3.1　教师人格示范具有隐性教学功能

灌输是当前思想政治教育重要的方法,但从友善价值观的培育效果实现而言,单独依靠灌输论,倚重知识的培育,会对友善的道德养成产生副作用。思想政治教育真正说服人,一是靠真理的力量,二是靠人格的力量。[②] 除了道德知识

---

① 《马克思恩格斯选集》(第1卷),北京:人民出版社,2012年版,第9页。

② 冷浩然,唐志龙,罗剑明:《思想政治工作中的哲学问题》,上海:上海人民出版社,1997年版,第177页。

的获取,更要注重健康道德人格的养成。现行课堂教育大多重视道德知识的灌输,忽视了对人的友善道德能力的引导与友善人格的塑造。在课堂教学中比起教师直接传授的德性条目,教师自身的形象、人格魅力在培育影响更甚。随着大学生获取信息的渠道不断加宽,自我掌握知识的能力逐步提升,大学生不再将教师传授的价值观奉为信条,教师的德育权威地位被迫削弱。当社会的友善失范现象与教师传授的友善德性形成强烈反差时,更难以获得大学生的认可。晕轮效应、首因效应、曝光效应、辐射效应、刻板效应……种种心理学效应的研究证明密切接触的人之间会存在明显的熟悉、喜欢、热爱等正面的认知与情绪,也可能存在冷漠、蔑视、抗拒等负面的认知与情绪,进而产生亲近效仿或冷漠排斥的行为后果。要尤为注重教师自身作为隐性资源在培育中可以共同发挥的作用。不仅是思想政治教育学科的教师,在所有课堂的教学关系中都存在着改变学生价值观的可能性,当教师在课堂上表达对某一事件的看法或者观点时,即使是在物理学、生物学、经济学这样的领域中也存在相应的价值观引导倾向。教师要"以人格魅力引导学生心理,以学术造诣开启学生的智慧之门"。[1] 除了专业的知识、技能、学术修养等显性的资源,教师自身拥有的个人属性如品德、气质、性格、智力、价值观以及人际关系、社会化程度、工作模式、职业技能、学术道德都能称为培育的隐性资源,并为大学生所观察、模仿、学习。

6.2.3.2 教师与学生是"灌输共同体"

美国历史学家詹姆斯·贝灵顿(James·Billington)认为:"被卷入的道德教育远比被教授的道德教育有效,年轻人总是渴望着向他们敬仰的人寻求如何生活和思考,大学需要在教师、管理者、教练中塑造角色模型。"[2]在某种程度上而言,每一门课都是教师对学生价值观教育的空间,师生间良好的友善观念碰撞互动可以使大学生在认知灌输过程中产生积极愉快的心理体验,减少德性养成过程中的抵触与逆反心理,达到触及内隐、外显友善价值观层面的效果。《学记》中记载了"亲其师,信其道;尊其师,奉其教;敬其师,效其行",意思是"亲师"对于信道、尊敬教师与效仿教师行为的重要作用,表达了和谐友善的师生关系

① 习近平:《青年要自觉践行社会主义核心价值观——在北京大学师生座谈会上的讲话》,《光明日报》,2014 年 5 月 5 日,第 1 版。

② 〔美〕Billington,James H,The Role of a Western University in Forming a Social Morality,Moral Values and Higher Education:A Notion at Risk,Edietd by Dennis L. Thompson,Utah:Brigham Young University Press,1991,p.43.

对于学生在思想与行动中亲近教师,愿意信奉教师传授的知识观点,尊重敬佩教师,从而效仿教师的行为大有益处。尽管教师具有令学生信服的学识与权威,但不管是课堂内还是课堂外,对于大学生的价值观培育应该都是一种对话式、非说教的方式,教师与大学生要在某种程度上做到相互启发。在课堂上师生之间的交流与对话行为使学生学习了"友善互动"的交流对话方式,"有道理且恭敬"的批判思考及理性反驳方式,影响了学生对于自我认知、生活态度与人际关系的理解,老师的工作态度及授课方式更可以教授了学生什么是敬业、虚伪等。教师在课堂教学中把专业知识教育中渗透友善的价值观教育,课堂上师生平等互动的关系也十分重要,教师充分尊重学生,与学生进行民主平等的交流,在和谐的课堂氛围中因势利导地传达友善价值观,避免单纯的说教与灌输还可以防止学生产生抵触情绪,使培育的内容与方式具有亲近感,更易于被大学生认同。在培育中师生间的影响是双向的,当大学生感受到教师传播友善价值观时出现方向歪曲、内心动摇、意志薄弱、情感低落等问题时,会对教师传授的信息感到怀疑,甚至是消极抵抗,瓦解大学生践行友善价值观的内驱力。

6.2.3.3 激发教师自身对友善价值观的践行热情

苏霍姆林斯基在《给教师的一百条建议》中指出:"教育者的教育意图越是隐藏,就越能为学生所接受,越能转化为学生自己的内心要求。"[1]教师自身既是特殊的隐性资源,包括治学态度、生活习惯、道德品质、人格魅力、言谈举止、良好的师生关系等。每一位教师都应该按照习近平总书记要求的做一个"先进思想的倡导者,学术研究的开拓者,社会风尚的引领者,党执政的坚定支持者","成为学生锤炼品格、学习知识、创新思维、奉献祖国的引路人"。良好的师生关系在校园里具有广泛、自发的渗透性,各学科教师都应该在课堂内外持续性地对大学生开展友善价值观认同工作,教学与价值中立的科研不同,教学富有一种塑造大学生求真务实、向上向善的价值观的责任,教师不仅仅是课堂上知识的讲解者,还应该充当着让大学生感到见贤思齐、角色模范的榜样作用。因为即使是在最普通的讲座中,教师的态度、行为、性格、热情、公平、客观等方面的表现都能起到示范作用,一举一动都会影响学生的价值观导向。[2] 教师的教学、

---

① 〔苏联〕苏霍姆林斯基:《给教师的一百条建议》,天津:天津人民出版社,1981年版,第136页。

② 〔美〕弗兰克·H. T. 罗德斯:《创造未来:美国大学的作用》,王晓阳译,北京:清华大学出版社,2007年版,第127页。

科研、育人要紧跟国家战略,紧贴社会发展的需求,意识到自身具有价值观培育的能力与职责,时刻思考培育的内容与方法的适用性与合法性,时刻思考与谨记"我们是谁? 我们教什么? 我们如何教",回答好"培养什么人、怎么培养人、为谁培养人"问题,保障培育的输出内容符合大学生与社会的需要,成为立德树人最坚定的支持者和最有力的践行者。

教师除了具备专业的知识,更要践行我国高等教育立德树人的根本宗旨,以自身为培育友善德性的典范,充分意识到自身学识品行、人格示范、师德师风在潜移默化中对学生造成的感染力与号召力,将人的因素最大限度融入课堂灌输的全过程,以自身作为典范的培育资源,引导大学生在课堂内外的教育中收获对友善的认知与践行。教师做好知识灌输需要对自己进行三问:"这门课的灵魂是什么? 如何使课程思政由生硬的外驱力转为自觉的内驱力? 什么是良好的师生关系?"好老师和好学生是相互成就的,教学相长暗含了教师在教学过程中的隐性教育功能,要实施好友善价值观的认知灌输,教师本身就是最好的思想育人元素。教师以自身的友善品德与践行为示范,成为教育实践中"流淌的河",积极地传递友善价值观,而非难以靠近的"屹立的山"。这需要教师做到在灌输德性过程中从容不迫与随机应变,以自身友善观念的正当性、灌输语言的有效性、灌输方式的合理性、灌输表达的理智性为特质,在教学灌输中形成具有吸引力的风格化,以善心对待学生,善行处理教学,形成以人为始、以人为本的灌输策略,以自身为教学资源,纳入课堂教学活动,将友善的知识灌输成为多因素参与的思维整合活动。

6.3　文化育人:融合德育文化渗透友善情感

马克思基于人的类特性和本质规定的原则高度指出:"人的类特性是自由的自觉的活动。"①文化的躯壳与实质是由人的意识、情欲、意志与实践支撑的社会意识形态。德育就是文化的表现形式,具有文化的形态。② 人为了获得全面自由发展,始终在追求真善美的活动,"真"是人的思想活动最终目的,"善"是人的行为终点,"美"是人的感受的终点。③ 新时代的友善价值观培育要在灌输德

---

①　《马克思恩格斯全集》(第 42 卷),北京:人民出版社,2002 年版,第 96 页。

②　王仕民:《德育文化论》,广州:中山大学出版社,2007 年版,第 48 页。

③　许苏民:《人文精神论》,武汉:湖北人民出版社,2000 年版,第 62 页。

性的过程中促进人拥有积极健康的情感,在陶冶身心情操中提升思想道德境界。习近平总书记强调:"推动思想政治理论课程改革创新,要不断增强思政课的思想性、理论性和亲和力、针对性。"①社会主义核心价值观是当代中国一切精神文明文化产品的灵魂,解决人在文化与精神上的困惑是当前友善价值观培育的重要使命。德育文化与一般社会文化的区别在于它具有对人的精神世界的积极培育性,以文化传播获得知识同时,以道德教育启迪人性。高校德育文化作为德育与文化的集合体,是促进学校精神文明建设的重要手段,对于人的价值观具有巨大的引导作用。通过德育文化的沁润可以加强人对友善的情感认同,感受友善价值观的强大吸引力与生命力。高校德育文化体现在博雅教育、通识教育、素质教育、人文教育等多种文化层次与多维活动平台,可以激发人的主体思想、解放思想与创新思想,具有文化育人的素质性、创造性德育功能,是以人为主体的精神价值生成建构,旨在培养人的利益与德性的和谐与对人的终极关怀。德育文化具有欣赏化、审美化的特点,不仅为德育提供理论的新武器,还为德育的过程之美、形式之美提供精神滋养,使文化育人成为美的世界、育人过程拥有美的享受。

当前,友善价值观培育对情感滋养的重视度不够、情感能力挖掘不足、育人的情感含量较低,缺乏道德情感的融入等因素是培育实效性不足的原因。情感可以直接参与人的认知、行为和评价等活动,通过人的喜怒哀乐的情绪变化左右人对道德态度与判断。大学生的情感是否积极直接关系在友善价值观培育的过程中的专注度与认同度。大学生如果拥有积极的道德情感,在培育中的参与度会大幅提升,对友善的认知能力也会增强,乐于学习并践行友善价值观。如果情感消极,那么不论是在课堂还是生活中,都会带着消极的心理面对友善,对友善采取自我隔离与屏蔽外界信号。以文化育人作为友善价值观培育可以做到以情动人、以美感人,有助于大学生健全人格、开拓视野、发散思维、陶冶情操,不仅可以帮助大学生树立起良好的友善价值观,正确处理内部世界与外部世界的友善关系,还可以展现当代思想政治教育的人文关怀与陶冶情操的魅力,增强培育的针对性与实效性。在加强大学生对友善价值观的情感认同中实现在德智体美劳五育并举,落实立德树人根本任务。大学的教学、科研、管理各级主体均有育人责任,通过德育文化的育人实效弘扬友善精神,将德育、智育、

---

① 习近平:《用新时代中国特色社会主义思想铸魂育人贯彻党的教育方针落实立德树人根本任务》,《人民日报》,2019 年 3 月 19 日,第 1 版。

美育结合,在多项活动中开展德育文化活动,帮助大学生在践行友善价值观中实现对"真善美"的追求,可以落实高校的德育文化对友善价值观的育人功能,提高大学生对友善价值观的情感认同,使培育走出狭小的时空,成为人亲身体验的美好享受。

6.3.1　拓展多维文化平台加强友善情感认同

习近平总书记指出,要"把社会主义核心价值观融入社会发展各方面,转化为人们的情感认同和行为习惯"。[①]　人民的心中有信仰,国家才有力量,民族才有希望。从道德接受到道德信仰的转变最重要的是赢得影响对象的积极情感,实现情感的认同可以促进与巩固人在认知层面对价值观的认同。[②]　情感是一种巨大而隐性的价值观培育力量,它能滋养人的精神与心灵,推动价值观从认知转化行为。情感还具有在人心中互动与交流的特质,是教育者与大学生进行真实精神交流的纽带。提升大学生对友善价值观的感知力,可以增强源自认知灌输的现实感,唤起积极的情感认同,塑造人内心情感世界的延展性、灵动性与深厚性。当大学生的情感需要被充分理解,可以引发大学生积极的情感共鸣,促进人对友善价值观的内在认同,在面对各种道德情景时能够坚持正确的立场与积极的态度。友善价值观培育的实践中,文化育人主要通过情感渗透影响人在内心对友善价值观的认同。实现情感认同不完全是大学生自身努力的结果,在自主学习、感受与体验的基础上,还需要社会文化资源的情感引导与整合,实现育人功效。友善价值观的文化育人应该在丰富友善价值观传导的,实践活动平台的基础上开展丰富多彩的文化活动,渗透友善实践的情感元素,将道德启迪与情感认同结合,在情理融合中厚植对友善的积极道德情感,引导大学生成为友善价值观坚定的信仰者。

6.3.1.1　建设学生社团友善文化氛围

从高等教育的发展历程来看,学生社团日益成为大学校园中最具活力与影响力的组织细胞,学生社团的文化影响力正逐渐显现,对大学生的思想具有一定的凝聚功能。社团作为学生班集体以外重要的"第二集体",是学校培养学生

---

① 习近平:《论坚持全面深化改革》,北京:中央文献出版社,2018 年版,第 369-370 页。

② 岳童、黄希庭、吴娜:《价值观的认知神经研究对社会主义核心价值观培育的启示》,《苏州大学学报(教育科学版)》,2021 年第 3 期,第 65-72 页。

健康兴趣爱好、服务学生成长成才的重要平台和校园文化建设与传播的重要方面。每一个社团都是大学生出于共同的理想、志向、兴趣、爱好组成的交流平台,社团共同的目标使大学生产生凝聚的思想,更容易受共通的情感影响,正成为当前思想政治教育重要的文化育人方式。[①] 在大学生的社团文化中注入友善元素,可以在形式创新中增加道德认同所需的情感活力,充分发挥大学生作为道德主体的能动性,自主学习与实践友善价值观,提炼自身的友善思想认知,锻炼友善行为的实现,以创造性的文化氛围拓宽友善培育实践的渠道,成为学校第一课堂的有效补充。为了建设好学生社团中的友善文化氛围,需要从以下几个方面着手:一是坚持学生社团对友善道德规范的培养。学生社团在长期活动中形成的道德规范是每个社团成员都应遵守的道德风气与习惯。通过组织如马克思主义学习社团、志愿服务社团、爱心支教社团、绿色环保社团、学业帮扶社团、法律援助社团、文明礼仪社团等积极践行友善价值观的社团,引导大学生在友善的社团氛围中开展实践活动,把社团传播的友善思想行为与道德规范逐步内化为内在道德信念,进而形成对友善的情感认同。二是要明确促进"党团组织进社团",把握活动的育人导向。学生社团作为基层学生组织,需要在学校党委、团委的指导下,具体履行开展社团活动、服务学生、发展校园文化等育人职能。在社团中建立党团支部,定期开展大学生对友善价值观学习与践行的理论学习与讨论,使大学生在社团活动中逐渐把个人成长目标与对社会主义事业、友善价值观的向往结合,构成共同友善的价值理念。这样的共同友善理想追求在社团中形成向上向善的文化氛围,对大学生有巨大的凝聚力与向心力,可以成为大学生主动践行友善价值观的情感基础。三是创新学生社团的活动形式。形式多样的社团活动可以提升大学生的综合素质,丰富大学生的情感世界。通过组织开展以爱国奉献、扶贫助困、尊老爱幼、勤俭节约、合作共赢等蕴含友善的社团活动主题,调动大学生的参与积极性,发扬优秀的友善文化思想,凝聚大学生的共同情感意识,提升大学生的友善道德素质,让大学生在以友善为主题的社团活动中可以加深对友善意义与践行价值的了解,引起心灵共鸣,将友善内化为自身的思想基础与精神内核。

6.3.1.2 挖掘艺术作品友善文化气息

在 2018 年 9 月举行的全国教育大会上习近平总书记指出:"要全面加强和

---

① 刘川生:《大学生日常思想政治教育实效性研究》,北京:北京师范大学出版社,2009 年版,第127 页。

改进学校美育,坚持以美育人、以文化人,提高学生审美和人文素养。"高尚道德情操的培育需要通过德育之美养成人的情感认同。人类社会中"真善美"三者概念始终紧密相连,对友善的追求离不开对"美"的欣赏与崇尚,通过歌颂真善美、弘扬主旋律、传递好声音、凝聚正能量,对大学生的有培根铸魂的作用,是大学生自觉追求友善、完善品格,提高道德水平的情感基础。蔡元培先生在《以美育代替宗教》中提到"纯粹之美育,所以陶养吾人之感情,使有高尚纯洁之习惯,而使人之我见,利己损人之私念,以渐消沮者也"。[①] 优秀的文艺作品蕴含着巨大的教育力量,能感染人的情绪、凝聚与团结人心、涵养友善谦和的品德。友善价值观培育以蕴含着人类对友善追求的优秀文艺作品为德育文化的资源,通过观赏与创作文艺作品,创设与欣赏美的友善文化,参与美的友善文化活动,将友善价值观培育的内容与形式通过艺术作品进行呈现表达,可以消除培育的功利化弊端,使大学生在友善文化育人中认识、感悟、追求友善德性之美,成为德才兼备、德美共具的时代新人。艺术文化的传播可以尊重学生在教育中的主体性及差异性,关心学生丰富多彩的个体需要,充分做到理解人、善待人、关怀人,特别是人的精神生活,激发学生的积极性与创造性,让大学生自由成长,最终获得全面自由发展。[②] 大学生在观赏、学习、创作优秀的文艺作品时,认知得到深化,情感得到洗涤,从而实现统一思想、指导行为的目的。碍于言语的隔阂、刻板印象的影响,在友善价值观的培育文本灌输过程中存在信息要素丢失等问题。艺术文化以音乐、绘画、舞蹈等非语言形式作为传递友善价值观的介质,可以更为感性与互通地促进心灵深处的友善价值观生成与发展,创新大学生道德情感的交流空间。通过艺术文化作品培育友善价值观可以从以下几个方面进行:一是整合高校优质的美育资源。组织各类艺术演出,将话剧、交响乐、歌剧、舞剧、芭蕾、民族民间音乐歌舞等优秀作品与友善思想结合,进行经典剧目展播,以德育文化之美育浸润大学生的心灵。二是组织高校学生走进剧场、博物馆、美术馆等公共艺术场馆,组织参加周末音乐会、经典艺术讲堂、精品展演、重点剧目演出和专题展览、系列讲座、志愿者讲解等活动,在人切身的文化感悟中领略友善作为美德之"美"。三是在高校中建立中华优秀传统文化传承基地。孔子言:"人必依仁而游艺。"人的道德性必表现于文化,并且由文化陶养。在高校中以

---

① 蔡元培:《以美育代替宗教》,北京:北京大学出版社,2020 年版,第 23 页。

② 蒋永华:《人文关怀:高等教育的核心理念》,《江苏大学学报(高教研究版)》,2002 年第 3 期,第75-78 页。

中华文明友善思想为文化活动主题,进行友善的课程、活动、工作坊等场域的建设,通过鉴赏研究与展示交流友善文化作品等活动,使大学生在体验中发展自身友善信念,将文化经典与自身的情感、生活紧密联系,从而提升自己的精神境界与文化修养。四是组织大学生在学习艺术文化作品后提供相关作品,包括读后感、观后感、思想政治教育课程课后作业、微电影制作、征文比赛、出版小说、音乐报告会等,以真实的情感接纳反映呈现内心世界的友善价值观,体现大学生对友善价值观践行的落实。五是建立学校思想政治教育与社会各个文化、宣传、艺术团体部门的长效合作机制,通过部门间协调,落实高雅文化进校园的管理责任,构建德育文化的评价体系,强化文化育人效果与监管措施,整合各类优质美育资源。六是在优秀文化艺术的育人氛围中突出友善的德育价值导向,在确保活动健康向上、格调高雅的质量和品位同时将社会主义事业对友善价值观的要求渗透其中,让大学生在艺术熏陶中感悟认同友善,培育建设好社会主义事业共同的情感取向与理想信念。

6.3.1.3 拓展网络平台友善渗透空间

网络技术的发展使思想政治教育的途径产生极大的改变,对大学生开展直接迅速、定位精准、覆盖面广的价值观培育文化传播成为可能,网络文化延伸了友善价值观培育的时间与空间维度,为友善价值观培育实践开辟了新的德育文化平台,可以有效提升大学生对友善的道德情感与践行能力。合理运用网络平台传播友善的文化与思想有更好的亲和力与展示力,使友善践行的内容更为丰富立体,可以在趣味性、新颖性的文化氛围中与大学生产生情感的直接联结。为了实现网络平台对大学生的友善文化教育,需要从以下几个方面着手:一是强化网络平台友善文化的价值引导。开辟的网络平台需要从源头进行规范化建设,牢牢把握网络文化发展的引导权,以马克思主义理论、社会主义核心价值观、中华优秀传统文化的友善思想为主导方向,加强对友善文化传播的方向引导与秩序管理。避免大学生在自由主义的影响下受到多种网络文化思潮影响产生的价值观判断的混乱与情感的游离,以网络道德建设与法律法规培养大学生的友善文明习惯,提升对友善的情感认同。二是要凸显大学生在网络文化平台中的责任担当,在友善的网络场域中转变被动的接收思想地位。大学生身为自身德育的第一责任人,在网络空间中要发挥友善精神,以崇德向善的正能量营造良好的文化传播氛围,积极参与各类网络平台开展的友善文化宣传教育,如网络平台中的网络直播、社会调查、节日庆典、会议研讨、赛事活动等,主动参与维护网络空间的友善氛围,争做友善文化传播的急先锋,弘扬好新时代的友善价值观,把握网络话语权,向社会传递正面的友善,提升自身的友善践行意识与能力。三是丰富与维护网络平台的友善文化栏目。在综合大学生全面自由发展的需求基础上,不断丰富网络平台的栏目友善内容,整合各类文化资源,创新性的建设综合性的门户平台,融入思想、心理、资助、就业、娱乐等板块,丰富网络平台中关于友善价值观的文字、影音资料,提供与友善相关的名人传记、专著书籍、艺术图册、休闲读物与影片等数字资料下载,丰富友善价值观传播的文化内涵,在融合的文化氛围中积极开展友善价值观的培育实践,最大限度整合网络平台的友善文化教育资源,保障人在网络平台中情感交流的活力。四是在培育过程中通过开设网络媒体的互动社区,建立与友善价值观践行有关的思想困惑、心理疑虑、道德选择的问答平台,组织思想政治教育教师、辅导员、心理咨询师、校外德育导师、大学生同辈群体,乃至校内后勤工作者参与回答及话题互动,用"大思政"协同育人理念回应大学生对友善德性的选择疑虑、内心困惑与践行友善价值观过程汇总产生的道德情感的诉求,促使大学生对于友善价值观由认知转变为认同,再深入转换为信仰,在情感上彻底地接纳和认可友善价值观。

6.3.2　推动友善培育文化的大众化与生动化

教育是文化的别名,价值是文化的核心,文化作为人的对象化客体的内在属性,是人的主观价值意识的投射,经由价值这一中介体现人作为活动主体的精神观照。[①] 列宁认为:"建筑在阶级斗争上的社会里是不会有公正的社会科学的。"[②]尽管我国现在已经不再以阶级斗争为主要矛盾,但是在社会主义制度下,大学里的一切活动的开展也具有意识形态倾向,友善培育文化也具有阶级性与指向性。以德育文化促进大学生的友善认知提升与行为实现,需要在马克思主义理论指导下生成大众化与生动化的培育文化,更好地实现情感渗透,唤起人对友善的积极情感认同,达到对人的友善品行的化育的目的。情感具有心理互动与交流的特质,是教育者与大学生进行真实精神交流的纽带,当大学生的情感需要被充分理解,可以引发大学生普遍的情感共鸣,形成正确的友善价值观,在面对各种道德情景时能够坚持正确的立场与积极的态度。

① 朱炜:《文化视域中的高校德育研究》,上海:学林出版社,2008 年版,第 104-105 页。

② 《列宁全集》(第 2 卷),北京:人民出版社,2017 年版,第 309 页。

在文化育人的过程中,以大众化、生动化的文化实现方式融入积极的情感,根据大学生的情感接受特质深入交流,调节大学生的认知需要与情绪感受,可以在社会的全息式友善文化氛围中实现人对真善美的生活的希翼,培育大学生"至善"的道德人格,并以此形成对人生产活动的精神反照,指导人的友善实践。受当前社会不良风气影响,文化领域中追求刺激、庸俗、快餐化式的趋势使大学生的精神世界受到了前所未有的负面冲击,大学生对友善的实践与追求产生了疑惑。友善价值观自身带有浓重情感色彩,要重视友善价值观培育中德育文化的发展走向,在理性认知中融入情感支撑,关注人的真实需求,重视人的价值,以人文关怀充分满足大学生在友善价值观培育过程中的情感需要,达到新时代思想政治教育工作"入心"的要求。据此,发展德育文化的大众化、生动化,是为了抵御文化在神圣化、庸俗化的两极发展,防止各种有害的文化思潮和腐朽的生活方式对大学生的友善践行产生侵蚀和影响,实现对大学生的道德情感具有生命力与感召力的渗透,体现思想政治教育的可信与可亲。要在坚持马克思主义理论指导下实现友善培育文化的大众化与生动化,力保友善德育文化的纯洁性、先进性,在引导社会筑造友善美好愿景时生成自律、自净的文化体。

6.3.2.1 运用活动载体实现友善价值观培育文化大众化

面对激烈的国际竞争秩序与社会文化的深刻变革,当前的友善价值观德育文化除了要用好第一课堂实现友善价值观培育,还要顺应时代潮流,开拓丰富的公共文化育人活动载体,化解单一载体的晦涩与刻板,在坚持正确的价值引领基础上以多种活动载体实现友善价值观的大众化传播。《中共中央、国务院关于进一步加强和改进大学生思想政治教育的意见》强调:"要大力加强大学生文化素质教育,开展丰富多彩、积极向上的学术、科技、体育、艺术和娱乐活动,把德育与智育、体育、美育有机结合起来,寓教育于文化活动之中。"文化育人重视个体的感性与个性,培育文化的大众化对于大学生在学习与践行友善价值观的过程中增强文化育人的创造力、判断力和逻辑思考能力,将友善价值观内化于心,外化于行有促进作用。拓展友善培育文化的活动载体可以从以下这几个方面着手:一是建设友善文化的学习型组织。知识学习是践行价值观的基础,学习的效果好坏,决定着大学生友善思想的深度、行动的速度、对友善践行价值认识的高度。依托学习型组织的建立,大学生可以随时进行思想"充电",减少认知的盲点,以多看、多想、多实践提高自身的思维认知能力与政治理论素养,产生对友善价值观培育践行的亲切感。学习型组织可以丰富大学生的精神世界生活,提高人文艺术修养,营造良好的高校德育环境,引领大学生在弘扬优秀民族文化中吸纳人类先进文化成果,提高艺术修养和文化素质,达到"润物无声,育人无形"的文化育人效果。二是将友善文化的元素积极融入校园生活,各个建筑物与宣传栏的文宣橱窗、文化广场活动、校园游览点、网络平台活动都成为友善价值观培育的重要载体,通过整体的谋划建设,实施校园友善文化活动提升,整体设计校园友善价值观践行活动品牌,打造专属的友善价值观 IP (intellectual property)文化产权,将地域特色、学校特色、学科特色与友善价值观的培育实践活动相结合,列入学校思想政治教育整体战略性工作安排,广泛宣传崇德向善美好品质,扩大友善践行的影响范围。三是搭建友善道德实践的平台,开办道德理论大讲堂、全国道德模范宣讲会,友善价值观主题系列教育活动等,以友善文化活动引导和鼓励大学生养成崇德向善,在知行合一中践行友善的道德新风尚。四是以科学文化活动促进友善文化涵养,通过举办各类科研讲座、科普活动、学科竞赛,引导大学生在科学研究中以问题探讨、困难解决、分工协作等方面的训练中提升涵养友善品格的合作精神、首创精神、奉献精神,增强集体协作能力与社会活动适应力,了解自身友善道德素质的提升与社会主义事业整体发展的关系,在智育与德育结合的过程中热爱所学专业,增强友善践行意愿,提升友善价值观与社会责任感。

6.3.2.2　整合精神场域实现友善价值观培育文化生动化

价值观培育需要认知认同、精神支撑与情感归属方能归集为行为实践。列宁认为:"没有人类的情感,就不可能有人类对真理的追求。"[1]当代大学生有着崭新的知情意行道德认知规律,需要整合文化培育的精神场域,强化对友善的情感认同,以生动化的文化在育人过程中落实对人精神世界的人文关怀,提升文化育人的竞争性与思想性。生动化的文化依托轻松、自由、活跃的场域开展教育,帮助大学生在轻松愉悦氛围中实现情感陶冶、道德引领与思想的感化,于寓教于乐的精神文明场域内实现友善价值观的实践。通过整合培育文化的精神场域,可以唤醒大学生积极正面的道德情感,营造流动的情感交流空间,以生动化的文化满足和引领大学生的多样化需求,提高文化对人的友善价值观的提升作用,以"动情、用情"的生动化文化感染大学生,使人进入真学、真信的精神境界。构建良好的精神培育场域,实现德育文化对友善价值观的滋养,一是要

---

① 《列宁全集》(第 20 卷),北京:人民出版社,2017 年版,第 255 页。

加强校园德育文化对大学生精神生活的塑造功能,优化场域的建设,以友善价值观培育为文化建设核心,加强宿舍文化、社团文化、班级文化等形式的精神活动场域建设,构建"宿舍—班级—社团—学校"的层级式文化体系,通过整合精神文明建设的场域,统一友善价值观培育的文化风向,制定精神场域内友善价值观实践的统一生活习惯、学习习惯、社交习惯等行为规范,引导大学生产生对友善的积极情感与价值取向。二是要打破大学生个人精神生活世界的困境,实现认知体系内部精神生活的协调发展。生动的文化必定是"触动人心",需要回到人的心理层面。文化育人指向的精神生活场域不仅体现为人在现实生活中的交往反映,还是个体受到外界的刺激,影响自身认知图式的个性化发展。实现个人内部精神场域文化的创新发展,需要人学会精神的自我调适。人的自我调适属于内部思想文化改造,大学生处于人生价值观的摸索整合期,尚未完全定型,通过学习自我调适可以实现"习得知识—提升修养—改造认知"的过程,使用自我肯定的语言、自我接纳的心理、自我发展的热情、自我实现的喜悦实现文化育人的目的。人通过自我调适践行友善价值观的动机与情感,在行善的过程中获得充足的自我效能感,体验到和谐、欣喜、活力、幸福的精神体验,极大地丰富内心世界,以生动愉悦的体验自觉践行友善价值观。

6.3.3 依托自媒体创设友善文化传播新阵地

习近平总书记指出:"坚持正确舆论导向,高度重视传播手段建设和创新,提高新闻舆论传播力、引导力、影响力、公信力。加强互联网内容建设,建立网络综合治理体系,营造清朗的网络空间。落实意识形态工作责任制,加强阵地建设和管理,注意区分政治原则问题、思想认知问题、学术观点问题,旗帜鲜明反对和抵制各种错误观点。"[①]新时代的友善价值观培育面临崭新的社会媒体外部环境,西方意识形态的渗透内容愈发复杂、路径多样,利用自媒体培育了一批所谓的"意见领袖"与"网红推手"作为西方意识形态的"代言人",在自媒体平台持续渗透"博爱""新自由主义""虚无主义""历史终结论"等思潮,对大学生践行友善价值观的意愿造成影响极大,削弱了当前文化育人的话语权。自媒体(wemedia)是近年来随着网络科技与数字化媒体迅速发展孕育而生的新生传播媒介,个体通过微博、微信、知乎等自媒体网络平台向外界发布自身的思想、观点、

---

① 习近平:《论坚持全面深化改革》,北京:中央文献出版社,2018年版,第369页。

信息、认识，具有较强的个人映射性。自媒体与官方媒体有本质区别，但由于其信息共享性强、情感交流密度大、参与范围广等特点，已成为当前人们参与社会事务探讨与自我意识生成的重要媒体平台，是以文化育人实现大学生友善价值观培育不可或缺的工具。因此，实现对大学生友善价值观的情感渗透，亟须占领自媒体平台，创设新型友善价值观育人文化阵地，提升大学生自我教育能力、掌控舆论话语权、加强育人队伍的媒体使用能力，以价值引导结合人文素养实现以文化育人，增强对大学生践行友善价值观的吸引力。

6.3.3.1　培养大学生运用自媒体教育的自觉性

自媒体特征突出"自"，意味着"人人可以发声，人人皆是媒体"。在这样的传播条件下，要引导大学生对各类意识形态形成理性的甄别与评估，加强大学生对践行友善的理想信念，开展丰富的情感教育，以自我学习、自我判断、自我鉴定，提高大学生的道德践行意愿，实现对友善价值观的自我教育与自觉践行力。具体而言，一是要依据大学生知情意行道德践行规律，提高大学生自主学习友善价值观的自觉性，理性认知友善践行的当代价值。"打铁还需自身硬"，大学生对实现友善的理想信念有深入全面的理解，可以成为行动与思想的"指南针"，自觉维护友善价值观的践行地位，保持大学生思想领域认同马克思主义的纯洁性。二是要开展对友善价值观的信念教育，在自媒体平台向大学生推送践行友善价值观的好人好事、历史典故与对道德失范的惩戒与反思，达到新时代思想政治教育工作"入心"的要求。三是抓好基层学生党组织的模范带头作用，组织高校大学生党组织与党员积极学习与践行友善价值观，建设党组织在自媒体传播的"旗帜平台"与深入基层的"网格化平台"，推送友善价值观践行的动态与学习资料，以红色思想引领自媒体公众号占领传播主渠道，实现正能量的广泛发声，保持文化传播中红色血脉永续。四是培养一批以身作则、知善行善的大学生自媒体网络传播领袖 KOL(key opinion leader)，孵化一批风格特色鲜明的大学生友善文化自媒体工作室，根据不同大学生的相对垂直专业领域，聚集形成"兴趣部落"，进一步加强对大学生的用户黏性，用好大学生接受新事物快、关心流行趋势的特点，将大学生追逐新潮文化的热情合理地转到对社会主义核心价值观的向往。

6.3.3.2　加强对自媒体传播信息的监督管控

互联网并非法外之地，自媒体信息传播本质上属于意识形态领域建设，具有参与性、互动性、娱乐性的同时还具有政治性。大学生作为国家建设发展的有生力量,一直是各种意识形态与社会资本追逐与热捧的群体,社会上有大量的自媒体平台通过昼夜推送信息,与大学生形成深度的信息暴露与思想接触。当前自媒体存在信息杂乱、传播门槛低等问题,夹带了大量的负面信息,部分自媒体以各种"至善""唯美"的包装掩盖其腐朽落后的思潮渗透在大学生的思想中,有个别大学生受其影响在自媒体平台上发表不实或过激言论,影响对友善价值观的认同。自媒体平台的文化育人涉及大学生的价值信仰、人生追求与社会的和谐发展,具有正当性与合法性,不能也不应当成为境外势力与社会资本的文化工具。破除这一现状需要加强对各类自媒体公众号的网络监管,防止自媒体在传播思想的过程中为了获取大学生的注意力变得迎合与低俗,成为自由主义、享乐主义、虚无主义等不良社会思潮的俘虏,在文化传播的过程中嬗变为媚化、落后、腐朽的思想,将友善价值观空悬于自媒体信息躯壳之内。一是要将友善价值观的思想在各个权威自媒体平台中广泛传播,确保信息与大学生思想的充分接触与落到实处,构筑友善文化认同的完整系统。二是通过大数据技术对自媒体信息的数据充分的挖掘与应用,高校的团委、宣传部、学工处、网络中心等部门应合力组建高校思想政治教育自媒体数据管理办公室,有针对性地推送与大学生友善价值观培育高度相关的讯息,掌握信息推送的反馈情况,实现监督管控的智能化。三是落实好自媒体的管理负责制与实名登记制,在源头上进行良好的监督与明确的备案,对不符合主流意识形态的信息由相关单位与公众号的管理负责人落实屏蔽与删除,对于违反社会道德与法律法规的现象依据国家网信办发布的《互联网群组信息服务管理规定》等条款依法追究责任。

6.3.3.3 提升育人队伍对自媒体的驾驭能力

意识形态的传播是传统与现代方式结合的整体,新时代的育人工作开展要在夯实传统传播机制的基础上,对思想政治教育队伍的网络使用素质提出新要求。在"大思政"的理念下增强"网感"。依托自媒体的文化育人过程中,高校思想政治教育课教师、辅导员、各部门工作人员、专业课教师均负有文化育人的责任,需要育人队伍遵循思想政治教育工作的理念与思路,提升对自媒体的驾驭能力,以强有力的友善文化的传播促进大学生对友善的情感认同,提升育人文化的思想引领性,引导大学生在网络平台中交流健康的友善情感文化,营造健康的网络友善文化育人氛围。思想政治教育者要把握好友善价值观文化宣传阵地的舆论的主动权,充分利用各种大学生偏好的自媒体平台,如微博、微信、抖音、知乎等,以线上线下结合的方式深耕广播友善价值观的培育价值与实现意义,用新时代的友善话语引领网络文化建设,旗帜鲜明地传播友善价值观,坚持以正确的舆论引导大学生认同友善,以新时代青年接受的文化风格让友善价值观的传播走进大学生群体,将践行友善的事与理、情与法、义与利辩证分析,不断提升大学生对友善价值观践行的好感度和接受度。一是要提升思想政治教育队伍的知识结构与工作能力,充分适应新媒体时代教育场景的变化,主动学习自媒体技术发展的知识与应用技能,邀请校内外教师为思想政治教育团队开展相关培训,提高对网络信息的分类加工及整合处理能力。通过组织教育者开设自媒体公众号,实现与大学生的充分交流,提高自身的语言表达能力、网络使用能力、舆论管理能力等综合素质,在自媒体平台与学生友善交流、平等对话,因材施教地进行文化育人。教育者要敢于在各种社会热点事件中发声,引导正确的舆论方向,提升自媒体的德育功能。二是对思想政治教育队伍重新准确定位。长期以来高校对辅导员、思想政治理论课教师、专业课教师的定位较为单一。如辅导员负责日常学生事务管理、思想政治理论课教师进行课程思政工作、专业课教师开展教学科研等,工作中未能体现"三全育人"的大思政要求。针对这一局面,要将高校里的所有教师与管理人员定位于大学生思想与行为的引导者,都需要参与立德树人的伟大事业,积极参与思想政治教育自媒体平台的建设工作,向大学生传递向上向善的正能量。三是建立有效的激励机制,促进高校各级思想政治教育工作者积极使用自媒体,对设立了自媒体公众号并有一定影响力的教职工给予量化考核奖励,如发表阅读率、点赞率、转发率高的文章可以视为晋升考核的指标,在知名媒体发表文章与评论可以转化工作量,开设抖音平台拥有一定的关注量可以评选优秀思想政治教育网络平台工作者等,以激励机制促使教育工作者用好高校当前的自媒体平台,积极投身自媒体文化阵地建设。

6.4　心理育人:综合育心育德强化友善意志

　　思想政治教育研究的是社会发展所需要的思想品德与心理素质和受教育者现有水平的矛盾。[①] 思想层面与心理层面两者不是分离的,而是同一结构中的不同层面。心理层面是思想层面的基础,一个人科学的世界观、人生观以及

---

① 陈秉公:《思想政治教育学原理》,北京:高等教育出版社,2006 年版,第 113 页。

良好道德品质的形成,往往建立在健全的心理基础上。[①] 人的思想观念转化与道德水平提升伴随着复杂的心理活动,个体良好的心理状况是实现育德的基础,同时也是大学生得以正确理解与接受思想政治教育前提。因此,要解决人的思想认知、道德践行与政治态度的改变与升华等问题,思想政治教育必须深入人的心理层面展开工作。[②] 为了适应新时代思想政治教育工作形势的新变化,满足大学生在德育过程中实现对美好生活的向往的需要,《高校思想政治工作质量提升工程实施纲要》指出,"以立德树人为根本。""坚持育心与育德相结合,加强人文关怀和心理疏导,深入构建教育教学、实践活动、咨询服务、预防干预、平台保障'五位一体'的心理健康教育工作格局。"心理育人是高校思想政治工作"十大育人体系"之一,可以切实加强高校思想政治工作体系建设,进一步提升育人质量。2018年教育部党组印发的《高等学校学生心理健康教育指导纲要》中提出:"把立德树人的成效作为检验学校一切工作的根本标准,着力培养德智体美全面发展的社会主义建设者和接班人。坚持育心与育德相统一。"[③]心理育人服从于立德树人的目标,服务于人的全面发展,服务于培养有理想、有本领、有担当的时代新人,[④]是新时代具有中国特色的思想政治教育模式,主要通过心理健康教育来实现育人的目的,是提升思想政治教育质量的重要内容,也是新时代高校心理健康教育的新任务、新使命。综合育心与育德,可以将大学生培养成道德高尚的人同时,引导大学生塑造良好的心理素质,发挥全部心理潜能,实现全面自由发展。

6.4.1　开展心理辅导活动提升友善品质

在熟人社会向陌生人社会转型的过程中,大学生的心理健康状况受到外界极大的压力,导致大学生群体中抑郁、焦虑、孤独、冷漠等负面情绪高发,大学生的道德心理认知呈现趋利性、独立性、多变性与选择性等非理性的特点。[⑤] 大学

---

① 马建青:《高校心理健康教育与思想政治教育结合30年的研究》,杭州:浙江大学出版社,2017年版,第105页。

② 杨芷英:《思想政治教育心理学研究综述》,《思想理论教育导刊》,2007年第11期,第70-77页。

③ 中共教育部党组:《关于印发高等学校学生心理健康教育指导纲要的通知》,[OL].http://www.moe.gov.cn/srcsite/A12/moe_1407/s3020/201807/t20180713_342992.html,2018年7月6日。

④ 马建青,杨肖:《心理育人的内涵、功能与实施》,《思想理论教育》,2018年第9期,第87-90页。

⑤ 徐园媛,戴倩:《德心共育协同创新—大学生社会主义核心价值观教育模式创新研究》,成都:西南交通大学出版社,2018年版,第98页。

生呈现对外界道德认知灌输无所谓的态度,对友善价值观的认知缺乏理性的思想,在践行友善时存在种种问题,或是不讲原则肆意妄行,或是极端功利斤斤计较,或是犬儒主义退避三舍,人的友善践行意志与心理品质处于浮躁不安的状态。友善价值观不仅是社会的道德规范,更是个体的道德心理的具体表现。心理辅导是一种体验式、启发式的友善价值观培育途径,可以模拟现实生活中价值观的实践环境,让停留在文本中的友善价值观培育走入大学生的心理活动世界,大学生在完成心理辅导系列活动过程中涵养合作、信任、宽恕、共情、豁达等有利于提升自身友善价值观的意志品质,厘清内心践行友善价值观的目标、手段、评价,落实培育的针对性与实效性。心理辅导具备体验式学习具有的主动性、趣味性、亲历性、情感性、领悟性等特点,一般指在团体式活动的情境下进行的心理教育模式,是人通过在团体中的人际相互作用,促使人在交往中自我探索、观察、学习、体验,从而认识自我、接纳自我、探讨自我,获得新的态度与行为方式,调整与自我及他者的关系,发展良好适应的育人过程。开展心理辅导可以在培育大学友善心理品质的同时,以人文关怀理念与心理疏导功能帮助个体减轻人的价值观转变过程中的认知负担,克服心理成长困难,维护心理健康,迈向自我实现,激发大学生的良好心理品质,将友善的道德认知顺畅地转化为道德行为。要强化大学生践行友善价值观的坚定意志,卓有成效地开展心理辅导提升大学生友善品质,减少认知不清晰导致的心态摇摆与知行不统一等问题,必须做好心理辅导的组织开展,包括明确心理辅导的目标、开展流程、实施阶段和效果评估等。

6.4.1.1　明确心理辅导活动目标

第一,以育心育德优势增长大学生友善心理品质。心理辅导可以着力影响人心中与友善价值观相关的信任感、归属感、认同感、幸福感等心理属性。与其他方法比较,开展友善价值观心理辅导具有主体间性、互动性、开放性等特点,减少大学生的课业学习负担,结合大学生的心理规律与成长特点开展工作,可以触及人的认知与意志层面,尤其对大学生践行友善过程中遇到的利益冲突与道德矛盾造成的心理困境有良好的疏通与解释作用。大学生在心理辅导中具备主体意识,不再是被动接受的客体,活动开展中教师大多数情况作为指导者与观察者,活动主要由大学生自主完成,在充分的自我内心探索中挖掘对友善的感悟。运用心理辅导开辟实践路径,可以有效打通大学践行友善价值观的心理隔阂,疏导大学生在践行友善过程中心理与思想遇到的困惑,以健康的心理状况接受友善价值观的培育,实现立德树人的培育目标。

第二,解决大学生在践行友善价值观过程中出现的心理困扰。心理辅导的形式丰富内容活泼,可以增强大学生的友善价值观培育工作的吸引力和感召力,通过创造一系列友善主题的活动体验,如培育大学生助人行为、亲社会倾向、合作指数、利他主义、共情心等心理训练内容,让大学生在体验中反思,并超越体验。心理辅导可以引起大学生的意志共鸣,以不说教、不评价、不批判的人本主义取向,让大学生在感受尊重、平等、互助、信任的氛围中收获愉快积极的心理体验,把友善从知识教条顺利转化为内在的价值观与行为方式。心理辅导的内容、形式丰富灵活,通常以大学生的现实性问题作为培育的素材进行价值观的干预,旨在增强大学生对培育目标德性的自觉自为,提升大学生践行价值观过程的意志动机,解决好友善践行道德困境中的大学生的心理困惑与道德盲区,合理调节个体的情绪与心理健康水平。心理辅导对人的德性养成除了在寓教于乐中"促进",还具有在潜移默化中"纠偏"的作用,对大学生不友善心理、行为或对于友善问题思考的困扰可以及时予以疏导排解,既可以提高,还能强化巩固已有培育效果,达到"预防—保健—提升"三个阶段水平的培育。

第三,促使大学生通过践行友善价值观获得全面发展。心理辅导具有引导性与渗透性的特质,是以心理学的视角与工作方式促使大学生自我探索、学习、改变,获得新的态度与行为方式,发展良好的道德品质,实现助人自助的过程,对于大学生维持道德践行中的心理健康,克服践行困难,迈向自我实现有重要作用。心理辅导可以充分发挥对隐性价值观培育的特点,转变大学生对友善的内隐态度与认知,结合说理教育共同提升大学生对友善价值观的认同与践行,通过充分结合心理学中的强化、暗示、投射、共情等技术,以隐性结合显性培育,共同提高大学生的内隐、外显友善价值观,减少大学生因德性直接的灌输出现回避或抵触心理,有效地将友善价值观内化至大学生的内隐价值观体系,促使友善道德认同向道德行为的顺利实现。综合地看,心理辅导不同于心理咨询、心理治疗与危机干预,主要针对人在成长道路中面临的发展性问题与人生目标而设立,着重解决人在现代性社会生活中遇到的世界观、人生观、价值观、生存意义、人生责任、道德选择等问题。通过心理辅导帮助人在生活中领悟人生意义,改变人生态度,以自身的力量、自由的意志追寻生命的价值,积极面对生活。

6.4.1.2 规划心理辅导活动流程

第一,友善主题的心理辅导可以从大学生学习、社交、生活、恋爱、升学、就业等人生发展路径中涉及友善选择的多个层面展开。通过搜集相关资料与理论分析,确定心理辅导的主题和活动目标,例如在学习方面可以从辅导他人学习实现友善助人、严肃考试纪律实现诚恳待己、组织学习互助小组实现他己两利的友善等;生活方面可以开展友善自我意识提升、友善情感养成、友善社交沟通、友善社区建设等;人生规划方面可以从如何以友善德性实现美好生活、帮助他人收获友善、促进社会共同友善发展等方面开展。

第二,对参与友善价值观心理辅导的大学生进行心理健康状况"预处理"。心理辅导虽然使用心理咨询与团体辅导的工作视角与方法,但开展对象是心理健康、具有完好的自知力与行为力、内心无变形冲突的心理正常大学生。对于心理异常、心理疾病、神经症、精神疾病状态的大学生要转介至专业的心理治疗或精神卫生临床机构。这需要教育者对参与心理辅导的大学生实施"入组访谈""前测问卷调查"等遴选步骤。针对参与心理辅导活动大学生出现的心理亚健康与发展性问题,可以采取倾听共情、情感宣泄、认知改变、系统脱敏等干预措施,使其在心理健康状况正常的前提下参与心理辅导。

第三,在心理辅导的流程中要对心理辅导的活动框架进行规划,具体包括:心理辅导的时间、地点、参与学生、成员规模、招募方案、活动频率、单元主题、活动任务、指导教师、活动形式、财务预算、物资准备、效果评估等。在活动的方案设计好后,还应当与其他教育者进行讨论或督导,听取多方意见后进行修订,其后再正式实施。

第四,友善价值观心理辅导过程可以广泛采纳各类适合人的友善心理养成方法,主要有:焦点短期解决问题法、团体讨论法、认知行为改变法、角色扮演法、叙事理论法、行为训练法、心理剧编排法、朋辈辅导法、敏感性训练等可以在内隐或外显认知层面影响与塑造大学生友善心理品质的方法。教育者在心理辅导时可以借鉴心理咨询的提问、追问、聚焦、解释、即时化、自我表露、面质等技术,从多个维度指导大学生思考友善价值观的践行意义,提高大学生践行友善价值观的自主意志与情感态度,提供大学生感悟友善价值的机会。

6.4.1.3　实施心理辅导活动阶段

第一,创始阶段。在创始阶段中教育者的任务是使参与活动的大学生明确活动的规则,相互间彼此熟悉建立信任感,对大学生在活动初期袒露的陌生、期望、喜悦、恐惧等不同心理反应给予及时的关注。大学生在与活动成员的探索与自我了解中明确参与友善价值观心理辅导活动目的,了解自身与教育者对活动的期望。教育者也要向大学生讲授活动的原理与内容,建立活动的规则,在开展友善品质养成系列活动的过程中帮助大学生建立个人目标,并引导大学生自行实现目标,满足大学生对参与活动的需要。

第二,成熟阶段。这一阶段也称为心理辅导的工作阶段,主要是在具体的活动中以真诚友善的氛围鼓励大学生在活动中探索自身友善心理变化、践行的感受、情绪的差异等,深化大学生对友善价值观的认识。在这个阶段大学生对活动成员的信任感与团队凝聚力都已较为完备,教育者可以引导大学生将践行友善的个人目标转移、升华至团体目标,为实现活动团体的友善做出努力与改变,例如鼓励大学生在活动中为他人付出、情感暴露、为他人践行友善提供支持、肯定自己的友善心理等等,不断深化、强化友善价值观践行的意义,促进大学生从外显认知向内隐认知进行自我探索,将领悟转化为行为。

第三,结束阶段。在结束阶段教育者的主要任务是帮助大学生接受活动结束即将分离的现实,协助大学生收集与整理在活动中收获的友善认知、美好情感与对未来的希望,增强大学生践行友善价值观的信心与意愿,将心理辅导活动中所学内容迁移、应用于今后的日常生活中,强化已经拥有的友善价值观,挖掘可以进一步使用的资源,建立知行统一践行友善的心理契约,再继续发展友善品质。

6.4.1.4 评估心理辅导活动效果

心理辅导活动不仅强调心理当下的体验,更重视在心理活动基础上发生的认知、情感、意志、行为整体性过程,通过教育者引导大学生在活动中展开活动实践,帮助大学生通过充分的心理与行为过程感悟体验友善价值观,对活动中实践过程的经验加以应用、反思、改造、分享,以获得新的认知、改造、提升。心理辅导法的效果的评估通过在活动前后搜集相关资料,帮助教育者与大学生了解活动成效,及时发现问题与解决问题,更好地培育友善品质。心理辅导的效果评估可以从过程性、总结性、追踪性三种角度展开。其中过程性评估是在心理辅导的进行过程中采用问卷法、观察法等方式了解大学生在活动中的表现与特征,决定活动是否继续;总结性评估是采用教育者制定或选取的量表,针对大学生对参与友善心理辅导活动的看法、感受、满意度进行调查,评估友善价值观是否得到切实提高,检验培育的成效;追踪性评估是在心理辅导活动结束的3个月至2年内采用问卷法、访谈法、实验法、观察法等对大学生进行再调查,了解其友善价值观的践行是否持续、心理辅导活动的效果如何、对个人与社会产生了有利或不利的影响等,指导培育工作的不断改进与完善,提高友善价值观培育工作的规范性与科学性。

6.4.2　构建正确自我认知统一内隐外显友善

人的心理、思想活动是统一整体,思想的发展变化要受心理的影响和制约,而心理活动又受一个人的自我认知所制约,特别是对人世界观、人生观、价值观可以产生巨大的影响。人的自我认知来源于自我意识,是人对自身的认识与评价。自我认知与自我成长有密切联系,拥有全面、健康的自我认知,对人在成长成才过程中起导向、激励、教育、调节等方面作用,而不完善乃至扭曲的自我认知会使人无法认清自我。在过去的友善价值观培育实践中,由于未能将传统德育的规范性教育与美德的教育进行区分,大多以灌输原理、讲授知识为主,以知识性的认知训练教育人怎样做才是"正确的道德"。实质上,友善价值观作为具有丰富情感的美德与规范性道德在个体的心理机制中有不同的认知模式。在友善价值观实践的过程中,大学生清晰的自我认知是克服意志阻碍,自觉践行友善行为活动的重要调节器。构建大学生正确的自我认知可以改善人在践行友善价值观时主体性的缺失、主体与客体的疏离、内隐与外显价值观发展不一致等弊端,引导大学生通过对自我意志的支配,主动寻求认同与践行友善价值观的理念与方法,在实践友善的过程中保持身心和谐,促进友善心理品质发展。

6.4.2.1　引导大学生全面客观认识自我

人的自我认识处于价值观的核心层,人通过对自我认识的"主我"审视"他者",以"主我"为圆心向外探索。友善价值观的践行是大学生以认知中的友善心理对现实世界的投射,蕴含了人的自我认知对友善的愿望与追求,帮助大学生从多种角度认识自我、探索自我,获得对自我更为全面的了解,建立层次丰富,具有弹性的自我认知,可以将内隐认知与外显认知相统一,提升大学生对践行友善价值观意义的了解。

第一,在自我觉察中认识自我。"吾日三省吾身",当前社会环境较之以往更为复杂,各种社会思潮涌现。大学生在这样的环境下更要学会自省,审视内心的友善观念、动机、行为与自身所受思想政治教育以及社会的主流价值观要求是否一致,存在哪些问题与不足,在践行友善价值观时有何收获与缺憾,从中可以吸取哪些经验与教训。友善价值观培育需要大学生经过自我认知心理的筛选、认同和内化,才能成为认知结构中稳定的内容,将友善内化为自身的内隐与外显的整体性价值观,外化为友善行为。心理学家罗伯特·金·默顿(Robert King Merton)提出的"自我实现预言"(self-fulfilling prophecy)认为人会根据认知塑造自己的行为以符合心理预期。当人在价值观的内隐与外显结构都不断地呈现对自我的客观认知,将友善价值观的积极心理取向与自我概念结合,人们就会倾向于相信自己心理是友善的,从而更多地践行友善行为。系统地构建大学生的自我认知,可以深入大学生自我意识层面有的放矢地进行认知调整,对友善价值观的内隐与外显认同进行巩固强化,引导大学生在自省中转换视角,学会使用全面的、发展的、联系的、历史的观点看问题,建立健康完备的心理意志,对践行友善价值观过程中的心理疑惑做出积极的解释,以清晰的自我认知提升友善践行的意志。

第二,在外界评价中认识自我。社会心理学家查理斯·霍顿·库利(Charles Horton Cooley)在心理学的自我意识理论中提出了"镜中我"概念,认为人的自我意识就是他人的态度或评价在个人头脑中的反映,强调他人的态度、评价对自我意识形成的重要影响。[①] 他者的评价可以成为人对自我认识的重要参照物,犹如一面镜子帮个体看清自身的存在。首先,大学生可以通过身边的同学朋友评价获取他人的评价意见,同学朋友对大学生较为了解,且不存在利害关系,可以得到较为客观的评价。其次,大学生可以通过老师、父母、学习的榜样中获取他人对自己的评价,他们一般拥有较好的品行,对大学生怀有关爱之心与发展性的眼光,大学生可以得到智慧的评价。大学生在他人的评价中不断完善自我认知,接受他人的评价与建议,虚心听取指导,敢于承认自身的不足之处,不断地调适、完善自我认知。

第三,在生产实践中认识自我。一个人的价值终究是要在社会生产实践中进行认定。大学生通过在社会生活与交往中充分展现友善价值观,可以进一步认识自我、发现自我、肯定自我,在潜能的实现中激发践行友善的动机,以生产实践活动中的道德角色承担给予自己行善的信念,在与他人互动过程中感知他人的思想、态度与情感,推己及人地从他人角度看待问题,完善自我。同时在生产实践中多渠道进行信息的交流整合,通过分析与比较,能够全面客观地看待外界对自己的评价,以积极的发展的视角了解自己在践行友善价值观时产生的意志品质与情感倾向,锻炼自己的理解力、耐受力、创造力等品质,整合自我认知。

---

① 〔美〕查理斯·霍顿·库利:《人类本性与社会秩序》,包凡一译,北京:华夏出版社,2020年版,第114页。

6.4.2.2　鼓励大学生积极悦纳自我

悦纳自我是人发展健全自我意识的关键。积极心理学认为每个人都有发展美德与获得幸福的潜能,友善心理的生成与众多人类积极心理品质如希望、复原力、感恩、宽容、乐观、利他等高度相关。人通过积极的情绪、发展的眼光悦纳自己,向外界充分释放善意,与他人、社会建立稳固的关系,才能在自尊、自信、自强的状态中实现践行友善价值观利他利己的独有价值。以心理育人提升友善,应以大学生为心理发展主体,充分调动大学生的主动性与积极性,促使其倾听自我声音,给予自身关爱,真诚对待践行友善价值观中的"理想我"与"现实我",在合理的悦纳自我的基础上正视自我,缩小友善认知中"理想我"与"现实我"之间的差距。一是要领悟自身作为社会主义事业接班人的历史使命,全力地学习科学文化知识,不断地以科学的知识与丰富的社会实践经验充实自身,全面提升综合素质,以中国精神武装头脑,树立实现中华民族伟大复兴的信念与信心,感受为人民服务、实现社会共同体友善的大爱与幸福。二是增强教育者对大学生的心理疏导能力。教育者在培育大学生向善扬善时可以合理采纳正强化、负强化、暗示、移情、赞许等方法,排解大学生的负面情绪,引导大学生采用积极情绪悦纳自我,理智看待践行友善价值观过程中具备的优势与劣势,既不以虚妄的自尊回避问题,也不在自怨自艾中否定自己。三是锻炼大学生的友善心理意志力,屏蔽社会不良风气的干扰,对好的友善行为习惯继续保持,对自私自利、斤斤计较、遇事冷漠等非友善心理予以自觉抵制,积极参加校园各类社会实践、文体演出、科研竞赛等,磨炼自身的友善实践能力。四是要引导大学生合理地宣泄负面情绪,把践行友善过程中因受挫、困惑、吃亏、自卑消极情绪及时纾解,在自我消化和对外倾诉的过程中调节不良认知,消除情绪的负面影响,陶冶高尚的友善道德,实现情感归属与自我实现的需要。

6.4.2.3　创设友善道德实践情景

在远离现实社会生活的环境下运用假设、推理等方式得出的形式上的道德选择难以深化人们对道德的认知与形成真实的道德人格,反而可能造成人们与道德疏离。[①] 内隐认知涉及人的意识与潜意识,在大学生内隐友善价值观的形成过程中占据着重要位置,要注意这种认知方式的特点,控制好影响因素才能

---

① 段文阁,高晓虹:《真实的道德冲突对个体道德成长的意义》,《伦理学研究》,2007 年第 6 期,第 60-63 页。

切实提高育人实效。人的道德发展一般经历"他律、自律、他律自律统一"三个阶段。他律与自律统一阶段的道德实践有助于人实现内隐与外显友善价值观的共同发展。他律与自律的道德统一意味着人的主我与客我、个体我与社会我、现实我与理想我实现有机整合。教育者通过创设道德实践的情景化教学模式，安排大学生围绕某一践行友善的情景展开讨论与选择，可以让大学生对践行友善价值观有切身的体验和感悟，以他律结合自律实现道德学习的"自我卷入"，产生更多的心理体验与自我满足，于具体情景中在潜意识层面认同与内化友善价值观，实现内隐认知学习。人在感同身受中释放压抑意识、卸载心理防御，在内心深处将友善价值观认知的"应然"与"实然"统一，可以促进认同友善的心理自由与行为解放。在道德实践的情景教学中，人的内隐认知与外显认知通过道德义务与道德良知的统一实现整合，人不再局限于外显友善认同，把友善价值观视为自身的异在物，机械地遵循友善道德规则内容。人通过在道德实践中的社会认同与自我接纳有了完整的自我认知，将友善价值观内化于内隐认知结构，深刻理解其内涵，使内隐与外显友善认知趋于一致的、在同步发展中引导人的友善心理品质从"知善""行善"向更高阶段的"明善""求善"发展。

6.4.3　鼓励心理自助促进友善践行自觉

高校思想政治教育的重要任务就是进行马克思主义基本立场、观点和方法的教育，核心任务是世界观、人生观、价值观教育。[①] 在党的十六届六中全会通过的《中共中央关于构建社会主义和谐社会若干重大问题的决定》中提到："注重促进人的心理和谐，加强人文关怀和心理疏导，引导人们正确对待自己、他人和社会，正确对待困难、挫折和荣誉。"[②]实现新时代"以人为本"的思想政治教育工作理念与大学生全面自由发展的现实需求，必须重视育心与育德的结合运用对人的尊重、激励、赋能等特性。心理育人的最终目的是帮助人实现崇高的道德素质与发展健康的心理水平。心理自助与通常意义上的他助不一样，是通过学习心理学的理论与方法、与亲朋好友进行倾诉交流等非专业途径进行心理自

---

① 马建青，石变梅：《30年来高校思想政治教育对心理健康教育发展的影响探析》，《思想理论教育》，2018年第1期，第97-102页。

② 中共中央文献研究室编：《十六大以来重要文献选编》(下)，北京：中央文献出版社，2008年版，第103页。

我调适、消除心理压力、提高心理素质的方式。^① 根据大学生的心理发展规律引
导大学生掌握科学的心理自助方法，学会心理自助，在自我成长道路中学会理
解、关心与接纳自我与他者，疏导自身与他者的友善心理困惑，实现对自身与他
者的友善，增进对友善价值观的认同，在开放、创新、自由的氛围中为提升友善
践行奠定良好心理基础。

6.4.3.1　以心理自助发挥大学生主观能动性

人的价值观与道德人格的自我完善是获得全面自由发展的重要前提。科
尔伯格认为人基于内在的道德原则产生道德决策与道德判断的能力，并依据这
样的能力付诸行动是道德养成的核心，应当在道德知识教育中融入道德判断能
力的养成。^② 友善价值观培育实践作为一种人的对象性活动，实质上是对人道
德心理（moral psychology）的引导教育，是人们对道德知识、道德行为、社会道
德要求以及道德文化的心理反应，对于塑造人的高尚道德品质，完善道德人格
有重要作用。^③《教育部、卫生部、共青团中央关于进一步加强和改进大学生心
理健康教育的意见》指出，"要支持大学生成立心理健康教育社团组织，发挥大
学生在心理健康教育中互助和自助的重要作用。"^④友善价值观培育实践的心理
育人的着眼点应当是帮助大学生学会分析与判断，提高自我道德辨析力、道德
判断力、道德选择力与道德践行力，自己管理自己，对自己行为负责，做自己友
善道德践行的主人，自觉地维护社会友善风气。倡导心理自助可以更好地调动
大学生的主观能动性，使大学生更乐于接受友善的思想与行为，提升思想政治
教育的针对性与实效性。其一，有利于大学生自主学习友善文化知识。首先，
自我实现是人的需要层次中最高级别的需求。大学生处于发展人生价值观与
完善社会化的关键时期，个人的发展是大学生最为关注的问题。大学生自主学
习友善知识，扩大善行实践范围，可以增强认识世界与改造世界的能力，为大学
生的智慧才能的创造性发挥提供用武之地，有助于全面提升大学生的求知欲、

---

① 代俊、袁晓艳:《心理自助与助人——朋辈辅导的基本原理与方法》，成都:西南交通大学出版社，
2016 年版，第 24-25 页。

② Kohlberg L. Development of moral character and moral ideology. Review of Children
Development Research,1964:383-431.

③ 袁晓琳:《道德心理学》，北京:科学出版社，2019 年版，第 156-157 页。

④ 《教育部、卫生部、共青团中央关于进一步加强和改进大学生心理健康教育的意见》，教社政
〔2005〕1 号。

创造力、想象力、自我效能感，促使友善认知水平不断提升。其次，引导大学生自我学习友善知识的观念，可以形成"自主学习—自觉实践"的良性循环。学习是人自出生起通过阅读、思考、实践等途径获得知识与技能的过程，通过学习人可以获取知识、交流情感，明确行动目的。在科学技术与信息尤为发达的当代社会，人有目的性的自我学习是充分发挥主观能动性，充实知识结构、获取有效信息，不断满足自身发展需要的法宝。大学生可以通过第一课堂、第二课堂、网络媒体、社会实践等多途径获取友善的相关知识，并与教师、家人、同学相互学习交流、解决疑难问题、共享学习资源，强化自身应对友善道德心理困惑的认知能力。教师也应充分相信学生，尊重学生具有自主学习的能力，多方面创造有利于大学生自主学习的机会与条件，在学习友善价值观知识的过程中"转识成知，转智成德"。其二，有利于大学生学会自我情绪管理。情绪是对一系列主观认知经验的统称，是人由客观事物引起的相应态度体验及行为反应。人的情绪有正面也有负面，如积极的高兴、喜爱、敬佩、赞美、向往，消极的难过、厌恶、仇恨、冷漠、鄙视等。当人们的需求与对象的属性处于一致关系中，就会出现积极情绪，反之则会出现消极情绪。消极情绪如果不及时疏导排解，轻则影响人对事物的兴趣，重则认知混淆乃至走向心理问题。当前社会上频发的各种友善道德失范行为，如舍友投毒案、校园虐待动物事件、网络暴力、欺骗敲诈、好人被诬陷等侵害他人权益的行为，一定程度上引发和放大了大学生的焦虑不安、情绪低落、冷漠回避、悲伤失望、愤怒怨恨等负面情绪，并经由校园内密集的信息网产生"情绪感染"，影响了大学生践行友善价值观的热情。通过教会大学生心理自助，可以有效地宣泄、分散、转移与疏导大学生的负面情绪，结合心理学中的正强化、负强化、暗示、移情、脱敏等方法，例如将自己践行友善时的优势与获益书写出来，以积极的暗示增强自信心。通过积极引导与强化大学生的正面情绪，排解大学生的负面情绪，以良好的自我心理调适能力发展对友善的积极情感偏好，避免产生心理障碍，确保大学生在意志坚定的前提下践行友善价值观。

6.4.3.2　完善大学生心理自助渠道建设

新时代背景下要帮助大学生正确看待社会各类矛盾与冲突，拥有良好的道德免疫力与道德判断能力、发展崇高的精神境界、完善自身健康的人格特质。社会支持理论认为对个体提供心理支持与行为引导可以避免压力事件的不良影响，并形成增益作用，有益于个体的心理健康。心理自助的模式在确定大学生的主体性地位同时需要学校创新与完善各类自助渠道,提供有针对性的管理服务,帮助大学生在充足的物质与精神保障条件下完成自我教育。一是要搭建各类心理自助服务实践平台,组建开展如朋辈心理辅导、友善心理主题教育、大学生心理成长团、心理微电影与情景剧比赛、网络媒体心理交流板块等活动,吸引大学生主动参与,在活动中围绕践行友善价值观的主题共同探讨交流思想与心理存在的疑惑。通过互相倾诉、互相帮助澄清模糊的认知,启迪友善践行,实现"个体自助"与"互帮互助"的结合,促使大学生在心理自助中疏导负面情绪、发展健康人格、化解心理问题、收获友善品质。二是要建立健全大学生心理健康档案,为教育者掌握大学生心理特质,落实心理自助提供有效参考。建立健全心理档案是规范心理育人,加强系统化管理的基本方法。心理档案囊括大学生的基本个人信息、心理生活历程、心理咨询经历、心理测试结果等心理特点。通过建立心理档案可以从源头动态把控大学生的心理健康状况,了解心理档案中体现的兴趣爱好、气质性格、个人能力、自我观念等信息,为制订有效可行的心理自助方案奠定基础。同时教育者通过心理档案可以对大学生的心理状况进行有效的信息沟通与反馈,对存在心理健康问题的大学生给予重点关注,并在教学与科研中根据大学生的心理现状展开定量与定性的分析,增强心理育人的规范性与科学性。三是要开发新媒体时代的心理助人自助网络平台。通过建立丰富线上线下教育资源与影音数据库,方便大学生不受时空限制随取随用,解决自身在生活中随时会面临的友善道德选择问题。同时在网络平台中增设心理自助板块内容,如心理健康状况测试、MBTI 十六型人格测试、依恋关系测试、亲子关系测试、利他行为测试、主观幸福感测试、亲社会行为测试等与友善价值观养成有关的主题模块,开发智能互动式心理自助应用程序软件(App,Application),提升心理自助对培育大学生友善价值观的引导性、教育性、趣味性、科学性,引导大学生在了解自我、愈疗自我中发展友善价值观。

6.5　行为育人:统筹家庭学校社会推进友善行为

　　人对现实世界的反映以实践为基础,全部社会生活在本质上是实践的。[①]友善价值观的养成比知识与技能的传授更为复杂,友善价值观的社会实践是知

---

① 《马克思恩格斯选集》(第 1 卷),北京:人民出版社,2012 年版,第 56 页。

识与人相遇的场域,是人们知、情、意、行的整体性表达。友善行为既是大学生形成内化的友善认知外在表现,也是培育目标实现的落脚点,是大学生在知、情、意等因素的综合调控下践行友善的道德规范与相关要求的行为活动。在开放性的社会结构中,家庭、学校与社会的联系更加直接与密切,要使友善价值观培育实践能够切实开展起来,增强培育的效果,体现立德树人的以人为本与德育为先的理念,必须从整体上着眼,在常规教育的基础上统筹家庭、学校与社会多方力量,联合统一行动,充分发挥各自教育优势,取长补短,协调一致,形成全社会合力育人,打造大学生友善价值观的良好局面。在友善行为践行中不断调整与优化大学生的友善价值观,以齐抓共管的联动形成新时代大学生友善价值观培育实践的新风貌。

6.5.1 优化家庭教育对友善行为养成起始作用

家庭教育是学校教育、社会教育的基础。家庭是子女价值观形成与发展的第一课堂,家长是子女价值观与行为养成的最初责任主体,不论社会的性质如何改变,除了学校和军队这样的特殊群体,家庭始终是社会最基本的抚育社群。[①] 父母的教养方式对于家庭后代的影响无法替代,人在家庭生活中的行为、习惯、思想、言语、规矩、信念等均来自价值观的教育,价值观来源于家庭生活又反观于生活方式之中。友善价值观养成与家庭教育结合紧密,人最初的友善思想行为大多来源于在家庭中受到的显性与隐性的教育,大学生拥有的外显与内隐价值观与行为模式都可以在家庭教养中找到最初的影子。在家庭教育中培育友善行为是核心价值观培育"落细、落小、落实"的最佳写照。中共中央、国务院在北京人民大会堂举行的 2015 年春节团拜会上,中共中央总书记、国家主席、中央军委主席习近平发表重要讲话指出:"家庭是社会的基本细胞,是人生的第一所学校。不论时代发生多大变化,不论生活格局发生多大变化,我们都要重视家庭建设。"当前在家庭中的友善价值观培育实践面临许多新情况,社会发展与人对美好生活的向往导致社会生活压力增大,父母对大学生的发展愈加重视,存在"望子成龙""望女成凤"的教育焦虑;大学生自主性增强的同时减少了对家长的依赖,情感的疏离影响家庭场域友善行为的产生;经济的竞争压力使家长需要更多的时间投入生产生活,亲子关系教育所需的时间、金钱、精力受

---

① 费孝通:《乡土中国》,北京:北京大学出版社,2019 年版,第 12 页。

到挤压;科技文化的迅速发展加剧家庭教育的复杂化,对家长的友善素养、教育水平提出了全新的要求。诸如此类问题表明,当前家庭教育亟须优化内容与方式,成为大学生友善行为产生的安全港。

6.5.1.1　打造良好亲子关系,优化家庭友善氛围

家庭教育是以亲子关系为中心的教育,友善行为在家庭中的培养首先应当以平等、温暖、尊重的亲子关系为出发点。如何在家庭生活中与家人以友善相处,是大学生学会处理自我与他人和社会关系的前提条件。大学生在家庭中感受的血浓于水的亲子关系是实施友善行为最坚实的保障,在家庭中习得的友善是大学生在一生中都获益的原初心理与行为灌注。亲子关系包含了人对友善行为的最初体验式与深层内隐记忆,人在成年后的友善行为大多是以"重复、移情"等行动方式把它们再现。良好的亲子关系应当是包容、调谐、整体、安全的,家长以包容接纳的心态给子女的友善价值观生长创造出更多空间,让子女体验到践行友善的益处与快乐。一是家长需要主动学习正确的家庭教育理念,强化自我教育意识,了解子女的身心发展规律,将家庭教育放到为国家培养栋梁之材的高度,以父母共同参与对子女的教育打造美满友善的亲子关系。在父母塑造友善的亲子关系过程中,主动做到建构丰富的亲子互动,尽可能地了解子女内心的感受、欲望、需求和观点;当亲子关系出现裂痕时积极发起互动性的修复;关注与配合子女出现的潜能发展;当子女处于发展不稳定的波动期能够主动与子女一同努力面对。二是家长需要了解大学生在青春期与青春后期面临的价值观发展特质,用"沟通"而非"命令"的相处模式感染学生的友善行为。三是强化家庭教育责任意识,父母应共同参与养育看护子女。企事业单位、社区街道应满足家庭的友善育人需求,引导家长重视子女(特别是未成年人)的友善思想启蒙与友善行为养成,保障家长有充足的参与家庭教育时间。通过举办职工家长学校、组织亲子教育实践活动、评选文明家庭教育职工、开办友善文明养成知识讲堂等活动,确保家庭中家长与子女的友善行为互动。四是家长要做好友善行为的榜样示范,在教育子女的过程中言传与身教并重,在潜移默化中将自身的友善理念平等、合理、隐性地传递给大学生。针对大学生在不同人生阶段面临的友善价值观选择、友善行为践行提供学习模仿的素材与正确的指引,使大学生养成在现实生活中践行友善的能力,成为大学生成长的坚实后盾。五是提供家庭亲子教育困境的专业介入服务,对因贫困、疾病、虐待、亲属死亡等陷入困境的家庭展开专业的社区工作介入,提供经济、情感、教育、抚养等方面

的支持,开展亲子关系修复的系列心理干预,改善家庭因此形成的各种创伤。

6.5.1.2 辩证吸收传统文化,丰富家庭友善伦理

《新时代公民道德建设实施纲要》强调要"倡导现代家庭文明观念,推动形成爱国爱家、相亲相爱、向上向善、共建共享的社会主义家庭文明新风尚"。我国传统文化中的家庭教育有深远的历史,具有种类繁多、途径多元、理论系统、文献丰富等特点。其中,以"家风、家训、家规"为代表的家庭文化以家族伦理对人的友善品性进行历练,对人们的道德与品行有强大的教化与示范作用,是人的友善行为生长最初的来源,对人终生的人格完善、形成正确友善价值观与行为影响重大。要充分运用其中的友善教育资源,促进大学生自愿自觉践行友善。一是在媒体平台、社会公益宣传栏等处广泛宣传友善家风、家训、家规为主的友善养成思想,引导大学生学习优良家风、家训、家规,在传承优秀家庭伦理文化时养成主动的友善践行意愿,积极举办中国传统家庭友善伦理教育征文比赛、文艺汇演、现场活动互动等,在全社会营造"友善家文化"的培育氛围。二是在全社会系统开展传统友善文化经典诵读活动,如《太傅仔钧公家训》《颜氏家训》《范文正公家训百字铭》《陆游家训》《钱氏家训》《朱子家训》等,弘扬传统文化对大学生在为人处事、道德修养、人格塑造、持家立业等方面的行为养成作用。三是教导大学生通过优秀传统家庭伦理文化养成友善素质,以弘扬中华传统友善美德,具备正确的是非观、荣辱观,做生活中的"有心人",以正确的价值观念看待社会道德现象,对友善道德选择具备理性判断与自觉践行的能力。四是鼓励长辈参与孙辈的友善行为教育,成为家庭友善行为代际传递的重要支持。长辈对中国传统文化有较好的接受性与亲和力,在家庭中具有崇高的家庭地位与凝聚力,以长辈的友善传统文化积淀教导大学生践行友善,体会"老吾老以及人之老"的传统家庭伦理观念,有利于联结友善的情感与行为,对友善的家庭伦理养成产生积极影响。

6.5.1.3 创新媒体应用空间,赋能家庭友善行为

社会各方面在赋能家长友善行为教育能力的同时,家长要与时俱进,不断更新自身家庭教育的观念。一是通过打造家庭教育应用程序软件、加入家庭教育微信群、关注家庭教育公众号、浏览家庭教育视频网站、参加家庭教育在线课程等新媒体教育手段,不断传递先进的、符合时代发展的友善行为教育理念,丰富家长自身的友善素养。二是组织家长积极参与网络在线亲子互动,用好 QQ、微信、微博、网页等新媒体技术建立家长网络咨询平台,为家长、学校、学生之间

有效的信息沟通与交流合作打造便捷移动化终端。开展"写给十年后孩子的一封信"活动、了解子女喜欢的虚拟社交与游戏平台、举办网上家长学校、组建家长心灵互助网络平台等。三是加强家校联系,采用网络技术恢复家访制度,解决好城市流动人口家庭、农村留守儿童家庭、隔代抚养家庭、单亲家庭、收入困难家庭的友善行为养成缺位问题,以网络视频会议、视频电话、网络家长会等方式,打通家长在教育子女友善行为中存在的症结,形成对家长友善行为教育的支持。四是深入了解家长的个体化教育需求,通过问卷调查了解家庭教育薄弱之处,尊重家长的经验与背景,有的放矢地制定友善行为养成的教学目标与教学内容,以问题为导向提供多元的家庭教育方法,加强对家庭教育的针对性指导。

6.5.2　联动学校社会,为友善行为提供实践平台

习近平总书记指出:"一种价值观要真正发挥作用,必须融入社会生活,让人们在实践中感知它、领悟它。要注意把我们所提倡的与人们日常生活紧密联系起来,在落细、落小、落实上下功夫。"社会实践对友善行为的养成具有独特的真实性与感召性,各种社会公益服务活动为大学生友善价值观落实为行为提供了重要的践行平台,落实着眼友善价值观利己利他的意蕴,鼓励大学生与他人共在,倡导大学生参与社会公益服务活动是在实践中体现社会主义友善价值观公共性、实践性、互惠性的最佳体现。教育家杜威认为学校即社会,教育即生活。教育离开了生活就是脱离了实践,再好的培育体系都只是无源之水,无本之木,变得抽象与悬浮,难以拥有持久的生命力。友善价值观的行为践行是大学生友善的认知与行为结合的综合性实践过程。道德发展是个体和社会互动的结果,在与社会的互动中个体获得道德角色承担的机会与道德逻辑认知发展的机会。倡导大学生积极投身社会实践,学会以友善行为参与社会公益,服务社会大众,引导友善价值观落实在社会大课堂中,以高尚道德品格主动拒绝不友善的观念与行为。[①] 积极参与中国梦的奋斗与实现,在追求幸福与美好生活的过程中提升道德境界,拥有更多的获得感、幸福感、安全感,实现中华民族伟大复兴。

---

① 马建青,黄雪雯:《大学生人际信任与主观幸福感的关系:亲社会行为与攻击行为的中介作用》,《应用心理学》,2022 年第 1 期,第 41-48 页。

6.5.2.1 倡导大学生投身公益事业，丰富友善行为实践载体

凝聚友善精神的社会服务公益事业在友善行为培育中肩负重要责任。充分挖掘学校与社会资源开展形式多元的公益活动，丰富友善行为实践的载体，可以在常态化的社会生活中实现对人的友善行为改变。理想的公益活动是通过激发与整合育人资源，由教师、学生、家长、社会成员广泛参与策划实施，以丰富的实践载体实现友善的养成，成为大学生融入社会生活，落实友善价值观培育的有力保障。社会公益事业在引导大学生养成良好的社会心态与行为习惯时，可以丰富友善价值观的理论品质与实践进程，在服务大众、奉献社会的过程中将友善行为落实在公共生活实践中，提升大学生"与他人共在"的友善精神与价值追求。通过学校组织有学分的公益社会活动，如志愿服务活动、校园文明礼仪活动、环保宣传活动、文艺演出活动、和谐社区活动等，以实践学分为大学生赋予实践的价值，在获取学分过程中，大学生获得参与公益活动的仪式感。在学分制考核的同时将日常表现记录在案，嘉奖先进优秀典型，形成践行友善行为良好风气，精心组织友善主题公益服务，将友善与思想教育结合，社会热点、专业特色结合，开展一系列主题鲜明的社会公益服务活动。

6.5.2.2 协同共建友善行为教育基地，扩大社会影响力与传播力

大学生友善行为的实践应当加强教育基地的专业化建设，为大学生提供稳定的实践平台。通过学校、政府、社会企业的协同合作，共建校内与校外、线上与线下的教育基地，在实践场域中实现友善知识生成与行动升华，扩大友善价值观在全社会的影响力与传播力。一是要构建联动培养思维，体现制度共享、利益共享、合作共赢的友善发展理念，协同社会与学校管理部门，构建长效性的社会服务公益活动岗位，通过部门、人才、信息、服务等要素的互联互通，以学校社会的配套支持与开放合作为基础，推动友善行为社会公益服务的教育基地落成。二是在建立教育基地的过程中学校与当地社区、企业及政府部门形成合力，协同当地发展需要，鼓励社会提供长期的公益活动岗位，加强友善公益服务的专业化引导。只有多方共同获益教育基地才能长久运转。三是要调整大学生参与社会实践的选拔机制，学校通过制定相关的标准与条件让大学生结合自身条件与需求开展准入选拔，使大学生得到锻炼的机会，激励大学生产生友善践行的荣誉感与紧迫感，提升友善践行能力。四是高校与社会要给予资金、人员、设备、场地、制度等方面的必要保障，明确基地建设各方的权利与义务，提高教育基地活动开展的可行性与有效性。五是要充分调动学校任课教师、企事业

工作人员、教育部门等人员的专业指导,促进友善行为在教育基地的"产学研"结合,实现成果的课题转化,让更多社会力量参与基地建设,实现协同实践育人目标。六是加大教育基地的宣传力度,通过传统媒体与新媒体,联合宣传友善公益服务的内容以及带来的社会效益,举办表彰先进个人与集体的公益宣传活动,以媒体宣传力度促进友善行为践行力度。

6.5.2.3　打造实践活动长效机制,提供实践育人可持续发展保障

以社会公益活动实现友善行为育人需要在多方的合作互动中形成互惠互利的长效机制,在有组织、有目的、有计划的机制安排下,使友善行为实现获得普遍性与长期性,提升大学生的友善修养与人生价值。一是要做好充足的经费预算和保障多样化的友善公益实践场所,学校与当地教育部门应当将友善公益事业活动的经费纳入年度预算,确保经费专款专用。学校应当从多个渠道增加活动经费,进行校企合作、校际合作,更好地运转实践基地。二是要完善友善公益活动的实践育人评价体系,转变传统的学校单一评价模式,建立学校、社会、学生组成的三方评价系统,形成真抓、实干、实考核的制度,并将友善公益活动完成指标作为学校与当地社区、政府部门的年度考核依据之一,切实重视育人工作的开展成效。三是要消除学校与社会的公益活动互联互通障碍,以社会公益学习基地、社会公益实践学分、社会公益服务评价、社会公益活动校外导师等机制的建立,营造长期性社会服务氛围与专业指导人才发展的环境,充分调动学校与社会的资源,提升大学生主动践行友善的积极性与创造性。四是形成高年级学生对低年级学生的"传帮带"体系,促进友善行为实践的团队化,调动大学生积极参与团队建设,以高效的学习力、凝聚力实现良性竞争,开展团队自我教育,使大学生对友善行为实践产生深刻认同。在友善行为实践团队中打造队名、队歌、旗帜、队服等标志性符号与物品,增强大学生对团队的归属感与向心力,在团结协作中共同实践友善价值观。

6.5.3　发挥党组织建设对友善行为引领作用

价值统领是教育与实践共同的旨趣。中国的大学以党委领导下的校长负责制为特征,以培养社会主义事业合格建设者与可靠接班人为指向,具有社会主义性质价值立场与立德树人的根本理念,需要以习近平新时代中国特色社会主义思想为开展友善行为实践的指导,通过党组织建设引领友善行为的实践与发展方向,坚定执行党的政策,落实贯彻党的教育方针,推动各个育人平台、要

素、系统与环境之间最大意义与程度的耦合,减少行为践行的不确定性,加强党组织建设,整合相关主体的育人优势资源,体现行动步调协调一致,切实把立德树人理念贯穿于大学生友善价值观培育实践全过程,保证思想政治教育的进一步改革发展,切实提升育人质量。

6.5.3.1 组织理论学习,提升友善,践行政治道德

友善行为作为社会主义友善意识形态在全社会实践的形式,具有明显的政治道德倾向性,即"全心全意为人民服务"。抓好理论学习是提高友善行为政治道德的根基,通过理论学习把握好友善行为的正确导向,弘扬主旋律的同时传播善行正能量。一是党的基层组织要有计划地组织对入党后的大学生开展政治理论学习与友善行为教育,使大学生对马克思主义与习近平新时代中国特色社会主义思想形成整体、深刻的认识,树立为人民服务的友善价值观践行宗旨,真正把人生意义的实现与建设中国特色社会主义、成为社会主义事业合格建设者与可靠接班人紧密相连。二是要加强政治道德的培养,引导大学生坚定实现社会共同友善的目标,培育他们时刻把人民利益、把共同体的友善放在心上的理想信念,自觉自律地实现友善行为,对他人与社会有更多的信任、理解与付出,将自身的友善行为实现的政治追求与社会主体价值保持一致,实现全人教育与思想政治教育的要求,体现友善践行与社会主义性质的统一。三是要加强大学生政治素质的培养。当前社会思潮存在多元化趋势,历史虚无主义、新自由主义、功利主义与实用主义等思想的滋生对大学生的政治素养提出了更高的要求,要求大学生在政治上具有足够的分辨力与警惕性,坚定社会主义理想信念,履行新时代公民道德义务,履行个体与共同体需要的友善行为。对背离社会主义性质的思想与行为具有批评与拒绝的能力。四是要坚持不懈地传播马克思主义理论,厚植社会主义性质的友善价值观,正确看待中国思想政治教育与其他国家的比较,认清大学生的时代责任与历史使命,具有实现共同体友善的远大抱负。在理论学习中让中国共产党的思想、宗旨、主张成为时代最强音与育人主旋律,坚持用友善价值观引领大学生的成长成才,结合大学生的全面发展需求制定具体的友善行为培育落成措施。五是强化党总支与党支部在意识形态工作领域的领导地位,打造全体党员争先学习友善价值观,践行友善行为的良好局面,切实增强理论学习的主动性,利用好"党校学习""三会一课""两学一做"等理论学习制度,开辟学习与践行友善行为的新阵地,做到友善行为的实现有组织、有计划、有温度、有效果、有总结。

6.5.3.2　创新工作模式，开展友善主题党日活动

党支部的活动模式应当结合大学生在友善价值观践行中的具体要求、考核办法，开展主题贴近、目标清晰的友善行为培育主题党日活动，在服务同学、服务社会的过程中创新行为育人模式，增强培育的吸引力与感召力，引导大学生在向党组织靠拢的过程中积极履行友善行为。一是组织大学生观看焦裕禄、雷锋、袁隆平、张桂梅、钟南山等身体力行为社会共同友善事业奋斗、践行社会大爱的党员先进典范教育视频影片，坚定大学生践行友善为了祖国、为了人民、为了社会主义事业的伟大志向。二是提高大学生以友善践行服务社会的本领，增强为社会服务的意识，开展有利于友善行为锻炼的志愿者服务行动、社会实践、党团共建行动、精神文明创建、红色之旅活动、生产实践等友善主题党日活动，在服务大众中引领友善行为新风。三是依托新媒体推进"互联网＋"的网络党日活动，以线上呼应线下顺应社会形势变化，着力培养大学生在互联网空间的友善素质与行为养成，引导大学生在互联网空间自觉抵制不良信息，以友善行为履行互联网"清朗行动"专项活动要求，积极开设"我为友善价值观代言""善心善行进行时""大学生友善价值观培育成果巡礼""青春梦友善行"等党日活动，以互联网强大的宣讲力、共建共享的信息平台、新颖的图文影音表现形式把握友善传播正确导向，切实发挥互联网在提升友善实践行为育人方面的工作优势，构建一体化、系统化的育人模式。四是要调动各方面的资源共同参与友善主题党日活动的品牌打造，依托各大高校思想政治教育工作创新中心与全国重点高校、知名高校的马克思主义学院，积极推进友善行为主题党日活动的学术研究与实践教育，围绕大学生在友善价值观践行中的难点、热点、创新点展开信息共享与合作研究。统筹高校党委组织部、宣传部、学工部、统战部及网络中心、校团委、后勤部门等职能机构，组建大数据工作团队，建立党日活动数据收集与分析平台，共享数据结果，统筹分配育人资源，以"大思政"理念打造富有时代气息、定位高端、与大学生思想同频共振的友善行为主题党日活动。

6.5.3.3　树立党员榜样展现友善践行新风尚

党员的形象就是党的形象，一名党员积极践行友善价值观，就是社会上一面弘扬友善的鲜明旗帜。通过在党员中开展友善价值观培育与践行专题教育，学习友善思想文件，召开民主生活会，开展谈心排查活动，使大学生党员高度认同与践行友善价值观，并以此为自身的行为标杆，强化体现共同体友善的责任

意识、奉献意识与大局意识，在生活中常态化地以友善价值观要求自己的一言一行。这就要求选举和树立一批党员践行友善榜样，做好友善行为的带头模范。一是要在学生党员中加强培训与锻炼，举办理论学习班，布置学习任务与实践锻炼，在各项友善行为培育的主题党日活动中通过"交任务、压担子"，发掘一批积极履行友善价值观的党员榜样。二是要求党员榜样以"无私奉献""为国为民""人民就是江山"的理念作为践行友善行为的核心理念，扎实理论功底，强化服务意识，在带头贯彻友善价值观过程中充分发挥"党员示范岗""党员先锋队"的模范带头作用，实现一个模范党员带动一个宿舍、一个班级、一个年级的育人效应，增强大学生践行友善价值观的自觉性。三是推进友善践行模范党员"挂牌上墙"活动，落实党员工作责任区，在教学楼、宿舍、食堂、绿地、运动场馆等地做好模范带头党员的资料展示与事迹介绍，进一步增强党员模范的荣誉感、责任感、紧迫感，推进党员模范以友善行为与无私奉献意识引领身边同学共同弘扬与践行友善价值观，形成全校、全社会友善的良好氛围。四是倡导大学生党员全面发展，展现友善价值观对人具有向上向善、知行统一、内外兼修的影响力，成为大学生中最有影响力的优秀群体，具备人格完善、品德高尚、思想进步、政治成熟、生活融洽、成绩优秀、真诚友爱、乐于奉献、敢于牺牲的新时代大学生党员的光辉形象。这种形象经过友善行为转化为示范作用，成为鲜明的旗帜影响身边同学在各种大是大非与利益诱惑面前不为所动，拥有正确的判断力与执行力，拥护党的方针政策，在思想与行为中认同与践行友善价值观，实现友善价值观培育理论知识、行为实践与政治素养的共同进步。

综上，本章在遵循大学生思想成长与心理发展变化规律的基础上，结合新时代立德树人根本任务对大学生成长成材的要求，以全面综合的视角融入思想育人、文化育人、心理育人与行为育人，对大学生践行友善价值观的"知情意行"过程进行动态性、整体性培育，使培育的实践路径趋于合理，提升培育的针对性与实效性。当然，在具体实践活动中没有完美的方法，有时单一的方式难以满足复杂的现实需要，充分认识与结合各种实践路径的理论基础才能形成科学、多维、长效、多位一体的践行体系。大学生只有具备良好的友善价值观，才能迎接国家赋予的中华民族伟大复兴的挑战与任务，弘扬民族友善精神，激发全社会凝聚力与向心力。教育者要不懈地引导友善美德实践在公共生活中的具体呈现，鼓励大学生通过"真学、真懂、真信、真用"的实践活动增进友善的情感认同与行为习惯，成为友善价值观的学习者、信仰者、传播者、践行者，以真学体现大学生的态度,真懂体现大学生的觉悟,真信体现大学生的信仰,真用体现大学生的担当,成为有大爱、大德、大情怀的时代新人。友善价值观培育贵在教育者与大学生的契合,人的知情意行整体机制的融合,如此,让社会友善的价值精神随物赋形、自然流淌,而不是成为大而无当的道德任务或精神负担,实现全社会知之、慕之、心向往之、内化外行之。

第 7 章　结　语

　　中国特色社会主义进入新时代,培育和践行社会主义核心价值观,是提振中国精神、凝聚中国力量、彰显中国价值的必然要求。友善是中华文明的传统美德,是社会主义核心价值观在个人层面的规范性准则,以增强公民间的关系黏性、实现善从公民个人之间向整个社会、国家的扩展为目标。当然,友善何以成为一种核心价值观,不是自然而然的默认前提,而是合乎人性本质、合乎社会发展的内在要求。人的社会性本质蕴含着一个不可否认的事实:生活于社会中的个人只有通过与他者的有效联结才能获得一种道德存在。新时代大学生作为社会发展的主力军,肩负着服务社会、为实现中华民族伟大复兴贡献力量的重要使命。保持与他者、社会与自然的友善,以公德意识与公共精神守护和谐有序的道德关系,既是扣好人生第一粒扣子、实现自我价值的题中之义,又是立足于关系视域对共同体友善的责任建构。现代化进程打破了熟人社会中以彼此熟悉、互相信任为特征的地缘关系,取而代之的是以个性增强、黏性下降的契约关系。在道德风险多重叠加的今天,以善之名行恶之实的伪善行为、在道德事件面前的平庸之恶遮蔽了友善的原初意涵,道德冷漠事件的频发呼吁人们重新思考友善的时代价值。由此,如何构建以复杂多样的现代性社会为基础的新型友善培育共同体?如何使友善成为新时代大学生美好生活需要的内在构成?这些都是审视友善价值观培育的时代转化、实现陌生人社会的伦理联结亟待解决的关键难题。

　　马克思说:"哲学家们只是用不同的方式解释世界,问题在于改变世界。"通过自己的实际行动改变不合理不公正的行为,是对友善价值观的自由自觉的诠释。友善之于整个社会与个人发展的必要性背后有一个强有力的逻辑,即友善不仅是一个关乎价值与理性的概念描述,更是消解个体化与公共化矛盾的实践运用,是一种在为他者的实际行动中得以彰显与实现的行为价值。只有当道德行为生发出现实化的道德力量时,大学生的道德意向才能实现由内而外的延展。由此,大学生在实践中的友善行为是检验友善价值观培育的重要标准。大学生友善价值观的培育研究绝不停留于对友善的形而上分析,而更多诉诸对大学生知行合一、践行友善的现实科学研究。动之以情、晓之以理、导之以行,构建知情意行的整全育人体系,是贯穿大学生友善价值观培育的完整链条。

大学生友善价值观培育是一个涉及面广、挑战性大、持续性长的系统工程。大学生思想的多变性、对于多元社会思潮分辨能力的脆弱性、日益强化的个体性、在时空压缩背景下的高度内卷化使其在面对陌生他者时,存在逃离、淡漠等负面情绪。这成为大学生与他者关系的最大症结。大学校园内说教式的友善价值与大学生在日常生活中的自顾不暇形成鲜明对比,理想与现实的割裂使得友善价值观培育难度加大。在从善比从恶难的事实面前,友善价值观的确立与践行需要坚定的认知、挚热的情感、顽强的意志与知行合一的习惯。而当前大学生友善价值观培育更多呈现于知识宣讲、校园实践,如何实现多维度、多途径的合力育人,使得大学生在迈出校园、走入社会的公共生活中践行友善的价值操守,实现友善的持存,是一个关乎友善价值观培育的核心命题。同样,如何使得友善价值观的培育不落于形式,不浮于表面,实现知识教育与价值教育的双向互动,促进大学生在日常生活中讲友善之理、做友善之事是一个需要持续思考的问题。

大学生友善价值观培育是一项集体性的社会事业,需要家庭、学校与社会的合力育人,更需要社会风气、社会制度、大学生德性的集体发力,不能简化为至善的德性养成。好的社会制度预设社会关系的积极存在,向大学生有意识地映射好人有好报的价值导向,营造学模范、争先进、见贤思齐的榜样效应,以制度保障友善实现秩序处于稳定状态,维护德育的权威,对激励大学生成为向上向善的时代新人发挥保驾护航的重要作用。事实上,一味强调大学生友善助人而忽视相应的制度激励与制度保障,容易陷入唯意志论的窠臼,违背人的基本利益与需要,进而与友善的本真含义存在差距。好公民与好制度的积极联动最为清楚地解释和证明了友善价值观的建构进路,为友善价值观的培育提供精神滋养与场域载体,使得友善价值观的培育既关注大学生内在德性的培养,又关注社会制度与社会氛围的外在丰富。

在复杂性、加速性、风险性日益增多的今天,与应然层面的价值期待相比,极端个人主义错误思潮的冲击使得事不关己、高高挂起成为少部分大学生的价值指引。利己与利他、个体性与公共性的多重矛盾决定了友善价值观培育始终以建立共同体友善为鹄的。不容忽视的是,当面临重大困境、遭遇重大挑战与重大风险时,大学生作为社会的重要力量,甘于奉献,主动担当,积极践行作为时代新人的职责与使命,不断实现由自我向他者的延伸。大学生友善价值观培育要善于抓住重大事件,把握重大机遇,推进大学生团结友爱、助人为善的常态化,扩大大学生的信任半径,进而促进大学生公共精神的形成与完善,实现共享的好的生活。当然,随着社会主义现代化建设的不断发展,以及大学生文明素养的不断提升,我们有充足的理由确信,大学生友善价值观培育成效会逐渐彰显,发挥厘清大学生思想困顿的理论效应与激发大学生担当民族复兴大任的实践效能。

参考文献

著作类

[1] 马克思恩格斯选集(第 1 卷)[M]. 北京:人民出版社,2012.

[2] 马克思恩格斯选集(第 2 卷)[M]. 北京:人民出版社,2012.

[3] 马克思恩格斯选集(第 3 卷)[M]. 北京:人民出版社,2012.

[4] 马克思恩格斯选集(第 4 卷)[M]. 北京:人民出版社,2012.

[5] 马克思恩格斯文集(第 1 卷)[M]. 北京:人民出版社,2009.

[6] 马克思恩格斯文集(第 4 卷)[M]. 北京:人民出版社,2009.

[7] 马克思恩格斯全集(第 1 卷)[M]. 北京:人民出版社,2002.

[8] 马克思恩格斯全集(第 2 卷)[M]. 北京:人民出版社,2002.

[9] 马克思恩格斯全集(第 3 卷)[M]. 北京:人民出版社,2002.

[10] 马克思恩格斯全集(第 11 卷)[M]. 北京:人民出版社,2002.

[11] 马克思恩格斯全集(第 40 卷)[M]. 北京:人民出版社,2002.

[12] 马克思恩格斯全集(第 42 卷)[M]. 北京:人民出版社,2002.

[13] 马克思恩格斯全集(第 46 卷)[M]. 北京:人民出版社,2002.

[14] 列宁选集(第 1 卷)[M]. 北京:人民出版社,2017.

[15] 列宁全集(第 2 卷)[M]. 北京:人民出版社,2017.

[16] 列宁全集(第 20 卷)[M]. 北京:人民出版社,2017.

[17] 列宁全集(第 25 卷)[M]. 北京:人民出版社,2017.

[18] 列宁哲学笔记[M]. 北京:人民出版社,1972.

[19] 毛泽东著作选读(下册)[M]. 北京:人民出版社,1986.

[20] 毛泽东选集(第 1 卷)[M]. 北京:人民出版社,1999.

[21] 毛泽东选集(第 4 卷)[M]. 北京:人民出版社,1999.

[22] 毛泽东论教育[M]. 北京:人民出版社,2008.

[23] 江泽民论有中国特色社会主义[M]. 北京:中央文献出版社,2002.

[24] 习近平在纪念孔子诞辰 2565 周年周年国际学术研讨会暨国际儒学联合会第五届会员大会开幕会上的讲话[M]. 北京:人民出版社,2014.

[25] 习近平关于全面依法治国论述摘编[M]. 北京:中央文献出版社,2015.

[26] 习近平总书记系列重要讲话读本[M]. 北京:人民出版社,2016.

[27] 习近平. 决胜全面建成小康社会 夺取新时代中国特色社会主义伟大胜利——在中国共产党第十九次全国代表大会上的报告[M]. 北京:人民出版社,2017.

[28] 习近平. 论坚持全面深化改革[M]. 北京:中央文献出版社,2018.

[29] 习近平谈治国理政[M]. 北京:外文出版社,2018.

[30] 习近平关于"不忘初心、牢记使命"论述摘编[M]. 北京:中央文献出版社,党建读物出版社,2019.

[31] 习近平. 论把握新发展阶段、贯彻新发展理念、构建新发展格局[M]. 北京:中央文献出版社,2021.

[32] 中央文献研究室. 建国以来重要文献选编(第 11 册)[M]. 北京:中央文献出版社,1995.

[33] 中共中央文献研究室编. 十四大以来重要文献选编(下)[M]. 北京:人民出版社,1999.

[34] 中共中央文献研究室编. 十六大以来重要文献选编(上)[M]. 北京:中央文献出版社,2008.

[35] 中共中央文献研究室编. 十六大以来重要文献选编(下)[M]. 北京:中央文献出版社,2008.

[36] 中共中央文献研究室编. 十七大以来重要文献选编(上)[M]. 北京:中央文献出版社,2009.

[37] 中共中央宣传部. 习近平总书记系列讲话重要读本[M]. 北京:人民出版社,2014.

[38] 中共中央文献研究室编. 十八大以来重要文献选编(上)[M]. 北京:中央文献出版社,2014.

[39] 中共中央文献研究室编. 中国共产党第十九次全国代表大会文件汇编(上)[M]. 北京:中央文献出版社,2017.

[40] 新时代公民道德建设实施纲要[M]. 北京:人民出版社,2019.

[41] 北京化工大学全国大学生思想政治教育发展研究中心. 中国大学生思想

政治教育年度质量报告(2016)[M]. 北京:人民日报出版社,2018.

[42] 老子. 道德经(第三十七章)[M]. 北京:中华书局,2006.

[43] 艾思奇. 辩证唯物主义历史唯物主义[M]. 北京:人民出版社,1978.

[44] 车文博. 弗洛伊德主义原著选辑(上卷)[M]. 沈阳:辽宁人民出版社,1998.

[45] 陈立思. 当代世界的思想政治教育[M]. 北京:中国人民大学出版社,1999.

[46] 陈秉公. 思想政治教育学原理[M]. 北京:高等教育出版社,2006.

[47] 催柏滔. 论语大义(上)[M]. 北京:中央编译出版社,2011.

[48] 蔡元培. 以美育代替宗教[M]. 北京:北京大学出版社,2020.

[49] 陈理宣,刘炎欣. 基于马克思主义实践哲学的教育问题研究[M]. 北京:人民出版社,2020.

[50] 董小燕. 比较德育研究[M]. 杭州:浙江大学出版社,2000.

[51] 代俊,袁晓艳. 心理自助与助人——朋辈辅导的基本原理与方法[M]. 成都:西南交通大学出版社,2016.

[52] 邓显超,杨章文. 发达国家大学生思想政治教育研究[M]. 北京:中国政法大学出版社,2016.

[53] 樊富珉. 团体心理咨询[M]. 北京:高等教育出版社,2005.

[54] 费孝通. 乡土中国[M]. 北京:北京大学出版社,2019.

[55] 冯成志. E-Prime 从入门到精通[M]. 北京:北京师范大学出版社,2017.

[56] 傅安球. 青年性别差异心理学[M]. 上海:上海人民出版社,1998.

[57] 皋古平. 人的本性是自私的吗[M]. 上海:华东师范大学出版社,2013.

[58] 高湘萍. 知觉心理学[M]. 北京:人民教育出版社,2011.

[59] 宫志峰,李纪岩,李在武. 大学生社会主义核心价值体系建设研究[M]. 北京:人民出版社,2012.

[60] 郭毅然. 高校德育困境及其超越——基于社会心理学的研究[M]. 北京:中国社会科学出版社,2013.

[61] 郭亚莉,林宏彬. 高校思想政治理论教育科学化水平研究[M]. 北京:知识产权出版社,2014.

[62] 顾作义. 友善—待人接物的修养[M]. 广州:南方日报出版社,2016.

[63] 郭秀艳. 实验心理学[M]. 北京:人民教育出版社,2017.

[64] 韩丽颖. 当代大学生核心价值观研究[M]. 北京:人民出版社,2014.

[65] 黄希庭,郑涌. 当代中国青年价值观研究[M]. 北京:人民教育出版社,

2005.

[66] 黄明理. 社会主义核心价值观研究丛书友善篇[M]. 南京:江苏人民出版社,2015.

[67] 江畅. 西方德性思想史概论[M]. 北京:人民出版社,2017.

[68] 江传月,徐丽葵,江传英. 大学生友善价值观培育研究[M]. 广州:广东人民出版社,2017.

[69] 蒋锦洪,刘洋,闫莉. 马克思的人本思想及其当代价值研究[M]. 上海:上海人民出版社,2021.

[70] 李士坤. 马克思主义哲学辞典[M]. 北京:中国广播电视出版社,1990.

[71] 梁忠义. 战后日本教育研究[M]. 南昌:江西教育出版社,1993.

[72] 冷浩然,唐志龙,罗剑明. 思想政治工作中的哲学问题[M]. 上海:上海人民出版社,1997.

[73] 刘川生. 大学生日常思想政治教育实效性研究[M]. 北京:北京师范大学出版社,2009.

[74] 李曦. 善恶的此岸——伦理学史话[M]. 长沙:湖南科学技术出版社,2010.

[75] 李建华. 趋善避恶论——道德价值的逆向研究[M]. 北京:北京大学出版社,2013.

[76] 李荣,冯芸. 社会主义核心价值观关键词:友善[M]. 北京:中国人民大学出版社,2015.

[77] 梁劲泰,孙伟,尤国珍. 社会发展软实力中的道德文化研究[M]. 北京:知识产权出版社,2014.

[78] 廖申白. 亚里士多德友爱论研究[M]. 郑州:河南人民出版社,2000.

[79] 刘学坤. 友爱教育论[M]. 安徽:合肥工业大学出版社,2013.

[80] 罗卫东. 情感、秩序、美德——亚当·斯密的伦理学世界[M]. 北京:中国人民大学出版社,2016.

[81] 刘顺厚. 新时代坚持社会主义核心价值体系方略研究[M]. 北京:人民出版社,2019.

[82] 苗力田,李毓章. 西方哲学史新编[M]. 北京:人民出版社,1990.

[83] 马建青. 高校心理健康教育与思想政治教育结合30年的研究[M]. 杭州:浙江大学出版社,2017.

[84] 沈壮海,王培刚,段立国. 中国大学生思想政治教育发展报告[M]. 北京:

北京师范大学出版社,2015.

[85] 宿梦醒. 黑格尔法哲学人格理论研究[M]. 北京:人民出版社,2019.

[86] 童世骏. 建设社会主义教育强国研究[M]. 北京:人民出版社,2019.

[87] 王桂. 日本教育史[M]. 长春:吉林教育出版社,1987.

[88] 王学风. 多元文化社会的学习德育研究[M]. 广州:广东人民出版社,2005.

[89] 王振林. 人性、人道、人伦——西方伦理道德问题研究[M]. 北京:中国社
会科学出版社,2011.

[90] 冯刚. 改革开放以来高校思想政治教育发展史[M]. 北京:人民出版社,
2018.

[91] 王燕文. 社会主义核心价值观研究丛书总论[M]. 南京:江苏人民出版社,
2014.

[92] 王向华. 大学的道德责任[M]. 北京:北京师范大学出版社,2017.

[93] 温芳芳,佐斌. 社会心理学实验[M]. 广州:世界图书出版公司,2017.

[94] 万资姿. 当代大学生社会主义核心价值观认同与培育研究[M]. 北京:人
民出版社,2018.

[95] 许苏民. 人文精神论[M]. 武汉:湖北人民出版社,2000.

[96] 徐园媛,戴倩. 德心共育协同创新—大学生社会主义核心价值观教育模式
创新研究[M]. 成都:西南交通大学出版社,2018.

[97] 肖海涛,阳书亮,张西西. 道德教化与自我教育[M]. 北京:中国社会科学
出版社,2020.

[98] 严群. 亚里士多德之伦理思想[M]. 北京:商务印书馆,1983.

[99] 袁贵仁. 价值学引论[M]. 北京:北京师范大学出版社,1991.

[100] 俞吾金. 重新理解马克思:对马克思哲学的基础理论和当代意义的反思
[M]. 北京:北京师范大学出版社,2005.

[101] 俞吾金. 意识形态论[M]. 北京:人民出版社,2009.

[102] 袁本新. 高校人本德育研究[M]. 广州:中山大学出版社,2015.

[103] 杨云飞. 美国学校价值观教育研究[M]. 北京:科学出版社,2018.

[104] 袁晓林. 道德心理学[M]. 北京:科学出版社,2019.

[105] 赵志毅. 文本与人本:高校德育方略研究[M]. 南京:南京师范大学出版
社,2004.

[106] 张进辅. 青少年价值观的特点[M]. 北京:新华出版社,2006.

[107] 朱炜. 文化视域中的高校德育研究[M]. 上海：学林出版社，2008.

[108] 朱贻庭. 伦理学大词典[M]. 上海：上海辞书出版社，2010.

[109] 张涛. 友善乐群[M]. 上海：复旦大学出版社，2016.

[110] 赵庆柏，范炤. 心理学实验设计与编程指导手册[M]. 广州：世界图书出版公司，2017.

[111] 〔奥地利〕弗洛伊德. 弗洛伊德后期著作选[M]. 林尘等译. 上海：上海译文出版社，1986.

[112] 〔德〕费尔巴哈. 费尔巴哈哲学著作选集（下）[M]. 荣震华等译. 北京：商务印书馆，1984.

[113] 〔德〕恩斯特·卡西. 人论[M]. 甘阳译. 上海：上海译文出版社，1985.

[114] 〔德〕康德. 道德形而上学原理[M]. 上海：上海人民出版社，1986.

[115] 〔德〕弗里德里希·包尔生. 伦理学体系[M]. 北京：中国社会科学出版社，1988.

[116] 〔德〕伍多·库卡茨. 质性文本分析：方法、实践与软件使用指南[M]. 朱志勇，范晓慧译. 重庆：重庆大学出版社，2017.

[117] 〔德〕马克斯·韦伯. 新教伦理与资本主义精神[M]. 刘作宾译. 北京：作家出版社，2019.

[118] 〔法〕孔多塞. 人类精神进步史表纲要[M]. 何兆武，何冰译. 南京：江苏教育出版社，2006.

[119] 〔法〕吉尔·利波维茨基. 责任的落寂——新民主时期的无痛伦理观[M]. 倪复生译. 北京：人民大学出版社，2007.

[120] 〔法〕米歇尔·福柯. 规训与惩罚[M]. 修订译本. 刘北成，杨远婴译. 北京：三联书店，2012.

[121] 〔法〕雅克·卢梭. 论人类不平等的起源和基础[M]. 黄小彦译. 南京：译林出版社，2013.

[122] 〔古希腊〕色诺芬尼. 回忆苏格拉底[M]. 吴永泉译. 北京：商务印书馆，2009.

[123] 〔古希腊〕亚里士多德. 亚里士多德全集第九卷：政治学[M]. 苗力田译. 北京：中国人民大学出版社，2009.

[124] 〔古希腊〕亚里士多德. 尼各马可伦理学[M]. 廖申白译注. 北京：商务印书馆，2017.

［125］〔荷兰〕斯宾诺莎. 简论上帝、人及其心灵健康［M］. 顾寿观译. 北京：商务
　　　印书馆,2017.

［126］〔捷克〕夸美纽斯. 大教育论［M］. 北京：教育科学出版社,2015.

［127］〔美〕费斯汀格. 认知失调理论［M］. 郑全全译. 杭州：浙江教育出版社,
　　　1999.

［128］〔美〕路易斯·拉思斯. 价值与教学［M］. 谭松贤译. 杭州：浙江教育出版
　　　社,2003.

［129］〔美〕麦金太尔. 追寻美德：道德理论研究［M］. 宋继杰,刘东译. 南京：译
　　　林出版社,2003.

［130］〔美〕亚历山大·J·菲尔德. 利他主义倾向——行为科学、进化理论与互
　　　惠的起源［M］. 赵培等译. 长春：长春出版社,2005.

［131］〔美〕安·兰德. 自私的美德［M］. 成都：左岸文化出版社,2007.

［132］〔美〕弗兰克·H. T. 罗德斯. 创造未来：美国大学的作用［M］. 王晓阳译.
　　　北京：清华大学出版社,2007.

［133］〔美〕Robert D. Nye. 三种心理学：弗洛伊德、斯金纳、罗杰斯的心理学理
　　　论［M］. 石林译. 北京：中国轻工业出版社,2009.

［134］〔美〕萨缪尔·亨廷顿. 文明的冲突与世界秩序的重建［M］. 周琪等译. 北
　　　京：新华出版社,2010.

［135］〔美〕弗朗西斯·福山. 大断裂：人类本性与社会秩序的重建［M］. 唐磊译.
　　　桂林：广西师范大学出版社,2015:134.

［136］〔美〕保罗·扎克. 道德博弈［M］. 黄延峰译. 北京：中信出版社,2016.

［137］〔美〕戴维·斯隆·威尔逊. 利他之心：善意的演化和力量［M］. 齐鹏译.
　　　北京：机械工业出版社,2017.

［138］〔美〕弗朗西斯·福山. 信任：社会美德与创造经济繁荣［M］. 郭华译. 桂
　　　林：广西师范大学出版社,2017.

［139］〔美〕萨姆·哈里斯. 道德景观—科学如何决定人的价值［M］. 于嘉云译.
　　　北京：中信出版社,2017.

［140］〔美〕约翰·W·克雷斯威尔. 研究设计与写作指导：定性、定量与混合研
　　　究的路径［M］. 崔延强等译. 重庆：重庆大学出版社,2017.

［141］〔美〕伊丽莎白·基斯,J. 彼得·尤本. 反思当代大学的德育使命［M］. 孙
　　　纪瑶等译. 北京：人民出版社,2017.

［142］〔美〕保罗·布卢姆. 善恶之源［M］. 青涂译. 杭州：浙江人民出版社,2018.

［143］〔美〕菲利普·津巴多,迈克尔·利佩. 态度改变与社会影响［M］. 北京：人民邮电出版社,2018.

［144］〔美〕史蒂芬·平克. 当下的启蒙：为理性、科学、人文主义和进步辩护［M］. 杭州：浙江人民出版社,2019.

［145］〔美〕查理斯·霍顿·库利. 人类本性与社会秩序［M］. 包凡一译. 北京：华夏出版社,2020:114.

［146］〔美〕迈克尔·斯洛特. 源自动机的道德［M］. 韩辰锴译. 南京：译林出版社,2020.

［147］〔挪威〕乔恩·斯莱特沃德. 精神分析中的具身［M］. 上海：上海社会科学出版社,2021.

［148］〔苏联〕罗森塔尔,尤金. 简明哲学辞典［M］. 北京：三联书店,1973.

［149］〔苏联〕苏霍姆林斯基. 给教师的一百条建议［M］. 天津：天津人民出版社,1981.

［150］〔英〕霍布斯. 利维坦［M］. 北京：商务印书馆,1985.

［151］〔英〕莎士比亚. 莎士比亚全集(第二卷)［M］. 朱生豪译. 北京：人民出版社,1994.

［152］〔英〕W. D. 罗斯. 亚里士多德［M］. 王路译. 北京：商务印书馆,1997.

［153］〔英〕肖恩·赛耶斯. 马克思主义与人性［M］. 冯颜利译. 北京：东方出版社,2008.

［154］〔英〕亚当·斯密. 道德情操论［M］. 赵康英译. 北京：华夏出版社,2014.

［155］〔英〕斯蒂芬. 西方保守主义经典译从：自由·平等·博爱［M］. 冯克利,杨日鹏译. 南昌：江西人民出版社,2015.

［156］〔英〕约翰·密尔. 论自由［M］. 北京：商务印书馆,2015.

［157］〔英〕休谟. 人性论(下册)［M］. 关文运译. 北京：商务印书馆,2016.

［158］〔英〕大卫·希尔弗曼. 如何做质性研究［M］. 李雪等译. 重庆：重庆大学出版社,2018.

［159］〔美〕Bok,Derek,*Universities and the Future of America*［M］,Durham：Duke University Press,1990,p.65.

［160］〔美〕K. Korsch,*Marxism and Philosophy*［M］,New York：NLB Press,1990,p.57.

[161] 〔美〕Billington,James H,*The Role of a Western University in Forming a Social Morality*,*Moral Values and Higher Education*:*A Notion at Risk*〔M〕. Thompson,Utah:Brigham Young University Press,1991,p. 43.

[162] 〔美〕G. Lukacs,*History and Class Consciousness*〔M〕,Cambridge:The MIT Press,1991,p.38.

[163] 〔美〕Hing Keung,Man Chi Leung,*Altruistic Orientation in Children*: *Construction and Validation of the Child Altruism Inventory*〔M〕. Psychology Press,1991,p.26.

[164] 〔美〕Rokeach M,*The Nature of Human Values*〔M〕,New Youk:Free Press,1993,p.211.

[165] 〔美〕Bok,Derek Curtis,*Our Underachieving Colleges*:*A Candid Look At How Much Students Learn And Why They Should Be Learning More*〔M〕,Princeton:Princeton University Press,2006,p.75.

[166] 〔美〕Daniel J,*Hruschka's Friendship*:*Development*,*Ecology*,*and Evolution of a Relationship*〔M〕,Berkeley:University of California Press,2010,p.34.

[167] 〔美〕Molly Keenan,*Gender*,*Loneliness*,*and Friendship Satisfaction in Early Adulthood*:*The Role of Friendship Features and Friendship Expectations*〔M〕,North Carolina:Duke University Press,2013,p.75.

[168] 〔美〕Paul V. Shantic,*Socrates*,*Aristotle*,*and Friendship*:*Dose Real Friendship Exists in the Age of the Social Network*〔M〕,California: California State University Dominguez Hills Press,2015,p.15.

[169] 〔英〕Richard B,Brandt,*Morality*,*Utilitarianism*,*and Rights*〔M〕, Cambridge:Cambridge University Press,1992,p.119.

[170] 〔美〕Richard Battistoni,*Civic Engagement Across the Curriculm*:*A Resource Book for Service Learning Faculty*〔M〕,Providence P. I: Campus Compact Press,2001,pp.1-29.

[171] 〔英〕David Hume,Of the Delicacy of Taste and Passion(Selected Essays)〔M〕,Oxford:Oxford University Press,1994,p.12.

[172] 〔英〕Richard B. Brandt,*A Theory of the Good and the Right*〔M〕,

Oxford:Clarendon Press,1999,p.47.

[173]〔英〕Authur J,*Of Good Character*:*Exploring Virtues and Values in 3-25 Years Old*〔M〕,London:Academic Imprint,2010,p.153.

论文类

[1] 陈莹,郑涌. 价值观与行为的一致性争议[J]. 心理科学进展,2010(10):1612-1619.

[2] 戴锐. 思想政治教育的公共化转型[J]. 马克思主义与现实,2013(1):189-194.

[3] 段文阁,高晓虹. 真实的道德冲突对个体道德成长的意义[J]. 伦理学研究,2007(6):60-63.

[4] 傅安洲,阮一凡,彭涛. 德国古典大学修养观及其启示[J]. 高等教育研究,2007(12):93-103.

[5] 范五三. 从中西比照的视角看作为价值观的"友善"思想[J]. 太原理工大学学报(社会科学版),2018(8):40.

[6] 符海平. 马克思友爱观刍论[J]. 学术研究,2019(7):13.

[7] 甘绍平. 当代社会道德形态的基本特征:从个体德性走向整体伦理[J]. 伦理学研究,2015(4):27-29.

[8] 高德胜. 道德冷漠与道德教育[J]. 教育学报,2009(3):76-83.

[9] 高国希. 关于社会主义核心价值观逻辑结构的思考[J]. 复旦学报(社会科学版),2021(6):1-9.

[10] 何亚娟. 德国的思想政治教育及启示[J]. 华中农业大学学报(社会科学版),2007(6):19-21.

[11] 胡海波. 基于柯尔伯格道德认知论视阈下的高校德育实效性研究[J]. 新课程研究(中旬刊),2013(2):160-163.

[12] 黄少安,姜树广. 制度性惩罚与人类合作秩序的维持[J]. 财经问题研究,2013(11):3-9.

[13] 换晓明,於天禄. 思想政治教育的心理接受规律研究[J]. 学校党建与思想教育,2018(11):30-33.

[14] 韩雨芳,喻丰,杨沈龙. 非人化的原因、结果及对策[J]. 中国临床心理学杂志,2020(6):1177-1181.

［15］金绪泽. 论人格形成与价值观念的关系［J］. 山西大学学报（哲学社会科学版），1996(3):98-100.

［16］江畅. 关于道德与幸福问题的思考［J］. 湖北大学学报（哲学社会科学版），1999(03):105-109.

［17］蒋永华. 人文关怀:高等教育的核心理念［J］. 江苏大学学报（高教研究版），2002(3):75-78.

［18］姜永志. 整合心理、脑与教育的教育神经科学［J］. 心理研究，2013(3):3-10.

［19］揭芳. 从"友爱"到"友善"——儒家友德与社会"个体化"的道德问题救治［J］. 云南社会科学，2015(2):40-46.

［20］江畅,迈克尔·斯洛特,李家莲. 道德的心理基础——关于情感主义伦理学的对话［J］. 道德与文明，2017(1):10-15.

［21］江畅,钟万玲. 论德性之心理基础——兼评道德情感主义［J］. 湖北大学学报（哲学社会科学版），2017(1):1-6.

［22］江畅,斯洛特. 关于仁爱与关爱的对话［J］. 哲学动态，2019(9):121-128.

［23］江畅,李历. 社会共识及其与社会认同的关系［J］. 中南民族大学学报（人文社会科版），2020(5):96-103.

［24］罗秀球. 论爱在共产主义道德中的地位和作用［J］. 湖南师范大学社会科学学报，1992(2):106-108.

［25］刘杰,孟会敏. 关于布郎芬布伦纳发展心理学生态系统理论［J］. 中国健康心理学杂志，2009(2):250-252.

［26］骆郁廷,杨威. 论思想政治教育的认识根源［J］. 江汉论坛，2009(10):126-130.

［27］廖芳玲,王学川. 大学德育功利化的危害和根源［J］. 学校党建与思想教育，2010(11):72-73.

［28］李建华,谢文凤. 道德态度研究综述［J］. 吉首大学学报（社会科学版），2012(5):21-25.

［29］李林,黄希庭. 价值观的神经机制:另一种研究视角［J］. 心理科学进展，2013(8):1400-1407.

［30］李忠军. 大学生思想政治教育目标新探［J］. 思想理论教育导刊，2013(12):96-101.

[31] 刘云山. 着力培育与践行社会主义核心价值观[J]. 求是,2014(2):30.

[32] 刘宏达. 论德国的善良教育及其对我国社会主义核心价值观教育的启示[J]. 社会主义研究,2015(2):34-39.

[33] 刘庆昌. 教育实践及其基本逻辑[J]. 山西大学学报(哲学社会科学版),2015(3):97.

[34] 李民,向玉乔,黄泰轲. 湖南省大学生对社会主义核心价值观的认知状况调查报告[J]. 伦理学研究,2015(6):144.

[35] 屈陆,戴钢书. 认知神经科学与思想政治教育研究方法的创新[J]. 学术论坛,2016(8):173-176.

[36] 马建青,石变梅. 30年来高校思想政治教育对心理健康教育发展的影响探析[J]. 思想理论教育,2018(1):97-102.

[37] 马建青,杨肖. 心理育人的内涵、功能与实施[J]. 思想理论教育,2018(9):87-90.

[38] 马建青,黄雪雯. 大学生人际信任与主观幸福感的关系:亲社会行为与攻击行为的中介作用[J]. 应用心理学,2022(1):41-48.

[39] 马晓星. 论新时代中国共产党重构权力道德生态的内在理路[J]. 理论导刊,2022(2):12-18.

[40] 莫春菊. 马克思公共性思想的立场、主旨和本质特征[J]. 社会主义研究,2019(2):33.

[41] 齐卫平,陈冬冬. 伟大建党精神:中国共产党建设话语的创新表达[J]. 中国浦东干部学院报,2021(6):14-20.

[42] 沈湘平. 价值共识是否及如何可能[J]. 哲学研究,2007(2):107-111.

[43] 沈壮海,李岩. 注重人文关怀和心理疏导:创新思想政治工作的新要求[J]. 思想政治工作研究,2008(2):20-22.

[44] 孙峰. 大学教育的追求:知识与道德的整合[J]. 西北师范大学学报(社会科学版),2008(1):41-45.

[45] 石军,齐学红. 日本池田大作的德育思想研究——兼谈21世纪教育的核心价值观[J]. 高等理科教育,2015(4):29-36.

[46] 唐爱民. 论相对主义的道德教育观[J]. 教育科学,2004(5):12.

[47] 王淑芹. 近代情感主义伦理学的道德追寻[J]. 中国人民大学学报,2004(4):84.

［48］文福荣,肖少北. 道德推理、道德情感与道德行为关系的研究进展［J］. 江南大学学报(教育科学版),2009(4):342-345.

［49］王孝如,王立仁. 思想政治教育的本质是政治信仰教育［J］. 思想教育研究,2015(10):13-16.

［50］邬焜. 霍布斯的机械唯物论中的辩证法［J］. 西北大学学报(哲学社会科学版),2017(1):77-84.

［51］夏伟东. 解读公民道德建设实施纲要［J］. 伦理学研究,2002(1):1.

［52］辛自强,窦东徽,陈超. 学经济学降低人际信任? 经济类专业学习对大学生人际信任的影响［J］. 心理科学进展,2013(1):31-36.

［53］辛自强. 实证社会科学中的因果关系与理论解释:我们需要理解的十对概念［J］. 清华大学教育研究,2013(3):7-15.

［54］徐浙宁. "90后"对社会主义核心价值观的认同及其影响因素［J］. 当代青年研究,2017(3):24.

［55］薛晓阳. 道德教育的德目体系与逻辑建构——兼论核心价值观教育的主体地位［J］. 上海师范大学学报(哲学社会科学版),2021(1):125-132.

［56］杨适. "友谊"(friendship)观念的中西差异［J］. 北京大学学报(哲学社会科学版),1993(1):33-40.

［57］杨治良,高桦,郭力平. 社会认知具有更强的内隐性——兼论内隐和外显的"钢筋水泥"关系［J］. 心理学报,1998(1):1-6.

［58］杨芷英. 思想政治教育心理学研究综述［J］. 思想理论教育导刊,2007(11):70-77.

［59］杨晓. 关于21世纪初日本大学改革的基本走向［J］. 高校教育管理,2011(1):58-63.

［60］喻丰,彭凯平,韩婷婷,柏阳,柴方圆. 伦理美德的社会及人格心理学分析:道德特质的意义、困惑及解析［J］. 清华大学学报(哲学社会科学版),2012(4):139-160.

［61］余小霞,辛自强,苑媛. 量表中的措辞效应:类型、机制及控制方法［J］. 心理技术与应用,2016(4):56-57.

［62］杨慊,程巍,贺文洁,韩布新,杨昭宁. 追求意义能带来幸福吗?［J］. 心理科学进展,2016(9):1497.

［63］杨紫嫣,罗宇,古若雷,刘云芝,蔡华俭. 自尊的认知神经机制［J］. 心理科

学进展,2017(5):788-798.

[64] 杨峻岭,武淑梅. 大学生社会主义核心价值观认同状况调查与分析——基于北京市部分高校调研数据[J]. 社会主义核心价值观研究,2018(4):70-87.

[65] 喻丰,韩婷婷. 有限道德客观主义的概率模型[J]. 清华大学学报(哲学社会科版),2018(3):148-163.

[66] 岳童,黄希庭,吴娜. 价值观的认知神经研究对社会主义核心价值观培育的启示[J]. 苏州大学学报(教育科学版),2021(3):65-72.

[67] 张琼. 接受心理与道德教育[J]. 道德与文明,1989(2):20-21.

[68] 詹启生,俞智慧,涂小金. 权威与群体对受暗示心理的影响[J]. 健康心理学杂志,2001(5):387-389.

[69] 张玉茹. 柯尔柏格道德认知发展论及对主体德育模式建构的启示[J]. 教学与管理,2004(6):133-134.

[70] 张耀灿,周琪. 人的自由而全面发展:马克思主义社会发展理论的人本意蕴[J]. 2005(2):5-8.

[71] 张晓蕊. 科尔伯格道德发展理论对当代大学生思想政治教育的启示[J]. 教育探索,2013(6):6-7.

[72] 张金霞. 以"诚信、友善"为准则培育和践行社会主义核心价值观[J]. 学周刊,2014(22):212.

[73] 赵浚. 思想政治教育对人之本性的价值探源——基于终极关怀的哲学涵摄[J]. 教育学术月刊,2017(11):106-111.

[74] 张蕴. 高校德育生态共同体建构的理论逻辑与实践路径[J]. 社会科学家,2021(5):150-155.

[75] 张飞,何正玲. 马克思自由人联合体的实现条件及当代启示[J]. 辽宁工业大学学报(社会科学版),2021(6):1-4.

[76] 赵荣锋. 新时代构建高校思想政治教育共同体的逻辑理路[J]. 思想政治课研究,2021(5):84-99.

[77] Daniel Schwartz,*Friendship as a Reason for Equality. Critical Review of International Social and Political Philosophy*,2007(10):2.

[78] Greenwald AG, Mcghee DE, Schwartz JL,*Measuring Individual Differences in Implicit Cognition:The Implicit Association Test.*

Journal of Personality and Social Psychology,1998,74(6):1464-1480.

[79] Hitlin,S,Piliavin,J. A,*Values:Reviving a Dormant Concept. Annual Review of Sociology*,2004(30):359-393.

[80] Huang Xuewen,*Analysis of Application of CNN Value Orientation to College Students. Journal of Physics:Conference Series*,2021(1):43-49.

[81] Kohlberg L,*Development of Moral Character and Moral Ideology. Review of Children Development Research*,1964(11):383-431.

[82] Kluckhohn,Values and Value Orientation in Throry of Action. Crosscultural Psychology,1995(3):75-77.

[83] Kimberley J,Smith et al,*The Association Between Loneliness*,*Social Isolation and inflammation:A Systematic Review and Mata-analysis. Neuroscience and Biobehavioral Reviews*,Volume112,2020(5):519-541.

[84] Lisa Rosenthal,*Endorsement of Polyculturalism Predicts Increased Positive Intergroup Contact and Friendship Across the Beginning of College. Journal of Social Issues*,2016,3(72):472-488.

[85] Michael A. Hogg,Sarah C. Hains,*Friendship and Group Identification: A New Look at the Role of Cohesiveness in Groupthink. Eur. J. Soc. Psychol*,1998(28):3.

[86] Mary J. Fischer,*Does Campus Diversity Promote Friendship Diversity? A Look at Interracial Friendships in College. Social Science Quarterly*,2008(9):3.

[87] M. Paz Galupo,Kirsten A. *Gonzalez*,*Friendship Values and Cross-Category Friendships:Understanding Adult Friendship Patterns Across Gender*,*Sexual Orientation and Race*,*Sex Roles*,2013(68):779-790.

[88] Meliks,ah Demir,Aysun Dogan,Amanda D. Procsal,*I am So Happy 'cause My Friend is Happy for Me:Capitalization*,*Friendship*,*and Happiness Among U.S. and Turkish College Students*,*The Journal of Social Psychology*,2013,153(2):250-255.

[89] Nancy Sherman,*Aristotle on Friendship and the Shared Life*,*Philosophy and Phenomenological Research*,1987(4):37-39.

[90] Nicholas A. Bowman,*Interracial Contact on College Campuses:*

Comparing and Contrasting Predictors of Cross-Racial Interaction and Interracial Friendship. The Journal of Higher Education,2014(9):85.

[91] Polanyi M,Grene M,*Knowing and Being*:*Essays by Michael Polanyi. Philosophy and Phenomenological Research*,1969,5(4).

[92] Peter J,Hadreas,*Eunoia*:*"Aristotle on the Beginning of Friendship"*, *Ancient Philosophy.* 1995(2):15.

[93] Rohan,M. J,*A Rose by Any Name? The Values Construct. Personality and Social Psychology Review*,2000(4):255-277.

[94] Shah J,Higgins E. T,*Expectancy and Values Effects*:*Regulatory Focus as a Determinant of Magnitude and Direction. Journal of Personality and Social Psychology*,1997(3):447-458.

[95] Sharon Arieli,*Values in Business Schools*:*The Role of Self-Selection and Socialization. Academy of Management Learning and Education*, 2016(3):493-507.

[96] Tyler Swift,*Specia Report Companies and the State*:*The kindness of Strangers. Construction Management and Economics*,2007(15):44-47.

[97] Vaida,Bara,*An Amicable Separation. National Journal*, 2007(16):39.

[98] Wilson TD, Lindsey S, Schooler TY, *A Dual Model of Attitudes. Psychological Review*,2000(107):101-126.

[99] Woods Sarah, Done John, Kalsi Hardeep, *Peer Victimization and Internalizing Difficulties*:*The Moderating Role of Friendship Quality. Journal of Adolescence*,2008(2):32.

[100] 加藤司(日). *Role of Friendship Goals in the Processes of Interpersonal Stress Among College Students. The Japanese Journal of Educational Psychology*, 2006(3):54.

报刊与电子文献类

[1] 胡锦涛. 胡锦涛在全国宣传思想工作会议上发表重要讲话[N]. 光明日报, 2004-01-21(01).

[2] 习近平. 把培育和弘扬社会主义核心价值观作为凝魂聚气强基固本的基础工程[N]. 人民日报,2014-02-26(01).

［3］习近平. 青年要自觉践行社会主义核心价值观——在北京大学师生座谈会上的讲话［N］. 人民日报,2014-5-5(01).

［4］习近平在文艺工作座谈会上的讲话［N］. 人民日报,2015-10-15(01).

［5］习近平. 用新时代中国特色社会主义思想铸魂育人贯彻当的教育方针落实立德树人根本任务［N］. 人民日报,2019-3-19(01).

［6］中共中央办公厅. 关于培育和践行社会主义核心价值观的意见［OL］. http://theory.people.com.cn/GB/68294/383685/,2013 年 12 月 23 日.

［7］教育部. 总结"教学质量年"经验成效 吹响新时代思政课奋进号角 加强新时代高校思想政治理论课建设现场推进会召开［OL］. http://www.moe.gov.cn/jyb_xwfb/gzdt_gzdt/moe_1485/201801/t20180117_324982.html,2018 年 1 月 17 日.

［8］教育部办公厅. 关于开展"三全育人"综合改革试点工作的通知［OL］. http://www.moe.gov.cn/srcsite/A12/moe_1407/s253/201805/t20180528_337433.html,2018 年 5 月 25 日.

［9］中共教育部党组. 关于印发高等学校学生心理健康教育指导纲要的通知［OL］. http://www.moe.gov.cn/srcsite/A12/moe_1407/s3020/201807/t20180713_342992.html,2018 年 7 月 6 日.

［10］中共中央办公厅、国务院办公厅. 关于深化新时代学校思想政治理论课改革创新的若干意见［OL］. http://www.gov.cn/zhengce/2019-08/14/content_5421252.htm,2019 年 8 月 14 日.

［11］龚燕. 推进大学生思想政治教育科学化的路径创新［N］. 光明日报,2015-11-17(8).

［12］李建华. 友善何以成为一种核心价值观［N］. 光明日报,2013-7-6(11).

［13］刘清平. 利己主义的复杂道德属性［OL］. http://www.aisixiang.com/data/115167.html,2019 年 2 月 22 日.

［14］沙蕙. 友善:和以处众,宽以待下,恕以待人［N］. 人民日报(海外版),2014-9-26(07).

［15］沈壮海. 友善:处理人际关系的基本准则［N］. 人民日报,2014-2-17(16).

［16］唐凯麟. 社会主义核心价值体系是在实践中不断完善的科学体系［N］. 光明日报,2008-9-23(09).

［17］周世敏. 培育和践行核心价值观关键在落细、落小和落实［N］. 光明日报,

2014-11-5(16).

[18] 朗文英英词典[OL]. https://www.ldoceonline.com,2018 年 12 月 1 日.

学位论文类

[1] 金燕. 当代大学生友善价值观培育研究[D]. 南京:南京师范大学,2017.

[2] 辛志勇. 当代中国大学生价值观及其与行为的关系研究[D]. 北京:北京师范大学,2002.

[3] 喻丰. 美德的实证心理学研究:存在、涵义、分类及效应[D]. 北京:清华大学,2014.

[4] 屈陆. 思想政治教育认知问题研究 [D]. 成都:成都电子科技大学,2017.

后　记

　　时光荏苒，从博士论文的落笔到《大学生友善价值观培育研究》一书的出版，已悄然走过几个春秋。这本著作源于我的博士论文，它不仅是我学术生涯中一段深刻的探索印记，更是对大学生友善价值观培育这一课题持续思考与实践的结晶。这一切研究的起点，正是对"友善作为社会主义核心价值观重要内容，关乎社会和谐与美好生活实现"这一命题的深切体悟。

　　数载光阴沉淀的不仅是学术探索的足迹，将博士论文打磨成书的过程恰似对"友善"二字的践行——在求索中感受温暖，在困顿中收获支撑。这份成果的背后，最厚重的底色来自浙江大学的滋养，以及马建青教授的引领。在博士论文的撰写过程中，我的导师马建青教授给予了我至关重要的指导。从论文的选题构思、框架搭建，到具体内容的撰写修改，每一个环节都倾注了导师大量的心血。导师严谨的治学态度、深厚的学术素养以及对思想政治教育和心理健康教育事业的热忱，都深深影响着我。记得在论文初稿完成后，导师逐字逐句地审阅，提出了许多极具建设性的意见，小到一个词语的运用，大到整体逻辑的梳理，都让我受益匪浅。正是在导师的悉心指导下，我的研究才能不断深入，最终形成了博士论文的雏形，也为本书的出版奠定了坚实的基础。

　　在研究过程中，我还得到了众多学界前辈和同仁的帮助，与同门师兄师姐、师弟师妹们的交流探讨也让我收获颇丰，他们的观点和想法常常能给我带来新的启发。为了获取更丰富、更真实的研究资料，我进行了大量的实地调研。在这个过程中，多所高校的师生给予了我极大的支持与配合。许多大学生牺牲了自己的课余时间，认真填写调查问卷、参与访谈，毫无保留地分享自己的想法和经历，为本书提供了鲜活的案例和数据支撑。高校的辅导员和思政课教师们也积极为我提供相关的教学资料和实践经验，让我对大学生友善价值观培育的现状有了更全面的了解。我还要感谢我的家人。在我专注于研究和写作的日子里，他们给予了我无微不至的关怀和支持，为我解决了生活中的后顾之忧，让我能够全身心地投入到工作中。他们的理解与鼓励,是我前进路上最强大的动力。

　　本书的出版,是对这段求学时光的总结,更是新的起点。希望本书能够为大学生友善价值观培育的理论研究和实践工作提供一些有益的参考,助力构建大学生全面自由发展的友善环境,让友善真正扎根于青年心中,为社会主义核心价值观培育的理论创新与实践推进贡献微薄之力,让友善真正成为滋养青年成长、构筑社会和谐的精神养分,这便是我最大的心愿。

黄雪雯
2025 年春于广西南宁